EVONIK
Kappa
BVB
Pumpen Intelligenz
EVONIK

BVB 09 DORTMUND
BVB 09

BORUSSIA
BVB
09
DORTMUND
BVB
09
BORUSSIA
BVB
09
DORTMUND

EVONIK
FCB

Liebe Leserinnen und Leser,

Alt-Bundestrainer Sepp Herberger hat einmal gesagt: „Die Leute gehen zum Fußball, weil sie nicht wissen, wie es ausgeht." Kaum irgendwo trifft das eher zu als auf die Bundesliga, die auch in der abgelaufenen Saison wieder mit vielen Überraschungen und Spannung bis zuletzt aufwarten konnte. Ein lange Zeit offener Wettlauf um den Deutschen Meistertitel, der erst kurz vor Schluss im direkten Duell der beiden Kontrahenten Borussia Dortmund und FC Bayern München entschieden wurde, sowie Last-Minute-Entscheidungen im Rennen um die internationalen Plätze und im Kampf gegen den Abstieg sorgten wieder für reichlich Begeisterung.

Gefeiert wurde am Ende besonders in Dortmund, wo der BVB die überraschende Meisterschaft vom Vorjahr nicht nur wiederholen, sondern sogar toppen konnte. Gewürdigt werden muss aber auch die Leistung von Rekordmeister FC Bayern München, der neben Platz zwei in der Bundesliga zudem als erster Club das Finale der UEFA Champions League im eigenen Stadion erreichte. Die Bayern bleiben damit international das große Aushängeschild der Bundesliga, auch wenn sie im Finale leider gegen den FC Chelsea London verloren.

Herausheben muss man sicherlich auch die Leistung von Borussia Mönchengladbach. In der Vorsaison nach nur zehn Punkten aus der Hinrunde schon abgeschrieben, haben die Borussen seit Januar 2011 eine beeindruckende Serie hingelegt, die ihnen vergangene Saison über die Relegation den Klassenerhalt sicherte – und sie jetzt erstmals in der Clubgeschichte in die Qualifikation zur UEFA Champions League führte.

Die Überraschungself dieser Saison war jedoch der SC Freiburg. Zu Saisonbeginn von nahezu allen Experten als Absteiger gehandelt, zwischendurch schon abgeschlagen, blieben die Breisgauer in der Rückrunde zehn Spiele in Folge ungeschlagen und schafften souverän den Klassenerhalt. Und das mit einer Mannschaft der Namenlosen und mit einem Trainer, der die Bundesliga mit einer erfreulichen Performance bereichert.

Allen Lesern wünsche ich viel Vergnügen mit dem hier vorliegenden offiziellen Bundesliga-Saisonbuch 2012.

Dr. Reinhard Rauball
Präsident des Ligaverbandes

In diesem Moment hat es die Mannschaft geschafft. Die Partie gegen Borussia Mönchengladbach am 32. Spieltag ist beendet. Borussia Dortmund hat mit 2:0 gewonnen. Im ausgelassenen Schlussjubel von Robert Lewandowski, Marcel Schmelzer, Torwart Roman Weidenfeller, Sven Bender und Lukasz Piszczek (von links) ist die große Freude zu erkennen.

Ein traumhaftes Gefühl

Borussia Dortmund hat eine Saison für die Geschichtsbücher gespielt. Mit 81 Punkten ist der BVB bester Deutscher Meister seit Start der Bundesliga 1963. Welt- und Europameister Stefan Reuter, selbst drei Mal Titelträger mit dem BVB, erklärt diesen einmaligen Erfolg.

Stefan Reuter (45) ist einer der erfolgreichsten deutschen Fußballspieler. Er wurde Weltmeister (1990) und Europameister (1996). Fünfmal feierte der Franke, der seine Karriere beim 1. FC Nürnberg begann, die Deutsche Meisterschaft – zweimal mit Bayern München (1989, 1990), dreimal mit Borussia Dortmund (1995, 1996, 2002). Mit dem BVB gewann er die UEFA Champions League und den Weltpokal (beides 1997). Reuter bestritt 502 Bundesliga-, 111 Europapokal- und 69 Länderspiele.

Von Stefan Reuter

Wenn ich an die Dortmunder Meistersaison 2011/2012 denke, wird mir auch in ein paar Jahren ein Abend sofort in den Sinn kommen. Der 11. April, ein Mittwoch, Gigantengipfel, Showdown, der Wahnsinn, das Duell. Am 30. Spieltag treffen Tabellenführer Borussia Dortmund und der Tabellenzweite FC Bayern München aufeinander. Es herrscht wieder einmal diese besondere Atmosphäre in Dortmund, die ich als BVB-Spieler auch zwölf Jahre lang erleben durfte. Was da allein die Südtribüne veranstaltet hat, einfach klasse. Da habe ich sogar auf meinem Tribünenplatz wieder Gänsehaut bekommen. Und mich an die großen Momente meiner Karriere erinnert. Mit der Borussia. Und mit den Bayern. Herrlich.

Was für eine Spannung, was für ein Duell. Wären die Spieltage nicht bereits lange vor Saisonbeginn geplant, ich würde sagen: Besser hätten die Mitarbeiter der Deutschen Fußball Liga das vorweggenommene Saisonfinale nicht inszenieren können. Das müssen sie sich bei Spannungsaltmeister Alfred Hitchcock abgeschaut haben. Drei Punkte trennen die beiden Clubs in der Bundesliga-Tabelle. Und nicht nur ich glaube, dass der Sieger dieses Flutlichtduells im SIGNAL IDUNA PARK am Ende auch Deutscher Meister wird. So kommt es ja auch tatsächlich.

Die Dortmunder zeigen in der ersten Hälfte eine Riesenpartie, bestimmen das Spiel. Das kuriose Tor mit der Hacke von Robert Lewandowski fällt spät, aber verdient. Und dann hat der BVB ein bisschen Glück. Das Ding an die Latte. Der Elfmeter von Arjen Robben, den mein Exmitspieler Roman Weidenfeller toll hält. Da kommt mir Kevin Großkreutz in den Sinn. „Ich hatte es im Adrenalin, dass der Elfmeter nicht reingeht", sagt der nachher.

Der BVB liegt nach diesem denkwürdigen Abend sechs Punkte vorn. Trotz der noch anstehenden Spitzenspiele beim FC Schalke 04 und gegen Borussia Mönchengladbach wusste ich schon da: Die werden wieder Deutscher Meister. Zwei Mal hintereinander! Beim letzten Mal, 1995 und 1996, habe ich selbst noch das BVB-Trikot getragen.

Mit dieser Titelverteidigung hat zu Saisonbeginn wohl kaum jemand gerechnet.

BUNDESLIGA IN ZAHLEN

ABSCHLUSSTABELLE

Rang	Club	Sp.	g	u	v	Tore	Diff.	Pkt.
1	Borussia Dortmund	34	25	6	3	80:25	55	81
2	FC Bayern München	34	23	4	7	77:22	55	73
3	FC Schalke 04	34	20	4	10	74:44	30	64
4	Borussia M'gladbach	34	17	9	8	49:24	25	60
5	Bayer 04 Leverkusen	34	15	9	10	52:44	8	54
6	VfB Stuttgart	34	15	8	11	63:46	17	53
7	Hannover 96	34	12	12	10	41:45	-4	48
8	VfL Wolfsburg	34	13	5	16	47:60	-13	44
9	SV Werder Bremen	34	11	9	14	49:58	-9	42
10	1. FC Nürnberg	34	12	6	16	38:49	-11	42
11	1899 Hoffenheim	34	10	11	13	41:47	-6	41
12	SC Freiburg	34	10	10	14	45:61	-16	40
13	1. FSV Mainz 05	34	9	12	13	47:51	-4	39
14	FC Augsburg	34	8	14	12	36:49	-13	38
15	Hamburger SV	34	8	12	14	35:57	-22	36
16	Hertha BSC	34	7	10	17	38:64	-26	31
17	1. FC Köln	34	8	6	20	39:75	-36	30
18	1. FC Kaiserslautern	34	4	11	19	24:54	-30	23

DIE BESTEN TORSCHÜTZEN

Name	Club	Tore	11er
Klaas-Jan Huntelaar	FC Schalke 04	29	6
Mario Gomez	FC Bayern München	26	4
Robert Lewandowski	Borussia Dortmund	22	0
Claudio Pizarro	SV Werder Bremen	18	2
Lukas Podolski	1. FC Köln	18	3
Marco Reus	Borussia M'gladbach	18	0
Martin Harnik	VfB Stuttgart	17	0
Stefan Kießling	Bayer 04 Leverkusen	16	0
Raúl	FC Schalke 04	15	0
Vedad Ibisevic	1899 Hoffenheim, VfB Stuttgart	13	0
Shinji Kagawa	Borussia Dortmund	13	0
Patrick Helmes	VfL Wolfsburg	12	1
Mario Mandzukic	VfL Wolfsburg	12	1
Franck Ribéry	FC Bayern München	12	0
Arjen Robben	FC Bayern München	12	5
Mohammed Abdellaoue	Hannover 96	11	3
Maxim Choupo-Moting	1. FSV Mainz 05	10	0
Markus Rosenberg	SV Werder Bremen	10	0
Papiss Cissé	SC Freiburg	9	1
Daniel Didavi	1. FC Nürnberg	9	0
Tomas Pekhart	1. FC Nürnberg	9	0
Sejad Salihovic	1899 Hoffenheim	9	7

ZUSCHAUER

Club	Gesamt	Schnitt
Borussia Dortmund	1368860	80521
FC Bayern München	1173000	69000
FC Schalke 04	1040714	61218
VfB Stuttgart	936524	55090
Hamburger SV	908910	53465
Hertha BSC	908630	53449
Borussia M'gladbach	881376	51846
1. FC Köln	807200	47482
Hannover 96	762035	44826
1. FC Kaiserslautern	721382	42434
1. FC Nürnberg	713463	41968
SV Werder Bremen	693733	40808
1. FSV Mainz 05	559470	32910
FC Augsburg	514406	30259
Bayer 04 Leverkusen	484397	28494
1899 Hoffenheim	476450	28026
VfL Wolfsburg	469446	27614
SC Freiburg	385500	22676

BUNDESLIGA

Shinji Kagawa, der kleine Japaner, den Borussia Dortmund aus der zweiten Liga seiner Heimat holte, zeigt mit Stolz und Freude die Meisterschale. Der quirlige Mittelfeldspieler bot bereits in der ersten Saison beim BVB hervorragende Leistungen, aber seine Extraklasse stellt er besonders eindrucksvoll im zweiten Meisterjahr unter Beweis. Als Mario Götze in der Rückrunde 2011/12 ausfiel, steigert Kagawa sein Leistungsniveau nochmals.

Das Triumvirat von Borussia Dortmund: Sportdirektor Michael Zorc, Trainer Jürgen Klopp und der Vorsitzende der Geschäftsführung Hans-Joachim Watzke (von links) präsentieren zum zweiten Mal nach 2011 das Objekt der Begierde, die Deutsche Meisterschale.

Borussia Dortmund, diese junge Truppe, legt einen Stotterstart hin. Nach sechs Spieltagen Tabellenplatz 11 und schon acht Punkte Rückstand auf die Bayern. Der BVB hat gerade zwei Mal hintereinander verloren. Im SIGNAL IDUNA PARK gegen Aufsteiger Hertha BSC. Danach mit diesem kuriosen 1:2 bei Hannover 96. Dortmund führt bis kurz vor Schluss 1:0. Und dann schießt sich Hannover in der 87. und in der 89. Minute noch zum Sieg. Ein verrücktes Spiel. In die UEFA Champions League startet der Deutsche Meister mit einem Unentschieden und einer 0:3-Niederlage in Marseille. Von Krise ist die Rede. Und ich höre schon die ersten Abgesänge auf den offenbar überforderten Überraschungsmeister des Vorjahres.

„Klopp ist eine Sensation und ein Glücksfall für den BVB."

Ein schwacher Saisonstart nach einem großen Erfolg ist für mich kein Wunder. Nach so einer Sensationssaison kommt auf die Spieler erst mal viel Neues zu. Sie schaffen den Sprung in die Nationalmannschaft, spielen nicht mehr in der UEFA Europa League, sondern gegen die besten Mannschaften der Welt in der UEFA Champions League. Es gibt so viele neue Eindrücke, der Spielrhythmus ist anders. Da brauchst du eine gewisse Anlaufzeit. Und Borussia Dortmund hat eine junge Mannschaft. Das war bei unserer Meistertruppe 2002 ein bisschen anders. Da

Sebastian Kehl mit Meisterschale (links) und Roman Weidenfeller mit DFB-Pokal auf dem Bankett in der Nacht vom 12. auf den 13. Mai in Berlin. Die Routiniers erlebten in den vergangenen zwei Jahren ihre Karrierehöhepunkte mit der Doppel-Meisterschaft und dem ersten Pokalsieg.

Bester Vorbereiter der Saison: Kein BVB-Spieler, sondern Franck Ribéry vom Vizemeister FC Bayern München.

BUNDESLIGA IN ZAHLEN

BESTE VORBEREITER

Spieler	Club	Torvorlage
Franck Ribéry	FC Bayern München	21
Thomas Müller	FC Bayern München	14
Juan Arango	Borussia M'gladbach	13
Marco Reus	Borussia M'gladbach	13
Shinji Kagawa	Borussia Dortmund	12
Jefferson Farfán	FC Schalke 04	11
Tamas Hajnal	VfB Stuttgart	11
Klaas-Jan Huntelaar	FC Schalke 04	11
Toni Kroos	FC Bayern München	11
Mario Mandzukic	VfL Wolfsburg	11
Jakub Blaszczykowski	Borussia Dortmund	10
Ashkan Dejagah	VfL Wolfsburg	10
Christian Fuchs	FC Schalke 04	10
Patrick Herrmann	Borussia M'gladbach	10
Robert Lewandowski	Borussia Dortmund	10
Claudio Pizarro	SV Werder Bremen	10
Martin Harnik	VfB Stuttgart	9
Raffael	Hertha BSC	9
Fabian Johnson	1899 Hoffenheim	8
Slawomir Peszko	1. FC Köln	8
Lukasz Piszczek	Borussia Dortmund	8
Lukas Podolski	1. FC Köln	8

ELFMETER

	FÜR		GEGEN	
	verhängt	verwandelt	verhängt	verwandelt
FC Bayern München	11	9	1	1
1899 Hoffenheim	9	8	7	6
FC Schalke 04	7	6	5	5
FC Augsburg	6	4	4	4
1. FSV Mainz 05	5	5	3	3
Hannover 96	5	5	2	2
VfB Stuttgart	5	5	7	7
SC Freiburg	4	3	4	3
1. FC Köln	3	3	9	9
1. FC Nürnberg	3	3	6	6
Borussia M'gladbach	3	3	0	0
Hamburger SV	3	3	6	5
SV Werder Bremen	3	3	3	3
1. FC Kaiserslautern	2	1	4	3
Bayer 04 Leverkusen	2	1	3	1
Hertha BSC	2	1	6	5
VfL Wolfsburg	2	2	4	3
Borussia Dortmund	1	1	2	0

Begeisterung herrscht bei den Fans des BVB. Mit einem schwarz-gelb geschminkten Gesicht ruft ein Anhänger seine Freude heraus (Foto links). Die Spieler Patrick Owomoyela, Florian Kringe, Ex-BVBler Mohamed Zidan, Sebastian Kehl und Roman Weidenfeller (von links) stellen sich, als Dortmund am 32. Spieltag Meister ist, für ein privates Erinnerungsfoto auf.

war ich mit Mitte 30 der Vater der schwarzgelben Kompanie. Wir hatten eine Mischung aus erfahrenen Profis und internationalen Topspielern wie Jürgen Kohler, Marcio Amoroso, Tomas Rosicky oder Jan Koller. Unsere Meisterschaft war damals das Ende eines ganz besonderen Erfolgszyklus. Der BVB steht jetzt gerade an einem Anfang und wird, da bin ich sicher, noch über viele Jahre eine gute, eine besondere Rolle spielen. Und ich finde es klasse, dass ein Club den Bayern nicht nur ein Spiel, sondern mal über zwei Jahre und länger Paroli bieten kann. Das wird auch so bleiben und auch die ehrgeizigen Bayern weiter anspornen. Eine Super-Konstellation, über die sich der deutsche Fußball und die Bundesliga freuen können. Die Dortmunder haben sich da eine ganz besondere Mannschaft zusammengestellt. Hans-Joachim Watzke als Vorsitzender der Geschäftsführung, mein Exmitspieler Michael Zorc als Sportdirektor und Coach Jürgen Klopp leisten großartige Arbeit. Klopp ist eine Sensation und ein Glücksfall für den BVB. Er passt perfekt. Er schenkt den jungen und hungrigen Spielern bedingungslos Vertrauen. Und da steckt meiner Meinung nach noch ganz viel Entwicklungspotenzial im Kader. Gut für die Planung: Alle Entscheider sind langfristig bis 2016 gebunden. Die personelle Konstanz macht auf Spieler einen guten Eindruck, gibt ihnen Planungssicherheit. Und sie wissen: In Dortmund bekomme ich Einsatzzeit, kann mich weiterentwickeln. Wie beispielsweise der junge Moritz Leitner. Den schaue ich mir fast ebenso gern an wie Mario Götze, den ich für den zurzeit besten Bundesliga-Spieler halte. Mats Hummels begeistert mich, die drei Polen Robert Lewandowski, Jakub „Kuba" Blaszczykowski und Lukasz Piszczek, dazu Sven Bender, der sich beeindruckend entwickelt hat. Und natürlich Roman Weidenfeller und Sebastian Kehl, mit denen ich noch zusammengespielt habe und die die so wichtige Erfahrung in die Mannschaft bringen. Eine Riesentruppe und ein Kader, der funktioniert. Den langen Verletzungsausfall von Mario Götze hat der BVB beeindruckend weggesteckt. Und dann kommt immer wieder ein Ivan Perisic rein und macht wichtige Tore. Chapeau, Hut ab. So wirst du wieder Deutscher Meister.

„Der BVB-Fußball ist erfolgreich und schön anzuschauen."

Die Dortmunder sind nach dem mäßigen Beginn ja schnell wieder in die Spur gekom-

Auf der Tribüne wird bei der Meisterfeier die offizielle Trophäe von der Deutschen Fußball Liga an die Mannschaft von Borussia Dortmund übergeben. Dann bringen die Spieler die Meisterschale auch zu ihrem Trainer Jürgen Klopp, der sie in die Höhe stemmt.

2
4
7

Unglaublich kampfstark, wie Robert Lewandowski (links) und Shinji Kagawa gegen den Freiburger Pavel Krmas beim 4:1-Auswärtssieg am 17. Dezember 2011, zeigt sich das gesamte Team von Borussia Dortmund in 34 Saisonspielen.

men, haben vor allem eine grandiose, eine sensationelle Rückrunde gespielt und Sieg an Sieg gereiht. Selbst Unentschieden, wie dieses unglaubliche 4:4 gegen den VfB Stuttgart am 28. Spieltag, werden zum Spektakel. Das war für mich das verrückteste Spiel der ganzen Saison. Einer, wie ich finde, in fast jeder Hinsicht beeindruckenden Saison. Der BVB hat als erste Mannschaft in der Geschichte der Bundesliga die Schallmauer von 80 Punkten geknackt, die 81 Punkte sind eine historische Marke. Mal schauen, ob die überhaupt mal jemand verbessern kann.

Die Dortmunder sind das beste Heim- und das beste Auswärtsteam der Liga und damit ein mehr als verdienter Deutscher Meister. Schließlich diese Serie mit 28 Bundesliga-Spielen ohne Niederlage. Ich bin gespannt, wer sie in der kommenden Saison schlagen wird. Die 80 Tore sind Clubrekord, so oft haben wir früher nie getroffen. Und dann sind Robert Lewandowski und Co. noch 25 Mal an Pfosten oder Latte gescheitert. Was da noch möglich gewesen wäre. Ach ja, 80.521 Zuschauer pro Heimspiel, das ist sogar Europarekord.

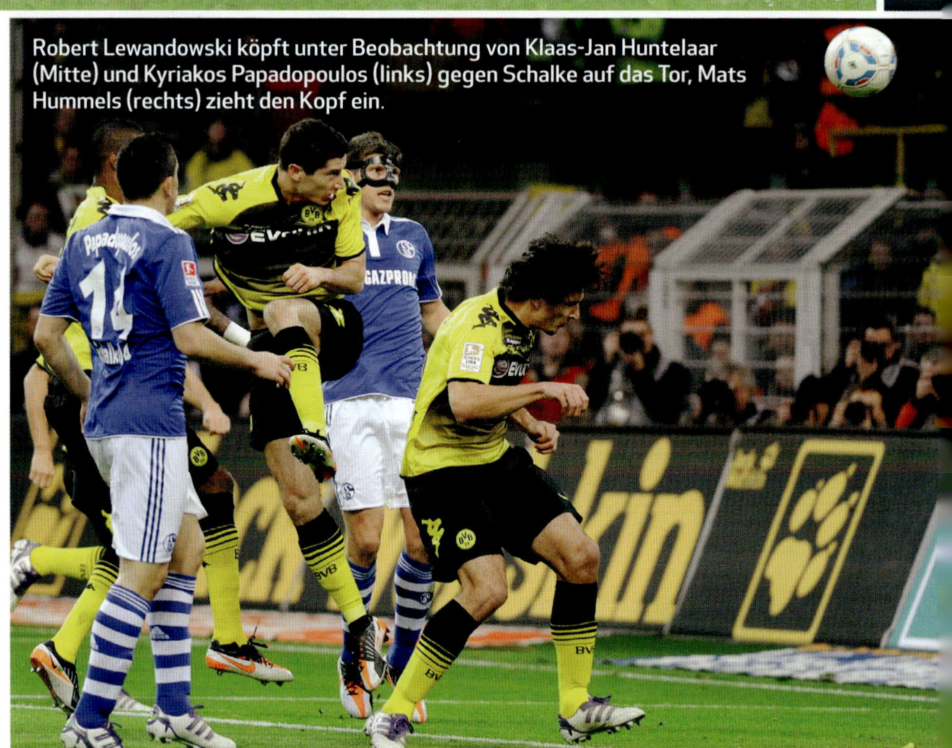

Robert Lewandowski köpft unter Beobachtung von Klaas-Jan Huntelaar (Mitte) und Kyriakos Papadopoulos (links) gegen Schalke auf das Tor, Mats Hummels (rechts) zieht den Kopf ein.

Michael Zorc (links) und Hans-Joachim Watzke sind schon im Trainingslager vor der Saison in Aussicht auf eine gute Saison bester Laune.

Der BVB-Fußball ist eben nicht nur erfolgreich, sondern auch schön anzuschauen: schnelle Spieleröffnung, immer den direkten Weg in die Spitze suchen, hohes Tempo, beeindruckende, ja rekordverdächtige Laufleistungen, dazu tolle technische Fertigkeiten. Und: Jeder arbeitet für jeden. Dabei kommt dann die Titelverteidigung raus.

Ganz wichtig noch für die Fans in Dortmund: die zwei Derbysiege gegen den FC Schalke 04. Das ist uns zuletzt in der Saison 1996/1997 gelungen. Besonders gefreut hat mich, dass mein Exmitspieler Sebastian Kehl auf Schalke das 2:1-Siegtor erzielt hat. „Kehli" hat sich mit Willen und Geduld nach den vielen, vielen Verletzungen immer wieder grandios zurückgekämpft und eine beeindruckende Meistersaison gespielt. Ich weiß, wovon ich rede, ich hatte selbst zwei schwere Knieverletzungen. Es war ein bewegender Augenblick, als er als Kapitän am 5. Mai im SIGNAL IDUNA PARK als erster Spieler die Schale von Ligapräsident Dr. Reinhard Rauball in Empfang nehmen durfte. Ein ganz toller Moment. Und ein traumhaftes Gefühl.

ALLE SPIELE

Hinrunde									Rückrunde	
1	05.08.	H	3:1	(2:0)	Hamburger SV	1:5	(0:2)	A	22.01.	18
2	13.08.	A	1:0	(1:0)	1899 Hoffenheim	3:1	(2:0)	H	28.01.	19
3	20.08.	H	2:0	(0:0)	1. FC Nürnberg	0:2	(0:0)	A	03.02.	20
4	27.08.	A	0:0		Bayer 04 Leverkusen	1:0	(1:0)	H	11.02.	21
5	10.09.	H	1:2	(0:0)	Hertha BSC	0:1	(0:0)	A	18.02.	22
6	18.09.	A	2:1	(0:0)	Hannover 96	3:1	(1:0)	H	26.02.	23
7	24.09.	A	1:2	(1:0)	1. FSV Mainz 05	2:1	(1:0)	H	03.03.	24
8	01.10.	H	4:0	(2:0)	FC Augsburg	0:0		A	10.03.	25
9	14.10.	A	0:2	(0:1)	SV Werder Bremen	1:0	(1:0)	H	17.03.	26
10	22.10.	H	5:0	(3:0)	1. FC Köln	1:6	(1:1)	A	25.03.	27
11	29.10.	A	1:1	(1:1)	VfB Stuttgart	4:4	(1:0)	H	30.03.	28
12	05.11.	H	5:1	(2:0)	VfL Wolfsburg	1:3	(0:1)	A	07.04.	29
13	19.11.	A	0:1	(0:0)	FC Bayern München	1:0	(0:0)	H	11.04.	30
14	26.11.	H	2:0	(1:0)	FC Schalke 04	1:2	(1:1)	A	14.04.	31
15	03.12.	A	1:1	(0:1)	Borussia M'gladbach	2:0	(1:0)	H	21.04.	32
16	11.12.	H	1:1	(1:0)	1. FC Kaiserslautern	2:5	(1:3)	A	28.04.	33
17	17.12.	A	1:4	(1:2)	SC Freiburg	4:0	(4:0)	H	05.05.	34

BORUSSIA DORTMUND AUF EINEN BLICK

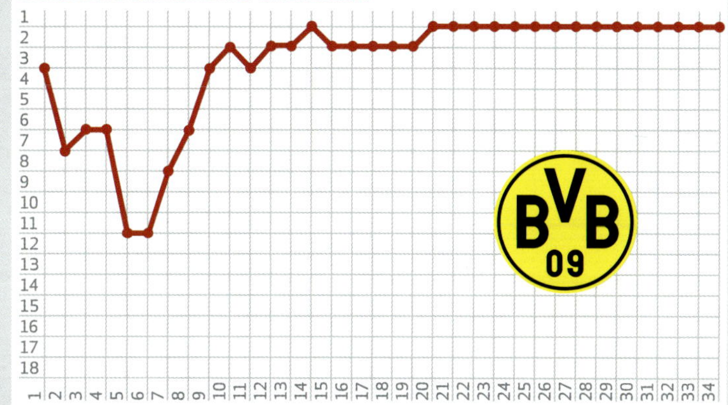

ALLE SPIELER

Name	Vorname	Geburtsdatum	Nationalität	Position	Rücken-Nr.	Einsätze	Auswechslungen	Einwechslungen	Gelbe Karten	Gelb-Rote Karten	Rote Karten	Tore	Elfmeter	Eigentore
Bakalorz	Marvin	13.09.1989	D	M	31	-	-	-	-	-	-	-	-	-
Barrios	Lucas	13.11.1984	PAR	S	18	18	2	15	1	-	-	4	-	-
Bender	Sven	27.04.1989	D	M	22	24	9	3	2	-	-	1	-	-
Blaszczykowski	Jakub	14.12.1985	POL	M	16	29	15	7	-	-	-	6	1	-
Boyd	Terrence	16.02.1991	USA	S	37	-	-	-	-	-	-	-	-	-
Focher	Johannes	20.01.1990	D	T	41	-	-	-	-	-	-	-	-	-
Großkreutz	Kevin	19.07.1988	D	M	19	31	8	5	1	-	-	7	-	-
Götze	Mario	03.06.1992	D	M	11	17	9	3	2	-	1	6	-	-
Gündogan	Ilkay	24.10.1990	D	M	21	28	9	6	2	-	-	3	-	-
Hornschuh	Marc	02.03.1991	D	A	28	-	-	-	-	-	-	-	-	-
Hummels	Mats	16.12.1988	D	A	15	33	2	-	1	-	-	1	-	-
Kagawa	Shinji	17.03.1989	JPN	S	23	31	19	2	1	-	-	13	-	-
Kehl	Sebastian	13.02.1980	D	M	5	27	3	6	8	-	-	3	-	-
Koch	Julian	11.11.1990	D	A	2	-	-	-	-	-	-	-	-	-
Kringe	Florian	18.08.1982	D	M	6	1	-	1	-	-	-	-	-	-
Langerak	Mitchell	22.08.1988	AUS	T	20	2	-	-	-	-	-	-	-	-
Le Tallec	Damien	19.04.1990	FRA	S	13	-	-	-	-	-	-	-	-	-
Leitner	Moritz	08.12.1992	D	M	7	17	1	15	-	-	-	-	-	-
Lewandowski	Robert	21.08.1988	POL	S	9	34	13	-	4	-	-	22	-	-
Löwe	Chris	16.04.1989	D	A	24	7	1	1	-	-	-	-	-	-
Owomoyela	Patrick	05.11.1979	D	A	25	11	-	9	-	-	-	1	-	-
Perisic	Ivan	02.02.1989	CRO	M	14	28	2	20	1	1	-	7	-	-
Piszczek	Lukasz	03.06.1985	POL	A	26	32	2	-	1	-	-	4	-	-
Santana	Felipe	17.03.1986	BRA	A	27	13	1	3	1	-	-	1	-	1
Schmelzer	Marcel	22.01.1988	D	A	29	28	3	-	4	-	-	1	-	-
Subotic	Neven	10.12.1988	SRB	A	4	25	1	-	4	-	-	-	-	-
Vrancic	Mario	23.05.1989	D	M	36	-	-	-	-	-	-	-	-	-
Weidenfeller	Roman	06.08.1980	D	T	1	32	-	-	-	-	-	-	-	-
Zidan	Mohamed	11.12.1981	EGY	S	10	2	-	2	-	-	-	-	-	-
da Silva	Antonio	13.06.1978	BRA	M	8	5	1	3	-	-	-	-	-	-

BUNDESLIGA

Die Köpfe der Saison

Trainer wie Lucien Favre und Christian Streich gehören zu diesem Kreis ebenso wie die Torjäger Klaas-Jan Huntelaar und Mario Gomez oder andere herausragende Spieler der Saison, etwa Marco Reus. Sie alle stehen für das Besondere der Bundesliga-Spielzeit 2011/12.

Klaas-Jan Huntelaar erlebt beim FC Schalke 04 wohl die beste Saison seiner großartigen Karriere, in der er zuvor für Ajax Amsterdam, Real Madrid und AC Mailand spielte. Der Niederländer erzielt 29 Bundesliga-Tore.

BUNDESLIGA

Vom AC Mailand kam Klaas-Jan Huntelaar im Sommer 2010 zum FC Schalke 04. Vorher hatte er für Real Madrid, Ajax Amsterdam und den SC Heerenveen gestürmt.

Die Tormaschine aus Hummelo

Wenn Huub Stevens Formschwankungen seiner Spieler erklären möchte, macht er das gern mit dem Satz: „Das sind doch auch nur Menschen, keine Maschinen!" Damit hat der Trainer des FC Schalke 04 sicherlich recht. Und irgendwie doch nicht. Denn Klaas-Jan Huntelaar als „Tormaschine" zu bezeichnen ist nicht übertrieben. Schließlich war die Saison 2011/12 für den 28-jährigen Niederländer ein einziger Traum in Toren.

Ein paar Zahlen gefällig? Mit 29 Bundesliga-Treffern wurde Huntelaar nicht nur Bundesliga-Torschützenkönig, sondern stellte auch den Schalker Rekord von S04-Sturmidol Klaus Fischer ein, der in der Saison 1975/76 ebenfalls 29 Mal ins Schwarze traf. Huntelaar ist der erste niederländische Torschützenkönig in der Bundesliga überhaupt, und so viele Tore wie ihm sind noch keinem ausländischen Spieler in einer Bundesliga-Saison gelungen. Für Schalke hat Huntelaar in den Pflichtspielen in dieser Saison insgesamt 48 (!) Tore in 48 Einsätzen erzielt, und damit so ganz nebenbei auch noch einen Uralt-Clubrekord von Hermann Eppenhoff aus dem Jahr 1941 gebrochen. Und in der EM-Qualifikation war der Niederländer mit zwölf Treffern für sein Nationalteam erfolgreichster Torschütze aller Mannschaften. Dass der „Hunter" nicht nur selbst auf Torejaged gehen kann, beweist die Scorer-Liste: Durch seine elf Vorlagen und 29 Tore kommt er auf insgesamt 40 Punkte – der beste Wert, seitdem solche Statistiken geführt werden.

Wem diese Zahlen als Argumente nicht ausreichen, den überzeugen vielleicht die Aussagen der Experten. „Im Strafraum", so Huntelaars Landsmann und Clubtrainer Huub Stevens, „ist Klaas-Jan einer der besten Spieler der Welt." Klaus Fischer, mit 182 Toren in 295 Spielen Schalkes erfolgreichster Bundesliga-Torschütze, hält ebenfalls große Stücke auf seinen Rekord-Teilhaber: „Ich gönne es Klaas-Jan wirklich, dass er meinen Rekord eingestellt hat. Er hat sich das verdient. Es hat mir von Anfang an gefallen, wie er hier gespielt hat. Weil er weiß, wo das Tor steht – und nicht lange fackelt. Ein toller Stürmer."

Der um seine eigenen Leistungen aber nicht viel Aufhebens macht. Huntelaar gilt als bescheiden, obwohl er Schalkes teuerster Einkauf aller Zeiten ist. Über die Transferpolitik von Felix Magath wird auf Schalke noch immer viel diskutiert, dass er im Jahr 2010 mit den Verpflichtungen von Raúl und Huntelaar zwei Volltreffer landete, daran besteht indes kein Zweifel. Huntelaar gilt als Musterprofi – um sich besser auf die Trainingseinheiten vorbereiten zu können, lässt er sich zum Training aus seinem holländischen Wohnort Hummelo von seinem Vater oder seinem Bruder chauffieren. Wie er seine Tore macht, ist ihm eigentlich egal: Huntelaar trifft mit dem Kopf, mit rechts, mit links, per Elfmeter. Hauptsache, der Ball ist drin. Weil er weiß, dass er ohne die Zuspiele und Flanken seiner Mitspieler längst nicht so erfolgreich wäre, vergisst er die Kollegen nicht. Zum Dank für die Torjägerkanone lud er die gesamte Mannschaft zum Essen ein. Solche Gesten kommen im bei aller Professionalität gern um familiäre Atmosphäre bemühten Schalke gut an – kein Wunder, dass sich Huntelaar bei den Königsblauen wohlfühlt. Das war in seiner Karriere nicht immer so, wenn er die Heimat verließ: Berufliche Ausflüge zu Real Madrid oder zum AC Mailand verliefen weniger erfolgreich.

So sehr sich Huntelaar, der 2006 und 2008 schon mit Ajax Amsterdam bester nationaler Torschütze in den Niederlanden war, über die Torjägerkanone auch freute, wollte er sein Triumphgefühl nicht überstrapazieren. Mit ins Bett nahm er die Trophäe nicht. Zu Bett, gab Huntelaar zu Protokoll, gehe er lieber mit seiner Freundin. Irgendwie beruhigend: Auch die „Tormaschine" ist also doch „nur" ein Mensch.

Der Autor: **Norbert Neubaum** vom NB Medienservice berichtet seit zwei Jahrzehnten über den FC Schalke 04 und schreibt für mehrere Zeitungen des Ruhrgebiets.

BUNDESLIGA

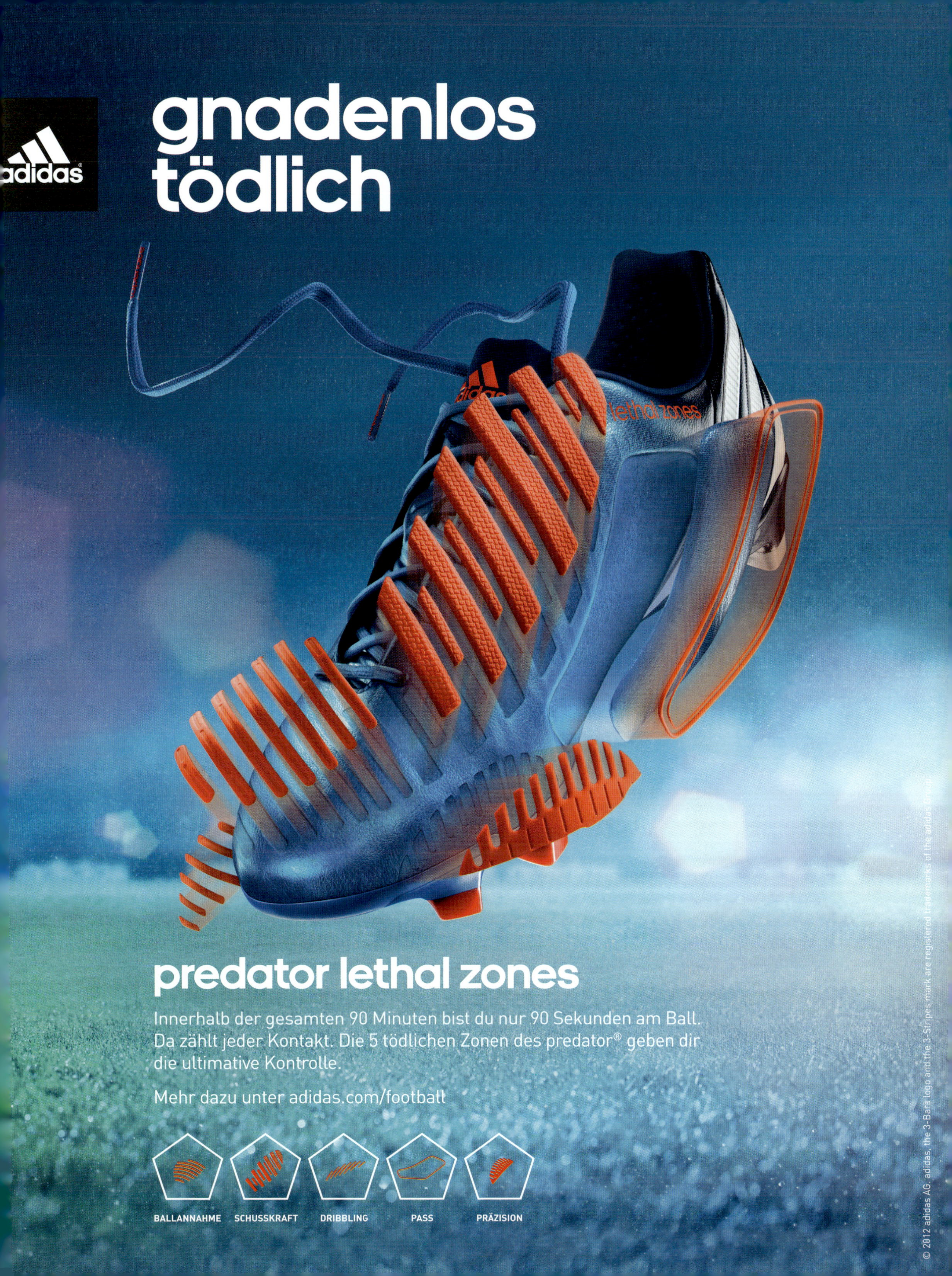
adidas
gnadenlos tödlich
lethal zones
predator lethal zones
Innerhalb der gesamten 90 Minuten bist du nur 90 Sekunden am Ball. Da zählt jeder Kontakt. Die 5 tödlichen Zonen des predator® geben dir die ultimative Kontrolle.
Mehr dazu unter adidas.com/football
BALLANNAHME
SCHUSSKRAFT
DRIBBLING
PASS
PRÄZISION
© 2012 adidas AG. adidas, the 3-Bars logo and the 3-Stripes mark are registered trademarks of the adidas Group.

„Rakete Reus" lebt den Fußball

Marco Reus machte bei Rot Weiss Ahlen in der 2. Bundesliga die ersten Schritte in den Profifußball, ehe er 2009 nach Mönchengladbach wechselte.

Marco Reus gönnte sich den perfekten Abschied. Zwei Tore schoss er in seinem letzten Spiel für Borussia Mönchengladbach beim 1. FSV Mainz 05, den dritten Treffer zum 3:0 der Borussen bereitete er vor. Als er nach dem Schlusspfiff zu den Fans lief und ihre Nähe suchte, kamen ihm die Tränen. Es war ein torreicher und emotionaler Abschied. Reus wechselt für einen hohen zweistelligen Millionenbetrag zum Deutschen Meister Borussia Dortmund.

Als Lucien Favre, der Trainer, gefragt wurde, ob Reus überhaupt zu ersetzen sei, lächelte er gequält. „Er hat eine Supersaison gespielt", sagte Favre nur. Reus war das Zentrum seines Systems, die Schnelligkeit, die der schmale Blondschopf am Ball entwickelt, ist verblüffend. „Er spielt wie auf der Play-Station", sagte Favre oft und meinte es als Ritterschlag. Reus ist einer, der aus Intuition spielt, einer, der die Freude am Spiel zu seinem Prinzip erhoben hat.

97 Bundesliga-Spiele hat er in drei Jahren für Gladbach gemacht und 36 Tore erzielt. Reus war federführend dafür verantwortlich, dass es etwas geworden ist mit der haarscharfen Relegationsrettung in der vergangenen Saison. In dieser Spielzeit hat er die Borussia in die Qualifikation zur UEFA Champions League und ins DFB-Pokal-Halbfinale geschossen. Reus ist der Aufsteiger der Saison. Seine Borussia hat er gleich mitgenommen.

„Rakete Reus" tauften ihn die Boulevardblätter, und tatsächlich war seine Karriere in den vergangenen 36 Monaten eine, die in Überschallgeschwindigkeit verlief. Reus kam 2009 vom Zweitligisten Rot Weiss Ahlen, wo er spielte, weil Borussia Dortmund ihn früher für zu schmächtig befunden hatte. Als er Gladbacher wurde, trauerte man im BORUSSIA-PARK gerade Marco Marin nach. Alles Schöne und Gute schien verloren ohne Marin – bis Reus spielte. Erst war er der „neue Marin", schon bald aber nur noch Marco Reus.

Reus ist keiner, der große Emotionen versprüht in Interviews, auch nicht nach den größten Erfolgen. Er gibt sich nüchtern bis aufs Blut – öffentlich. In der Gladbacher Kabine jedoch, da war er einer der Spaßmacher. „Er ist immer zu einem Scherz aufgelegt", sagt Mike Hanke, sein Sturmpartner in Gladbach. Und Reus war der DJ der Borussen.

Auch auf dem Platz war er der Taktgeber. Vor allem aber war er für die besonderen Momente zuständig. Es ist eine Augenweide, wenn er pfeilschnell losschießt, seine Gegner austänzelt, als wären sie nur Staffage, und dann den Ball locker hineinschiebt ins Tor. Typisch Reus sind diese Tore. Der Stürmer lebt den Fußball, er atmet ihn. Alles wirkt leicht und locker, total natürlich. 18 Bundesliga-Tore hat Reus in dieser Saison geschossen, und drei im DFB-Pokal. Viel wichtiger aber ist: Er hat auch viele Treffer vorbereitet. Reus ist ein Teamspieler. Er sei nichts ohne die anderen, sagt er. Reus ist ein Musterschüler des Fußballs.

Als er im Januar den Borussen mitteilte, er werde zu Dortmund wechseln, war Lucien Favre geschockt. Das gab der Schweizer zu. „Es ist unmöglich, Marco Reus eins zu eins zu ersetzen", sagt Sportdirektor Max Eberl. Es wird also keinen neuen Reus geben in Mönchengladbach, es kann keinen neuen Reus geben. Favre muss seine Borussia ohne diesen zentralen Spieler neu erfinden. Und Reus will sich in Dortmund weiterentwickeln. In Gladbach war er ein Star, in Dortmund muss er es noch werden. Und er muss die gigantische Ablösesumme rechtfertigen. Was er in Gladbach hatte, das spürte er nach seinem Abschied in Mainz, als er zu den Fans ging. „Einerseits bin ich sehr glücklich, dass wir gewonnen haben. Andererseits bin ich sehr traurig, dass nun drei tolle Jahre mit tollen Jungs und tollen Erfahrungen zu Ende gehen", sagte er.

Der Autor: **Karsten Keller** ist Sportredakteur bei der „Rheinischen Post" und begleitet Borussia Mönchengladbach seit mehreren Jahren ständig in der Bundesliga.

Immer auf Torejagd

Mario Gomez

Im letzten Spiel der Saison hatte die Tormaschinerie dann doch leichte Ausfallerscheinungen. Die Mitspieler des FC Bayern München legten ihm zum Saisonausklang beim 1. FC Köln (4:1) die Bälle ein ums andere Mal wunschgemäß auf den Fuß, doch es war nicht der Tag des Mario Gomez (26). „Ich hätte vier Stunden spielen können und hätte nicht getroffen", sagte der Nationalstürmer und nahm es locker. Und so löste der Schalker Klaas-Jan Huntelaar mit 29 Treffern den Bayern-Kanonier als Torschützenkönig ab. Gomez gratulierte dem Niederländer aus der Ferne. Aus dem zweiten Platz der Torschützenliste eine schlechte Saison für den Münchner Stürmer abzuleiten, wäre auch ein völlig falscher Schluss. Denn Gomez, einst unter Trainer Louis van Gaal noch als Stürmer Nummer vier notiert, hat sich in der Sturmzentrale längst etabliert. Nach 28 Treffern im Vorjahr brachte es der gebürtige Schwabe mit spanischen Wurzeln diesmal auf 26 Tore. Dazu kamen beeindruckende Auftritte auf der Bühne der UEFA Champions League. Nicht zuletzt durch Gomez' Tore – wie den wichtigen 2:1-Siegtreffer gegen Real Madrid in letzter Minute – schafften die Bayern den Einzug ins Finale der Königsklasse. Gomez traf dabei so oft, wie es vor ihm nur Lionel Messi und Ruud van Nistelrooy gelungen war. „Einer der besten Torjäger Europas" sei er nun, betont Bayerns Sportdirektor Christian Nerlinger. Und Gomez wird auch zukünftig in München auf Torejagd gehen. Bis 2016 hat er seinen Vertrag an der Säbener Straße verlängert.

Raúl

Raúl wollte seine Rührung nicht verbergen. Tränen rannen ihm aus den Augenwinkeln, als er eine halbe Stunde nach Schlusspfiff vor den noch immer gefüllten Stadionrängen stand. Seine zweijährige Tochter María hatte er auf dem Arm, die Söhne Jorge, Hugo, Hector und Mateo standen wie die Orgelpfeifchen aufgereiht neben ihm. Alle trugen das Schalke-Trikot mit der Nummer 7, das in den nächsten Jahren kein Gelsenkirchener Profi mehr tragen soll. Die Ehrung, die Raúl González Blanco beim FC Schalke 04 nach dem 4:0 am 33. Spieltag gegen Hertha BSC erfuhr, wurde zur bewegenden Zeremonie. „Schalke ist und war etwas Wunderbares für mich. Natürlich ist Real Madrid 17 Jahre mein Club gewesen, aber auch Schalke werde ich immer im Herzen tragen", sagte Raúl. Als wollte der 34-Jährige den Fans, die ihm ihre tiefe Zuneigung zeigten, etwas zurückgeben, sprach er einige Wörter auf Deutsch: „Auf Wiedersehen. Blau und weiß ein Leben lang." Es war ein großer Schalker Feiertag, dessen Verlauf einfach perfekt war. Der Sieg gegen die Berliner reichte, dass Schalke in der neuen Saison wieder auf Gegner wie Manchester, Madrid und Mailand hoffen darf. Aber es muss ohne Raúl, den „Mister Champions League" und besten Torschützen der Königsklasse weitergehen, der aber seine Karriere wohl im Wüstenstaat Katar, dem Gastgeber der WM 2022, sehr viel gemütlicher ausklingen lassen wird. In der Bundesliga schoss der Spanier gegen Hertha seinen 15. Saisontreffer, zwei mehr als im Jahr zuvor. Es war das Abschiedsspiel für Raúl. Am 34. Spieltag beim 3:2 in Bremen saß der Mann, der zwei Jahre die Bundesliga bereichert hatte, nur auf der Bank.

Martin Harnik

Von den österreichischen Nationalmannschaftskollegen wird er nur „Piefke" gerufen. Kein Wunder, denn Martin Harnik (24) ist genau genommen keiner von ihnen. Schließlich hat der Torjäger des VfB Stuttgart nie im Alpenland gelebt. In Hamburg kam Harnik zur Welt, und dort verbrachte er auch seine Kindheit. Doch als Sohn eines Grazers besaß er auch die österreichische Staatsbürgerschaft, die ihm schließlich – erst im Jugendbereich und ab 2007 im A-Team – Länderspielehren einbrachte. Es ist nicht die einzige Besonderheit in Harniks Karriere. Denn der Stürmer musste einige Umwege in Kauf nehmen. Beim SV Werder Bremen unterschrieb er seinen ersten Profivertrag, durchzusetzen vermochte er sich aber nicht. Über den Umweg Fortuna Düsseldorf gelangte er schließlich doch in die Bundesliga. Beim VfB war er aber zunächst auch nur Ersatz – bis Bruno Labbadia kam. Unter dem früheren Vollblutstürmer gelang ihm der Durchbruch. Und Harnik zahlte es zurück – mit Toren. 17 Treffer, elf davon in der Rückrunde, erzielte er 2011/12. Und so war es auch Harnik zu verdanken, dass der VfB in der nächsten Saison wieder international spielt.

Stefan Kießling

Einen Tritt in den Hintern bekam Stefan Kießling zum Abschluss der Saison. Raphael Schäfer, sein früherer Teamkamerad vom 1. FC Nünberg, bedachte den Stürmer auf diese Weise mit versteckter Anerkennung für eine ausgezeichnete Leistung. Drei Tore hatte Kießling zum 4:1-Sieg von Bayer 04 Leverkusen beim 1. FC Nürnberg erzielt. Es war der grandiose Schlusspunkt einer Saison, in der der schlaksige Torjäger erst langsam Fahrt aufnahm, bis er am Ende – um im Bild zu bleiben – ein Höllentempo vorlegte. Mit 16 Toren erreichte der 28-Jährige die zweitbeste Trefferzahl seiner Bundesliga-Karriere nach den 21 Toren vor zwei Jahren. 13 Tore schoss „Kieß" in der Rückrunde, zehn davon allein in den letzten elf Spielen, womit der gebürtige Franke großen Anteil daran hatte, dass die Werkself als Tabellenfünfter ohne Qualifikationsspiele in die UEFA Europa League einzog. Für eine Berufung in das EM-Aufgebot von Bundestrainer Joachim Löw reichte es für den erfolgreichsten deutschen Stürmer der Rückrunde aber anders als bei der WM 2010 nicht.

Mame Diouf

Auch nach mehreren Wochen in seiner neuen Wahlheimat Hannover fand er seine Wohnung nur mit dem Navigationsgerät. Und auch von manchem Gegner, vor allem in der UEFA Europa League, wo die Hannoveraner bekanntlich bis ins Viertelfinale vorstießen, hatte Mame Biram Diouf (24) zuvor allenfalls mal etwas gehört. Im gegnerischen Strafraum dagegen bewies er weitaus bessere Grundkenntnisse. Von Manchester United im Winter geholt, stellte sich der Senegalese als absolute Verstärkung heraus. Mit zehn Toren in 15 Pflichtspielen war er auf Anhieb ein Liebling der Hannoveraner Fans. Erst eine Bänderverletzung stoppte im April seinen Lauf. Doch Sportdirektor Jörg Schmadtke hatte mit der Verpflichtung des kantigen Stürmers ein feines Gespür bewiesen. Schon in Norwegen, wo er einst für Molde FK 45 Tore in 92 Spielen erzielte, war ihm Diouf einst aufgefallen. Und als die Karriere des Stürmers in England – zwischenzeitlich wurde er von United an die Blackburn Rovers ausgeliehen – ins Stocken geriet, griff Schmadtke zu: Schon mit Didier Ya Konan und Mohammed Abdellaoue hatte er in Norwegen zwei andere Stürmer gefunden, die in der Bundesliga schnell in den Fokus rückten.

KÖPFE

BUNDESLIGA

Robert Lewandowski hat den Fußball im Blut, seine Eltern waren nicht nur selbst ausgezeichnete Sportler, sie planten auch vorausschauend seine große Karriere.

Vom verkannten Talent zum Superstar

Die Gratulanten standen Schlange am großen Tag des Robert Lewandowski – einer kam sogar aus dem Lager des Gegners. Der Münchner Mario Gomez war es, der nach dem DFB-Pokalfinale auf dem Weg zur Ehrung für den zweiten Platz kurz abbog, um seinem Stürmerkollegen aus Dortmund anerkennend auf die Schulter zu klopfen. Drei Tore hatte der Pole beim 5:2-Sieg der Dortmunder Borussia gegen den FC Bayern München erzielt und dem Revierclub damit zum ersten Mal in seiner 103-jährigen Geschichte das Double aus Deutscher Meisterschaft und DFB-Pokalsieg beschert.

Für Lewandowski war der Triumph im Berliner Olympiastadion die vorläufige Krönung einer herausragenden Saison. Mit 22 Toren hatte er zuvor auch großen Anteil am Gewinn der Deutschen Meisterschaft und entwickelte sich in seinem zweiten Jahr zu einem der Topstars der Bundesliga. Danach galt der 1,84-Meter-Mann als die ganz große Sturmhoffnung der Polen bei der anstehenden Europameisterschaft. Die Erfolge in der Bundesliga haben den 23-Jährigen im Land des Mitgastgebers der EM zu einem Idol werden lassen. Die Zeitungen sind voll mit Geschichten über den Stürmer, auch das Fernsehen berichtet regelmäßig, und auf Werbeplakaten ist sein Gesicht ebenfalls großflächig zu sehen. Allgegenwärtig ist der Mann, der einen steinigen Weg gehen musste, um dorthin zu kommen, wo er heute ist.

Das sportliche Talent ist Lewandowski zwar in die Wiege gelegt worden: Sein Vater Krzysztof war polnischer Judomeister und Fußballer, seine Mutter Iwona Erstligavolleyballerin – und in der festen Überzeugung, dass ihr Sohn eines Tages ein Sportstar werden würde, gaben sie ihm den Vornamen Robert, damit, wie sie sagen, „Ausländer keine Probleme bei der Aussprache des Namens haben". Das Problem jedoch bestand darin, dass der junge Robert für den Fußball zunächst als zu schwach und zu schmächtig befunden wurde.

Eine Profikarriere traute man ihm beim Traditionsclub Legia Warschau, der für seine gute Nachwuchsarbeit bekannt ist, nicht zu und transferierte ihn im Sommer 2006 nach nur einer Saison in der zweiten Mannschaft an den Zweitligisten Znicz Pruszkow. „Ich habe euch einen Schatz mitgebracht", sagte damals Lewandowskis Mutter zu den Verantwortlichen des Warschauer Vorortvereins, bei dem sie einst die Volleyballdamen trainiert hatte. Der Schatz war zudem günstig – nur 5.000 Zloty, umgerechnet rund 1.250 Euro, musste Znicz bezahlen.

Der Durchbruch ließ jedoch weiterhin auf sich warten. „Ich gebe ganz offen zu, dass Lewandowski ziemlich zart wirkte und andere Spieler auf mich einen besseren Eindruck gemacht haben", sagte unlängst der damalige Znicz-Trainer Jacek Grembocki. Erst als ihm kein anderer Stürmer mehr zur Verfügung stand, ließ er Lewandowski ran – und von da an gab es kein Halten mehr. Insgesamt 38 Tore erzielte der Nachwuchsmann in zwei Spielzeiten, dann wechselte er zu Lech Posen in die erste Liga. Zwei weitere Jahre dauerte es, bis der Lech-Vereinsboss Jacek Rutkowski zu der Erkenntnis kam: „Lewandowski ist zu gut für die polnische Liga."

Längst war auch die Bundesliga auf den Stürmer aufmerksam geworden. Im Sommer 2010 sicherte sich Borussia Dortmund die Dienste Lewandowskis. Gleich in seiner ersten Saison in Deutschland brachte er es auf 33 Einsätze (acht Tore), stand als Joker aber noch im Schatten von Lucas Barrios. Im zweiten Jahr kam der endgültige Durchbruch. Während Barrios nach China wechselt, hat die Borussia den Polen, dessen Marktwert inzwischen auf mindestens 15 Millionen Euro taxiert wird, für unverkäuflich erklärt.

Lewandowski hat sich in Dortmund zu einem kompletten Stürmer entwickelt, der ebenso kraftvoll wie geschmeidig ist, als Vorbereiter überzeugt, aber auch als Vollstrecker, sei es mit links, mit rechts oder mit dem Kopf. Gut möglich also, dass die Gratulanten noch oft bei ihm Schlange stehen werden.

Der Autor: **Norbert Neubaum**, NB Medienservice, berichtet seit zwei Jahrzehnten über den FC Schalke 04 und schreibt unter anderem für die „Recklinghäuser Zeitung".

BUNDESLIGA

„Die Lust aufs Gewinnen tobt in mir"

Drei- bis Fünftagebart, ein offener Blick, ein breites Lachen: Jürgen Klopp erobert Menschen mit seinem einnehmenden Wesen.

Tor in Dortmund. Das Stadion jubelt. Die Stadt feiert. Der Deutsche Meister ist wieder Deutscher Meister. Und Jürgen Klopp? Der macht den Forrest Gump. Es ist der 21. April, der 32. Spieltag in der Bundesliga. Im Samstagabendspiel hat die Borussia die andere Borussia, die aus Mönchengladbach, zu Gast. 1:0 führen die Gastgeber, dann startet in der 59. Minute ein Konter. Robert Lewandowski legt den Ball Shinji Kagawa auf. Ein Blick, ein Schuss, das Tor. 2:0. Direkt vor der Südtribüne. Der Japaner feiert an der Eckfahne. Dort wird Sekunden später auch Jürgen Klopp sein. Schneller als alle seine Spieler. Klopp sprintet mit Usain-Bolt-Rasanz heran, rutscht kurz vor dem Torschützen aus, stolpert in den Japaner, findet gerade noch sein Gleichgewicht wieder. Der Trainer wuchtet die 64 Kilogramm japanische Torgefahr in die Luft. Klopp muss heute lächeln, wenn er diese Bilder sieht. Zum Glück hat er sich nicht verletzt. Wie damals, im Dezember 2011, als er sich im Jubel nach dem Elfmeterkrimi in Düsseldorf beim Achtelfinalsieg im DFB-Pokal einen Muskelfaserriss zuzog. „Die Lust aufs Gewinnen tobt in mir", erklärt der Fußballlehrer.

Klopp lebt den Ehrgeiz, die Begeisterung, den Willen, „die Hingabe und Intensität" vor, die Bundestrainer Joachim Löw am alten und neuen Deutschen Meister so schätzt. Qualitäten, mit denen sich der Titelverteidiger Woche für Woche bei seinen Vollgasveranstaltungen präsentiert. 28 Bundesliga-Spiele in Serie in einer Saison ungeschlagen, am Ende 81 Punkte gesammelt. Rekorde. Für die Ewigkeit? „Ich glaube, darauf können wir noch in 30 Jahren zurückschauen", sagt Klopp. Der gebürtige Schwabe ist mit seiner mitreißenden Art der aufregendste Trainer in der 103-jährigen Clubgeschichte. Nur Ottmar Hitzfeld saß bei mehr BVB-Spielen in der Bundesliga auf der Bank. Noch sind es mehr. Klopps Vertrag läuft bis 2016.

Der Hauptdarsteller, die Führungsfigur findet in den Stunden der Meisterfeiern große Worte für andere. „Ich danke Michael Zorc, Aki Watzke und Dr. Reinhard Rauball, dass sie mir dieses Team zusammengestellt haben. Ich kann mein Glück kaum fassen, dass ich mit solch einer Mannschaft arbeiten darf", schwärmt der Mann mit der Pöhler-Kappe. Beim Meisterdinner nach dem 34. Spieltag dankt der 44-Jährige in einer spontanen und emotionalen Rede seinem Team. Und dem Team hinter dem Team: Kotrainern, Zeugwart, Physios, die alle ihren Teil zur Titelverteidigung beigetragen haben.

In Dortmund sind sie nach den schwierigen Jahren der Fast-Insolvenz und der sportlichen Mittelmäßigkeit zusammengerückt. Und so können sie mit den sportlichen Rückschlägen in der Saison nach der Meistersaison umgehen: der mäßige Start in die Spielzeit, das schwache Abschneiden in der Gruppenphase der UEFA Champions League. Der BVB lässt sich nicht von seinem Weg abbringen. „Uns verbindet ein Vertrauensverhältnis. Wir fordern uns gegenseitig zu Höchstleistungen", beschreibt Hans-Joachim Watzke, Vorsitzender der BVB-Geschäftsführung, im Gespräch mit der WAZ das in diesen Sphären des Profifußballs außergewöhnlich enge Arbeits- und Freundschaftsverhältnis zwischen Trainer Jürgen Klopp, Sportdirektor Michael Zorc und ihm selbst. Was die Führungsriege lebt, setzt die Mannschaft, eingestellt und angestachelt von Jürgen Klopp, um. Am Ende feiert der BVB Siege en masse und die zweite Deutsche Meisterschaft in zwei Jahren. Jürgen Klopp, seit 2008 beim BVB, ist erst der achte Bundesliga-Trainer, dem dieses Kunststück gelingt. Auch im Erfolg ist und bleibt Klopp Klopp. „Ein Supertyp, geradeheraus, so mag ich das", verrät Freiburgs Trainer Christian Streich, der ihn am letzten Spieltag der Saison endlich kennenlernt.

Der Autor: **Thorsten Schabelon** berichtet als Sportredakteur für die NRW-Titel „Westdeutsche Allgemeine Zeitung", „Westfälische Rundschau", „Neue Rhein/Ruhr Zeitung" und „Westfalenpost" der WAZ-Mediengruppe über Borussia Dortmund.

Christian Streich hat sich die Aufgabe als Bundesliga-Trainer zugetraut, doch er zögerte mit der Zusage aus Treue zu seinem Vorgänger Marcus Sorg.

Auf rasender ICE-Fahrt

Eigentlich wollte Christian Streich den Job des Bundesliga-Trainers nicht übernehmen. Seine Freunde aber rieten ihm zu. Obwohl der Sport-Club Freiburg zum Jahreswechsel 2011/12 auf dem letzten Tabellenplatz der Bundesliga stand und der Klassenverbleib weit entfernt schien, war die Runde, mit der sich der 46-Jährige intensiv besprach, mehrheitlich dafür. Doch am Morgen nach der Zusammenkunft sagte Streich ab. Jene entscheidenden Minuten im Büro von Sportdirektor Dirk Dufner werde er wohl nie vergessen, sagt er. Die Verlockung des Traumberufs bestand für Streich in diesem Moment nicht. Das Gefühl, Marcus Sorg zu verraten, war größer. Streich war Assistent des beurlaubten Trainers. Aber er spürte auch die Verantwortung. „Es hängt so viel dran, die Arbeitsplätze, die Menschen. Was passiert mit uns, wenn es schiefgeht?", fragte sich Streich. „Bin ich dann schuld?" Schon 17 Jahre ist er zu diesem Zeitpunkt beim SC Freiburg: Trainer der A-Junioren, später sportlicher Leiter der Fußballschule, dann Assistenzcoach bei den Profis. Im Club kennen ihn alle, er kennt alle: die Funktionäre, die Pädagogen, die Geschäftsstellenmitarbeiter, die Putzfrauen, die Busfahrer. Sie alle sind in diesem Entscheidungsprozess sein Problem. Er fühlt sich dem Ganzen nicht gewachsen. „Die Hürde war mir einfach zu hoch", sagt Streich. Am Ende bewegt ihn dann aber doch die Sorge, die Menschen im Club zu enttäuschen, zum Umdenken. Als Clubvorsitzender Fritz Keller ihm die letzten zwei Minuten Bedenkzeit einräumt, willigt Streich ein. Zwischen Nein und Ja liegt keine Stunde.

Danach sieht sich Christian Streich wöchentlich im Fernsehen. Das findet er bis heute recht seltsam. Oft denkt er: „Wie siehst du denn aus?" Oder: „Fuchtel nicht so mit der Hand herum. Und sprich weniger Dialekt, damit dich auch die Leute in Flensburg verstehen." Dann winkt er ab und spricht wieder im gewohnten Alemannisch.

Streich kommt an, so wie er ist. Bundesweit wuchs die Neugier auf diesen kauzigen Typ aus Südbaden. Der Erfolg verstärkte den Effekt. Klassenerhalt geschafft, Platz sieben in der Rückrundentabelle. Mit seiner Emotionalität kann Streich begeistern, die Spieler erzählen, dass er durchaus auch mal ausflippen kann. In erster Linie gilt Streich aber als einer, der viel erklärt, viel spricht – verständnisvoll, aber wenn es sein muss, auch schonungslos offen. Der Metzgersohn aus Eimeldingen bei Weil am Rhein sagt, was er denkt. Einfach so.

Durch die Zustimmung, die er erfährt, fühlt er sich geschmeichelt. Noch so ein ehrliches Geständnis. In erster Linie ist er aber froh, sich nicht verstellen zu müssen. „Dadurch ist es für mich lebbar, anders wäre es nicht möglich", gesteht Streich. „Ich bin mit Sicherheit kein Vermarktungsprodukt." SC-Vorsitzender Fritz Keller sagt aber: „Er verkörpert unseren Laden." Streich, schwärmt er, sei schon jetzt Kult in der Bundesliga. Aber vor allem ein Spitzentrainer. Der die Zahl der Fußballschüler aus der Sport-Club-Schule im Profikader auf neun erhöht hat, viele standen regelmäßig in der Startformation. Streich ist davon überzeugt, dass der Club nur so überleben kann im Profifußball.

Wer versucht, den Menschen Streich komplett zu erfassen, scheitert. Zu unangepasst ist er, zu vielschichtig sein Leben: Hauptschule, Fußballprofi, zweiter Bildungsweg, Abitur, Studium (Germanistik, Geschichte, Sport). Dass er als verrückt bezeichnet wurde, weil er mit dem Fahrrad zum Training fährt, amüsiert ihn. „Ich fahre Fahrrad, weil ich nur 300 Meter entfernt vom Stadion wohne", lacht er. Wenn einer ihn auf die unbändige Frisur anspricht, versichert er achselzuckend: „Ich kämme mich jeden Morgen." Dass er so stark in den Mittelpunkt gerückt ist, wundert ihn. Bisweilen kommt ihm der Job vor wie die Fahrt in einem rasenden ICE. Er sei froh, wenn er ihn bis zum Saisonende schaffe, hat Streich zwischendurch einmal gesagt. Inzwischen hat er sich an das Geschäft gewöhnt: „Ich mache mir keine Gedanken. Ich gehe einfach in die neue Saison."

Der Autor: **Rene Kübler** ist Sportredakteur der „Badischen Zeitung" in Freiburg, schreibt seit Jahren über den Sport-Club und berichtet auch von fast allen Spielen der Deutschen Nationalmannschaft.

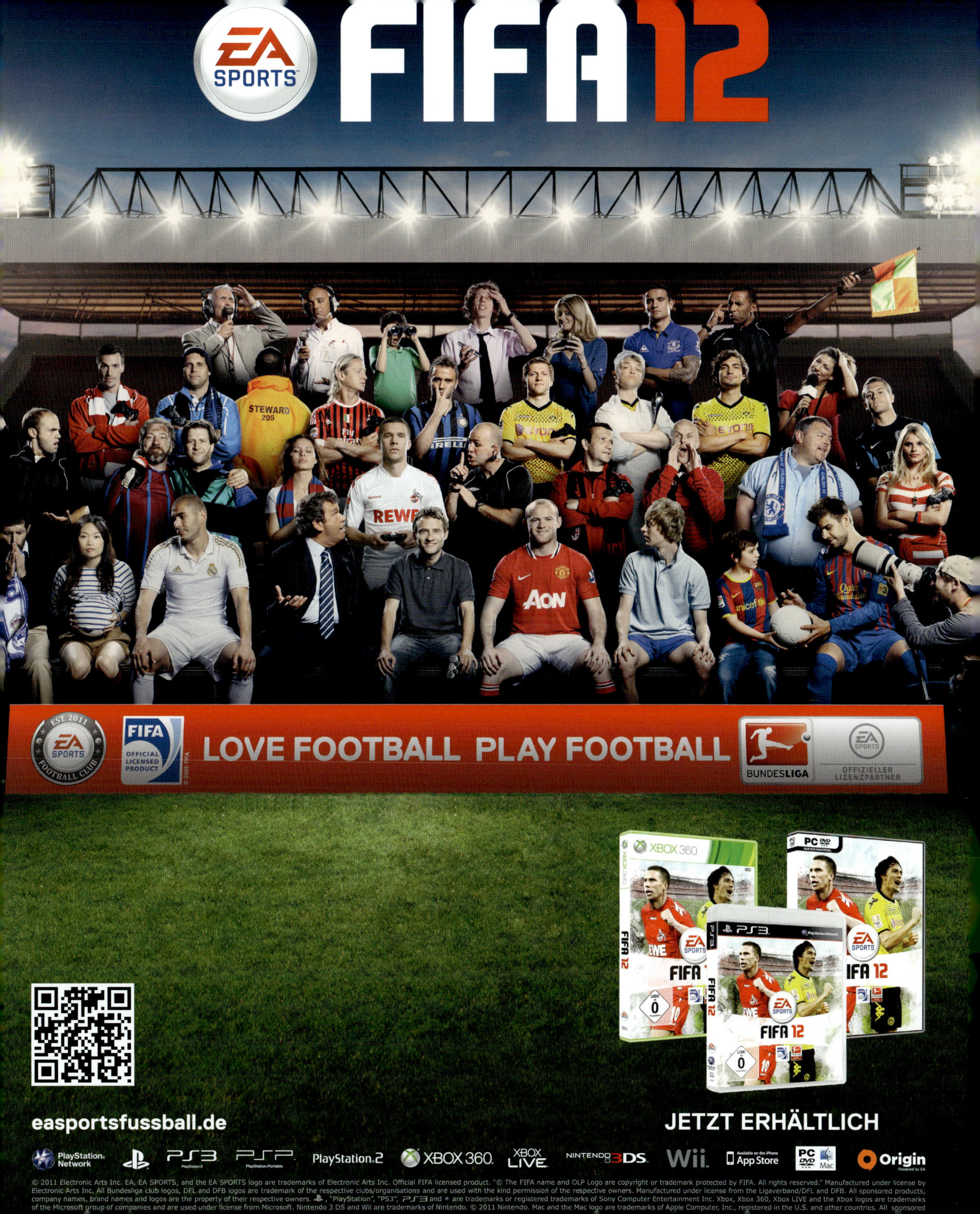
EA SPORTS
FIFA 12
STEWARD
LOVE FOOTBALL PLAY FOOTBALL
EST. 2011 EA SPORTS FOOTBALL CLUB
FIFA OFFICIAL LICENSED PRODUCT
BUNDESLIGA
OFFIZIELLER LIZENZPARTNER
easportsfussball.de
JETZT ERHÄLTLICH
PlayStation Network
PS3
PSP
PlayStation 2
XBOX 360
XBOX LIVE
NINTENDO 3DS
Wii
Available on the iPhone App Store
PC DVD Mac
Origin
© 2011 Electronic Arts Inc. EA, EA SPORTS, and the EA SPORTS logo are trademarks of Electronic Arts Inc. Official FIFA licensed product. "© The FIFA name and OLP Logo are copyright or trademark protected by FIFA. All rights reserved." Manufactured under license by Electronic Arts Inc. All Bundesliga club logos, DFL and DFB logos are trademark of the respective clubs/organisations and are used with the kind permission of the respective owners. Manufactured under license from the Ligaverband/DFL and DFB. All sponsored products, company names, brand names and logos are the property of their respective owners. "PlayStation", "PS3", PS3 and are trademarks or registered trademarks of Sony Computer Entertainment Inc. Xbox, Xbox 360, Xbox LIVE and the Xbox logos are trademarks of the Microsoft group of companies and are used under license from Microsoft. Nintendo 3 DS and Wii are trademarks of Nintendo. © 2011 Nintendo. Mac and the Mac logo are trademarks of Apple Computer, Inc., registered in the U.S. and other countries. All sponsored

Der Komponist des Opus Borussia

Es war in Leverkusen, in der BayArena, als Lucien Favre die Kontrolle verlor. Igor de Camargo hatte gerade den Ball zum 2:1-Sieg ins Tor geschoben, als Favre quer über den Platz rannte, hinüber zu seinem Helden, um ihn zu herzen. Einigermaßen verdutzt waren die jubelnden Borussen, als Favre, sonst einer, der lieber innerlich feiert, plötzlich mitten unter ihnen war.

Favre ahnte wohl in diesem Moment, dass sein Opus namens Borussia Mönchengladbach etwas Außerordentliches geschafft hatte, denn durch den Sieg bei Bayer 04 war der Abstand zu den Tabellenplätzen ohne Europacupberechtigung so groß, dass der Vorsprung nur noch einer rabenschwarzen Theorie nach hätte verspielt werden können. Am Ende wurde es der vierte Rang, das an sich war eine Sensation. „Wir haben 60 Punkte geholt, das ist sehr positiv. Wir dürfen nicht vergessen, wo wir vor einem Jahr standen. Wir haben eine sehr gute Saison gespielt", sagte Favre.

Für seine Spieler ist der schmale Mann aus dem Schweizer Kanton Waadt der „Vater des Erfolgs". Favre nimmt solche Komplimente aus Höflichkeit an, sonnt sich aber nicht in ihrem Licht. Zuweilen hat man das Gefühl, dass er gern aus der Fußballwelt alles streichen würde, was nicht auf dem Platz ist. Dort, auf dem Rasen, ist er in seinem Element, hier kann er tüfteln, hier kann er seine Spieler schulen.

Ja, Favre ist einer der Trainer, der seine Spieler nachweislich besser macht. Und damit die Mannschaft. Er hat Gladbach am 14. Februar 2011 übernommen. Damals, es scheint Lichtjahre her, galt der Traditionsclub als designierter Absteiger. Favre rettete Gladbach mit schönem Fußball in die und dann in der Relegation – ein Jahr später stehen sie wieder da: in der Relegation. Allerdings in der zur UEFA Champions League.

Favre spricht nicht selten von einem „Wunder". Er hat es möglich gemacht. Favre hat das Team, das er vorfand, neu definiert, er hat jedem Spieler eine Rolle auf den Leib geschneidert, in der dieser das Beste für das Team bringen konnte. „Lucien Favre war der Mosaikstein, der uns gefehlt hat", sagt Sportdirektor Max Eberl.

Dass Favre immer wieder als Kandidat bei anderen Clubs gehandelt wird, ist der Preis des Erfolgs. Beim FC Bayern München wird er geschätzt, was Franz Beckenbauer wiederholt preisgab, auch Bayer 04 Leverkusen wurde als künftiger Arbeitgeber gehandelt. Favre kokettiert auf seine Art mit der Nachfrage – er äußert sich nicht zu seiner Zukunft über das nächste Spiel hinaus. Selbst vor dem letzten Spieltag, als schon alles entschieden war, schaute er „nur auf Mainz".

Dieses Dogma jedoch ist eines der Erfolgsgeheimnisse Favres. „Für uns war es entscheidend, immer von Spiel zu Spiel zu denken. Wir sind in jede Partie gegangen mit dem Ziel zu gewinnen. Das hat nicht immer geklappt. Aber wir hatten in der Rückrunde einen guten Start, der hat uns Vertrauen gegeben. Die Mannschaft war solide und hat zusammengestanden, auch als es mal nicht lief. Das war entscheidend. Es war für die Gegner schwer, gegen uns zu spielen", sagte Favre nach dem 3:0 zum Ausstand beim 1. FSV Mainz 05. Favre arbeitet im Detail, er greift sofort ein, wenn im Training etwas nicht stimmt. Er bereitet jedes Spiel mit intensiver Videoanalyse vor, sein Team stellt er auf jeden Gegner speziell mit Trainingsübungen ein, Favres Borussia ist ein spielstarkes Abwehrbollwerk, sie kassierte nur 24 Gegentore, so wenige wie nie ein Gladbacher Team zuvor. Und Borussia kann an guten Tagen so dominant sein, dass der Gegner kaum den Ball haben darf. Favres Ideal ist der FC Barcelona. Die Borussia mit dem Favre-Touch hat etwas von „Barça". Aber noch ist es eine andere Welt. Manchmal wirkt Favre ungeduldig. Aber er wird weiter an seiner Borussia basteln, mindestens bis 2013. Schon jetzt hat er in Gladbach Geschichte geschrieben. Man darf gespannt sein auf das nächste Kapitel.

Der Autor: **Karsten Kellermann** ist Sportredakteur der „Rheinischen Post", der größten Zeitung des Rheinlandes. Er berichtet von der Borussia von allen Heim- und Auswärtsspielen.

Lucien Favre bestritt als Fußballprofi 24 Länderspiele für die Schweiz und spielte bei Servette Genf zusammen mit Karl-Heinz Rummenigge in einer Elf.

KÖPFE

BUNDESLIGA

www.grundig.de
Neu im Programm:
das Beste aus dem Internet.
flickr
Bon Gusto
auto motor sport CHANNEL
Bild.de
REUTERS
GRUNDIG
BUNDESLIGA
GRUNDIG
OFFIZIELLER TECHNOLOGIE-PARTNER
Der Fine Arts SMART inter@ctive TV
mit vielen exklusiven Apps.
Sie wollen schnell und einfach ins Internet? Schalten Sie Ihren Fernseher ein. In den neuen Grundig LED-TVs mit SMART inter@ctive TV sind eine Vielzahl von Online-Seiten wie Facebook, Reuters, Flickr und Bild.de integriert. Sie werden als kleine Symbole auf dem Bildschirm dargestellt und können bequem mit der Fernbedienung geöffnet werden. So sehen Sie nicht nur Ihre Lieblingsfilme ganz groß, sondern auch Ihre Lieblingsseiten.
AUS GUTEM
GRUND
GRUNDIG

Oldies und Newcomer

Jupp Heynckes

Als Jupp Heynckes (67) im Sommer seine dritte Amtszeit beim FC Bayern München angetreten hatte, herrschte an der Säbener Straße Kaiserwetter. Und es dauerte nicht lange, bis auch bei Bayern-Präsident Uli Hoeneß buchstäblich wieder die Sonne aufgegangen war. „Chapeau. Man kann Jupp Heynckes nur ein Kompliment machen, wie er hier Fußball zu einer Kunst erhoben hat", lobte Hoeneß seinen langjährigen Freund schon nach wenigen Wochen in höchsten Tönen. Und in der Tat zelebrierte der Rekordmeister in der Hinrunde phasenweise Zauberfußball, dass der Konkurrenz angst und bange werden konnte. Zur Deutschen Meisterschaft reichte es am Ende für die Münchner aber wieder nicht. Nach einer Schwächephase in der Rückrunde musste „Don Jupp" wie schon im Vorjahr mit Bayer 04 Leverkusen hinter dem Deutschen Meister Borussia Dortmund mit Platz zwei vorliebnehmen. Doch allein das UEFA-Champions-League-Finale in der eigenen Allianz Arena gegen den FC Chelsea London war Entschädigung genug. Und quasi nebenbei erreichten die Bayern auch das DFB-Pokalfinale. Wenn auch beide Endspiele letztlich verloren wurden. Es waren allerdings nicht nur die sportlichen Erfolge, mit denen Heynckes Eindruck machte. Mit seiner väterlichen Art, seiner Ruhe und Gelassenheit brachte er nach der mitunter turbulenten Zeit unter Vorgänger Louis van Gaal die Harmonie zurück, was auch ein Grund dafür war, dass Spaßfußballer wie Franck Ribéry wieder aufblühten.

Otto Rehhagel

Nach 4.159 Tagen hatte die Bundesliga eines ihrer Originale zurück. „König Otto" Rehhagel verabschiedete sich im stattlichen Alter von 73 Jahren vom Rentnerdasein und kehrte noch einmal für drei Monate auf die große Bühne bei Hertha BSC zurück. Und rüstig war der frühere Meistertrainer allemal. So staunten die Zaungäste nicht schlecht, als der Nachfolger des glücklosen Michael Skibbe an seinem ersten Arbeitstag bei dichtem Schneetreiben ohne Mütze auf dem Trainingsplatz stand. Typisch Rehhagel halt, genauso wie seine Sprüche, die er nicht verlernt hatte. „Ich bin bei Hertha BSC das Gesetz, und alle hören ab jetzt auf mein Kommando. Ich bin Preuße und ein demokratischer Diktator", lautete die Botschaft des einstigen Europameister-Trainers von Griechenland. Das Debüt fiel mit dem 0:3 gegen den FC Augsburg noch ernüchternd aus, doch schon eine Woche später durfte Rehhagel beim 1:0 gegen seine „alte Liebe" SV Werder Bremen erstmals jubeln. Und als ob Rehhagel vom Trainerjob nicht genug bekommen konnte, gab es mit dem späten Einzug in die Relegation noch einen Zuschlag von zwei Spielen gegen Fortuna Düsseldorf. So schloss sich für Otto Rehhagel in der nordrhein-westfälischen Landeshauptstadt Düsseldorf der Kreis. Da, wo er 1980 mit der Fortuna seinen ersten Titel (DFB-Pokal) geholt hatte, blieb für Rehhagel diesmal der Erfolg aus. Die Hertha verlor die Relegation und musste den Gang in die 2. Bundesliga antreten.

Thorsten Fink

Die Erleichterung stand Thorsten Fink (44) ins Gesicht geschrieben, als der Klassenerhalt mit dem Hamburger SV am vorletzten Spieltag geschafft war. „Ich wollte nicht der erste Trainer sein, der mit dem HSV absteigt", sagte der Coach nach dem 0:0 gegen den 1. FSV Mainz 05 und zog einen Schlussstrich unter eine holprige Saison. Das Wie und Warum interessierte den 367-maligen Bundesliga-Profi nicht mehr, einzig die Rettung zählte. Dabei betrat der gebürtige Dortmunder, der im Oktober 2011 auf Michael Oenning folgte, mit seinem Wechsel zum Bundesliga-Dino Neuland. Fink hatte als Spieler des FC Bayern München Titel wie am Fließband (unter anderem UEFA Champions League und vier Deutsche Meisterschaften) gesammelt. Und auch beim FC Basel stand er zuletzt als Trainer zweimal zum Ende der Saison ganz oben. „Ich will jedes Spiel gewinnen und kann nur schlecht verlieren", lautet Finks Maxime. Mit Rückschlägen musste er in Hamburg aber lernen umzugehen. Zwar blieb er in den ersten acht Spielen ungeschlagen, doch nach einer Reihe von Niederlagen begann in der Hansestadt das große Zittern – bis zum späten Happy End.

Jos Luhukay

Nur das Ende des Engagements kam überraschend. Nach über drei Jahren sehr erfolgreicher Zusammenarbeit zeichnete es sich kurz vor dem Saisonende ab, dass Jos Luhukay und der FC Augsburg künftig getrennte Wege gehen würden. Der Trainer hatte die Schwaben in die Bundesliga geführt und den Aufsteiger, vor allem mit einer ausgezeichneten Rückrunde, in der höchsten Spielklasse gehalten. Damit festigte der 48-Jährige in Augsburg seinen Ruf, ein Spezialist für den Aufbau von neuen Teams zu sein. Der Niederländer geleitete 2008 schon Borussia Mönchengladbach nach einem Abstieg wieder in die Bundesliga zurück, zuvor hatte er beim SC Paderborn und als Kotrainer des 1. FC Köln seine Spuren hinterlassen.
Knapp zwei Wochen nach Saisonende gab er dann sein Ja-Wort für ein Engagement als neuer Cheftrainer von Hertha BSC.

Huub Stevens

Die Entscheidung fiel Hubertus Jozef Margareta Stevens (58) nicht schwer. „Einmal Schalker, immer Schalker. Der Club ist für mich eine Herzensangelegenheit", sagte der Niederländer, und kurz darauf trug er auch schon den königsblauen Dress mit den Initialen „HS". So, als wäre er nie weg gewesen. Dabei waren mehr als neun Jahre ins Land gezogen, ehe der früher häufiger als „Knurrer aus Kerkrade" bezeichnete Limburger im September 2011 auf die Trainerbank des FC Schalke 04 zurückkehrte. Ralf Rangnick hatte wenige Tage zuvor wegen eines Erschöpfungssyndroms um die Freistellung gebeten. Eine Lösung musste her, die Schalker erinnerten sich an Stevens. Unter dem Niederländer waren die Eurofighter 1997 zum UEFA-Pokalsieg gestürmt, wurden 2001 „Meister der Herzen" und zweimal DFB-Pokalsieger (2001 und 2002). Doch die Zeiten hatten sich geändert, Stevens wurde nicht bedenkenlos in Empfang genommen. Die Kritiker, die in ihm einen Trainer der altmodischen Schule sahen, belehrte Stevens eines Besseren. „Er besitzt enorme Qualitäten als Mensch und als Trainer, die er genauso einsetzt, wie es die Mannschaft braucht", schwärmt Horst Heldt, Vorstand Sport und Kommunikation.
So führte der frühere Oranje-Nationalspieler die Königsblauen mit offensivem Fußball auf den dritten Tabellenplatz und ins Viertelfinale der UEFA Europa League.

Chancen schaffen

BUNDESLIGA STIFTUNG

Solidarität und Chancengleichheit hat sich die Bundesliga-Stiftung auf ihre Fahnen geschrieben. Seit drei Jahren werden Projekte in den Bereichen Kinder, Menschen mit Behinderung, Sportler anderer Sportarten und Integration unterstützt.

Ilkay Gündogan, 1990 in Gelsenkirchen geboren, dessen Eltern aus der Türkei ins Ruhrgebiet kamen, ist einer von 16 Millionen Bundesbürgern mit Migrationshintergrund. Der Nationalspieler und Deutsche Meister von Borussia Dortmund ist Integrationspate der Bundesliga-Stiftung.

Fans transportiert. „Es ist für mich wichtig, jetzt wo ich es als Fußballer viel leichter habe, den Menschen, denen es nicht gut geht, zu helfen", sagt Gündogan.

Die Bundesliga-Stiftung unterstützt seit ihrer Gründung am 1. Januar 2009 über 50 Projekte mit rund drei Millionen Euro. Dabei setzt sie auf ein Vier-Säulen-Modell – ihr Augenmerk ruht auf Kindern, Menschen mit Behinderung, Sportlern anderer Sportarten und der Integration, auf der in der Saison 2011/12 der Schwerpunkt der Förderung lag. Das Prinzip der Stiftung ist einmalig. „Die Vorbildfunktion von jungen, erfolgreichen Fußballprofis ist heutzutage für Kinder und Jugendliche von immenser Bedeutung", erklärt Kurt Gaugler, Geschäftsführendes Vorstandsmitglied der Bundesliga-Stiftung.

Eine ausgewogene Ernährung und viel Bewegung sind für Kinder sehr wichtig, um gesund aufzuwachsen. Die Bundesliga-Stiftung versucht mit zahlreichen Projekten, wie etwa dem Bau eines Spielplatzes, Kinder zu fördern.

Kinderfreude zu erleben, ist wunderbar. Bei den Kinder-Projekten der Bundesliga-Stiftung gehört auch Fußball zum Programm.

Seine Eltern kamen aus der Türkei nach Deutschland. Sie hatten nichts außer sich selbst und einem Traum. „Wir hatten es schwer, meine Eltern und so auch wir Kinder. Ich hatte keine helfende Hand, ich musste mich schon durchs Leben kämpfen", erzählt Ilkay Gündogan. Gerade ist er mit Dortmund Deutscher Meister geworden, ein Star im Mittelfeld, aber auch ein Einwandererkind, dem es nicht immer leichtfiel, in die Gesellschaft hineinzuwachsen. 16 Millionen Menschen mit Migrationshintergrund leben in Deutschland. Viele von ihnen kämpfen noch immer um Anerkennung und Chancengleichheit. Die Bundesliga-Stiftung möchte sich genau hier positionieren, beweisen, dass das Prinzip der Solidarität funktioniert, für ein besseres Miteinander.

Gündogan war einer von den Jungs, die um Anerkennung kämpften, genauso wie Sidney Sam oder Gerald Asamoah. Gemeinsam mit Mario Götze und sechs weiteren Nachwuchsspielern, unter anderem Emre Can, Kapitän der U17-Nationalmannschaft, sind sie die Stars der Integrationskampagne der Bundesliga-Stiftung. Unter dem Slogan „Integration. Gelingt spielend." wurde außer mit aufwendigen TV-Spots, die BAP-Sänger Wolfgang Niedecken vertonte, bei Aktionstagen die Botschaft mit Banner und T-Shirts und der Hilfe der Bundesliga-Profis in das Bewusstsein der

500.000 Euro wurdn in dieser Saison allein in Integrationsprojekte investiert. Es gilt, den Integrationsgedanken in das Bewusstsein eines jeden zu heben. Da hilft die Aura der Stars genauso wie die Erweiterung des Projekts „Lernort Stadion". Neben den sechs schon bewährten Lernzentren sind in dieser Saison gleich drei neue Lernorte in Rostock, Frankfurt und Dresden entstanden. Gemeinsam mit der Robert Bosch Stiftung wurden Aktionen wie „Erzähl-Café", „Fit for life" oder „Fußball ma' anders", um nur einige zu nennen, ins Leben gerufen. Die Idee, Kindern, Jugendlichen und jungen Erwachsenen im direkten Umfeld eines Fußballclubs, nämlich im Stadion,

BUNDESLIGA

Barrierefrei ins Stadion: Umfangreiche Hilfen ermöglichen vielen Rollstuhlfahrern, wie hier bei Erzgebirge Aue, Bundesliga-Spiele zu besuchen.

Bildungsangebote zu machen, stammt aus dem England der 1990er Jahre.

Ziel dieser Projekte ist vor allem, die gesellschaftliche Diskussion anzuregen, politisch wie kulturell, sozusagen Integration aus der Mitte. „Wir wollen auch für das Miteinander im Allgemeinen sensibilisieren", sagt Tom Bender, Vorstandsvorsitzender der Bundesliga-Stiftung.

Schwerpunkt Integration heißt jedoch nicht, dass die anderen Säulen vernachlässigt wurden. Im Tätigkeitsbereich Kinder wird unter anderem das Grundschulprojekt „Balu & Du" unterstützt. Benachteiligte Kinder benötigen eine intensive Betreuung. Mit der Hilfe von persönlichen Mentoren wird versucht, ihnen eine Perspektive in der Gesellschaft zu öffnen. Anders beim Projekt „Robuste Kids", hier geht es um Denkanstöße, die das Ernährungs-, Bewegungs- und Freizeitangebot betreffen. Und ein wunderbares Behinderten-Fußballturnier in Bremen bewies einmal mehr, dass Inklusion großen Spaß bringt.

Die Bundesliga-Stiftung versucht, Spitzensportlern aus anderen Sportarten das Scheinwerferlicht zu überlassen, immer wieder geht es um das große Ganze, das Prinzip der Solidarität. Im Themenfeld Sportler für Sportler wurde nicht nur die Partnerschaft mit der Deutschen Sporthilfe bis 2013 verlängert, sondern es wurden auch gleich sieben neue Nachwuchssportler ins Patenschaftsprogramm der Bundesliga-Stiftung aufgenommen. Dort, wo Geld zum Beispiel für Autofahrten, Trainingslager und Nachhilfestunden fehlt, hilft die Bundesliga-Stiftung direkt über das Nachwuchselite-Förderprogramm der Deutschen Sporthilfe. Parallel dazu wurde eine Roadshow in München gestartet, die in einigen Bundesliga-Städten Halt machen wird. Sie gilt den 170 Athleten des Programms, es geht um Aufmerksamkeit und tolle Preise – darunter ein Audi A1 –, die unter den Sportlern während der Olympischen Spiele verlost werden sollen.

Aus der Idee, junge Sportler in ihrer persönlichen Entwicklung und während ihrer sportlichen Laufbahn zu begleiten, hat sich ein gesundes System entwickelt. Wie erfolgreich es ist, zeigen Sportler wie Johannes Rydzek. Der Nordische Kombinierer rutschte in diesem Jahr in die Eliteförderung der Deutschen Sporthilfe. Oder auch Bahnradfahrerin Miriam Welte, sie wurde in Melbourne mit Weltrekord im Teamsprint Weltmeisterin.

Im Sommer geht die Stiftung an der Seite der Bundesliga in ihre neue Saison 2012/2013. Tom Bender: „Die Bundesliga-Stiftung hat sich zu einer Größe innerhalb der Gesellschaft entwickelt. Ziel ist es, durch unsere Förderung Menschen zur Selbsthilfe zu animieren und so Chancen zu schaffen."

Diese Jungs sehen aus wie eine Streetgang. Das ist beabsichtigt. Doch am liebsten tragen sie ihre Fußballtrikots. Denn die sechs sind allesamt deutsche Jugend-Nationalspieler. Sie drehten als Stars der Integrationskampagne der Bundesliga-Stiftung („Integration. Gelingt spielend.") einen TV-Spot, den BAP-Sänger Wolfgang Niedecken vertonte.

Dein Name für Deutschland.

Werde offizieller Sponsor
der deutschen Spitzensportler.
Schon für 3 € im Monat unter
www.sporthilfe.de

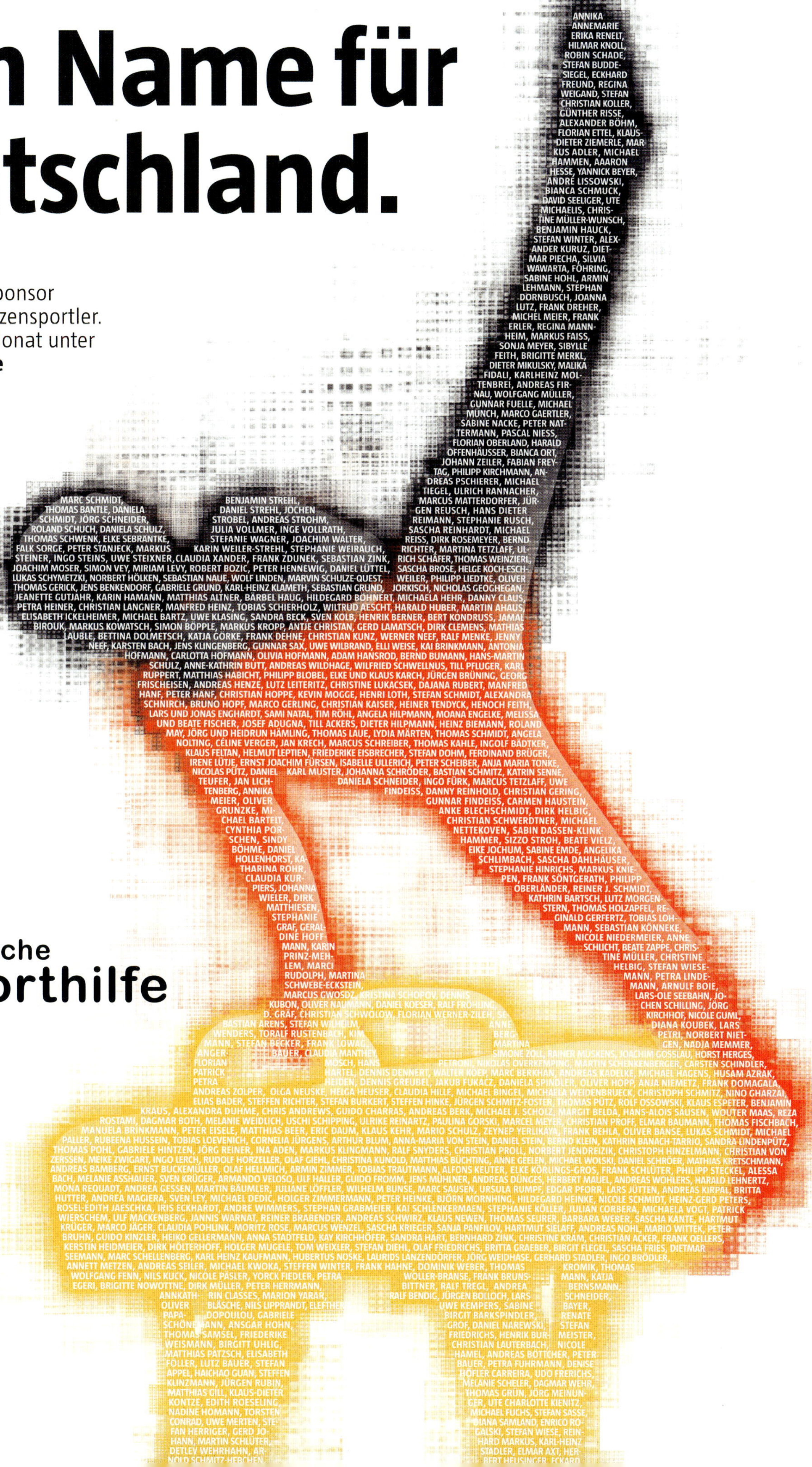

Deutsche
Sporthilfe

Eine Spendenaktion der Deutschen Sporthilfe.

Juwelenschau in der Schatzkammer

bundesliga.de, die offizielle Website der DFL, behauptet ihre Position unter den führenden deutschsprachigen Sportangeboten im Internet. Erfolgsgaranten sind redaktionelle Qualität, enorme Datentiefe und hochwertige Videoinhalte.

Natürlich gibt es die Möglichkeit, sich bei bundesliga.de nur auf die Schnelle und den ersten Blick über alles Wesentliche zu informieren, was der deutsche Profifußball zu bieten hat. Aber warum mit dem ersten Ring begnügen, der ins Auge fällt, wenn man in der Tür zur Schatzkammer steht? bundesliga.de lädt den Fan ein, von der Oberfläche in eine enorme Informationstiefe einzutauchen oder sich vom Unterhaltungsfaktor der Seite in den Bann ziehen zu lassen. Bis zu 2,5 Millionen Unique User nehmen dieses Angebot bereits dankend an, im April 2012 verzeichnete die Website mit mehr als 16 Millionen Visits einen erneuten Rekord. Vorschaudaten, die Vorjahrespartie im Video, Audiovorschau, Liveticker- und Liga-Radioübertragung, Spielbericht, Analyse, Spielmatrix, Audionachbericht, Topdaten, Interview, Nachbericht und die Highlights im Video umfasst das reichhaltige Standardpaket zu jedem einzelnen Bundesliga-Spiel. Hintergrundgeschichten der bundesliga.de-Reporter vor Ort, Expertengespräche und Bildergalerien im XL-Format runden das redaktionelle Programm zum Spieltagsgeschehen ab.

Ohne Videos ist eine echte Top-Website undenkbar. Bei bundesliga.de findet der User und Fußballfan attraktive Filme, die direkt in den Vereinen topaktuell erstellt werden. Besser geht's nicht.

Die Liveberichterstattung auf bundesliga.de, die neben den Begegnungen der Bundesliga und 2. Bundesliga auch Europapokalspiele mit deutscher Beteiligung sowie Spiele der deutschen Nationalmannschaft thematisiert, ist unverwechselbar. Auf die Hörer – bereits jetzt zieht der hochwertige Audiostream mehr als 200.000 Menschen pro Spieltag in seinen Bann – warten eine spannende Kommentierung und eine einzigartige Datenfülle im Liveticker. Bereits während des Spielgeschehens ist der Fan ständig auf dem aktu-

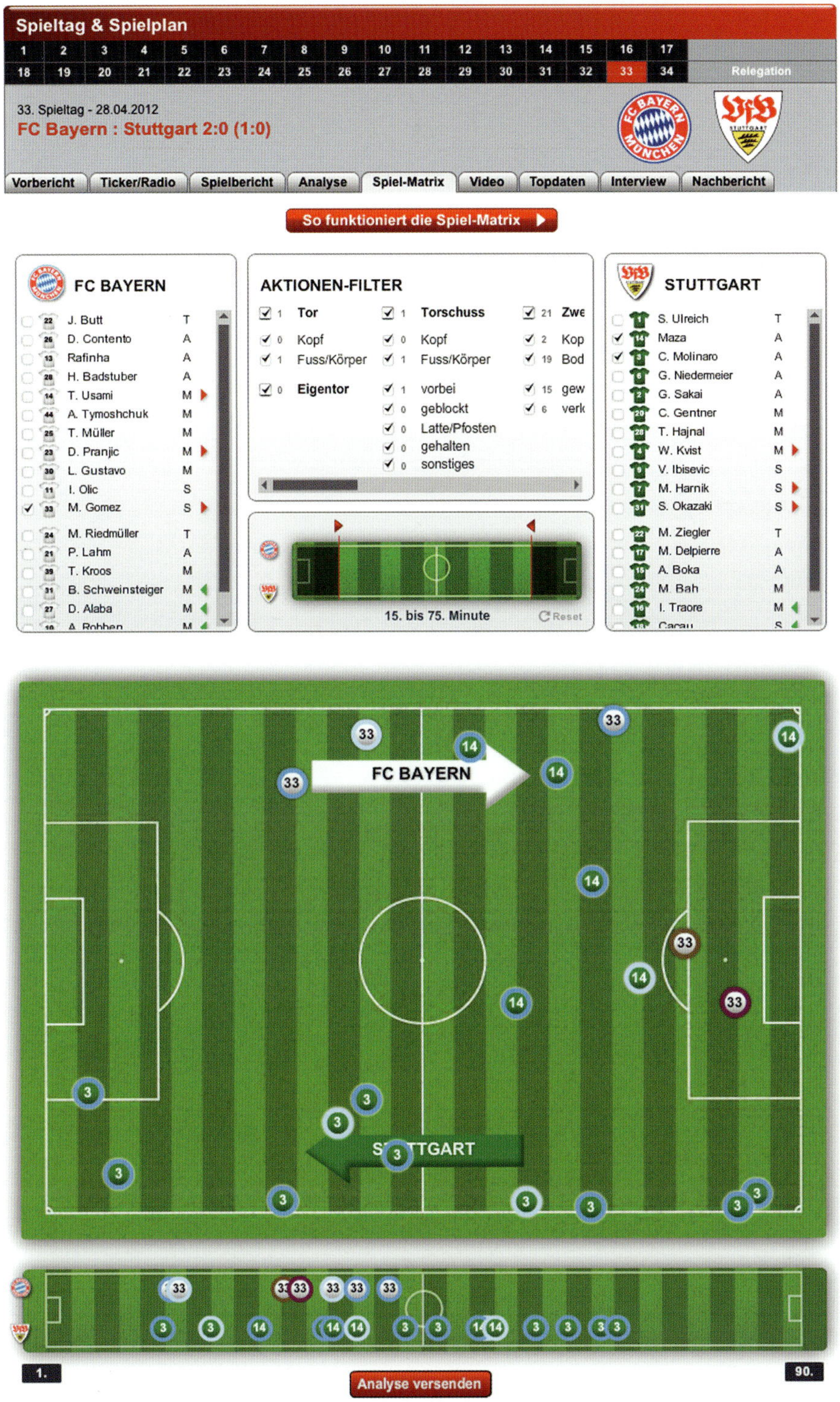

Nicht nur für Experten stellen die Analysen, die auf bundesliga.de von allen Bundesliga-Spielen bereitgestellt werden, eine wertvolle Informationsquelle dar. Tatsächlich wird das Spielgeschehen durch diese kompetente Aufarbeitung im Nachhinein verständlicher.

ellen Stand, welche Mannschaft in puncto Torschüsse, Pässe, gewonnene Zweikämpfe, Flanken, Laufstrecke und Sprints Maßstäbe setzt. Betrachtet der User die vorliegenden Zahlen zu jedem einzelnen Spieler, kommen noch die Kategorien Ballkontakte und Fehlpässe hinzu. Wo reiht sich welcher Spieler einer Begegnung im Vergleich mit den übrigen eingesetzten Akteuren ein? Schafft er es in einem oder mehreren der gescouteten oder per Tracking erhobenen Kriterien gar in die Top 15 der Liga? Wie passt der aktuelle Wert eines Spielers zu seinem Saisondurchschnitt? Fragen dieser Art lassen sich nach nur einem Mausklick beantworten. Ein Rückblick auf vergangene Spieltage ist im Liveticker ebenso problemlos möglich wie der

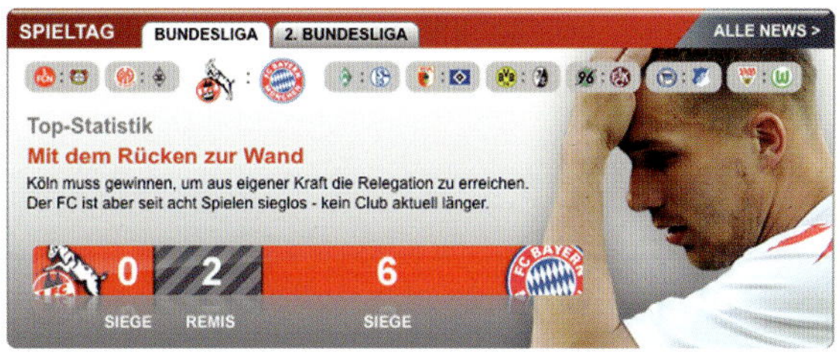

Klar und übersichtlich informieren Topstatistiken über die Situation aller 18 Bundesliga-Clubs.

ausgiebige Datenvergleich zweier Spieler über die Spielerprofilkarte. Sie zeigt in der Heatmap zudem, wo sich der Spieler in der Partie aufgehalten hat.

Wer den Ball mit eigenen Augen rollen sehen möchte, findet auf bundesliga.de in der Rubrik Bundesliga-TV eine einzigartige Zusammenstellung von Premiumvideos. Ob Highlight-Spielberichte, exklusive Interviews oder hintergründige Insider-Ansichten – die 1.360 Videoeigenformate pro Jahr lassen keine Wünsche offen, monatlich etwa 1,5 Millionen Videoabrufe sind dafür der beste Beleg. Beim aufwendigen Tippspiel und den Votings auf bundesliga.de sind mehr als 250.000 User stets mit dabei. Vom Offiziellen Bundesliga Manager (OBM) fühlen sich über 200.000 registrierte Nutzer bestens unterhalten. Es hat sich herumgesprochen, dass die Tür zur Schatzkammer bundesliga.de offen steht. Was spricht dagegen ein ausgiebiges Bestaunen der Juwelen?

Der Autor: **Martin van de Flierdt** ist Redaktionsleiter bei bundesliga.de. Er berichtete von der WM 2010 und seit Jahren über die Bundesliga.

LIGA INTERN

Die Bilanzen der Saison

Auch in der Saison 2011/12 hatte die Bundesliga viele Überraschungen zu bieten – mit spannenden Kämpfen um die Deutsche Meisterschaft und die Plätze in den internationalen Wettbewerben, mit namhaften Teams, die zurückkehrten in die Spitze, und Traditionsclubs, die Sorgen und Nöten ausgesetzt waren.

Der Mönchengladbacher Marc-André ter Stegen, einer der auffälligsten und besten Torhüter der Saison, wird bedrängt vom Leverkusener Offensivspieler Sydney Sam.

Der Autor: **Karl-Heinz Wild** ist Chefreporter bei der Fachzeitschrift „kicker", für die er seit vielen Jahren über den FC Bayern München und die Nationalmannschaft schreibt.

Vizemeister mit zwei Finalteilnahmen

Zwei Jahre in Folge nicht Deutscher Meister, das hatte es beim FC Bayern München zuletzt 1996 gegeben. Dafür stand der Rekordmeister im Finale der UEFA Champions League – und das als erster Club im eigenen Stadion. Doch ein Sieg war den Münchnern nicht vergönnt, genauso wenig wie im DFB-Pokalfinale.

Mario Gomez und David Alaba bejubeln in freundschaftlicher Umarmung wieder ein Tor: Der FC Bayern München gewinnt 23 Spiele, drei mehr als bei der Meisterschaft 2010.

Uli Hoeneß sah einigermaßen frisch aus an diesem Madrider Morgen. Es war der Aprildonnerstag nach dem Halbfinaltriumph bei Real, sein FC Bayern München hatte sich die Zulassung für das UEFA-Champions-League-Finale 2012 spektakulär gesichert und anschließend beglückt gefeiert, der erste Mann im Club inklusive. Wenige Stunden Schlaf darauf zog er auf dem Flughafen „Barajas" ein präsidiales Fazit. „Der FC Bayern gehört jetzt eindeutig zu den Großen der Welt", sprach Hoeneß und fand's einfach nur „fantastisch", dass das große Ziel erreicht war: „Wir wollten national sehr gut dastehen und ein Global Player werden, das haben wir jetzt geschafft."

Hoeneß schwebte auf der spanischen Wolke, die den FC Bayern bis ins heimische Endspiel getragen hatte. Da trübte es das Wohlbefinden nicht, dass es in der Bundesliga erneut nur zu einem Platz hinter Borussia Dortmund gereicht hatte. Im Vorjahr waren die BVB-Champions dem damals auf Platz drei notierten Rekordmeister mit zehn Punkten enteilt, dieses Mal mit acht. Der FC Bayern vollendete das Spieljahr

Präsident Uli Hoeneß:

„Wir haben es geschafft, ein Global Player zu werden."

2011/12 auf Platz zwei, 77:22 Tore brachten 73 Zähler, drei mehr als 2010, als der Club mit fünf Punkten Vorsprung vor dem FC Schalke 04 Deutscher Meister geworden war.

Also wollte Karl-Heinz Rummenigge die diesjährige Platzierung „nicht als Katastrophe bezeichnen", der Vorstandsvorsitzende betonte vielmehr: „Für die Vizemeisterschaft müssen wir uns nicht schämen." Er begeisterte sich schon zu diesem frühen Zeitpunkt, als die beiden Finals noch gar nicht gespielt waren, an einer „wunderbaren Saison", die auch in der Bundesliga grandios begonnen hatte.

Den 0:1-Fehlstart gegen Borussia Mönchengladbach polierten Philipp Lahm, Bastian Schweinsteiger und Kollegen mit sechs Siegen und 21:0 Toren weg, am neunten Spieltag führten sie das 18er-Feld mit dem fabelhaften Torverhältnis von 25:1 an, schon mit fünf Zählern im Plus gegenüber Gladbach und mit sechs gegenüber Dortmund. Nach der sechsten und siebten Runde waren die Titelinhaber aus Dortmund bereits mit acht Punkten Abstand aus dem Rückspiegel verschwunden.

Doch dann kamen Klopp und Co. nach München und gewannen eiskalt 1:0. Statt einer möglichen Vorentscheidung zugunsten der Bayern mit wiederum acht Punkten mehr war der Abstand auf dünne zwei geschmolzen. Nach der Winterpause kam es noch dicker für die Münchner, die zwischen der 18. und 24. Runde zehn Punkte abgaben – und damit

Manuel Neuer erhält die Trophäe für den „Fußballer des Jahres 2011" der Zeitschrift „kicker" (Foto oben). Thomas Müller stoppt gegen Stuttgart gekonnt den Ball (Foto unten).

auch den angepeilten Titel, weil die Dortmunder schon in jener Phase alles gewannen und mit fünf Punkten davonzogen. „Wenn du in der Liga mit acht Punkten voraus bist und das als Bayern München noch abgibst, bist du enttäuscht“, sagte Bastian Schweinsteiger, „das dürfte dem FC Bayern eigentlich nicht passieren.“ Vorbei war es in dieser Wackelperiode plötzlich mit der vorherigen Balance zwischen Defensive und Offensive, die Trainer Jupp Heynckes einstudiert hatte. Sinnfreie Diskussionen wie über Arjen Robben störten zudem das Gleichgewicht.

Eben dieser Ausnahmekönner aus den Niederlanden war es, der beim Showdown in Dortmund am 29. Spieltag in der 86. Minute einen Elfmeter vergab, perfekt war die 0:1-Niederlage, Dortmund so gut wie Deutscher Meister, weil vier Runden vor Ende der Abstand sechs Punkte betrug. „Wir haben schon da nicht mehr daran geglaubt, dass Borussia diesen Vorsprung noch abgibt“, sagte Lahm, als drei Tage später ein karges 0:0 gegen den 1. FSV Mainz 05 folgte. „Ärgerlich“ nannte der Kapitän die Gewissheit, dass es wieder nichts mit dem Gewinn der Deutschen Meisterschaft wurde, „das ist man beim FC Bayern nicht gewohnt“. Durchaus nicht, Lahm bemühte die Statistik, die besagt: „Minimum in jedem zweiten Jahr wurde ich Meister, seit ich hier bin.“ Letztmals 1995 und 1996 hatten die Bayern zwei Spielzeiten hintereinander Platz eins einem anderen Club überlassen müssen, damals wie heute Borussia Dortmund.

Einen innerdeutschen Machtwechsel wollte Lahm angesichts dieser Entwicklung allerdings nicht sehen. „Da zählen nicht nur zwei Jahre, sondern mehrere“, sagte er und verwies auf fünf Meistertitel in den vergangenen zehn Jahren, „außerdem vertreten wir Deutschland seit Jahren in der UEFA Champions League, das zählt schon auch noch.“ Der 31. Spieltag war gerade vorbei, als sich Lahm so äußerte, eine Woche später machte Dortmund die Titelverteidigung perfekt. Und es sollte noch schlimmer kommen.

Doch zuvor kamen schöne Tage für die Bayern. Sie triumphierten im Bernabéu-Stadion zu Madrid, Real wurde nach einem Heim-2:1 auswärts in die Verlängerung und dann in den Elfmeterentscheid gedrängt, erfolgreich: Bastian Schweinsteiger sicherte mit seinem Schuss die Zulassung zum Endspiel in München, zum „Finale dahoam“. „Jetzt kann man davon sprechen, dass wir eine sehr, sehr gute, um nicht zu sagen eine überragende Saison gespielt haben“, sagte Hoeneß kurz vor dem Abflug aus Spaniens Kapitale. Die für diese Wertung entscheidende Bedingung fügte er allerdings noch an: „Jetzt brauchst du natürlich einen Titel, um das rundzumachen.“

Doch daraus wurde nichts. Der FC Bayern verlor innerhalb von acht Tagen beide Finals, deftig mit 2:5 gegen Borussia Dortmund im DFB-Pokal, dramatisch gegen den FC Chelsea London im UEFA-Champions-League-Finale zu Hause. „Wir haben eine große Chance verpasst“, sagte Rummenigge nun in dieser in jeder Hinsicht finsteren Maiennacht im Postpalast in München, nachdem er schon sieben Tage vorher in Berlin hatte zugeben müssen: „Zurzeit gibt es eine Mannschaft in Deutschland, die vor uns steht.“ Borussia Dortmund, der Double-Gewinner. Aber mit dem Triumph im angesehensten europäischen Wettbewerb hätte dieser Makel spektakulär korrigiert werden können.

Doch dieser Coup glückte nicht, trotz Thomas Müllers Kopfballtreffer (83.), den Didier Drogba nach dem einzigen Eckball für die „Blues“ ebenfalls mit wuchtigem Kopfstoß ausglich – 1:1, Verlängerung. Da folgte ein erneut von Arjen Robben fatal verschossener Strafstoß wie knapp sechs Wochen zuvor im entscheidenden Bundesliga-Vergleich in Dortmund, es blieb beim 1:1, also Elfmeterschießen und da wieder Führung für die Bayern, ehe das brutale Ende nahte: Schweinsteiger setzte den Ball gegen den Pfosten. „Bitter“ und „noch brutaler“ als einst das spektakuläre 1:2 gegen Manchester United in Barcelona 1999 fand Rummenigge diesen Showdown.

Drei Mal der zweite Platz ist nicht der Anspruch seines Clubs. Diesen Zustand könne er „nicht akzeptieren“, sagte Hoeneß. Deshalb verlangte er eine eingehende Analyse nach dem zweiten Jahr ohne Titel und erstmals in der Clubgeschichte drei zweiten Rängen. Der Präsident betonte: „Ich bin nicht derjenige, der das so hinnimmt.“

ALLE SPIELE

Hinrunde										Rückrunde
1	07.08.	H	0:1	(0:0)	Borussia M'gladbach	3:1	(2:0)	A	20.01.	18
2	13.08.	A	0:1	(0:0)	VfL Wolfsburg	2:0	(0:0)	H	28.01.	19
3	20.08.	H	5:0	(3:0)	Hamburger SV	1:1	(1:0)	A	04.02.	20
4	27.08.	A	0:3	(0:1)	1. FC Kaiserslautern	2:0	(2:0)	H	11.02.	21
5	10.09.	H	7:0	(3:0)	SC Freiburg	0:0		A	18.02.	22
6	18.09.	A	0:2	(0:1)	FC Schalke 04	2:0	(1:0)	H	26.02.	23
7	24.09.	H	3:0	(2:0)	Bayer 04 Leverkusen	2:0	(0:0)	A	03.03.	24
8	01.10.	A	0:0		1899 Hoffenheim	7:1	(5:0)	H	10.03.	25
9	15.10.	H	4:0	(3:0)	Hertha BSC	0:6	(0:3)	A	17.03.	26
10	23.10.	A	2:1	(1:0)	Hannover 96	2:1	(1:0)	H	24.03.	27
11	29.10.	H	4:0	(3:0)	1. FC Nürnberg	0:1	(0:0)	A	31.03.	28
12	06.11.	A	1:2	(0:2)	FC Augsburg	2:1	(1:1)	H	07.04.	29
13	19.11.	H	0:1	(0:0)	Borussia Dortmund	1:0	(0:0)	A	11.04.	30
14	27.11.	A	3:2	(1:0)	1. FSV Mainz 05	0:0		H	14.04.	31
15	03.12.	H	4:1	(1:0)	SV Werder Bremen	1:2	(0:0)	A	21.04.	32
16	11.12.	A	1:2	(1:1)	VfB Stuttgart	2:0	(1:0)	H	28.04.	33
17	16.12.	H	3:0	(0:0)	1. FC Köln	1:4	(0:1)	A	05.05.	34

FC BAYERN MÜNCHEN AUF EINEN BLICK

ALLE SPIELER

Name	Vorname	Geburtsdatum	Nationalität	Position	Rücken-Nr.	Einsätze	Auswechslungen	Einwechslungen	Gelbe Karten	Gelb-Rote Karten	Rote Karten	Tore	Elfmeter	Eigentore
Alaba	David	24.06.1992	AUT	M	27	30	3	16	1	-	-	2	-	-
Badstuber	Holger	13.03.1989	D	A	28	33	1	1	5	-	-	-	-	-
Boateng	Jerome	03.09.1988	D	A	17	27	4	1	3	-	1	-	-	-
Breno		13.10.1989	BRA	A	2	-	-	-	-	-	-	-	-	-
Butt	Jörg	28.05.1974	D	T	22	1	-	-	-	-	-	-	-	-
Can	Emre	12.01.1994	D	A	36	-	-	-	-	-	-	-	-	-
Contento	Diego	01.05.1990	D	A	26	11	-	6	-	-	-	-	-	-
Gomez	Mario	10.07.1985	D	S	33	33	15	3	2	-	-	26	5	-
Gustavo	Luiz	23.07.1987	BRA	M	30	28	2	10	5	-	-	1	-	1
Kroos	Toni	04.01.1990	D	M	39	31	12	4	4	-	-	4	-	-
Lahm	Philipp	11.11.1983	D	A	21	31	2	-	3	-	-	-	-	-
Müller	Thomas	13.09.1989	D	M	25	34	15	1	1	-	-	7	-	-
Neuer	Manuel	27.03.1986	D	T	1	33	-	-	-	-	-	-	-	-
Olic	Ivica	14.09.1979	CRO	S	11	20	3	16	-	-	-	2	-	-
Petersen	Nils	06.12.1988	D	S	9	9	2	7	-	-	-	2	-	-
Pranjic	Danijel	02.12.1981	CRO	M	23	7	4	3	1	-	-	-	-	-
Rafinha		07.09.1985	BRA	A	13	24	4	4	7	-	-	-	-	-
Ribéry	Franck	07.04.1983	FRA	M	7	32	12	5	4	1	-	12	-	-
Riedmüller	Maximilian	04.01.1988	D	T	24	-	-	-	-	-	-	-	-	-
Robben	Arjen	23.01.1984	NED	M	10	24	6	6	1	-	-	12	6	-
Sattelmaier	Rouven	07.08.1987	D	T	32	-	-	-	-	-	-	-	-	-
Schweinsteiger	Bastian	01.08.1984	D	M	31	22	2	4	2	-	-	3	-	-
Tymoshchuk	Anatoliy	30.03.1979	UKR	M	44	23	4	6	2	-	1	-	-	-
Usami	Takashi	06.05.1992	JPN	M	14	3	2	1	-	-	-	-	-	-
van Buyten	Daniel	07.02.1978	BEL	A	5	13	2	1	1	-	-	4	-	-

BUNDESLIGA

Der Autor: **Norbert Neubaum**
NB Medienservice, berichtet seit zwei Jahrzehnten über den FC Schalke 04 und schreibt unter anderem für die „Recklinghäuser Zeitung".

Stürmisch in die Königsklasse

Was für ein Aufstieg: Nach Platz 14 in der Vorsaison landete der FC Schalke 04 auf Rang drei und qualifizierte sich direkt für die UEFA Champions League – leicht wurde es den Königsblauen dabei nicht gemacht.

Irgendwie sah Horst Heldt aus, als käme er von einer turbulenten Meisterfeier. Dabei war es vor allem eine kräftige Umarmung von Clemens Tönnies, die den Vorstand Sport und Kommunikation des FC Schalke 04 zerzaust hatte. Der Vorsitzende des Aufsichtsrats der Königsblauen, im Hauptberuf Fleischfabrikant, hatte sich Heldt so beherzt zur Brust genommen, weil der nach dem letzten Saisonheimspiel eine gute Nachricht zu verkünden hatte – die Vertragsverlängerung von Jefferson Farfán bis 2016.

Es war der krönende Abschluss eines buchstäblich königlichen Saisonfinales in der VELTINS-Arena: Durch das 4:0 gegen Hertha BSC hatte sich Schalke im Fernduell mit Borussia Mönchengladbach schon vor dem letzten Saisonspiel beim SV Werder Bremen nach Platz 14 in der Vorsaison die direkte Qualifikation zur UEFA Champions League gesichert. In Stimmung gebracht durch den Einzug in die „Königsklasse", gab es dann den bewegenden Abschied von Superstar Raúl, der 2010 von den „Königlichen" aus Madrid gekommen war und in zwei Jahren die Schalker Herzen erobert hatte. Als er gemeinsam mit seinen fünf Kindern „Adiós" sagte, flossen im emotional ohnehin aufgeladenen Schalke Tränen der Rührung. Auch bei Raúl.

Es war vor eigenem Publikum ein Saisonabschluss nach Maß. Also lehnte Horst Heldt zwar erschöpft, aber auch entspannt an einer Wand im Medienraum der Arena und zog eine kurze Bilanz nach seiner ersten Saison als Schalke-Vorstand: „Ich bin vor allem erleichtert. Auf dem Weg, uns direkt für die UEFA Champions League zu qualifizieren, hatten wir es ja nicht immer einfach. Aber wir haben uns den Herausforderungen gestellt und sie als Einheit bewältigt."

In der Tat musste Schalke auf dem Weg zurück in die Königsklasse gleich mehreren Widerständen trotzen: Im September 2011 wurde der Club vom Rücktritt Ralf Rangnicks kalt erwischt – der Trainer litt unter dem Burn-out-Syndrom und zog mit seiner „Auszeit" die aus medizinischer Sicht erforderliche Notbremse. Außerdem musste Schalke mit dem zum FC Bayern München gewechselten Manuel Neuer einen „Weltklassetorwart", so Heldt, ersetzen. Und das war doch schwieriger als vermutet.

Während Heldt bei der Trainersuche auf Experimente verzichtete und mit Huub Stevens einen Stabilisator verpflichtete, der mit Schalke 1997 den UEFA-Cup sowie 2001 und 2002 den DFB-Pokal gewonnen hatte, wurde Konstanz im Schalker Tor zum Fremdwort. Denn für die Gelsenkirchener Keeper stand die Saison unter keinem guten Stern: Sowohl Neuer-Nachfolger Ralf Fährmann als auch dessen Vertreter Lars Unnerstall und auch der zwischendurch verpflichtete Timo Hildebrand verletzten sich nacheinander langfristig, sodass Schalke mit Fährmann, Unnerstall, Hildebrand und Mathias Schober gleich vier Torhüter in einer Saison einsetzte. Königsblaue Kontinuität war so nicht möglich – es ist vor allem Stevens' Verdienst, dass Schalke auf dem Weg in die UEFA Champions League trotz-

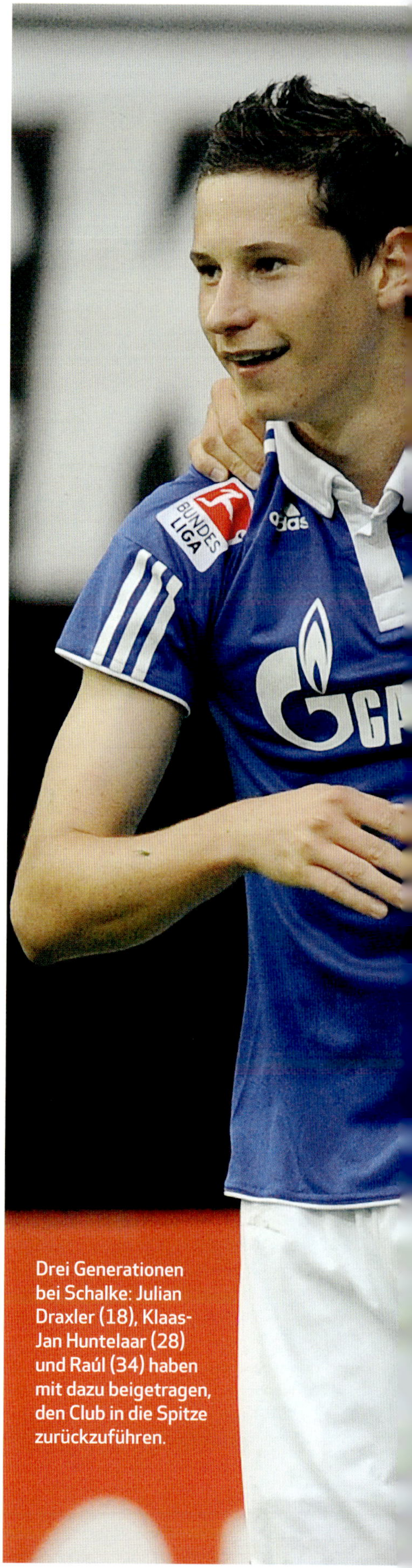

Drei Generationen bei Schalke: Julian Draxler (18), Klaas-Jan Huntelaar (28) und Raúl (34) haben mit dazu beigetragen, den Club in die Spitze zurückzuführen.

adidas

Huub Stevens kehrt nach zehn Jahren zum FC Schalke 04 als Trainer nach dem Rücktritt von Ralf Rangnick zurück. Vorstand Horst Heldt gelingt ein Glücksgriff mit der Verpflichtung, die während der Vorstellung im September bei einigen Beobachtern zunächst Skepsis auslöst.

dem die richtige Balance fand und es in der UEFA Europa League immerhin bis zum Viertelfinale schaffte, wo das Team erst vom Finalisten Athletic Bilbao gestoppt wurde.

Stevens, bei Amtsantritt von einigen Beobachtern völlig zu Unrecht als Defensivfanatiker gescholten („Die Null muss stehen"), überzeugte durch seinen unaufgeregten Pragmatismus: Der Niederländer erkannte,

Manager Horst Heldt:

„Wir haben uns den Herausforderungen gestellt und sie als Einheit bewältigt."

dass der Pokalsieger von 2011 mit Raúl, Jefferson Farfán und Toptorjäger Klaas-Jan Huntelaar über grandiose Offensivkräfte verfügte, denen er nicht den Spieltrieb nehmen wollte. Zudem schaffte es Stevens, den von Rangnick oft als charakterlich sehr kompliziert bezeichneten Kader mit großer Umsicht zu führen. Zur Absicherung nach hinten „reaktivierte" Stevens den unter Rangnick fast schon vergessenen Jermaine Jones – vielleicht die wichtigste Personalentscheidung des Niederländers. Glänzte Schalke in den meisten Jahren davor durch eine stabile Defensive, traten die Königsblauen wie schon unter Rangnick die Flucht nach vorn an – und stürmten in die UEFA Champions League. Mehr war nicht drin: In den direkten Duellen mit Borussia Dortmund und dem FC Bayern München zog Schalke jeweils den Kürzeren – Platz drei war am Ende das maximal Mögliche.

Mit der Vertragsverlängerung von Farfán hat Heldt ein erstes Signal gesetzt. Er muss einen auf Schalke bekannten Spagat bewältigen: Während der Hunger auf Erfolge groß ist und Klaas-Jan Huntelaar nach Raúls Abschied gleich neue Stars forderte, muss auch gespart werden. Gelingt Heldt dieser Spagat, ist ihm die nächste Umarmung von Clemens Tönnies sicher. Der Haken: Ab jetzt wird Schalke an Platz drei gemessen – und nicht mehr an Rang 14.

Jermaine Jones schafft unter Huub Stevens den Sprung zurück in die Stammelf und glänzt als „Kämpfer mit Herz".

Kapitän Benedikt Höwedes spielt nach einem Nasenbeinbruch mit schützender Maske weiter.

Atsuto Uchida, der rechte Verteidiger aus Japan, macht während der Saison eine gute Entwicklung.

ALLE SPIELE

Hinrunde								Rückrunde		
1	06.08.	A	3:0	(1:0)	VfB Stuttgart	3:1	(1:0)	H	21.01.	18
2	13.08.	H	5:1	(1:1)	1. FC Köln	1:4	(1:0)	A	28.01.	19
3	21.08.	A	2:4	(2:0)	1. FSV Mainz 05	1:1	(0:1)	H	04.02.	20
4	28.08.	H	1:0	(0:0)	Borussia M'gladbach	3:0	(3:0)	A	11.02.	21
5	11.09.	A	2:1	(1:1)	VfL Wolfsburg	4:0	(2:0)	H	19.02.	22
6	18.09.	H	0:2	(0:1)	FC Bayern München	2:0	(1:0)	A	26.02.	23
7	24.09.	H	4:2	(1:1)	SC Freiburg	2:1	(1:0)	A	03.03.	24
8	02.10.	A	1:2	(1:1)	Hamburger SV	3:1	(3:1)	H	11.03.	25
9	15.10.	H	1:2	(0:1)	1. FC Kaiserslautern	1:4	(1:2)	A	18.03.	26
10	23.10.	A	0:1	(0:0)	Bayer 04 Leverkusen	2:0	(1:0)	H	24.03.	27
11	29.10.	H	3:1	(1:0)	1899 Hoffenheim	1:1	(1:0)	A	01.04.	28
12	06.11.	A	2:2	(1:1)	Hannover 96	3:0	(1:0)	H	08.04.	29
13	19.11.	H	4:0	(2:0)	1. FC Nürnberg	4:1	(3:0)	A	11.04.	30
14	26.11.	A	2:0	(1:0)	Borussia Dortmund	1:2	(1:1)	H	14.04.	31
15	04.12.	H	3:1	(1:0)	FC Augsburg	1:1	(1:1)	A	22.04.	32
16	09.12.	A	1:2	(1:2)	Hertha BSC	4:0	(1:0)	H	28.04.	33
17	17.12.	H	5:0	(2:0)	SV Werder Bremen	2:3	(1:1)	A	05.05.	34

SCHALKE 04 AUF EINEN BLICK

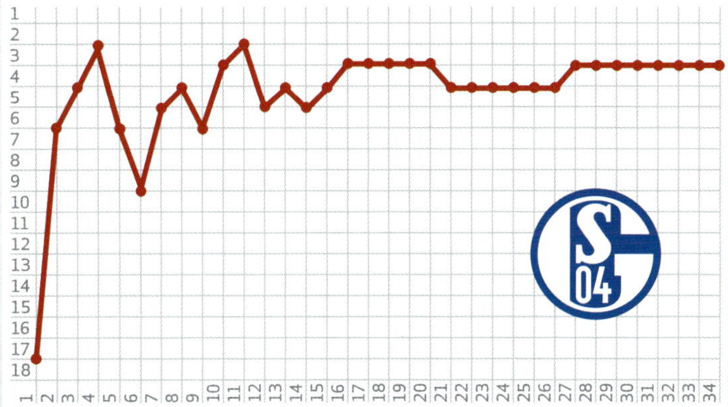

ALLE SPIELER

Name	Vorname	Geburtsdatum	Nationalität	Position	Rücken-Nr.	Einsätze	Auswechslungen	Einwechslungen	Gelbe Karten	Gelb-Rote Karten	Rote Karten	Tore	Elfmeter	Eigentore
Annan	Anthony	21.07.1986	GHA	M	40	-	-	-	-	-	-	-	-	-
Baumjohann	Alexander	23.01.1987	D	M	11	8	3	4	1	-	-	-	-	-
Draxler	Julian	20.09.1993	D	M	31	30	19	9	2	-	-	2	-	-
Edu		30.11.1981	BRA	S	9	1	-	1	-	-	-	-	-	-
Escudero	Sergio	02.09.1989	ESP	A	3	6	-	2	-	-	-	-	-	-
Farfán	Jefferson	26.10.1984	PER	S	17	23	9	4	2	-	-	4	-	-
Fuchs	Christian	07.04.1986	AUT	A	23	29	-	-	5	-	-	2	-	-
Fährmann	Ralf	27.09.1988	D	T	1	9	-	-	-	-	1	-	-	-
Gavranovic	Mario	24.11.1989	SUI	S	19	-	-	-	-	-	-	-	-	-
Hildebrand	Timo	05.04.1979	D	T	34	6	-	1	-	-	-	-	-	-
Himmelmann	Robin	05.02.1989	D	T	40	-	-	-	-	-	-	-	-	-
Hofmann	Philipp	30.03.1993	D	S	29	-	-	-	-	-	-	-	-	-
Holtby	Lewis	18.09.1990	D	M	10	27	11	5	-	-	-	6	-	-
Hoogland	Tim	11.06.1985	D	A	6	3	-	2	1	-	-	-	-	-
Huntelaar	Klaas-Jan	12.08.1983	NED	S	25	32	7	-	1	-	-	29	7	-
Höger	Marco	16.09.1989	D	A	12	27	3	8	3	-	-	1	-	-
Höwedes	Benedikt	29.02.1988	D	A	4	22	2	1	5	-	-	1	-	-
Jones	Jermaine	03.11.1981	USA	M	13	20	3	2	14	-	-	-	-	-
Jurado	JoséManuel	29.06.1986	ESP	M	18	18	9	8	2	-	-	-	-	-
Kenia	Levan	18.10.1990	GEO	M	30	-	-	-	-	-	-	-	-	-
Kluge	Peer	22.11.1980	D	M	24	3	2	1	1	-	-	-	-	-
Kolasinac	Sead	20.06.1993	D	A	35	-	-	-	-	-	-	-	-	-
Langlitz	Alexander	15.02.1991	D	M	39	-	-	-	-	-	-	-	-	-
Marica	Ciprian	02.10.1985	ROM	S	8	21	2	18	-	-	-	2	-	-
Matip	Joel	08.08.1991	CMR	M	32	30	2	-	6	-	-	3	-	-
Metzelder	Christoph	05.11.1980	D	A	21	16	3	5	3	-	-	1	-	-
Moravek	Jan	01.11.1989	CZE	M	16	6	2	4	-	-	-	-	-	-
Moritz	Christoph	27.01.1990	D	M	28	8	2	4	1	-	-	-	-	-
Obasi	Chinedu	01.06.1986	NGA	S	19	10	1	4	2	-	-	1	-	-
Papadopoulos	Kyriakos	23.02.1992	GRE	A	14	29	2	1	9	1	-	2	-	1
Pukki	Teemu	29.03.1990	FIN	S	20	19	5	14	-	-	-	5	-	-
Raúl		27.06.1977	ESP	S	7	32	8	-	2	-	-	15	-	-
Sabah	Alban	22.06.1992	D	A	38	-	-	-	-	-	-	-	-	-
Sarpei	Hans	28.06.1976	GHA	A	2	-	-	-	-	-	-	-	-	-
Schober	Mathias	08.04.1976	D	T	33	1	-	1	-	-	-	-	-	
Uchida	Atsuto	27.03.1988	JPN	A	22	18	4	1	2	-	-	-	-	
Unnerstall	Lars	20.07.1990	D	T	36	21	2	1	1	-	-	-	-	
Wiegel	Andreas	21.07.1991	D	S	26	-	-	-	-	-	-	-	-	
Zander	Nils	06.02.1993	D	A	43	-	-	-	-	-	-	-	-	

BUNDESLIGA

Borussia hat

Erstmals seit 1996 spielt Borussia Mönchengladbach wieder international. Der Fast-Absteiger der Vorsaison ist in die Play-offs zur UEFA Champions League eingezogen und stand im DFB-Pokal-Halbfinale. Der Erfolg hat eine Vorgeschichte.

Der Autor: **Karsten Kellermann** ist Sportredakteur der „Rheinischen Post" in Mönchengladbach und über Jahre journalistischer Begleiter der Borussia.

Mancher Fan von Borussia Mönchengladbach mag sich vorgekommen sein wie Alice im Wunderland. Nichts schien unmöglich in diesen Tagen, da der Beinahe-Absteiger des Jahres 2011 gerade in die Play-off-Runde der UEFA Champions League aufgestiegen war. Nicht einmal eine Saison mit 47 Spieltagen. Eine solche jedenfalls hat Thomas Weinmann, der Fanbeauftragte des Clubs, erlebt. Daher ist er „froh, dass jetzt Pause ist". Mit dem Einstieg von Trainer Lucien Favre hat für Weinmann alles begonnen. Das war am 14. Februar 2011, als gerade vier Spiele der Rückrunde der Saison 2010/2011 vorüber waren. Gladbach war Tabellenletzter und niemand gab noch einen Pfifferling auf den Traditionsclub. Favre kam und rettete Gladbach in der Relegation. Und

So wie im September 2011, nach dem 1:0 beim Hamburger SV, dem zweiten Auswärtssieg nach der Sensation in München zum Auftakt, jubelt Borussia Mönchengladbach noch oft.

„Großes geleistet“

das erste Relegationsspiel gegen Bochum, als Igor de Camargo erst in der Nachspielzeit das 1:0 schoss, war die Geburt des neuen Borussia-Gefühls. „Es gab nie eine bessere Atmosphäre im BORUSSIA-PARK“, sagte Sportdirektor Max Eberl. Der Club, das Team, die Fans, die ganze Stadt – all das war eine Einheit geworden in dieser Sekunde. Sie wirkte bis zum Ende der Spielzeit 2011/12.

„Das haben wir mitgenommen in die Vorbereitung und in die Saison – und dann 1:0 beim FC Bayern München gewonnen, das hat uns durch die Saison getragen“, sagte Eberl rückblickend. Was dann folgte, verblüffte viele Millionen Fußballfans in ganz Deutschland. Tatsächlich ist es nur mit der Vorgeschichte der Rettung in der Relegation zu begreifen: 60 Punkte sammelte Gladbach, war zwischenzeitlich im Gespräch als Meisterschaftsanwärter, stand im DFB-Pokal-Halbfinale, wird zum ersten Mal seit 16 Jahren wieder auf internationaler Bühne antreten und darf sogar um die Teilnahme an der Gruppenphase der UEFA Champions League spielen.

Die Borussia zeigte zuweilen großartigen Fußball, der manchen an die gute alte Zeit der „Fohlenelf“ erinnerte: 4:1 gegen den VfL Wolfsburg, 5:0 gegen den SV Werder Bremen, zweimal 3:0 im Derby gegen den 1. FC Köln, 3:1 gegen die Bayern, 3:0 beim VfB Stuttgart und – das war der ästhetische Höhepunkt dieser Saison – 3:0 gegen den FC Schalke 04. In diesen Spielen stimmte Favres Idee vom Fußball bis ins winzigste Detail: Borussia verteidigte intelligent, gab kaum einmal den Ball her, erspielte sich reihenweise Tormöglichkeiten und nutzte sie mit großer Effektivität. „Borussia Barcelona“ hieß es danach, weil der Favre-Stil angelehnt ist an die Philosophie des katalanischen Clubs. Doch Favre verwies gerade in jenen Momenten, da alles möglich schien für das

BUNDESLIGA

Team um den blitzschnellen Marco Reus, darauf, „wo wir herkommen", und dass „es dasselbe Team ist, das vorher noch 16. war". Deswegen weigerten sich die Gladbacher stets, sich als Spitzenteam zu definieren. „Wir sind das Überraschungsteam der Saison", sagte Eberl. Das passt, denn gerade gegen die kleinen Gegner zeigte sich, dass Favres Ensemble nur mit einhundert Prozent wirklich zu Großem fähig ist. 0:1 und 0:0 gegen den SC Freiburg, 0:0 gegen Hertha BSC, 0:1 und 1:2 gegen 1899 Hoffenheim, 0:1 und 0:0 gegen den FC Augsburg – die Bilanz gegen vermeintliche „Underdogs" war keinesfalls spitze. Dort müsste Favre ansetzen, um noch mehr aus seiner Mannschaft herauszuholen. Sein Team muss mehr Ideen haben und vielleicht auch einmal querdenken, um Lösungen gegen massive Defensivreihen zu finden.

Sportdirektor Max Eberl:

„Von Platz 16 gekommen, sind wir das Überraschungsteam der Saison."

Gleichwohl ist bemerkenswert, was geschah. Borussia dachte stets von Spiel zu Spiel, dies wurde zum Dogma – und war die Basis des Erfolgs. Favre fokussierte – so hatte er es auch gemacht, als es, wie er sagte, „um Leben und Tod" ging in der Saison zuvor. Der Fast-Katastrophe folgte eine Saison, „die wir genie-

Martin Stranzl im Tiefflug: Zusammen mit Dante und Roel Brouwers sorgt er in der Innenverteidigung dafür, dass Borussia Mönchengladbach nur 24 Gegentreffer kassierte.

Mike Hanke (Bild oben, im Zweikampf mit Holger Badstuber) bestreitet seine vielleicht beste Saison in der Bundesliga. Auch Juan Arango (Bild unten, im Duell mit Mario Götze) bietet ausgezeichnete Leistungen.

ßen müssen", so Vizepräsident Rainer Bonhof. Die Fans genossen es tatsächlich. Über 51.000 kamen im Schnitt zu den Heimspielen, mehr als je zuvor, sie sahen nur eine Niederlage im BORUSSIA-PARK (1:2 gegen Hoffenheim). Nach dem letzten Heimspiel gegen Augsburg, diesem inhaltsleeren 0:0, feierten viele Tausend Favre und die Seinen und sangen: „Europapokal, Europapokal!" Diese Saison indes,

Marc-André ter Stegen agiert mit seinen 20 Jahren umsichtig wie ein Torwart mit jahrelanger Erfahrung. Belohnt wird er auch durch die Berufung in den vorläufigen EM-Kader.

in der Borussia das Ziel „40 Punkte plus" bei Weitem überbot, als Maßstab zu nehmen, wäre fatal. „Wir wollen den nächsten Schritt machen und das Team weiterentwickeln", sagte Eberl.

Allerdings muss die Mannschaft, die die drittbeste Abwehr der Liga hatte, neu formiert werden: Marco Reus (Dortmund) geht, auch Umschaltspieler Roman Neustädter (Schalke) und Abwehrchef Dante (Bayern). Eberl kann so viel investieren wie kein Gladbach-Manager vor ihm. Doch er will „intelligent einkaufen" – keinen aufgeblasenen Kader, der es zur finanziellen Pflicht macht, europäisch zu spielen. Eberl weiß, dass er kein Team bauen kann, das sogleich höchsten UEFA-Champions-League-Weihen genügt. Er will einen Kader, der stabil ist in der Bundesliga, sich langfristig in der ersten Hälfte der Tabelle mit Blickrichtung nach oben ansiedeln kann – und der Doppelbelastung mit dem Europapokal gewachsen ist. Das derzeitige Team hat „Großes geschafft", erklärte Eberl. In einer Saison, deren (Vor-)Geschichte am 14. Februar 2011 begonnen hat.

ALLE SPIELE

Hinrunde										Rückrunde
1	07.08.	A	0:1	(0:0)	FC Bayern München	3:1	(2:0)	H	20.01.	18
2	13.08.	H	1:1	(0:0)	VfB Stuttgart	0:3	(0:1)	A	29.01.	19
3	19.08.	H	4:1	(3:1)	VfL Wolfsburg	0:0		A	04.02.	20
4	28.08.	A	1:0	(0:0)	FC Schalke 04	3:0	(3:0)	H	11.02.	21
5	10.09.	H	1:0	(0:0)	1. FC Kaiserslautern	1:2	(0:2)	A	18.02.	22
6	17.09.	A	0:1	(0:0)	Hamburger SV	1:1	(1:0)	H	24.02.	23
7	24.09.	H	1:0	(0:0)	1. FC Nürnberg	1:0	(0:0)	A	04.03.	24
8	01.10.	A	1:0	(1:0)	SC Freiburg	0:0		H	10.03.	25
9	15.10.	H	2:2	(0:1)	Bayer 04 Leverkusen	1:2	(0:1)	A	17.03.	26
10	22.10.	A	1:0	(0:0)	1899 Hoffenheim	1:2	(1:0)	H	24.03.	27
11	29.10.	H	2:1	(1:1)	Hannover 96	2:1	(0:0)	A	01.04.	28
12	05.11.	A	1:2	(1:1)	Hertha BSC	0:0		H	07.04.	29
13	19.11.	H	5:0	(3:0)	SV Werder Bremen	2:2	(1:0)	A	10.04.	30
14	25.11.	A	0:3	(0:2)	1. FC Köln	3:0	(1:0)	H	15.04.	31
15	03.12.	H	1:1	(0:1)	Borussia Dortmund	2:0	(1:0)	A	21.04.	32
16	10.12.	A	1:0	(0:0)	FC Augsburg	0:0		H	28.04.	33
17	18.12.	H	1:0	(1:0)	1. FSV Mainz 05	0:3	(0:1)	A	05.05.	34

BORUSSIA MÖNCHENGLADBACH AUF EINEN BLICK

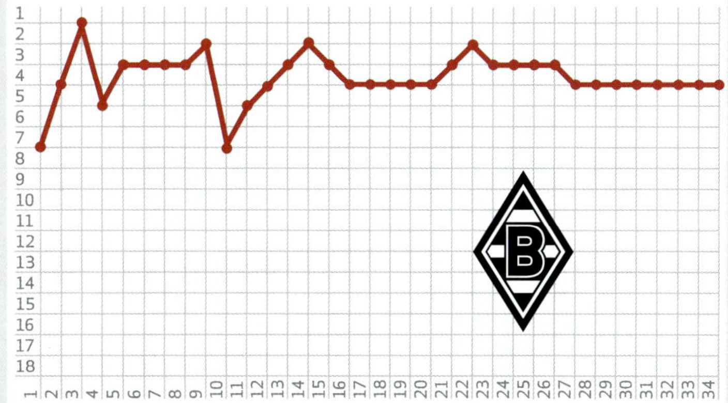

ALLE SPIELER

Name	Vorname	Geburtsdatum	Nationalität	Position	Rücken-Nr.	Einsätze	Auswechslungen	Einwechslungen	Gelbe Karten	Gelb-Rote Karten	Rote Karten	Tore	Elfmeter	Eigentore
Anderson	Bamba	10.01.1988	BRA	A	5	-	-	-	-	-	-	-	-	-
Arango	Juan	17.05.1980	VEN	M	18	34	2	-	4	-	-	6	-	-
Blaswich	Janis	02.05.1991	D	T	21	-	-	-	-	-	-	-	-	-
Bobadilla	Raùl	18.06.1987	ARG	S	9	15	5	10	4	-	-	1	-	-
Bradley	Michael	31.07.1987	USA	M	26	-	-	-	-	-	-	-	-	-
Brouwers	Roel	28.11.1981	NED	A	4	21	-	4	3	1	-	-	-	-
Cigerci	Tolga	23.03.1992	D	M	6	2	1	1	-	-	-	-	-	-
Daems	Filip	31.10.1978	BEL	A	3	31	-	-	1	-	-	3	3	-
Dante		18.10.1983	BRA	A	31	33	-	-	7	-	-	-	-	-
Hanke	Mike	05.11.1983	D	S	19	31	22	2	1	-	-	8	-	-
Heimeroth	Christofer	01.08.1981	D	T	33	-	-	-	-	-	-	-	-	-
Herrmann	Patrick	12.02.1991	D	M	7	27	19	5	3	-	-	6	-	-
Idrissou	Mohamadou	08.03.1980	CMR	S	25	-	-	-	-	-	-	-	-	-
Jantschke	Tony	07.04.1990	D	A	24	32	3	1	5	-	-	1	-	-
Kachunga	Elias	22.04.1992	D	S	28	-	-	-	-	-	-	-	-	-
King	Joshua	15.01.1992	NOR	S	15	2	-	2	-	-	-	-	-	-
Korb	Julian	21.03.1992	D	M	27	1	-	1	-	-	-	-	-	-
Leckie	Mathew	04.02.1991	AUS	S	20	9	1	9	-	-	-	-	-	-
Levels	Tobias	22.11.1986	D	A	22	-	-	-	-	-	-	-	-	-
Marx	Thorben	01.06.1981	D	M	14	19	6	12	3	-	-	-	-	-
Neustädter	Roman	18.02.1988	D	M	13	33	2	-	2	-	-	-	-	-
Nordtveit	Havard	21.06.1990	NOR	M	16	31	6	4	5	-	-	1	-	-
Otsu	Yuki	24.03.1990	JPN	M	23	3	-	3	-	-	-	-	-	-
Reus	Marco	31.05.1989	D	M	11	32	13	-	3	-	-	18	-	-
Ring	Alexander	09.04.1991	FIN	M	5	8	1	7	-	-	-	-	-	-
Rupp	Lukas	08.01.1991	D	M	8	3	-	3	-	-	-	-	-	-
Stranzl	Martin	16.06.1980	AUT	A	39	22	2	1	5	-	-	-	-	-
Wendt	Oscar	24.10.1985	SWE	A	17	14	2	9	1	-	-	-	-	-
Younes	Amin	06.08.1993	D	M	34	1	-	1	-	-	-	-	-	-
Zimmermann	Matthias	16.06.1992	D	A	2	1	-	1	-	-	-	-	-	-
de Camargo	Igor	12.05.1983	BEL	S	10	25	5	14	2	-	-	5	-	-
ter Stegen	Marc-Andre	30.04.1992	D	T	1	34	-	-	-	-	-	-	-	-

adidas
SUNPOWE
BAYER
1904
Leverkusen
POWER

Minimalziel mit Platz fünf erreicht

Drei Leistungsträger von Bayer 04 Leverkusen: Die Nationalspieler André Schürrle, Stefan Kießling und Simon Rolfes (von links) jubeln über ein Tor gegen Wolfsburg.

Der Autor: **Stefan Tabeling** berichtet nach mehreren Jahren beim Sport-Informations-Dienst für die Nachrichtenagentur dapd über Bayer 04 Leverkusen.

Erst durch einen Endspurt unter Teamchef Sami Hyypiä und Trainer Sascha Lewandowski gab es für Bayer 04 Leverkusen nach einer wechselhaften Saison mit der Qualifikation zur UEFA Europa League ein Happy End.

Als Bayer 04 Leverkusen am vorletzten Spieltag die Qualifikation für die UEFA Europa League sichergestellt hatte, wurde es emotional. Michael Ballack nahm nach zwei Jahren mit einer Ehrenrunde an der Seite seiner drei Söhne Abschied, und auch der scheidende Exnationaltorhüter René Adler wurde für seine zwölfjährige Zeit unter dem Bayer-Kreuz mit großem Applaus bedacht. Derart euphorisch ging es bei der Werkself in der Spielzeit 2011/12 nicht immer zu. Schon der Start geriet, wie sich schließlich herausstellte, irgendwie stellvertretend für den kompletten Saisonverlauf. Die Werkself lag zum Auftakt im DFB-Pokal bei Dynamo Dresden ungefährdet 3:0 in Führung, um doch am Ende mit dem 3:4 nach Verlängerung eine erste große Enttäuschung unter dem neuen Trainer Robin Dutt zu erleben.

Derart wechselhaft präsentierten sich die Rheinländer die gesamte Saison über. Fußballfesten wie dem umjubelten 2:0 gegen den Rekordmeister FC Bayern München folgten allzu oft Rückschläge wie etwa das 1:7 im Achtelfinal-Rückspiel der UEFA Champions League beim FC Barcelona, was zugleich die höchste Niederlage in der Leverkusener Europapokal-Geschichte darstellte. Erst nach einem Schlussspurt unter Teamchef Sami Hyypiä und Trainer Sascha Lewandowski – das Duo rückte nach der Trennung von Dutt am 1. April in die Verantwortung – wurde mit der Qualifikation für die UEFA Europa League wenigstens das Minimalziel erreicht. Zum 13. Mal in 16 Jahren ist Bayer damit in der Saison 2012/13 international vertreten.

„Wir haben die Saison mit einem blauen Auge beendet", bilanzierte Sportdirektor Rudi Völler, nachdem Platz fünf erreicht war. Ziele und Ansprüche waren aber andere. Als

Dutt das schwere Erbe von Vorgänger Jupp Heynckes angetreten hatte, klammerte er ausdrücklich die Deutsche Meisterschaft bei seiner Zielvorgabe nicht aus. Als Vizemeister müsse man auch nach oben schauen, lautete seine Maxime. Die Ära des in Freiburg so erfolgreichen Trainers stand aber von Beginn an unter keinem guten Stern. Viele Faktoren kamen hinzu, dass die erneute Teilnahme an der UEFA Champions League nicht erreicht wurde. So konnte der chilenische Nationalspieler Arturo Vidal, den es im Sommer 2011 zu Juventus Turin zog, nicht adäquat ersetzt werden. Der Abräumer im Mittelfeld sollte aber nicht die einzige Säule aus der Spitzenmannschaft des Vorjahres bleiben, die den Leverkusenern wegbrach.

Eine Reihe von Stammspielern fiel mit zum Teil langwierigen Verletzungen aus. Besonders hart traf es Adler, der wegen einer Knieverletzung fast ein ganzes Jahr pausieren musste. Die Vakanz zwischen den Pfosten wurde mit Glücksgriff Bernd Leno aber schnell ausgefüllt. Der U21-Nationaltorhüter, der erst vom VfB Stuttgart ausgeliehen und schließlich für eine stattliche Ablösesumme langfristig an den Club gebunden worden war, machte mit einer konstant starken Saison das Fehlen von Adler vergessen. Auf anderen Positionen gelang dies nicht so gut. So blieb die Werkself zu oft unter den vorhandenen Möglichkeiten. Die Tabellenspitze war bereits nach

Rudi Völler:

„Wir haben die Saison mit einem blauen Auge beendet."

Sami Hyypiä, der große Finne, übernimmt die Mannschaft als Teamchef zum Saisonende.

Die Arme erwartungsvoll ausgebreitet: Michael Ballack, der in Leverkusen seine Bundesliga-Karriere beendet, will im Ausland weiterspielen.

Gonzalo Castro (vorn) im Duell mit Arjen Robben beim Leverkusener Sieg gegen den FC Bayern München. 31 Saisoneinsätze, meist im Mittelfeld, absolviert er.

dem ersten Saisondrittel außer Reichweite, und nach dem Ende der Hinrunde betrug der Rückstand auf die UEFA-Champions-League-Plätze bereits sieben Punkte.

Zu welchen Leistungen die Leverkusener aber imstande waren, bewiesen sie auf internationaler Bühne. So feierte der Club in den drei Gruppenheimspielen der Königsklasse berauschende Fußballfeste gegen den belgischen Meister KRC Genk (2:0), den FC Valencia und den späteren Finalisten FC Chelsea (jeweils 2:1). Bereits am vorletzten Spieltag stand der Einzug ins Achtelfinale fest. „Es steckt so viel Potenzial in unserer Mannschaft", sagte der frühere Nationalmannschaftskapitän Ballack und sprach von „Momenten zum Genießen". Für Ballack waren die Spiele gegen Chelsea eine Reise in die Vergangenheit, hatte er doch vier erfolgreiche Jahre an der Stamford Bridge verbracht.

Doch auch für den früheren „Capitano" hatte die Saison wenig schöne Momente parat. Nach seiner langwierigen Verletzung aus der Vorsaison konnte er sich keinen Stammplatz mehr erkämpfen. Wochenlang hatte das Thema Ballack die Leverkusener Fußballwelt überlagert und das Arbeiten für Dutt nicht

ALLE SPIELE

Hinrunde										Rückrunde
1	07.08.	A	2:0	(1:0)	1. FSV Mainz 05	3:2	(2:0)	H	22.01.	18
2	14.08.	H	1:0	(0:0)	SV Werder Bremen	1:1	(1:0)	A	28.01.	19
3	20.08.	A	0:1	(0:1)	VfB Stuttgart	2:2	(1:1)	H	04.02.	20
4	27.08.	H	0:0		Borussia Dortmund	1:0	(1:0)	A	11.02.	21
5	09.09.	A	1:4	(1:2)	FC Augsburg	4:1	(1:0)	H	18.02.	22
6	17.09.	H	1:4	(0:1)	1. FC Köln	0:2	(0:1)	A	25.02.	23
7	24.09.	A	3:0	(2:0)	FC Bayern München	2:0	(0:0)	H	03.03.	24
8	01.10.	H	3:1	(1:0)	VfL Wolfsburg	3:2	(2:1)	A	10.03.	25
9	15.10.	A	2:2	(0:1)	Borussia M'gladbach	1:2	(0:1)	H	17.03.	26
10	23.10.	H	0:1	(0:0)	FC Schalke 04	2:0	(1:0)	A	24.03.	27
11	28.10.	A	0:1	(0:1)	SC Freiburg	0:2	(0:1)	H	31.03.	28
12	05.11.	H	2:2	(2:1)	Hamburger SV	1:1	(1:0)	A	08.04.	29
13	18.11.	A	0:2	(0:0)	1. FC Kaiserslautern	3:1	(1:1)	H	11.04.	30
14	26.11.	A	3:3	(2:1)	Hertha BSC	3:3	(1:0)	H	14.04.	31
15	02.12.	H	2:0	(1:0)	1899 Hoffenheim	0:1	(0:0)	A	21.04.	32
16	10.12.	A	0:0		Hannover 96	1:0	(0:0)	H	28.04.	33
17	17.12.	H	0:3	(0:2)	1. FC Nürnberg	1:4	(0:2)	A	05.05.	34

BAYER 04 LEVERKUSEN AUF EINEN BLICK

ALLE SPIELER

Name	Vorname	Geburtsdatum	Nationalität	Position	Rücken-Nr.	Einsätze	Auswechslungen	Einwechslungen	Gelbe Karten	Gelb-Rote Karten	Rote Karten	Tore	Elfmeter	Eigentore
Adler	René	15.01.1985	D	T	1	-	-	-	-	-	-	-	-	-
Augusto	Renato	08.02.1988	BRA	M	10	18	9	2	2	-	-	-	-	-
Balitsch	Hanno	02.01.1981	D	M	14	8	-	4	4	-	-	-	-	-
Ballack	Michael	26.09.1976	D	M	13	18	10	3	4	-	-	2	-	-
Barnetta	Tranquillo	22.05.1985	SUI	M	7	7	2	4	-	-	-	-	-	-
Bellarabi	Karim	08.04.1990	D	M	38	10	-	10	-	-	-	1	-	-
Bender	Lars	27.04.1989	D	M	8	28	6	-	2	-	-	4	-	-
Castro	Gonzalo	11.06.1987	D	A	27	31	2	1	4	-	1	2	-	-
Corluka	Vedran	05.02.1986	CRO	A	14	7	3	-	-	-	-	-	-	-
Da Costa	Danny	13.07.1993	D	A	20	6	4	1	-	-	-	-	-	-
Derdiyok	Eren	12.06.1988	SUI	S	19	25	6	14	3	-	-	7	-	-
Friedrich	Manuel	13.09.1979	D	A	5	24	3	4	3	-	-	1	-	-
Giefer	Fabian	17.05.1990	D	T	36	1	-	-	-	-	-	-	-	-
Jörgensen	Nicolai	15.01.1991	DEN	S	31	1	-	1	-	-	-	-	-	-
Kadlec	Michal	13.12.1984	CZE	A	24	29	3	-	3	1	1	1	-	1
Kießling	Stefan	25.01.1984	D	S	11	34	6	6	4	-	-	16	-	-
Kohr	Dominik	31.01.1994	D	M	31	2	-	2	-	-	-	-	-	-
Leno	Bernd	04.03.1992	D	T	23	33	-	-	1	-	-	-	-	-
Oczipka	Bastian	12.01.1989	D	A	4	9	-	8	-	-	-	-	-	-
Ortega	Michael	06.04.1991	COL	M	17	7	2	5	-	-	-	-	-	-
Pusch	Kolja	12.02.1993	D	M	42	-	-	-	-	-	-	-	-	-
Reinartz	Stefan	01.01.1989	D	A	3	30	3	4	6	-	-	3	-	-
Rolfes	Simon	21.01.1982	D	M	6	31	8	9	1	-	-	3	2	-
Sam	Sidney	31.01.1988	D	M	18	18	5	2	1	-	-	4	-	-
Schwaab	Daniel	23.08.1988	D	A	2	23	1	2	2	-	-	-	-	-
Schürrle	André	06.11.1990	D	S	9	31	9	1	1	-	1	7	-	-
Toprak	Ömer	21.07.1989	TUR	A	21	27	3	1	5	-	-	-	-	2
Yelldell	David	01.10.1981	USA	T	22	-	-	-	-	-	-	-	-	-
Yesil	Samed	25.05.1994	D	S	41	1	-	1	-	-	-	-	-	-
Zenga	Erik	18.01.1993	D	M	28	-	-	-	-	-	-	-	-	-

Der Autor: **Oliver Trust** berichtet als freier Journalist über die Bundesliga aus dem Südwesten, vor allem auch über den VfB Stuttgart, und schreibt unter anderem für die „Frankfurter Allgemeine Zeitung", den Berliner „Tagesspiegel", die „Stuttgarter Zeitung" und den Zürcher „Tages-Anzeiger".

Schwäbischer

Lust am Fußball, taktische Disziplin und eiskalte Effektivität – es ist eine erfolgreiche Mischung, die den VfB Stuttgart am Ende einer bemerkenswerten Rückrunde nach Europa spült. Die Schwaben gehören zu den Gewinnern der Saison.

Das nennt man wohl eine Überraschung. Der Einzug in einen internationalen Wettbewerb war nun nicht wirklich das erklärte Ziel des VfB Stuttgart. Nicht mal heimlich. Vor einem Jahr hatten sich die Schwaben nach einer katastrophalen Vorrunde und dem anschließenden Klassenerhalt noch erleichtert den Angstschweiß von der Stirn gewischt, weil sie davongekommen waren – mit zwei leuchtend blauen Augen. Und nun das. UEFA Europa League. Gut fürs Renommee von Club, Trainer, Sportdirektor – und erklärbar, etwas jedenfalls.

Auch wenn die beiden vor allem im Frühjahr 2012 manchmal nur vielsagend lächelten, wenn erneut ein spektakulärer Sieg eingefahren war, konnten selbst Sportdirektor Fredi Bobic und Coach Bruno Labbadia für sich nicht völlig ausschließen, vom Entwicklungstempo ihrer Mannschaft überrascht worden zu sein.

Noch in der Winterpause gehörte der Verein für Bewegungsspiele 1893 e. V. nicht zu den Geheimtipps für Fußballfeinschmecker. Als die Tage wieder länger wurden, ereignete sich am Neckar – nach einem Reifeprozess – eine Art Fußballfrühling. Zuvor hatten viele den Club eher auf dem Weg zur wankelmütigen grauen Mittelfeldmaus vermutet, die nur eine Saisonhälfte lang Kraft, Motivation und Torhunger aufzubringen vermag.

Diesmal jedoch verlief die Vorrunde nicht so schwierig wie im Jahr zuvor. Aber sie endete mit Niederlagen, und genauso begann die Rückrunde. Dazu kam das Aus im DFB-Pokal gegen den FC Bayern München. Gewitterwölkchen zogen auf, und der Trainer musste sich erklären. Erst das 2:2 bei Bayer 04 Leverkusen taugte als Wendepunkt. Und mehr. Die Schwaben zündeten ihre Triebwerke. Was herauskam war die pure Lust am Fußball*spiel*. Dazu Organisa-

Mit Vedad Ibisevic, der im Winter kommt, wird der VfB Stuttgart noch torgefährlicher. Gegen seinen früheren Club 1899 Hoffenheim köpft der Bosnier ein Tor trotz der Gegenwehr von Marvin Compper und Jannick Vestergaard.

Frühling mit Ibisevic

STUTTGART

25
BUNDES LIGA
HANNOVER

HANNOVER

Hohes Niveau bestätigt

Nach der erfolgreichsten Bundesliga-Saison in der Clubgeschichte der „Roten" trübte zunächst ein Wermutstropfen die Freude bei den Niedersachsen. Sportdirektor Jörg Schmadtke, der Konstrukteur des Erfolgs, kündigte aus familiären Gründen seinen Abschied an. Doch eine Woche nach dem Abpfiff der Spielzeit gab es ein Happy End: Schmadtke bleibt weiter im Amt.

Der Autor: **Hans-Joachim Zwingmann** ist ehemaliger Sportchef im Landesbüro Hannover der dpa und über Jahrzehnte journalistischer Begleiter von Hannover 96.

Der siebte Tabellenplatz in der Bundesliga, das Erreichen des Viertelfinales in der UEFA Europa League, die Marke „96" auch über die Grenzen der niedersächsischen Landeshauptstadt hinaus in den Blickpunkt gerückt, erstmals „schwarze Zahlen" auf dem Konto und die Mitgliederzahl auf über 16.000 gesteigert. Das waren zum Abschluss der Saison 2011/12 die positiven Ergebnisse einer harten Arbeit im vergangenen Jahrzehnt bei Hannover 96 unter der Führung von Geschäftsführer Martin Kind. Dennoch gab es am Ende der Spielzeit 2011/2012 für den Club zunächst eine unangenehme Nachricht.

Der Wunsch von Jörg Schmadtke, seinen unbefristeten Vertrag zum Saisonende aufzukündigen, hatte nicht nur Vorstand und Aufsichtsrat, sondern vor allem auch die Fans in Hannover überrascht. Sie verknüpfen den Aufschwung bei den „Roten" in erster Linie mit dem Namen des Sportdirektors, der mit Lars Stindl, Didier Ya Konan, Mohammed Abdellaoue, Emanuel Pogatetz, Ron-Robert Zieler und zuletzt Mame Diouf mehrere Spieler verpflichtete, die die Qualität der Mannschaft um ein Vielfaches erhöhten.

Als „Geschäftsführer Sport" hat Schmadtke die Chance auf einen noch einflussreicheren Posten bei Hannover 96. Private Gründe – der Wohnsitz seiner Familie ist Düsseldorf – hatten seinen Wunsch nach Abschied ausgelöst. Kind ließ jedoch in seinem Bemühen, den Sportdirektor zu halten, nicht locker. Er verhandelte,

Geschäftsführer Martin Kind:

„Das war unsere erfolgreichste Saison aller Zeiten."

baute Jörg Schmadtke mehrere Brücken und hatte Erfolg. Der sportliche Leiter bekommt für sein Wirken mehr Spielraum und wird mit der Familie von Düsseldorf nach Hannover ziehen. „Wir sind froh, dass er bleibt und seine Arbeit bei uns fortsetzt", kommentierte der Vorstandsvorsitzende erleichtert die für beide Seiten zufriedenstellende Entscheidung.

Wie gut Fußball in Hannover gespielt werden kann, zeigte das Team so überzeugend wie nie zuvor. Mit dem erneuten Erreichen der Qualifikation zur UEFA Europa League schloss Hannover 96 die „erfolgreichste Saison aller Zeiten" ab. Der Vorstoß bis in das Viertelfinale der UEFA Europa League spiegelte sich mit rund fünf Millionen Euro Gewinn auch in der Bilanz positiv wider. Erstmals bekam der Club von der Deutschen Fußball Liga die Lizenz ohne Auflagen und Bedingungen. „Ein Zeichen, dass wir wirtschaftlich gut gearbeitet haben", freute sich Kind.

Der Saisonverlauf gestaltete sich für Hannover dennoch zu einem Wechselbad der Gefühle. In der AWD-Arena ließ die Mannschaft von Trainer Mirko Slomka nichts anbrennen. Seit dem 30. April 2011 gab es in der Bundesliga keine Heimniederlage mehr. Lediglich im DFB-Pokal wurde 0:1 gegen den 1. FSV Mainz 05 verloren, in der UEFA Europa League kam das Aus nach jeweils einem 1:2 gegen Atletico Madrid in Spanien und in Hannover. Für die „Highlights" in der Bundesliga sorgte Hannover 96 in den Heimspielen gegen Borussia Dortmund und den FC Bayern München. Der Titelverteidiger und der Vizemeister verloren in der AWD-Arena jeweils 1:2 gegen das entfesselt aufspielende Slomka-Team. „In beiden Spielen hatte uns der Ehrgeiz gepackt. Wir wollten uns für Niederlagen in der Vergangenheit revanchieren", erklärte Steven

Auch die zweite volle Saison unter Mirko Slomka ist für Hannover 96 ein großer Erfolg. Wieder führt der Fußballlehrer die Niedersachsen in die UEFA Europa League. Er arbeitet sehr umsichtig und schafft es fast immer, seine Spieler optimal auf eine Partie einzustellen.

Moritz Stoppelkamp umspielt den Schalker Benedikt Höwedes. Der gebürtige Duisburger, 2010 aus Oberhausen an die Leine gekommen, reift wie Lars Stindl und Konstantin Rausch unter Mirko Slomka zu einem guten Bundesliga-Spieler heran.

Cherundolo (33) die Siege gegen die Favoriten. Dass er nach fast 13 Jahren noch einmal eine solche Begeisterung in Hannover erleben würde wie in dieser Saison, hatte der Kapitän und US-Nationalspieler kaum für möglich gehalten. Er ist nun der dienstälteste 96-Profi, weil Altin Lala (36) nach 14 Jahren zu den Amateuren des FC Bayern München wechseln wird.

Als einzige Mannschaft blieb Hannover im eigenen Stadion ungeschlagen, aber auswärts lief es nicht so rund. Nur Rang 17 belegte das Team in der Auswärtswertung. Aber die Enttäuschungen hielten sich in Grenzen, weil der Club unter der Woche oft auf internationaler Bühne antrat. Insgesamt 14 Mal rückten für die Mannschaft, die teilweise von 10.000 Fans zu den Auswärtsspielen begleitet wurde, die Partien in der UEFA Europa League in den Fokus. Es begann mit einem Überraschungserfolg gegen den FC Sevilla in der Qualifikation und wurde mit Siegen gegen Vorskla Poltava, den FC Kopenhagen, den FC Brügge und Standard Lüttich fortgesetzt. „Eine ganz tolle Sache. Unsere Fans haben die Mannschaft mit Leidenschaft und Begeisterung unterstützt. Das war einfach großartig", schwärmte Slomka über die Zuneigung der Fans.

Als einziges Team der Bundesliga kassierten „die Roten" keine Heimniederlage – auch dank Ron-Robert Zieler.

Die Mannschaft wieder an die Tabellenplätze für den internationalen Wettbewerb führen, erneut möglichst lange in der UEFA Europa League bleiben, das Team weiter entwickeln, den Zuschauerschnitt erhöhen und dem Nachwuchs durch ein neues Leistungszentrum mehr Anreize bieten – das sind die Ziele und Wünsche von Martin Kind sowie der sportlichen Leitung um Jörg Schmadtke und Cheftrainer Mirko Slomka nach der besten Saison aller Zeiten.

ALLE SPIELE

Hinrunde					Gegner				Rückrunde	
1	06.08.	H	2:1	(2:1)	1899 Hoffenheim	0:0		A	21.01.	18
2	13.08.	A	1:2	(0:2)	1. FC Nürnberg	1:0	(1:0)	H	27.01.	19
3	21.08.	H	1:1	(1:0)	Hertha BSC	0:1	(0:0)	A	04.02.	20
4	28.08.	H	1:1	(1:1)	1. FSV Mainz 05	1:1	(1:0)	A	11.02.	21
5	10.09.	A	3:0	(1:0)	VfB Stuttgart	4:2	(2:0)	H	19.02.	22
6	18.09.	H	2:1	(0:0)	Borussia Dortmund	3:1	(1:0)	A	26.02.	23
7	24.09.	A	0:0		FC Augsburg	2:2	(1:1)	H	03.03.	24
8	02.10.	H	3:2	(2:1)	SV Werder Bremen	3:0	(1:0)	A	11.03.	25
9	16.10.	A	2:0	(1:0)	1. FC Köln	4:1	(1:1)	H	18.03.	26
10	23.10.	H	2:1	(1:0)	FC Bayern München	2:1	(1:0)	A	24.03.	27
11	29.10.	A	2:1	(1:1)	Borussia M'gladbach	2:1	(0:0)	H	01.04.	28
12	06.11.	H	2:2	(1:1)	FC Schalke 04	3:0	(1:0)	A	08.04.	29
13	19.11.	A	4:1	(2:1)	VfL Wolfsburg	2:0	(1:0)	H	11.04.	30
14	26.11.	H	1:1	(0:0)	Hamburger SV	1:0	(1:0)	A	14.04.	31
15	03.12.	A	1:1	(0:1)	SC Freiburg	0:0		H	22.04.	32
16	10.12.	H	0:0		Bayer 04 Leverkusen	1:0	(0:0)	A	28.04.	33
17	18.12.	A	1:1	(0:1)	1. FC Kaiserslautern	2:1	(1:1)	H	05.05.	34

HANNOVER 96 AUF EINEN BLICK

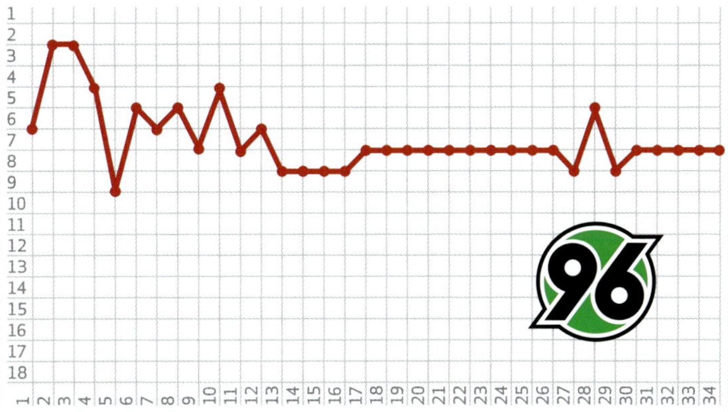

ALLE SPIELER

Name	Vorname	Geburtsdatum	Nationalität	Position	Rücken-Nr.	Einsätze	Auswechslungen	Einwechslungen	Gelbe Karten	Gelb-Rote Karten	Rote Karten	Tore	Elfmeter	Eigentore
Abdellaoue	Mohammed	23.10.1985	NOR	S	25	28	18	1	2	-	-	11	3	-
Akdari	Erdal	05.06.1993	TUR	A	27	-	-	-	-	-	-	-	-	-
Andreasen	Leon	23.04.1983	DEN	M	2	-	-	-	-	-	-	-	-	-
Avevor	Christopher	11.02.1992	D	A	35	1	-	1	-	-	-	-	-	-
Aycicek	Deniz	05.06.1990	D	M	26	-	-	-	-	-	-	-	-	-
Carlitos		06.09.1982	POR	M	20	2	-	2	-	-	-	-	-	-
Chahed	Sofian	18.04.1983	TUN	A	23	16	1	4	1	-	-	-	-	-
Cherundolo	Steven	19.02.1979	USA	A	6	22	-	-	3	1	-	-	-	-
Diouf	Mame	16.12.1987	SEN	S	39	10	3	2	1	-	-	6	-	-
Eggimann	Mario	24.01.1981	SUI	A	5	16	1	3	-	-	-	-	-	-
Haggui	Karim	20.01.1984	TUN	A	3	27	-	1	4	-	-	3	-	-
Hauger	Henning	17.07.1985	NOR	M	15	3	1	2	-	-	-	-	-	-
Lala	Altin	18.11.1975	ALB	M	8	6	1	5	2	-	-	-	-	-
Miller	Markus	08.04.1982	D	T	14	-	-	-	-	-	-	-	-	-
Nagel	Pascal	19.06.1991	D	T	18	-	-	-	-	-	-	-	-	-
Pander	Christian	28.08.1983	D	A	24	29	7	7	1	-	-	2	-	-
Pinto	Sergio	16.10.1980	D	M	7	30	9	1	11	-	-	1	-	-
Pläschke	Jannis	06.02.1993	D	M	31	-	-	-	-	-	-	-	-	-
Pogatetz	Emanuel	16.01.1983	AUT	A	4	29	1	1	3	-	-	1	-	-
Radlinger	Samuel	07.11.1992	AUT	T	21	-	-	-	-	-	-	-	-	-
Rausch	Konstantin	15.03.1990	D	M	34	33	11	12	5	-	-	1	1	-
Royer	Daniel	22.05.1990	AUT	M	16	3	1	2	1	-	-	-	-	-
Schlaudraff	Jan	18.07.1983	D	S	13	31	21	2	3	-	-	3	1	-
Schmiedebach	Manuel	05.12.1988	D	M	33	30	7	2	6	-	-	-	-	-
Schulz	Christian	01.04.1983	D	A	19	27	7	3	6	-	-	1	-	-
Sobiech	Artur	12.06.1990	POL	S	9	12	-	12	2	-	1	1	-	-
Stindl	Lars	26.08.1988	D	M	28	28	2	-	8	-	-	2	-	-
Stoppelkamp	Moritz	11.12.1986	D	S	17	21	1	17	-	-	-	-	-	-
Wendel	Tim	12.01.1989	D	A	30	-	-	-	-	-	-	-	-	-
Ya Konan	Didier	22.05.1984	CIV	S	11	28	-	12	3	-	1	6	-	-
Zieler	Ron-Robert	12.02.1989	D	T	1	34	-	-	2	-	-	-	-	-

HANNOVER

BUNDESLIGA

Der Autor: **Andreas Pahlmann** ist Sportredakteur der „Wolfsburger Allgemeinen Zeitung" und berichtet seit Jahren über den VfL.

Helmes als Beispiel für den VfL

Bis zum letzten Spieltag hatte der Deutsche Meister von 2009 die Chance, einen Platz in der UEFA Europa League zu erreichen. Das ausgegebene Ziel wurde verpasst, dennoch hat der Club in einer phasenweise sehr wechselhaft verlaufenden Saison einen Schritt nach vorn gemacht.

Sie sangen „Oh, wie ist das schön!", und die Sonne schien dazu an diesem wunderbaren Frühlingstag. Doch nur beim ersten Hinschauen schien die Euphorie der treuesten Wolfsburger Fans in der Nordkurve der VOLKSWAGEN ARENA angemessen. Gut, es gab ein 3:1 gegen den SV Werder Bremen und die zumindest theoretische Chance, doch noch Platz sieben und damit die UEFA Europa League zu erreichen. Aber wer Tabelle und Spielplan lesen konnte, der ahnte schon an diesem vorletzten Spieltag, was eine Woche später Gewissheit werden sollte: Es reicht nicht. Zu wechselhaft war diese Saison für den VfL Wolfsburg, zu schlecht vor allem die Auswärtsbilanz.

Dabei hatte es gut angefangen. Mit dem VfL. Und Felix Magath. Und Patrick Helmes. Ob er denn Glückwünsche zur Tabellenführung annehme, wurde Coach Magath nach dem 3:0 beim 1. FC Köln mit zwei Helmes-Toren gefragt. Er brummte ein „Nein" und blickte dabei so, als würde er die Ergebnisse der kommenden Spiele schon kennen.

Schließlich war wieder ein Neuaufbau einer Mannschaft angesagt, die im Vorjahr fast abgestiegen wäre. Und ein Neuaufbau birgt bekanntlich seine Tücken – braucht man für ihn schließlich auch neues Personal. Rechnet man Sommer- und Wintereinkäufe, zurückgekehrte Leihspieler, schon wieder Fortgeschickte und Beförderte aus dem eigenen Nachwuchs zusammen, kommt man auf 26 VfL-Neuzugänge 2011/12. Magath probierte Formationen und wechselte die Aufstellungen, am Ende der Hinrunde hatte er aber mehr Erkenntnisse als Punkte gesammelt. Auswärts gab es nach Köln gar keinen Sieg mehr. „Das", so bilanzierte Magath am Saisonende, „war unterm Strich unser größtes Problem: die Auswärtsschwäche in der Hinrunde."

Dafür aber hatte der Trainer seinen Blick fürs Team geschärft, mithilfe der Winterneuzugänge fand sich endlich der harte Kern eines Gebildes, das man fast Stammelf nennen konnte. Alte Meisterhelden wie Diego Benaglio und Marcel Schäfer gehörten dazu, Vor-Magath-Einkäufe wie Mario Mandzukic und Jan Polak, frische Neuzugänge wie Ricardo Rodríguez und Felipe Lopes. Und eben Helmes, dessen Geschichte dieser Saison auch die Saisongeschichte des VfL ist.

Nach Köln zum Saisonstart verteidigten die nächsten Gegner dann ernsthaft, und Helmes traf nicht mehr. Bald spielte er auch nicht mehr, trainierte nicht mehr mit den Profis, sondern lief einsam am Mittellandkanal auf und ab, während Magath die Anfragen anderer Clubs sortierte. „Patrick ist ein Spieler, der von seiner Abschlussstärke lebt. Wir kommen aber noch zu selten zum Abschluss. Deshalb hilft er uns im

Mario Mandzukic, kroatischer Topstürmer, schießt auf das Tor des 1. FC Kaiserslautern. Er erzielt in 32 Einsätzen zwölf Treffer für den VfL Wolfsburg in der Saison 2011/12.

Augenblick nicht weiter." Das war Magaths Erklärung, und sie klang plausibel. Ebenso plausibel erschien es aber, dass er einen Topverdiener von der Gehaltsliste haben wollte, um flexibel einkaufen zu können.

Aber Helmes ging nicht, die Wintereinkäufe formten eine Mannschaft, die einen Stürmer in Abschlussposition bringen kann, und die Sache lief: Helmes traf wieder, der VfL punktete. Zehn Mal kam Helmes in der Rückrunde zum Einsatz, zehn Tore erzielte

Trainer Felix Magath:

„Wir haben in dieser Saison einen Riesenschritt nach vorn gemacht."

er dabei, die beste Quote aller Bundesliga-Spieler nach der Winterpause. Aus Helmes wurde ein EM-Kandidat, aus dem VfL doch noch ein Aspirant für die Europacup-Plätze. Die Stimmung besserte sich.

Gegen Bayer 04 Leverkusen, beim 1. FC Nürnberg, gegen den Hamburger SV und bei Hertha BSC fuhr der VfL vier Siege in Folge ein, der Heimsieg am vorletzten Spieltag ließ die Fans singen, die Sonne

Felix Magath trägt die Verantwortung als Trainer und Geschäftsführer Sport.

Marcel Schäfer schlägt einen langen Ball in der Partie gegen Borussia Dortmund, in der der VfL Wolfsburg beim 1:3 eine von fünf Niederlagen in der VOLKSWAGEN ARENA kassiert.

Thomas Hitzlsperger, Christian Träsch, Makoto Hasebe, André Lenz und Marcel Schäfer (von links) bedanken sich bei den Fans.

schien. Dass es dann beim Saisonfinale beim VfB Stuttgart Regen und ein 2:3 nach 2:0-Führung gab, wurde eher mit Bedauern als mit großer Trauer registriert, zumal im Nachhinein auch ein Sieg nicht für die UEFA Europa League gereicht hätte. „Es ist natürlich schade, dass wir Platz sieben nicht erreicht haben", bilanzierte Magath. „Dennoch haben wir im Gegensatz zur vergangenen Saison einen Riesenschritt nach vorn gemacht. Es war eine enge Saison, es hat am Ende nicht ganz gereicht."

Es folgt der nächste Versuch, mit Ivica Olic und wenigen weiteren Neuzugängen. „Die Basis haben wir nunmehr geschaffen. Jetzt muss die Mannschaft nur noch punktuell verstärkt werden", weiß Felix Magath. Europa ist das Ziel, auch 2012/13. Magath, der Meistermacher von 2009, soll den Club wieder auf die europäische Bühne führen.

ALLE SPIELE

Hinrunde									Rückrunde	
1	06.08.	A	0:3	(0:1)	1. FC Köln	1:0	(0:0)	H	21.01.	18
2	13.08.	H	0:1	(0:0)	FC Bayern München	2:0	(0:0)	A	28.01.	19
3	19.08.	A	4:1	(3:1)	Borussia M'gladbach	0:0		H	04.02.	20
4	27.08.	A	3:0	(2:0)	SC Freiburg	3:2	(2:2)	H	10.02.	21
5	11.09.	H	2:1	(1:1)	FC Schalke 04	4:0	(2:0)	A	19.02.	22
6	17.09.	A	3:1	(2:0)	1899 Hoffenheim	1:2	(0:1)	H	25.02.	23
7	24.09.	H	1:0	(0:0)	1. FC Kaiserslautern	0:0		A	03.03.	24
8	01.10.	A	3:1	(1:0)	Bayer 04 Leverkusen	3:2	(2:1)	H	10.03.	25
9	15.10.	H	2:1	(1:0)	1. FC Nürnberg	1:3	(1:2)	A	17.03.	26
10	22.10.	A	1:1	(0:1)	Hamburger SV	2:1	(0:0)	H	23.03.	27
11	29.10.	H	2:3	(1:2)	Hertha BSC	1:4	(1:2)	A	31.03.	28
12	05.11.	A	5:1	(2:0)	Borussia Dortmund	1:3	(0:1)	H	07.04.	29
13	19.11.	H	4:1	(2:1)	Hannover 96	2:0	(1:0)	A	11.04.	30
14	26.11.	A	2:0	(0:0)	FC Augsburg	1:2	(1:1)	H	14.04.	31
15	03.12.	H	2:2	(2:0)	1. FSV Mainz 05	0:0		A	20.04.	32
16	10.12.	A	4:1	(2:0)	SV Werder Bremen	3:1	(1:1)	H	28.04.	33
17	17.12.	H	1:0	(0:0)	VfB Stuttgart	3:2	(0:1)	A	05.05.	34

VFL WOLFSBURG AUF EINEN BLICK

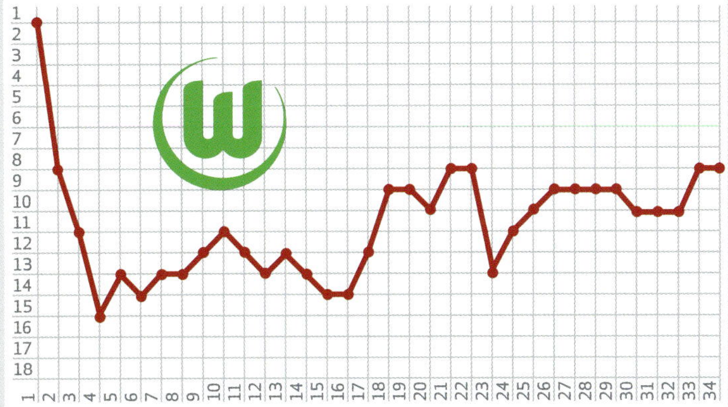

ALLE SPIELER

Name	Vorname	Geburtsdatum	Nationalität	Position	Rücken-Nr.	Einsätze	Auswechslungen	Einwechslungen	Gelbe Karten	Gelb-Rote Karten	Rote Karten	Tore	Elfmeter	Eigentore
Arnold	Maximilian	27.05.1994	D	M	27	2	-	2	-	-	-	-	-	-
Benaglio	Diego	08.09.1983	SUI	T	1	32	-	-	3	-	-	-	-	-
Cale	Hrvoje	04.03.1985	CRO	A	26	1	-	1	1	-	-	-	-	-
Chris		25.08.1978	BRA	A	25	8	2	1	3	-	-	1	-	-
Cigerci	Tolga	23.03.1992	D	M	14	-	-	-	-	-	-	-	-	-
Dejagah	Ashkan	05.07.1986	IRN	M	24	26	10	2	6	-	-	3	-	-
Felipe		07.08.1987	BRA	A	3	13	-	-	5	-	-	-	-	-
Friedrich	Arne	29.05.1979	D	A	3	-	-	-	-	-	-	-	-	-
Hasani	Ferhan	18.06.1990	MKD	M	37	-	-	-	-	-	-	-	-	-
Hasebe	Makoto	18.01.1984	JPN	M	13	23	6	3	3	1	-	1	-	-
Helmes	Patrick	01.03.1984	D	S	33	16	6	1	3	-	-	12	1	-
Hitz	Marwin	18.09.1987	SUI	T	35	2	-	-	-	-	1	-	-	-
Hitzlsperger	Thomas	05.04.1982	D	M	10	6	1	4	-	-	-	-	-	-
Hleb	Aliaksandr	01.05.1981	BLR	M	6	4	1	3	-	-	-	1	-	-
Jiracek	Petr	02.03.1986	CZE	M	20	13	6	4	2	-	-	2	-	-
Josué		19.07.1979	BRA	M	7	28	12	2	7	-	-	-	-	-
Jönsson	Rasmus	27.01.1990	SWE	S	19	11	3	8	-	-	-	-	-	-
Kahlenberg	Thomas	20.03.1983	DEN	M	8	-	-	-	-	-	-	-	-	-
Kjaer	Simon	26.03.1989	DEN	A	34	3	-	-	-	-	-	-	-	-
Klich	Mateusz	13.06.1990	POL	M	22	-	-	-	-	-	-	-	-	-
Knoche	Robin	22.05.1992	D	A	31	3	-	3	-	-	-	-	-	-
Koo	Ja-Cheol	27.02.1989	KOR	M	5	12	7	5	-	-	-	-	-	-
Kyrgiakos	Sotirios	23.07.1979	GRE	A	16	7	-	-	1	-	1	-	-	-
Lakic	Srdjan	02.10.1983	CRO	S	9	10	1	5	-	-	-	-	-	-
Lenz	André	19.11.1973	D	T	12	-	-	-	-	-	-	-	-	-
Madlung	Alexander	11.07.1982	D	A	17	23	2	6	1	1	-	1	-	-
Mandzukic	Mario	21.05.1986	CRO	S	18	32	4	2	4	-	-	12	1	-
Medojevic	Slobodan	20.11.1990	SRB	M	6	-	-	-	-	-	-	-	-	-
Ochs	Patrick	14.05.1984	D	M	2	13	5	4	2	-	-	-	-	-
Orozco	Yohandry	19.03.1991	VEN	M	30	5	3	1	-	-	-	-	-	-
Pekarik	Peter	30.10.1986	SVK	A	19	-	-	-	-	-	-	-	-	-
Polak	Jan	14.03.1981	CZE	M	29	16	7	3	3	-	-	-	-	-
Polter	Sebastian	01.04.1991	D	S	40	12	1	11	1	-	-	2	-	-
Rodríguez	Ricardo	25.08.1992	SUI	A	34	17	-	-	1	-	-	-	-	-
Russ	Marco	04.08.1985	D	A	23	24	1	3	7	-	-	1	-	-
Salihamidzic	Hasan	01.01.1977	BIH	M	11	15	11	5	3	-	-	3	-	-
Sanli	Tuncay	16.01.1982	TUR	M	6	-	-	-	-	-	-	-	-	-
Scheidhauer	Kevin	13.02.1992	D	S	21	-	-	-	-	-	-	-	-	-
Schindzielorz	Sebastian	21.01.1979	D	A	32	2	-	2	-	-	-	-	-	-
Schulze	Michael	13.01.1989	D	A	39	2	-	2	1	-	-	-	-	
Schäfer	Marcel	07.06.1984	D	A	4	34	2	-	2	-	-	5	-	
Sio	Giovanni	31.03.1989	FRA	S	44	9	2	8	1	-	-	-	-	
Sissoko	Ibrahim	29.11.1991	CIV	M	28	2	2	-	-	-	-	-	-	
Thoelke	Bjarne	11.04.1992	D	A	36	6	-	2	-	-	-	-	-	
Träsch	Christian	01.09.1987	D	M	15	33	3	4	3	-	-	-	-	
Vieirinha		24.01.1986	POR	S	8	9	2	3	-	-	-	-	-	

BUNDESLIGA

Thomas Schaaf hat als Trainer ein gutes Verhältnis zu seinen Spielern. In Dortmund beim 0:1 gibt er Aleksandar Ignjovski einfühlsam Tipps.

Werder Bremen hielt nicht, was es versprach

Starke Hinrunde, schwache Rückrunde: Für den SV Werder Bremen reichte es zum zweiten Mal in Folge nicht zum Einzug in die UEFA Europa League. „Es war mehr drin", bilanzierte Klaus Allofs, Vorsitzender der Bremer Geschäftsführung. Werder leitet einen Umbruch ein.

Der Autor: **Mathias Sonnenberg** arbeitet als Chefreporter bei „BILD" und ist seit vielen Jahren auch mit dem SV Werder Bremen befasst.

Der letzte Pfiff war kaum verhallt, da wurde Clemens Fritz gefragt, ob er froh sei über das Ende der Saison. Der Kapitän des SV Werder Bremen senkte kurz den Kopf und überlegte, dann entfuhr ihm ein erleichtertes „Gott sei Dank!". Und das war sogar verständlich nach einer Rückserie, die den Bremern nicht nur alle UEFA-Europa-League-Träume raubte, sondern auch noch einen Platz in den Werder-Geschichtsbüchern einbrachte: Noch nie hat eine Bremer Mannschaft eine so schlechte Rückrunde gespielt. In Zahlen: zwei Siege, 13 Punkte – eigentlich die Bilanz eines Absteigers.

Dass es am Ende noch für Platz neun reichte, ist einer guten Hinrunde zu verdanken. „Aber die Erwartungen, die wir bis Dezember geweckt haben", bilanzierte Allofs, „konnten wir im neuen Jahr nicht mehr einlösen." Keiner würde ihm widersprechen. Denn bis zur Weihnachtspause spielten die Bremer eine Saison, die durchaus höheren Ambitionen genügte. Platz fünf, vier Punkte hinter einem UEFA-Champions-League-Platz, sieben Zähler Abstand zu einem Rang, der nicht zur UEFA Europa League berechtigte. Mit anderen Worten: Alles sah danach aus, dass die Bremer nach einem Durchhänger wieder den Weg zurück nach Europa finden würden.

Doch was sich dann 2012 abspielte, das beschäftigte Trainer Thomas Schaaf in den Analysen sehr. Denn bis auf die Siege in den Nordderbys gegen den Hamburger SV (3:1) und Hannover 96 (3:0) gab es kaum noch Anlass für Jubel. Was Schaaf gewohnt nüchtern begründete. „Wir haben nicht angeboten, was wir uns im Training erarbeitet haben."

Jubel nach dem 1:0 gegen den FC Bayern bei Markus Rosenberg, Claudio Pizarro, Zlatko Junuzovic, Torschütze Naldo und Florian Trinks (von links). Das Spiel ist ein wenig wie ein Spiegelbild der gesamten Saison, denn am Ende verliert Werder mit 1:2 gegen die Münchner.

Dabei waren die Bremer angetreten, um in dieser Saison das bescheidene Vorjahr vergessen zu machen, als sie am Ende gerade mal so den Abstieg verhindert hatten. Schon das Erstrunden-Aus im DFB-Pokal beim Drittligisten Heidenheim machte allerdings deutlich, dass die Bremer eine schwere Saison vor sich haben würden. Doch zunächst ging es nach dem Pokal-Aus gut los. Werder marschierte und punktete sich in die oberen Tabellenränge. Nur die Niederlagen gegen die Top-Vier-Clubs Borussia Dortmund, FC Bayern München, FC Schalke 04 und Borussia Mönchengladbach verhinderten größere Träume.

In der Winterpause legten die Bremer personell nach: Holten François Affolter von Young Boys Bern und Zlatko Junuzovic von Austria Wien. Doch auch sie konnten den

Klaus Allofs:

„Wir werden wieder eine starke Mannschaft auf dem Platz haben."

Absturz in der Rückserie nicht verhindern. An empfindliche Niederlagen gegen den 1. FSV Mainz, den 1. FC Nürnberg, Hertha BSC oder VfB Stuttgart reihten sich schmerzliche Punktverluste gegen den 1. FC Köln, den 1. FC Kaiserslautern, FC Augsburg, SC Freiburg oder 1899 Hoffenheim. Platz um Platz rutschten die Bremer nach unten. Allerdings flankiert von einem Verletzungspech, das beim 1:1 gegen Augsburg seinen Höhepunkt fand. In dieser Partie fehlten mit Tim Wiese, Naldo, Sebastian Prödl, Marko Marin, Mehmet Ekici, Philipp Bargfrede, Marko Arnautovic und Claudio Pizarro acht potenzielle Stammspieler.

Schaaf machte in diesen Wochen das einzig Richtige und setzte verstärkt auf den Nachwuchs. Plötzlich tummelten sich die Youngster Florian Hartherz (18), Tom Trybull (19), Niclas Füllkrug (19), Florian Trinks (20) und Aleksandar Stevanovic (20) auf dem Platz. Namen, die selbst langjährigen Werder-Fans nicht gerade geläufig waren. Die Jungspunde machten ihre Sache nicht schlecht. Doch der Weg in den Europapokal war noch zu steil. Allofs: „Aber alle haben gezeigt, dass sie über kurz oder lang in der Bundesliga mithalten können."

Für die Bremer markiert diese Saison eine Zeitenwende. Denn nach und nach verabschiedeten sich Spieler, die in den vergangenen Jahren für erfolgreiche Europapokal-Zeiten standen. Schon im August, zu Beginn der Spielzeit, wurde Per Mertesacker nach sechs Bremer Jahren zum FC Arsenal nach London verkauft. Nach der Saison folgten weitere Abgänge: Tim Wiese (seit 2005 an der Weser) verlängerte den Vertrag nicht und spielt künftig für Hoffenheim. Auch Marko Marin (wechselt zu Chelsea FC) und der Schwede Markus Rosenberg spielten ihre letzte Saison im grün-weißen Dress. Und auch Tim Borowski, der 2004 zum Team des Double-Siegers gehörte, hat an der Weser keine Zukunft mehr. Doch Werder wäre nicht Werder, wenn der Club nicht trotzdem für eine gewisse Konstanz stehen würde. Denn mit Schaaf und Allofs verlängerten die beiden Macher ihre Verträge bis 2014 (Schaaf) und 2015. Beide arbeiten seit 1999 gemeinsam für Werder, beide haben den Club zu Meisterschaft und Pokal-Titeln geführt. Jetzt aber sollen beide den Umbruch fortfüh-

Grüner Abwehrwall mit Felix Kroos, Aleksandar Ignjovski, Sokratis Papastathopoulos und Zlatko Junuzovic (von links) gegen Sebastian Kehl und Robert Lewandowski (rechts).

Seit 2006 spielt Clemens Fritz in Bremen eine gute Rolle, was er auch beim 2:2 gegen den Gladbacher Marco Reus zeigt.

ren, den sie schon in dieser Saison eingeleitet haben. „Wir werden auch in der neuen Saison eine starke Mannschaft auf dem Platz haben", sagt Allofs. Dass sein Team die vielen Chancen auf einen Platz in der UEFA Europa League so fahrlässig verspielte, nagte trotzdem an ihm. „Es war auf jeden Fall mehr drin", bilanzierte er.

Florian Trinks ist eines der Talente, die Thomas Schaaf in das Team integriert hat.

ALLE SPIELE

Hinrunde										Rückrunde
1	06.08.	H	2:0	(0:0)	1. FC Kaiserslautern	0:0		A	21.01.	18
2	14.08.	A	1:0	(0:0)	Bayer 04 Leverkusen	1:1	(1:0)	H	28.01.	19
3	20.08.	H	5:3	(2:1)	SC Freiburg	2:2	(1:1)	A	05.02.	20
4	27.08.	A	1:2	(1:1)	1899 Hoffenheim	1:1	(0:1)	H	11.02.	21
5	10.09.	H	2:0	(0:0)	Hamburger SV	1:3	(0:2)	A	18.02.	22
6	17.09.	A	1:1	(0:1)	1. FC Nürnberg	0:1	(0:0)	H	25.02.	23
7	25.09.	H	2:1	(1:1)	Hertha BSC	1:0	(0:0)	A	03.03.	24
8	02.10.	A	3:2	(2:1)	Hannover 96	3:0	(1:0)	H	11.03.	25
9	14.10.	H	0:2	(0:1)	Borussia Dortmund	1:0	(1:0)	A	17.03.	26
10	21.10.	A	1:1	(0:0)	FC Augsburg	1:1	(0:0)	H	24.03.	27
11	29.10.	A	1:3	(1:1)	1. FSV Mainz 05	0:3	(0:1)	H	31.03.	28
12	05.11.	H	3:2	(0:2)	1. FC Köln	1:1	(1:1)	A	07.04.	29
13	19.11.	A	5:0	(3:0)	Borussia M'gladbach	2:2	(1:0)	H	10.04.	30
14	27.11.	H	2:0	(0:0)	VfB Stuttgart	4:1	(2:1)	A	13.04.	31
15	03.12.	A	4:1	(1:0)	FC Bayern München	1:2	(0:0)	H	21.04.	32
16	10.12.	H	4:1	(2:0)	VfL Wolfsburg	3:1	(1:1)	A	28.04.	33
17	17.12.	A	5:0	(2:0)	FC Schalke 04	2:3	(1:1)	H	05.05.	34

SV WERDER BREMEN AUF EINEN BLICK

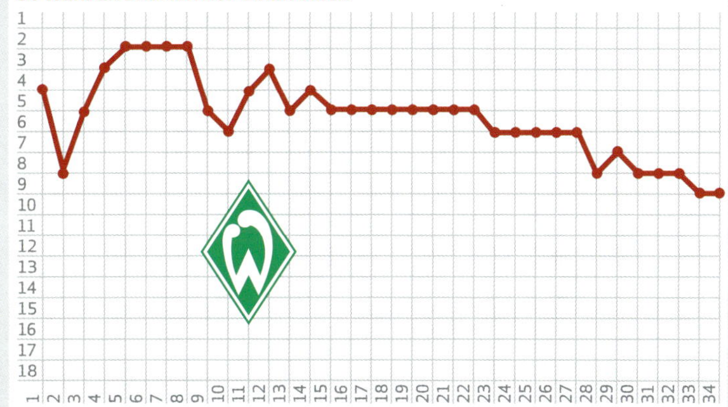

ALLE SPIELER

Name	Vorname	Geburtsdatum	Nationalität	Position	Rücken-Nr.	Einsätze	Auswechslungen	Einwechslungen	Gelbe Karten	Gelb-Rote Karten	Rote Karten	Tore	Elfmeter	Eigentore
Affolter	François	13.03.1991	SUI	A	3	13	3	-	3	-	-	-	-	-
Arnautovic	Marko	19.04.1989	AUT	S	7	19	7	9	-	-	1	6	-	-
Avdic	Denni	05.09.1988	SWE	S	9	-	-	-	-	-	-	-	-	-
Ayik	Onur	28.01.1990	TUR	S	46	-	-	-	-	-	-	-	-	-
Balogun	Leon-A.	28.06.1988	D	A	37	-	-	-	-	-	-	-	-	-
Bargfrede	Philipp	03.03.1989	D	M	44	23	4	2	6	-	-	-	-	-
Boenisch	Sebastian	01.02.1987	POL	A	2	4	-	3	-	-	1	-	-	-
Borowski	Tim	02.05.1980	D	M	6	1	1	-	-	-	-	-	-	-
Ekici	Mehmet	25.03.1990	TUR	M	20	21	9	10	3	-	-	1	-	-
Fritz	Clemens	07.12.1980	D	M	8	32	2	-	11	-	-	1	-	-
Füllkrug	Niclas	09.02.1993	D	S	41	11	1	10	-	-	-	1	-	-
Hartherz	Florian	29.05.1993	D	A	26	10	1	-	-	-	-	-	-	-
Hunt	Aaron	04.09.1986	D	M	14	18	1	-	-	-	1	3	1	-
Ignjovski	Aleksandar	27.01.1991	SRB	M	17	26	3	4	4	-	-	-	-	-
Junuzovic	Zlatko	26.09.1987	AUT	M	23	15	8	-	1	-	-	-	-	-
Kroos	Felix	12.03.1991	D	M	18	1	-	1	-	-	-	-	-	-
Marin	Marko	13.03.1989	D	M	10	21	11	5	2	-	-	1	-	-
Mertesacker	Per	29.09.1984	D	A	29	4	-	-	-	-	-	-	-	-
Mielitz	Sebastian	18.07.1989	D	T	21	7	-	1	-	-	-	-	-	-
Naldo		10.09.1982	BRA	A	4	18	-	6	-	-	-	3	-	1
Pizarro	Claudio	03.10.1978	PER	S	24	29	3	1	5	-	-	18	2	-
Prödl	Sebastian	21.06.1987	AUT	A	15	16	3	3	-	-	-	2	-	-
Rosenberg	Markus	27.09.1982	SWE	S	11	33	9	7	3	-	-	10	-	-
Schindler	Kevin	21.05.1988	D	S	28	-	-	-	-	-	-	-	-	-
Schmitz	Lukas	13.10.1988	D	A	13	26	2	6	6	-	-	-	-	-
Schoppenh.	Clemens	23.02.1992	D	A	38	-	-	-	-	-	-	-	-	-
Silvestre	Mikael	09.08.1977	FRA	A	16	1	-	1	-	-	-	-	-	-
Sokratis		09.06.1988	GRE	A	22	30	3	-	12	1	-	1	-	-
Stevanovic	Aleksandar	16.02.1992	SRB	M	34	3	1	1	1	-	-	-	-	-
Stevanovic	Predrag	03.03.1991	SRB	M	31	-	-	-	-	-	-	-	-	-
Thy	Lennart	25.02.1992	D	S	36	3	1	1	-	-	-	-	-	-
Trinks	Florian	11.03.1992	D	M	35	6	2	3	-	-	-	-	-	-
Trybull	Tom	09.03.1993	D	M	25	15	11	1	1	-	-	1	-	-
Vander	Christian	24.10.1980	D	T	33	-	-	-	-	-	-	-	-	-
Wagner	Sandro	29.11.1987	D	S	19	7	-	7	1	-	-	-	-	
Wesley		24.06.1987	BRA	M	5	6	-	5	1	-	-	1	-	
Wiese	Tim	17.12.1981	D	T	1	28	-	-	1	-	1	-	-	
Wolf	Andreas	12.06.1982	D	A	23	15	2	1	4	-	-	-	-	
Yildirim	Özkan	10.04.1993	D	M	32	-	-	-	-	-	-	-	-	

BREMEN

Zwei Newcomer bilden in der Hinrunde beim 1. FC Nürnberg ein Abwehrgespann:
Timm Klose (links) und Philipp Wollscheid, den der Club an Leverkusen verliert.

Der Autor: **Harald Büttner** ist Sportchef der „Nürnberger Zeitung" und berichtet seit vielen Jahren über den „Club".

Famose fränkische Farbtupfer

Kein Zittern, kein Chaos, kein Krisenszenario: Der 1. FC Nürnberg scheint sich nach jahrzehntelangem Auf und Ab nachhaltig in der Bundesliga zu etablieren. Den Luxus einer weitgehend sorgenfreien Saison inklusive frühzeitig gesicherten Klassenerhalts wusste beim Club nach Abschluss dieser Spielzeit jeder zu schätzen.

Ein Mittwochabend Anfang April, kurz vor 22 Uhr. Es ist kühl im Frankenland, doch alle tanzen Samba. Die Tartanbahn vor der Fankurve avanciert zur Partymeile. Die Anhänger des „Club" feiern ein rauschendes Fußballfest und bejubeln den „gefühlten Klassenerhalt", der schon drei Tage später auch amtlich besiegelt wird. 4:1 gegen den FC Schalke 04 – ein Highlight unter Flutlicht.

„Das war einer dieser Farbtupfer, die im Gedächtnis bleiben", wird Club-Sportvorstand Martin Bader später sagen: „Ein Sieg gegen einen Großen, mit dem wir unseren treuen Fans wieder mal etwas zurückgeben konnten. Ein Abend, der die Leute dazu bewegt, wiederzukommen."

Solche Spiele brauchen sie in der Noris, um aus einer ordentlichen Spielzeit eine gute zu machen. Sie wissen, dass sie nicht Deutscher Meister werden können und dass sie an die Fahrkarten für Europa normalerweise nicht herankommen. Sie wissen auch, dass die permanente Bundesliga-Zugehörigkeit „die Basis allen Handelns" definiert, wie Bader betont: „Eine unspektakuläre Saison mit dem Ergebnis Klassenerhalt gilt bei uns prinzipiell als Erfolg. Aber ein paar Paukenschläge sollten schon dabei sein."

Ihr Soll haben die Schützlinge von Trainer Dieter Hecking souverän erfüllt. Schon am 31. Spieltag konnten sie das Thema Abstiegskampf abhaken. Mit einem glanzlosen 2:0 beim 1. FC Kaiserslautern rundete der Club eine bemerkenswerte Erfolgsbilanz gegen die direkte Konkurrenz ab: 22 von 24 möglichen „Big Points" erkämpfte er sich gegen die „Kellerkinder" Kaiserslautern, Hertha BSC, 1. FC Köln und FC Augsburg.

Lediglich am 13 . und am 16. Spieltag rangierten die Nürnberger auf dem Relegationsplatz, ansonsten bewegten sie sich stets über dem Strich. Was den Chefcoach mit Stolz erfüllt. „In den Prognosen zu Saisonbeginn sind wir als Abstiegskandidat gehandelt worden. Man hat uns kaum zugetraut, dass wir den personellen Umbruch hinkriegen. Doch die Mannschaft hat die Vorgaben hervorragend umgesetzt", bilanziert Hecking, der seit Januar 2010 bei den Nürnbergern das Sagen hat und in Sachen Verweildauer mittlerweile Platz drei unter den 31 Bundesliga-Trainern des 1. FCN belegt. Nur Heinz Höher und Klaus Augenthaler waren länger im Amt.

Sportvorstand Martin Bader:

„Eine Saison mit dem Ergebnis Klassenerhalt gilt bei uns als Erfolg."

NÜRNBERG

Trainer Dieter Hecking, bekannt für seine guten Ausbildungsmethoden, führt immer wieder Talente an die Stammelf des siebenmaligen Deutschen Meisters heran.

U21-Nationalspieler Alexander Esswein gehört zur jungen Garde des FCN, die in der Bundesliga für Aufsehen sorgt.

Mit dem Abgang von Ilkay Gündogan (Borussia Dortmund), Mehmet Ekici (SV Werder Bremen) und Julian Schieber (VfB Stuttgart) waren im Sommer 2011 drei Eckpfeiler jenes stabilen Gefüges weggebrochen, das in der Saison zuvor die Basis für den grandiosen Erfolg mit Platz sechs gewesen war; zudem suchten die Urgesteine Marek Mintal und Andreas Wolf neue

Trainer Dieter Hecking:

„Man hat uns den personellen Umbruch kaum zugetraut."

Herausforderungen. Mit zehn Punkten aus den ersten sechs Spielen folgte dennoch ein ordentlicher Saisonstart, doch dann kam es doch knüppeldick. Das Verletzungspech bremste die Franken aus. Kapitän Raphael Schäfer und Publikumsliebling Javier Pinola, die letzten „Überlebenden" des DFB-Pokalsiegerteams von 2007, waren lange außer Gefecht – wie auch Per Nilsson, Mike Frantz, Albert Bunjaku und Daniel Didavi. Sieben Wochen lang blieb der Club sieglos, 0:4-Pleiten im Derby beim FC Bayern München und auf Schalke ließen die Alarmglocken zumindest vibrieren.

„Es war bisweilen schon ein Ritt auf der Rasierklinge, aber im entscheidenden Momenten hat unsere Mannschaft dann einen rausgehauen", sagte Bader mit Blick auf das

Javier Pinola (vorn) im Zweikampf mit dem Dortmunder Mario Götze. Als der erfahrene Argentinier mehrere Wochen ausfällt, macht sich dies in der Abwehr bemerkbar.

1:0 gegen Kaiserslautern Ende November oder auf das 3:0 bei Bayer 04 Leverkusen zum Hinrundenausklang. Ähnlich befreiend wirkten im Frühjahr die Siege am Stück gegen Köln (2:1), in Bremen (1:0) und gegen Borussia Mönchengladbach (1:0). Den Last-Minute-Coup gegen die Borussia, die zu diesem Zeitpunkt noch vom Titel träumen durfte, stellt Hecking auf eine Stufe mit der 4:1-Gala gegen Schalke. Mit den Tugenden „Teamgeist, Geschlossenheit und hohe Eigenmotivation" beschreibt er die Rezeptur für diesen Fußball-Leckerbissen.

Zusammen mit Bader steht Hecking für Kontinuität und Seriosität beim 1. FCN, der vor zwei Jahrzehnten noch als Skandalnudel der Liga verschrien war. Hektischer Aktionismus gehört der Vergangenheit an, aber auch diesmal wird es einen kleinen Umbruch geben, vor allem der Verlust von Abwehrchef Philipp Wollscheid schmerzt. Der künftige Leverkusener prägte das Club-Spiel – wie auch Torwart Schäfer,

Daniel Didavi, zweifellos eines der besten deutschen Talente, zeigt überragende Leistungen in der Rückrunde.

der routinierte Mittelfeldstratege Timmy Simons, der dynamische Timothy Chandler, Winterneuzugang Hanno Balitsch, der lange umstrittene Torjäger Tomas Pekhart, der von Verletzungspech immer wieder gestoppte Alexander Esswein und der in der Rückrunde auftrumpfende Spielmacher Didavi. Lücken wollen Bader und Hecking mit hungrigen Talenten schließen. Damit könnten die Nürnberger auch 2012/13 für auffällige Farbtupfer sorgen.

ALLE SPIELE

Hinrunde						Rückrunde				
1	06.08.	A	0:1	(0:0)	Hertha BSC	2:0	(1:0)	H	21.01.	18
2	13.08.	H	1:2	(0:2)	Hannover 96	1:0	(1:0)	A	27.01.	19
3	20.08.	A	2:0	(0:0)	Borussia Dortmund	0:2	(0:0)	H	03.02.	20
4	27.08.	H	1:0	(0:0)	FC Augsburg	0:0		A	12.02.	21
5	11.09.	A	1:2	(1:2)	1. FC Köln	2:1	(1:0)	H	18.02.	22
6	17.09.	H	1:1	(0:1)	SV Werder Bremen	0:1	(0:0)	A	25.02.	23
7	24.09.	A	1:0	(0:0)	Borussia M'gladbach	1:0	(0:0)	H	04.03.	24
8	01.10.	H	3:3	(2:2)	1. FSV Mainz 05	2:1	(2:0)	A	10.03.	25
9	15.10.	A	2:1	(1:0)	VfL Wolfsburg	1:3	(1:2)	H	17.03.	26
10	22.10.	H	2:2	(1:0)	VfB Stuttgart	1:0	(0:0)	A	25.03.	27
11	29.10.	A	4:0	(3:0)	FC Bayern München	0:1	(0:0)	H	31.03.	28
12	05.11.	H	1:2	(1:1)	SC Freiburg	2:2	(0:2)	A	07.04.	29
13	19.11.	A	4:0	(2:0)	FC Schalke 04	4:1	(3:0)	H	11.04.	30
14	26.11.	H	1:0	(1:0)	1. FC Kaiserslautern	0:2	(0:1)	A	14.04.	31
15	04.12.	A	2:0	(1:0)	Hamburger SV	1:1	(0:0)	H	21.04.	32
16	10.12.	H	0:2	(0:1)	1899 Hoffenheim	2:3	(1:2)	A	28.04.	33
17	17.12.	A	0:3	(0:2)	Bayer 04 Leverkusen	1:4	(0:2)	H	05.05.	34

1. FC NÜRNBERG AUF EINEN BLICK

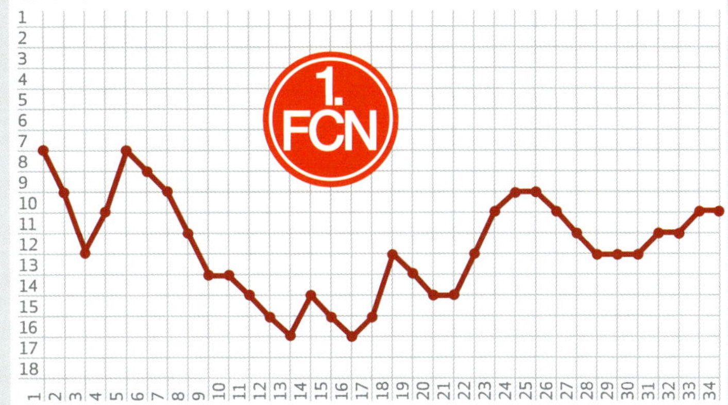

ALLE SPIELER

Name	Vorname	Geburtsdatum	Nationalität	Position	Rücken-Nr.	Einsätze	Auswechslungen	Einwechslungen	Gelbe Karten	Gelb-Rote Karten	Rote Karten	Tore	Elfmeter	Eigentore
Balitsch	Hanno	02.01.1981	D	M	5	12	9	-	5	-	-	1	-	-
Bunjaku	Albert	29.11.1983	SUI	S	10	17	2	14	-	-	-	1	-	-
Chandler	Timothy	29.03.1990	D	A	26	30	4	1	5	-	1	1	-	-
Cohen	Almog	01.09.1988	ISR	M	18	24	7	12	5	-	-	-	-	-
Didavi	Daniel	21.02.1990	D	M	20	23	12	5	-	-	-	9	-	-
Eigler	Christian	01.01.1984	D	S	8	23	8	10	3	-	-	1	-	-
Esswein	Alexander	25.03.1990	D	S	33	26	9	6	3	-	-	4	-	-
Feulner	Markus	12.02.1982	D	M	7	28	4	5	10	-	-	1	-	-
Frantz	Mike	14.10.1986	D	M	17	13	6	6	3	-	-	1	-	-
Hegeler	Jens	22.01.1988	D	M	13	31	14	12	1	-	-	1	-	-
Hlousek	Adam	20.12.1988	CZE	M	23	11	1	-	2	-	-	-	-	-
Judt	Juri	24.07.1986	D	M	16	2	1	1	1	-	-	-	-	-
Kamavuaka	Wilson	29.03.1990	COD	M	24	5	-	4	-	-	-	-	-	-
Klose	Timm	09.05.1988	SUI	A	15	13	1	-	2	-	-	-	-	-
Mak	Robert	08.03.1991	SVK	S	14	17	7	7	1	-	-	2	-	-
Maroh	Dominic	04.03.1987	SVN	A	6	21	1	2	3	-	-	1	-	-
Mendler	Markus	07.01.1993	D	S	27	7	4	3	-	-	-	-	-	-
Nilsson	Per	15.09.1982	SWE	A	3	5	-	2	1	-	-	-	-	-
Okotie	Rubin	06.06.1987	AUT	S	29	-	-	-	-	-	-	-	-	-
Pekhart	Tomas	26.05.1989	CZE	S	9	31	5	2	6	1	-	9	-	-
Pinola	Javier	24.02.1983	ARG	A	25	17	1	-	4	-	-	-	-	-
Plattenhardt	Marvin	26.01.1992	D	A	21	9	-	1	1	-	-	-	-	-
Rakovsky	Patrick	02.06.1993	D	T	22	2	-	-	1	-	-	-	-	-
Schäfer	Raphael	30.01.1979	D	T	1	25	1	-	4	-	-	-	-	-
Simons	Timmy	11.12.1976	BEL	M	2	34	2	-	4	-	-	4	3	-
Stephan	Alexander	15.09.1986	D	T	30	8	-	1	1	-	-	-	-	-
Uphoff	Benjamin	08.08.1993	D	T	32	-	-	-	-	-	-	-	-	-
Wießmeier	Julian	04.11.1992	D	S	31	8	1	7	1	-	-	-	-	-
Wollscheid	Philipp	06.03.1989	D	A	38	33	1	-	5	-	-	2	-	-
Zeitz	Manuel	01.08.1990	D	M	28	-	-	-	-	-	-	-	-	-

Nicht konstant genug für die Spitze

Der Hoffenheimer Verteidiger Marvin Compper versucht energisch mit einem Ausfallschritt den Fuß eher an den Ball zu bekommen als der Hannoveraner Manuel Schmiedebach.

Der Autor: **Tobias Schächter** aus Karlsruhe berichtet als freier Journalist für die „Süddeutsche Zeitung", die „Berliner Zeitung", und „Financial Times Deutschland".

Nach gutem Saisonstart konnte 1899 Hoffenheim die Form nicht halten. Nach einem personellen Umbruch im sportlichen Bereich strebt der Club mit Trainer Markus Babbel künftig höhere Ziele an.

Eine neue Ära sollte begründet werden: Als Holger Stanislawski im Mai 2011 als neuer Trainer bei 1899 Hoffenheim vorgestellt wurde, sollte dies der Beginn einer langen Zusammenarbeit sein. Als seinen „Wunschtrainer" bezeichnete der Hoffenheimer Geschäftsführer Sport Ernst Tanner den Mann, den alle „Stani" nennen dürfen und der in seinen vielen Jahren als Spieler, Manager und Trainer beim FC St. Pauli zu einem bundesweiten Sympathieträger geworden war. Doch alles kam anders, als sich der Club und der Trainer ihre Zusammenarbeit vorgestellt hatten. Anfang Februar 2012 mussten Stanislawski und seine Kotrainer André Trulsen und Klaus-Peter Nemet gehen, und nur rund fünf Wochen später auch Ernst Tanner.

Markus Babbel folgte auf den beim Publikum beliebten Stanislawski nach einer bitteren 0:1-Heimiederlage im DFB-Pokal-Viertelfinale gegen die Spvgg Greuther Fürth. Wenig später übernahm Babbel dann auch die Aufgaben von Tanner als Sportlicher Leiter. Mit Babbel als Trainer und Manager in Personalunion spielte die Mannschaft die Saison zu Ende. Nach Platz sieben und zweimal Rang elf in der Endtabelle schlossen die Badener ihre vierte Bundesliga-Saison erneut auf Rang elf ab.

Dabei hatte die Spielzeit gut begonnen, mit zwölf Punkten nach sechs Begegnungen rangierte die Mannschaft auf Tabellenrang vier. Mit dem Heimsieg am zweiten Spieltag gegen den Deutschen Meister Borussia Dortmund und dem brillanten 4:0-Auswärtserfolg beim 1. FSV Mainz 05 an Spieltag fünf setzte die Mannschaft Glanzlichter. Doch es gelang nicht, die gute Form des Saisonstarts zu konservieren. Ein nicht ganz unbekanntes Problem in Hoffenheim, an dem auch Stanislawski nichts ändern konnte. Als Ryan Babel in Mainz am fünften Spieltag mit zwei Toren und einer starken Leistung beeindruckte, war die Hoffnung groß, dass der holländische Nationalspieler den Durchbruch schaffen würde. Am Ende der Runde aber konnte der begabte Offensivspieler nur vier Mal einen eigenen Torerfolg bejubeln.

Mitentscheidend, dass die Mannschaft immer mehr die Tuchfühlung zum oberen Tabellendrittel verlor, war eine Serie von neun Heimspielen ohne Sieg. Nach dem 1:0 über Borussia Mönchengladbach am 22. Oktober 2011 mussten die Fans bis zum 11. April 2012 warten, ehe mit dem 4:0 über den Hamburger SV endlich wieder einmal drei Punkte in der WIRSOL Rhein-Neckar-Arena bejubelt werden konnten. Das nicht ausreichende Ausnutzen der Torchancen war das größte Manko. Beste Torschützen wurden mit Sejad Salihovic (neun Tore) und Roberto Firmino (sieben Treffer) zwei offensive Mittelfeldspieler. Von den jungen Angreifern gelang keinem nachhaltig der Durchbruch. Aber Sven Schipplock (23), vom VfB Stuttgart gekommen, zeigte gute Ansätze und ist eine Option für die Zukunft. Mit nur zwei Saisontreffern ist aber seine Quote ebenso ausbaufähig wie die von Peniel Mlapa (ein Tor) und von Knowledge Musona, der gar kein Tor erzielte.

Trainer Markus Babbel:

„Wir wollen den nächsten Schritt tun, raus aus dem Mittelmaß."

Pech hatte der im Winter vom VfL Wolfsburg ausgeliehene Srdjan Lakic. Der Kroate sollte den im Januar zum VfB Stuttgart transferierten Torjäger Vedad Ibisevic ersetzen, fand jedoch nie den Rhythmus und blieb ohne Torerfolg. Außer Ibisevic verließ mit Chinedu Obasi in der Winterpause ein weiterer langjähriger 1899-Profi den Club und wechselte zum FC Schalke 04. Mit dem jungen Boris Vukcevic (22) besitzen die Hoffenheimer aber einen hochtalentierten Außenbahnspieler. Am Ende der Saison wartete der dynamische Vukcevic nach langer Verletzung mit starken Leistungen auf. Einen großen Sprung nach vorn machte Innenverteidiger Jannik Vestergaard. Der erst 19 Jahre alte und 1,97 Meter große Deutsch-Däne erspielte sich unter Holger Stanislawski einen Stammplatz, den er auch unter Markus Babbel behauptete. Wenn alles gut laufe, könne er mit diesem Kader auch einmal „vorne reinpiksen", hatte Stanislawski gehofft. Das ist nur für

Edson Braafheid hebt ab. Der niederländische Nationalverteidiger präsentiert eine ungewöhnliche Zweikampfhaltung gegen den Wolfsburger Mittelfeldspieler Makoto Hasebe.

Trainer Markus Babbel lockt viele neue Spieler nach Hoffenheim und setzt selbstbewusst höhere Ziele.

einen kurzen Moment am Anfang der Runde gelungen. Babbel hat neue Ziele ausgerufen. Er will mit Hoffenheim ins internationale Geschäft und wird deshalb den Kader verändern – in Absprache mit Mäzen Dietmar Hopp, der auf die Einhaltung der Regeln des Financial Fairplay pocht. Einige Neuzugänge standen mit dem Abschluss der Saison 2011/12 schon fest: Torwart Tim Wiese, bei der EM 2012 im deutschen Kader, kommt vom SV Werder Bremen, Stephan Schröck aus Fürth, Michael Gregoritsch vom SV Karpfenberg in Österreich, Routinier Mathieu Delpierre vom VfB Stuttgart und Kevin Volland vom TSV München 1860.

Und die Torquote im zuletzt so wenig treffsicheren Angriff soll Eren Derdiyok von Bayer 04 Leverkusen in der neuen Runde deutlich erhöhen. „Es gibt keine Stammplatzgarantie. Jeder muss sich beweisen", kündigte Trainer Babbel an. Er will raus aus dem Mittelmaß.

Seit fünf Jahren spielt der Ghanaer Isaac Vorsah in Hoffenheim, er bestritt bisher 93 Bundesliga-Spiele.

ALLE SPIELE

Hinrunde									Rückrunde	
1	06.08.	A	2:1	(2:1)	Hannover 96	0:0		H	21.01.	18
2	13.08.	H	1:0	(1:0)	Borussia Dortmund	3:1	(2:0)	A	28.01.	19
3	20.08.	A	0:2	(0:1)	FC Augsburg	2:2	(1:1)	H	04.02.	20
4	27.08.	H	1:2	(1:1)	SV Werder Bremen	1:1	(0:1)	A	11.02.	21
5	10.09.	A	0:4	(0:2)	1. FSV Mainz 05	1:1	(1:1)	H	17.02.	22
6	17.09.	H	3:1	(2:0)	VfL Wolfsburg	1:2	(0:1)	A	25.02.	23
7	25.09.	A	2:0	(1:0)	1. FC Köln	1:1	(1:0)	H	04.03.	24
8	01.10.	H	0:0		FC Bayern München	7:1	(5:0)	A	10.03.	25
9	15.10.	A	2:0	(0:0)	VfB Stuttgart	1:2	(0:2)	H	16.03.	26
10	22.10.	H	1:0	(0:0)	Borussia M'gladbach	1:2	(1:0)	A	24.03.	27
11	29.10.	A	3:1	(1:0)	FC Schalke 04	1:1	(1:0)	H	01.04.	28
12	05.11.	H	1:1	(1:0)	1. FC Kaiserslautern	1:2	(0:1)	A	07.04.	29
13	20.11.	A	2:0	(1:0)	Hamburger SV	4:0	(2:0)	H	11.04.	30
14	26.11.	H	1:1	(1:0)	SC Freiburg	0:0		A	15.04.	31
15	02.12.	A	2:0	(1:0)	Bayer 04 Leverkusen	0:1	(0:0)	H	21.04.	32
16	10.12.	A	0:2	(0:1)	1. FC Nürnberg	2:3	(1:2)	H	28.04.	33
17	17.12.	H	1:1	(1:0)	Hertha BSC	3:1	(1:0)	A	05.05.	34

1899 HOFFENHEIM AUF EINEN BLICK

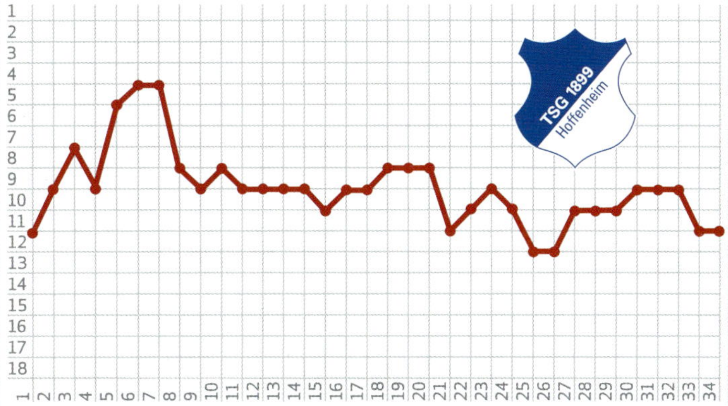

ALLE SPIELER

Name	Vorname	Geburtsdatum	Nationalität	Position	Rücken-Nr.	Einsätze	Auswechslungen	Einwechslungen	Gelbe Karten	Gelb-Rote Karten	Rote Karten	Tore	Elfmeter	Eigentore
Babel	Ryan	19.12.1986	NED	S	10	31	7	3	5	1	-	4	1	-
Beck	Andreas	13.03.1987	D	A	2	31	-	-	13	-	-	1	-	-
Braafheid	Edson	08.04.1983	NED	A	28	21	2	5	1	-	-	1	-	-
Casteels	Koen	25.06.1992	BEL	T	30	-	-	-	-	-	-	-	-	-
Compper	Marvin	14.06.1985	D	A	5	30	-	-	5	-	1	2	-	-
Conrad	Kevin	10.08.1990	D	A	35	-	-	-	-	-	-	-	-	-
Firmino	Roberto	02.10.1991	BRA	M	22	30	17	4	4	-	-	7	-	-
Gulde	Manuel	12.02.1991	D	A	37	-	-	-	-	-	-	-	-	-
Gyau	Joseph-C.	16.09.1992	USA	M	32	-	-	-	-	-	-	-	-	-
Haas	Daniel	01.08.1983	D	T	1	1	-	-	-	-	-	-	-	-
Herdling	Kai	27.06.1984	D	S	38	-	-	-	-	-	-	-	-	-
Ibertsberger	Andreas	27.07.1982	AUT	A	26	1	1	-	1	-	-	-	-	-
Ibisevic	Vedad	06.08.1984	BIH	S	19	10	2	3	2	-	-	5	-	-
Jaissle	Matthias	05.04.1988	D	A	3	-	-	-	-	-	-	-	-	-
Johnson	Fabian	11.12.1987	USA	A	16	29	8	2	-	-	-	2	-	-
Kaiser	Dominik	16.09.1988	D	M	21	9	2	4	1	-	-	-	-	-
Klingmann	Philipp	22.04.1988	D	A	41	-	-	-	-	-	-	-	-	-
Lakic	Srdjan	02.10.1983	CRO	S	39	7	3	3	-	-	-	-	-	-
Mlapa	Peniel	20.02.1991	D	S	15	24	7	14	2	-	-	1	-	-
Musona	Knowledge	21.06.1990	ZIM	S	8	16	2	14	2	-	-	-	-	-
Obasi	Chinedu	01.06.1986	NGA	S	20	13	5	3	3	-	-	-	-	-
Rudy	Sebastian	28.02.1990	D	M	6	28	7	1	6	-	-	-	-	-
Salihovic	Sejad	08.10.1984	BIH	M	23	23	7	2	8	-	-	9	8	-
Schipplock	Sven	08.11.1988	D	S	9	20	7	13	1	-	-	2	-	-
Sigurdsson	Gylfi	08.09.1989	ISL	M	11	7	4	-	-	-	-	-	-	-
Simunic	Josip	18.02.1978	CRO	A	14	-	-	-	-	-	-	-	-	-
Starke	Tom	18.03.1981	D	T	33	33	-	-	-	-	-	-	-	-
Strobl	Tobias	12.05.1990	D	M	31	1	-	1	-	-	-	-	-	-
Tagoe	Prince	09.11.1986	GHA	S	18	2	-	2	-	-	-	-	-	-
Thesker	Stefan	11.04.1991	D	A	4	-	-	-	-	-	-	-	-	-
Thomalla	Denis	16.08.1992	D	S	34	-	-	-	-	-	-	-	-	-
Vestergaard	Jannik	03.08.1992	DEN	A	29	23	-	4	3	-	-	2	-	-
Vorsah	Isaac	21.06.1988	GHA	A	25	21	2	1	2	-	1	-	-	-
Vukcevic	Boris	16.03.1990	D	M	7	18	2	4	1	-	-	2	-	-
Weis	Tobias	30.07.1985	D	M	17	13	5	2	5	-	-	-	-	
Wieser	Sandro	03.02.1993	LIE	M	27	1	-	1	-	-	-	-	-	
Williams	Daniel	08.03.1989	USA	M	13	24	3	7	5	-	-	-	-	
Zuculini	Franco	05.09.1990	ARG	M	36	-	-	-	-	-	-	-	-	

HOFFENHEIM

BUNDESLIGA

Trainer Christian Streich spricht mit Oliver Sorg vor dem Spiel des SC Freiburg beim Hamburger SV, das die Badener 3:1 gewinnen. Sorg (21) gehört zu den Spielern, die Streich aus der Regionalliga ins Bundesliga-Team holt.

Der Autor: **Christoph Ruf** berichtet als freier Journalist für große Tageszeitungen, den „Stern", „Spiegel Online" und andere Medien über den SC Freiburg.

Mit einem großen Streich zur Wende

Zum Ende des Jahres 2011 sah es schlecht aus um den Sport-Club Freiburg, die Mannschaft lag auf Platz 18. Doch nach dem Trainerwechsel von Marcus Sorg zu Christian Streich vollzog das Team einen markanten Wandel und rettete sich souverän.

Dirk Dufner konnte es im Saisonfinish ein wenig gemächlicher angehen lassen. Vergessen waren die Sorgen der ersten Halbserie. Nach den Umbrüchen im Winter, die der Sportdirektor des Sport-Club Freiburg vollzogen hatte, stand sogar schon das Gerüst für die Saison 2012/13. Dufner hatte sich viele Videos angesehen, mit denen die Berater ihre Spieler anpreisen, mit Journalisten telefoniert und konnte sehr beruhigt aus dem Fenster schauen. Von seinem Büro hat der Freiburger Sportdirektor einen hervorragenden Blick auf das Trainingsgelände. Und dort sah er eine Mannschaft, die bis zum letzten Spieltag konzentriert weiterarbeitete, als wären noch große Ziele zu erreichen. Dabei war das wichtigste schon geschafft. Nach dem 0:0 bei Hannover 96 am 31. Spieltag war der SC Freiburg gerettet. Diese Nachricht wäre noch zu Jahresbeginn einer Sensation gleichgekommen, als das Team als Tabellenletzter in die Rückrunde ging. Doch es folgten ein damals kaum erwarteter Wandel und eine Rückrunde mit 27 Punkten. Schließlich fehlte nicht einmal viel zur Qualifikation für die UEFA Europa League.

„Es wäre gelogen zu behaupten, dass wir uns bei 13 Punkten nach 17 Spielen absolut sicher gewesen wären, dass wir da unten rauskommen", gab Dufner zu. Und atmete tief durch. Vieles, was die Breisgauer einer staunenden Öffentlichkeit im Dezember zumuteten, hätte schließlich auch schiefgehen können. Gleich fünf Spielern (Yacine Abdessadki, Maximilian Nicu, Felix Bastians, Kisho Yano, Heiko Butscher) teilte die Freiburger Führung mit, sie sollten sich einen anderen Club suchen. Besonders die Trennung von Kapitän Butscher stieß vielen übel auf – der intelligente Verteidiger galt jahrelang als Kopf der Mannschaft und war auch im Verein beliebt. „Das eine oder andere Vorgehen hätte man anders erklären können", sagte Dufner später. „Personell haben wir aber alles richtig gemacht. Nur so konnten wir Platz schaffen für die Neuen, die geholt wurden, und die Jungen, die hochgezogen wurden. Die haben uns ja in der Rückrunde sehr viel Freude gemacht."

Die Spieler, die ins Team kamen, lösten so viel Freude aus, dass ein Profi fast in Vergessenheit geriet, der in Freiburg als Erfolgsgarant schlechthin gegolten hatte. Torjäger Papiss Demba Cissé wurde im Januar nach Newcastle verkauft, stattdessen wurden weniger profilierte Profis wie Stürmer Sebastian Freis (27) vom 1. FC Köln oder der offensive Mittelfeldspieler Karim Guédé (27) von Slovan Bratislava geholt. Ein Tabellenletzter, der seinen besten Torschützen verkauft? Dufner musste häufig erklären, dass beim SC trotzdem noch an den Klassenerhalt geglaubt wurde.

Und auch der Trainerwechsel, der vielleicht den entscheidenden Impuls für die Wende gab, wurde durchaus kontrovers diskutiert. Als Marcus Sorg kurz vor Silvester gehen musste und sein damaliger Assistent Christian Streich übernahm, hatten die Schwarzwälder fünf Punkte Rückstand auf einen Nichtabstiegsplatz. Nicht wenige Fans und Journalisten sahen in der vorzeitigen Trennung vom glücklosen Coach dennoch einen

Bruch mit dem „Freiburger Weg", nachhaltig mit einem Trainer zusammenzuarbeiten, wie bei Volker Finke (1991–2007) oder Robin Dutt (2007–2011), denen der Club auch längere Durststrecken zugestanden hatte.

Dass die Verantwortlichen gut beraten waren, sich diesmal anders zu entscheiden, bestritt schon im Laufe der Rückrunde niemand mehr. Streich war längst zur Kultfigur geworden, bundesweit schienen die Menschen seine authentische, unverstellte Art zu schätzen. Der Trainer tritt bescheiden auf, nie würde ihm eine großspurige Ankündigung

Daniel Caligiuri:

„Der Trainer ist sehr emotional und redet viel mit den Spielern."

über die Lippen kommen. Die Journalisten hingen ihm trotzdem an selbigen. Denn dieser Mann hat etwas zu sagen. „Er ist sehr emotional und redet viel mit den Spielern", sagte Mittelfeldspieler Daniel Caligiuri. Und Torwart Oliver Baumann ergänzte: „Er ist ein absoluter Fußballfachmann, er stellt uns optimal auf jeden Gegner ein."

Baumann ist mit seinen 21 Jahren längst eine feste Größe beim SC, schon Dutt baute in der Spielzeit 2010/2011 auf den U21-Nationaltorhüter. Doch Streich, der zuvor über ein Jahrzehnt den Aufbau der bundesweit renommierten „Freiburger Fußballschule" (das Leistungszentrum für Nachwuchsspieler) betrieben hatte, verjüngte den Profikader ganz bewusst. Spieler wie Matthias Ginter, Immanuel Höhn, Jonathan Schmid und Oliver Sorg, die kurz zuvor noch in der U19 gespielt hatten, schafften den Sprung in die Mannschaft. Eine tolle Serie von zehn Spielen ohne Niederlage seit dem 24. Spieltag bis zum vorletzten Spiel führte das Team mit einem großen Streich von den Abstiegsplätzen ans sichere Ufer.

Johannes Flum gehört auch unter Marcus Sorg zum Freiburger Stammpersonal, aber mit Christian Streich werden seine Leistungen besser.

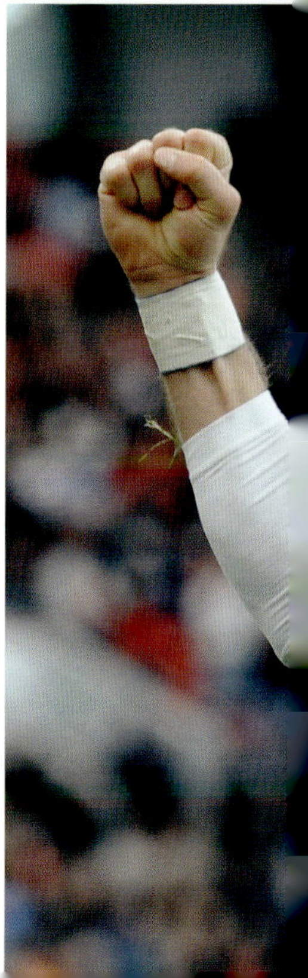

Daniel Caligiuri ballt die Fäuste nach seinem Tor zum 2:0 im Auswärtsspiel bei Bayer 04 Leverkusen. Der Mittelfeldspieler trumpft in der Rückrunde überragend auf.

Julian Schuster (links), der sich trotz einer Attacke vom Stuttgarter Christian Gentner absetzt, ist als defensiver Mittelfeldspieler wichtig für das Umschaltspiel des Sport-Clubs.

ALLE SPIELE

Hinrunde									Rückrunde	
1	06.08.	A	2:2	(0:0)	FC Augsburg	1:0	(0:0)	H	21.01.	18
2	13.08.	H	1:2	(0:0)	1. FSV Mainz 05	3:1	(3:0)	A	29.01.	19
3	20.08.	A	5:3	(2:1)	SV Werder Bremen	2:2	(1:1)	H	05.02.	20
4	27.08.	H	3:0	(2:0)	VfL Wolfsburg	3:2	(2:2)	A	10.02.	21
5	10.09.	A	7:0	(3:0)	FC Bayern München	0:0		H	18.02.	22
6	16.09.	H	1:2	(0:1)	VfB Stuttgart	4:1	(2:1)	A	25.02.	23
7	24.09.	A	4:2	(1:1)	FC Schalke 04	2:1	(1:0)	H	03.03.	24
8	01.10.	H	1:0	(1:0)	Borussia M'gladbach	0:0		A	10.03.	25
9	16.10.	H	1:2	(0:1)	Hamburger SV	1:3	(0:2)	A	17.03.	26
10	22.10.	A	1:0	(0:0)	1. FC Kaiserslautern	2:0	(2:0)	H	24.03.	27
11	28.10.	H	0:1	(0:1)	Bayer 04 Leverkusen	0:2	(0:1)	A	31.03.	28
12	05.11.	A	1:2	(1:1)	1. FC Nürnberg	2:2	(0:2)	H	07.04.	29
13	19.11.	H	2:2	(0:2)	Hertha BSC	1:2	(0:1)	A	10.04.	30
14	26.11.	A	1:1	(1:0)	1899 Hoffenheim	0:0		H	15.04.	31
15	03.12.	H	1:1	(0:1)	Hannover 96	0:0		A	22.04.	32
16	10.12.	A	4:0	(1:0)	1. FC Köln	4:1	(1:0)	H	28.04.	33
17	17.12.	H	1:4	(1:2)	Borussia Dortmund	4:0	(4:0)	A	05.05.	34

SC FREIBURG AUF EINEN BLICK

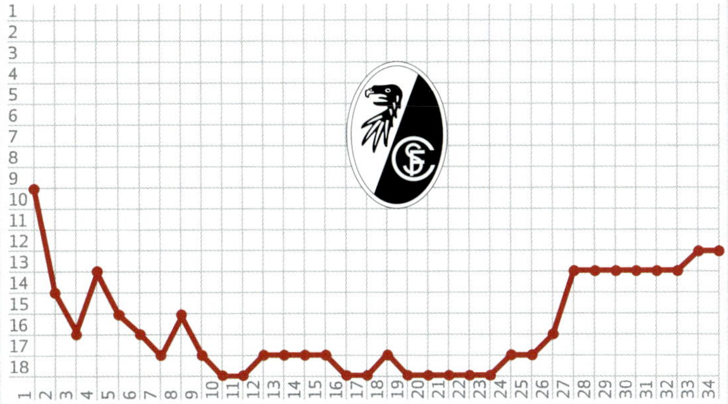

ALLE SPIELER

Name	Vorname	Geburtsdatum	Nationalität	Position	Rücken-Nr.	Einsätze	Auswechslungen	Einwechslungen	Gelbe Karten	Gelb-Rote Karten	Rote Karten	Tore	Elfmeter	Eigentore
Abdessadki	Yacine	01.01.1981	MAR	M	6	11	6	3	-	-	-	-	-	-
Banovic	Ivica	02.08.1980	CRO	M	20	-	-	-	-	-	-	-	-	-
Barth	Oliver	06.10.1979	D	A	15	12	1	-	3	-	-	1	-	-
Bastians	Felix	09.05.1988	D	A	3	16	2	-	1	-	-	-	-	1
Batz	Daniel	12.01.1991	D	T	19	1	-	-	-	-	-	-	-	-
Baumann	Oliver	02.06.1990	D	T	1	33	-	-	1	-	-	-	-	-
Bickel	Christian	27.01.1991	D	M	29	-	-	-	-	-	-	-	-	-
Brandstetter	Simon	02.05.1990	D	S	33	-	-	-	-	-	-	-	-	-
Butscher	Heiko	28.07.1980	D	A	5	8	2	2	-	-	-	-	-	-
Caligiuri	Daniel	15.01.1988	D	M	40	25	8	7	4	-	-	6	2	-
Cissé	Papiss	03.06.1985	SEN	S	9	17	-	-	2	-	-	9	2	-
Dembélé	Garra	21.02.1986	MLI	S	11	16	3	13	2	-	-	1	-	-
Diagné	Fallou	14.08.1989	SEN	A	13	15	3	-	2	-	1	1	-	-
Ferati	Beg	10.11.1986	SUI	A	4	6	2	3	-	-	-	-	-	-
Flum	Johannes	14.12.1987	D	M	18	30	4	3	6	-	-	3	-	-
Freis	Sebastian	23.04.1985	D	S	35	15	6	4	4	-	-	3	-	-
Ginter	Matthias	19.01.1994	D	M	28	13	-	2	1	-	-	1	-	-
Guédé	Karim	07.01.1985	SVK	M	31	10	5	2	1	-	-	2	-	-
Hinkel	Andreas	26.03.1982	D	A	20	7	4	1	2	-	-	-	-	-
Höhn	Immanuel	23.12.1991	D	A	41	8	-	2	1	-	-	-	-	-
Jendrisek	Erik	26.10.1986	SVK	S	26	19	6	11	2	-	-	2	-	-
Krmas	Pavel	03.03.1980	CZE	A	2	19	1	1	3	-	-	1	-	-
Lais	Marc	04.02.1991	D	M	44	-	-	-	-	-	-	-	-	-
Lumb	Michael	09.01.1988	DEN	M	16	5	1	1	-	-	-	-	-	-
Makiadi	Cedrick	23.02.1984	COD	M	7	33	8	2	6	-	-	6	-	-
Mujdza	Mensur	28.03.1984	BIH	A	24	14	3	1	2	-	-	1	-	-
Nicu	Maximilian	25.11.1982	ROM	M	10	4	1	2	-	-	-	-	-	-
Putsila	Anton	10.06.1987	BLR	M	14	19	9	4	1	-	-	-	-	-
Reisinger	Stefan	14.09.1981	D	S	27	25	3	20	2	-	-	3	-	-
Rosenthal	Jan	07.04.1986	D	M	8	18	12	3	2	-	-	2	-	-
Salz	Manuel	06.08.1985	D	T	21	-	-	-	-	-	-	-	-	-
Santini	Ivan	21.05.1989	CRO	S	9	10	3	7	-	-	-	-	-	-
Sautner	Erich	06.11.1991	D	M	48	-	-	-		-	-	-	-	-
Schmid	Jonathan	26.06.1990	FRA	M	17	22	2	-	1	-	-	1	-	-
Schuster	Julian	15.04.1985	D	M	23	21	1	2	5	-	-	1	-	
Schwolow	Alexander	02.06.1992	D	T	36	-	-	-	-	-	-	-	-	
Sorg	Oliver	29.05.1990	D	A	25	17	-	-	2	-	-	-	-	
Williams	Daniel	08.03.1989	USA	M	28	1	-	-	-	-	-	-	-	
Yano	Kisho	05.04.1984	JPN	S	22	-	-	-	-	-	-	-	-	

BUNDESLIGA

Der Autor: **Jörg Schneider** ist Sportredakteur der „Mainzer Rhein-Zeitung" und berichtet regelmäßig über den 1. FSV Mainz 05.

An Abstieg keinen

Der 1. FSV Mainz 05 hat sich in der Bundesliga etabliert. Die Rheinhessen feierten Triumphe wie am Abend des 27. November gegen den FC Bayern München und behaupteten sich trotz des Abgangs mehrerer Leistungsträger auch in der Saison 2011/12 in der Bundesliga.

Gedanken mehr

Wie einst Jürgen Klopp ist Thomas Tuchel der richtige Trainer für die Mainzer, der sich als Ausbilder junger Fußballer versteht.

Der Jubel fiel ungewohnt verhalten aus für Mainzer Verhältnisse. Ein 0:0 gegen den VfL Wolfsburg am 32. Spieltag hatte soeben auch rechnerisch die restlichen Ängste beseitigt, dass nach der dritten Saison in Folge wieder Feierabend mit Bundesliga-Fußball sein könnte. So wie 2007, drei Jahre nach dem ersten Bundesliga-Aufstieg des 1. FSV Mainz 05, als das Team noch einmal hinunter musste in die 2. Bundesliga. „Wir haben keinen Anlass zur übertriebenen Freude oder die Korken knallen und uns für den Verbleib in der Liga feiern zu lassen", sagte Thomas Tuchel nüchtern. „Der Klassenverbleib ist schön und gut, aber wir haben nie etwas anderes thematisiert, als hohe Ansprüche zu formulieren. Wir haben in diesen vergangenen drei Jahren nicht ein einziges Mal auf einem Abstiegsplatz gestanden." Seit 2009 ist Tuchel nun im Amt, er hat den Club in dieser Zeit im Mittelfeld der Liga etabliert.

Trainer Thomas Tuchel:

„Das ist mein Wunsch: wenig Veränderung, keine Umwälzung."

Der Manager empfand die Leistung besonders in dieser für die Mainzer schwierigen Saison jedoch als außergewöhnlich. „Selbstverständlich ist der Klassenverbleib in diesem Jahr ein Riesenerfolg für Mainz 05", konstatierte Christian Heidel, der im Frühjahr sein 20-jähriges Jubiläum feierte und der dienstälteste Manager der Liga ist. „Auch wenn wir selbst das vielleicht gar nicht so fühlen, weil wir von Anfang an selbstbewusst gesagt haben, dass wir drin bleiben." Dennoch sei dieses Ergebnis nach dem vollzogenen Umbruch vor der Saison ein „Riesending". Sieben der vergangenen neun Jahre in der Bundesliga verbracht zu haben, sei für einen Club wie Mainz eine absolut bemerkenswerte Leistung.

Diese dritte Spielzeit war für Tuchel und Heidel allerdings das schwierigste Jahr bisher. Die Erwartungen der Fans in der neuen COFACE Arena, die nach dem Umzug vom

Christian Heidel, der Mainzer Manager, begleitet Mohamed Zidan in die Fankurve, wo der Rückkehrer nach einem weiteren Tor beim 4:0 gegen Köln die „Humba" anstimmen muss.

Bruchweg seit Saisonbeginn die Heimat der „Nullfünfer" ist, waren relativ hoch. Der sensationelle fünfte Platz in der Saison zuvor und die Teilnahme an der Qualifikation zur UEFA Europa League hatten die Ansprüche an das Team wachsen lassen. Doch die Verantwortlichen mussten dies mit einem stark veränderten Kader angehen. Der personelle Umbruch war groß. Das Erstrunden-Aus im internationalen Wettbewerb, bei einem mittelmäßigen Gegner in Rumänien, lieferte den ersten Beleg dafür, wie schwierig es werden würde, solche Topspieler wie die abgewanderten André Schürrle, Lewis Holtby und Christian Fuchs zu ersetzen. Dazu kam der verletzungsbedingte Ausfall von Mittelstürmer Adam Szalai in der kompletten Vorrunde.

Maxim Choupo-Moting, vom HSV zu Saisonbeginn geholt, wurde in allen 34 Saisonspielen eingesetzt.

Tuchel musste feststellen, dass seine Einkäufe, allesamt talentiert, einige Zeit benötigen würden, um sich an die Liga und die Besonderheiten des Mainzer Spiels, das in erster Linie in der laufintensiven Arbeit gegen den Ball, dem Umschaltverhalten und Gegenpressing liegt, zu gewöhnen. Eine unbefriedigende Vorrunde war das Resultat dieser Entwicklungsarbeit. Erst mit der Rückkehr von Mohamed Zidan vom Deutschen Meister aus Dortmund, der entscheidende Tore lieferte, und dem Comeback Szalais funktionierte das, was der Trainer forderte, besser. Zumal sich inzwischen Neuzugänge wie Eric-Maxim Choupo-Moting oder Nicolai Müller zu Leistungsträgern entwickelt hatten.

„Dieser Klassenverbleib war ein langer, komplizierter Weg mit vielen Wellentälern", sagte Tuchel. Er habe gedacht, die Entwicklung der Mannschaft schreite schneller voran, als es dann der Fall gewesen sei. Dass aber schließlich eine stetige Leistungssteigerung erreicht wurde, sei eine tolle Leistung dieser Mannschaft. Auf diesem Niveau wollen die Mainzer in ihrer vierten Bundesliga-Saison hintereinander weitermachen. Nach dem Riesenumbruch im Sommer 2011 beabsichtigt Tuchel, in der Spielzeit 2012/13 auf den Fundamenten aufzubauen, die in dieser Saison gelegt worden sind. Als er sich auf seiner Tafel die Stammkräfte und Alternativen für die einzelnen Positionen unter dem Gesichtspunkt einer „homogenen Zusammenstellung einer Mannschaft" anschaute, kam Tuchel zu dem Schluss: „Viele Neue brauchen wir nicht." Der Trainer vertraut dem vorhandenen Personal: „Das ist mein absoluter Wunsch: wenig Veränderung, keine Umwälzung."

Im nächsten Entwicklungsschritt soll es für diese Mannschaft unter anderem darum gehen, ihr Niveau zu stabilisieren und aus sich selbst heraus mehr Erfolgsgier zu entwickeln. „Wir wollen Spiele gewinnen", brachte der 38-jährige Trainer seine Anforderungen auf eine einfache Formel. Genau das gelinge seiner Mannschaft noch zu selten. Sein gefestigtes, eingespieltes, stresserprobtes Team könne mehr erreichen. Tuchel selbst fühlt sich absolut am richtigen Platz. Er verlängerte seinen Vertrag in Mainz mit dem Saisonende vorzeitig bis 2015. Mainz biete ihm außergewöhnliche Möglichkeiten, sagte Tuchel. Nur einige Siege mehr wünscht sich dieser engagierte Fußballlehrer.

ALLE SPIELE

Hinrunde										Rückrunde
1	07.08.	H	2:0	(1:0)	Bayer 04 Leverkusen	3:2	(2:0)	A	22.01.	18
2	13.08.	A	1:2	(0:0)	SC Freiburg	3:1	(3:0)	H	29.01.	19
3	21.08.	H	2:4	(2:0)	FC Schalke 04	1:1	(0:1)	A	04.02.	20
4	28.08.	A	1:1	(1:1)	Hannover 96	1:1	(1:0)	H	11.02.	21
5	10.09.	H	0:4	(0:2)	1899 Hoffenheim	1:1	(1:1)	A	17.02.	22
6	17.09.	A	3:1	(1:1)	1. FC Kaiserslautern	4:0	(3:0)	H	25.02.	23
7	24.09.	H	1:2	(1:0)	Borussia Dortmund	2:1	(1:0)	A	03.03.	24
8	01.10.	A	3:3	(2:2)	1. FC Nürnberg	2:1	(2:0)	H	10.03.	25
9	15.10.	H	0:1	(0:0)	FC Augsburg	2:1	(1:1)	A	17.03.	26
10	22.10.	A	0:0		Hertha BSC	1:3	(0:1)	H	24.03.	27
11	29.10.	H	1:3	(1:1)	SV Werder Bremen	0:3	(0:1)	A	31.03.	28
12	04.11.	H	3:1	(0:0)	VfB Stuttgart	4:1	(1:1)	A	07.04.	29
13	13.12.	A	1:1	(0:0)	1. FC Köln	4:0	(3:0)	H	10.04.	30
14	27.11.	H	3:2	(1:0)	FC Bayern München	0:0		A	14.04.	31
15	03.12.	A	2:2	(2:0)	VfL Wolfsburg	0:0		H	20.04.	32
16	10.12.	H	0:0		Hamburger SV	0:0		A	28.04.	33
17	18.12.	A	1:0	(1:0)	Borussia M'gladbach	0:3	(0:1)	H	05.05.	34

1. FSV MAINZ 05 AUF EINEN BLICK

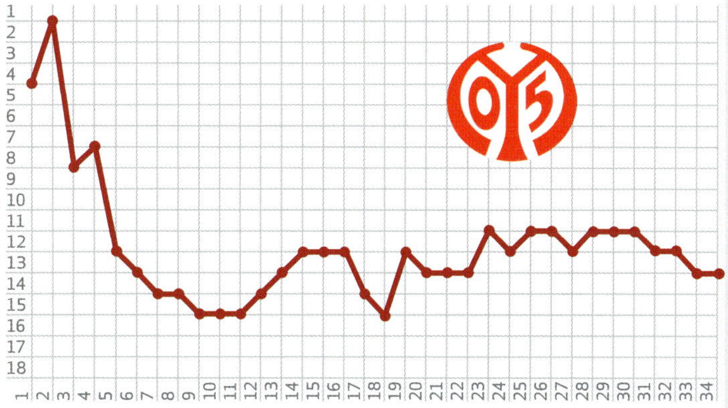

ALLE SPIELER

Name	Vorname	Geburtsdatum	Nationalität	Position	Rücken-Nr.	Einsätze	Auswechslungen	Einwechslungen	Gelbe Karten	Gelb-Rote Karten	Rote Karten	Tore	Elfmeter	Eigentore
Allagui	Sami	28.05.1986	TUN	S	9	19	8	6	4	-	-	4	-	-
Baumgart.	Julian	02.01.1988	AUT	M	14	26	2	12	2	-	-	-	-	-
Bell	Stefan	24.08.1991	D	A	16	-	-	-	-	-	-	-	-	-
Bungert	Niko	24.10.1986	D	A	26	29	2	2	5	-	-	3	-	-
Caligiuri	Marco	14.04.1984	D	M	6	30	4	7	1	-	-	2	-	-
Choupo-M.	Maxim	23.03.1989	CMR	S	10	34	4	11	3	-	-	10	-	-
Fathi	Malik	29.10.1983	D	A	18	17	1	2	-	-	-	-	-	-
Gavranovic	Mario	24.11.1989	SUI	S	22	5	1	4	1	-	-	-	-	-
Gopko	Eugen	05.01.1991	D	A	5	-	-	-	-	-	-	-	-	-
Heller	Florian	10.03.1982	D	M	16	-	-	-	-	-	-	-	-	-
Ivanschitz	Andreas	15.10.1983	AUT	M	25	26	12	10	2	-	-	6	3	-
Karius	Loris	22.06.1993	D	T	21	-	-	-	-	-	-	-	-	-
Kirchhoff	Jan	01.10.1990	D	A	15	29	-	7	6	-	-	-	-	1
Malli	Yunus	24.02.1992	D	M	11	13	3	10	-	-	-	-	-	-
Müller	Heinz	30.05.1978	D	T	33	12	-	-	-	-	-	-	-	-
Müller	Nicolai	25.09.1987	D	M	27	23	10	6	2	-	-	4	-	-
Noveski	Nikolce	28.04.1979	MKD	A	4	26	1	2	2	-	-	-	-	2
Polanski	Eugen	17.03.1986	POL	M	7	26	14	2	2	-	1	3	2	-
Pospech	Zdenek	14.12.1978	CZE	A	3	25	2	1	4	-	-	-	-	1
Risse	Marcel	17.12.1989	D	M	23	10	4	1	1	-	-	1	-	-
Schilk	Tobias	24.03.1992	D	A	24	-	-	-	-	-	-	-	-	-
Schönheim	Fabian	14.02.1987	D	A	34	1	-	1	-	-	-	-	-	-
Sliskovic	Petar	21.02.1991	CRO	S	35	1	-	1	-	-	-	-	-	-
Soto	Elkin	04.08.1980	COL	M	19	31	8	-	2	-	-	1	-	-
Stieber	Zoltan	16.10.1988	HUN	M	17	7	5	2	-	-	-	-	-	-
Svensson	Bo	04.08.1979	DEN	A	2	8	2	1	3	-	-	-	-	1
Szalai	Adam	09.12.1987	HUN	S	28	15	5	3	2	1	-	3	-	-
Ujah	Anthony	14.10.1990	NGA	S	13	12	3	8	1	-	-	2	-	-
Wetklo	Christian	11.01.1980	D	T	29	22	-	-	3	-	-	-	-	-
Yilmaz	Deniz	26.02.1988	TUR	S	30	2	1	1	-	-	-	-	-	-
Zabavnik	Radoslav	16.09.1980	SVK	A	8	14	2	-	3	-	-	-	-	-
Zidan	Mohamed	11.12.1981	EGY	S	35	12	7	1	-	-	-	7	-	-

BUNDESLIGA

Augsburger Fußball-Wunder

Nur wenige hatten der „Augsburger Puppenkiste“ bei ihrem Ausflug in die Bundesliga den Klassenerhalt zugetraut. Doch mit Leidenschaft und Kampfgeist strafte der FC Augsburg alle Kritiker Lügen und machte sogar vorzeitig den Klassenverbleib klar.

Nach dem 1:0 gegen den Hamburger SV beklatscht die Mannschaft das erste große Jahr des FC Augsburg in der Bundesliga. Den Nichtabstieg hat sie schon eine Woche zuvor mit dem 0:0 in Gladbach perfekt gemacht.

Der Autor: **Herbert Schmoll** ist Sportredakteur der „Augsburger Allgemeinen" und berichtet seit mehr als 20 Jahren über den FC Augsburg.

Wo wohnen Jim Knopf und Lukas, der Lokomotivführer? Im Lummerland – richtig. Es ist noch gar nicht so lange her, da konnten selbst eingefleischte Fußballfans Fragen über die berühmten Marionetten der Augsburger Puppenkiste schneller beantworten als über den am Lech ansässigen FC Augsburg. Doch mittlerweile wissen Millionen Deutsche auch über den Augsburger Fußball Bescheid. Als krasser Außenseiter gestartet, feierte das Team von Trainer Jos Luhukay überraschend den Klassenerhalt und spielt somit auch in der kommenden Saison in der Bundesliga. Coach Luhukay wird dann aber nicht mehr dabei sein. Nach dem letzten Saisonspiel gab der Niederländer seinen Rücktritt bekannt und bat die Clubführung um Auflösung seines noch bis Juni 2013 datierten Arbeitsvertrags. Mit dem kleinsten Etat aller Bundesli-

Das Erfolgsduo macht Schluss: Trainer Jos Luhukay (links) beendet seine Tätigkeit nach vier Jahren beim FCA, Geschäftsführer Andreas Rettig, der seit 2006 für den Club arbeitet, wechselt zur Deutschen Fußball Liga.

ga-Clubs ausgestattet, schaffte der Aufsteiger am vorletzten Spieltag durch ein 0:0 bei Borussia Mönchengladbach die Rettung: Ein Fußball-Wunder wurde wahr. „Das ist der absolute Wahnsinn. Die ganze Saison hat man uns nichts zugetraut. Wir wurden belächelt", sagte Sebastian Langkamp, der wie seine Teamkollegen sofort nach dem Schlusspfiff das T-Shirt mit der Aufschrift „Leidenschaft versetzt Berge – Klassenerhalt 2012" übergestreift hatte.

Der kleine FCA hatte es den etablierten Clubs gezeigt. „Es ist großartig, was das Team geleistet hat", freute sich Luhukay. In der Tat, der Club aus dem bayerischen Schwaben wurde lange belächelt, galt in der Bundesliga als chancenlos. Als man nach acht Spieltagen noch auf den ersten Saisonsieg wartete, da schienen sich die schlimmsten Befürchtungen zu bewahrheiten. Vergleiche mit Tasmania Berlin wurden angestellt, das mit nur acht Punkten in der Saison 1965/66 als schlechtester Club in die Bundesliga-Geschichte einging

Doch trotz des miserablen Auftakts blieb es in Augsburg lange ruhig. Der Vorstandsvorsitzende Walther Seinsch (70) hatte Luhukay (48) vor der Spielzeit eine Jobgarantie gegeben. Der kleine Niederländer mit dem markanten Schnauzbart galt neben Clubchef Seinsch und Geschäftsführer Andreas Rettig als einer der Architekten des Erfolgs. Er ist kein Lautsprecher, kein Selbstdarsteller, doch sieht er den Erfolg gefährdet, dann kann der Fußballlehrer auch richtig grantig werden. Dann setzt er etablierte Stammspieler sofort auf die Tribüne. Von Rettig erhielt er Rückendeckung. Der

Rastamann Lorenzo Davids kam vor der Saison von NEC Nijmegen zum FCA.

Geschäftsführer rief, nachdem der FCA die Bundesliga erreicht hatte, sofort den Abstiegskampf aus. Gemeinsam mit Seinsch beschritt der gebürtige Rheinländer den „Augsburger Weg", auf dem Startransfers verpönt sind.

„Wir können nur Studentengehälter zahlen", sagte Rettig zur Forderung nach spektakulären Neuzugängen. Er schreckte zusammen mit Luhukay auch vor der unpopulären Entscheidung nicht zurück, Torjäger Michael Thurk aus dem Kader zu verbannen. Er spiele im taktischen Konzept keine Rolle, erklärte das Führungsduo, das aber auch befürchten musste, Thurk würde eine Rolle auf der harten Ersatzbank nicht akzeptieren.

Rettig blickte schließlich stolz auf die starke Saisonleistung. „Die Liga zu halten ging nur über Zusammenhalt und Teamgeist vom Zeugwart bis zum Präsidenten", sagte er. Moral, Leidenschaft, Kampfgeist – das waren die Trümpfe der Augsburger, zusammen mit den Fans. Über 30.000 kamen im Schnitt zu den Heimspielen in die 30.660 Besucher fassende SGL arena und sorgten für eine ganz spezielle Atmosphäre. Sie beflügelte die Spieler, die ab dem Spätherbst zeigten, dass sie in der Bundesliga angekommen waren. Bernd Schuster, aus Augsburg stammender ehemaliger Weltstar und früher Trainer von Real Madrid, sah schon im November, nach dem 1:2 gegen FC Bayern München, eine positive Tendenz: „Diese Mannschaft kann in der Bundesliga mitspielen". Nach der Winterpause demonstrierten die FCA-Profis dies eindrucksvoll, der Underdog bewegte sich spielerisch mit den „Großen" auf Augenhöhe. Mit Saisonschluss ver-

Das südkoreanisch-japanische Duo funktioniert in Augsburg ausgezeichnet: Koo Ja-Cheol (links) und Hajime Hosogai stoppen Peter Niemeyer von Hertha BSC.

ließ nicht nur überraschend Luhukay, sondern nach sechs Jahren auch Andreas Rettig den FC Augsburg, was aber schon länger bekannt war. Seine Arbeit wird künftig auf zwei Personen verteilt. Der Nachwuchsleiter des Clubs, Manfred Paula (47), wurde

Sebastian Langkamp:

„Das ist Wahnsinn. Die ganze Saison wurde uns nichts zugetraut."

zum Geschäftsführer Sport befördert, Peter Bircks, von 1990 bis 1996 schon mal Clubpräsident und seit 2000 Chef des Aufsichtsrats, übernimmt die kaufmännische Leitung. Im Lummerland ist die Freude groß auf die zweite Bundesliga-Saison des Clubs.

Auch im Duell mit dem Münchner Toni Kroos sieht Sebastian Langkamp (links) gut aus. Der Verteidiger verleiht der FCA-Abwehr in der Saison große Stabilität und schießt vier Tore.

ALLE SPIELE

Hinrunde									Rückrunde	
1	06.08.	H	2:2	(0:0)	SC Freiburg	1:0	(0:0)	A	21.01.	18
2	14.08.	A	1:1	(0:1)	1. FC Kaiserslautern	2:2	(1:1)	H	28.01.	19
3	20.08.	H	0:2	(0:1)	1899 Hoffenheim	2:2	(1:1)	A	04.02.	20
4	27.08.	A	1:0	(0:0)	1. FC Nürnberg	0:0		H	12.02.	21
5	09.09.	H	1:4	(1:2)	Bayer 04 Leverkusen	4:1	(1:0)	A	18.02.	22
6	17.09.	A	2:2	(0:1)	Hertha BSC	3:0	(0:0)	H	25.02.	23
7	24.09.	H	0:0		Hannover 96	2:2	(1:1)	A	03.03.	24
8	01.10.	A	4:0	(2:0)	Borussia Dortmund	0:0		H	10.03.	25
9	15.10.	A	0:1	(0:0)	1. FSV Mainz 05	2:1	(1:1)	H	17.03.	26
10	21.10.	H	1:1	(0:0)	SV Werder Bremen	1:1	(0:0)	A	24.03.	27
11	30.10.	A	3:0	(2:0)	1. FC Köln	2:1	(2:1)	H	31.03.	28
12	06.11.	H	1:2	(0:2)	FC Bayern München	2:1	(1:1)	A	07.04.	29
13	20.11.	A	2:1	(1:0)	VfB Stuttgart	1:3	(1:2)	H	10.04.	30
14	26.11.	H	2:0	(0:0)	VfL Wolfsburg	1:2	(1:1)	A	14.04.	31
15	04.12.	A	3:1	(1:0)	FC Schalke 04	1:1	(1:1)	H	22.04.	32
16	10.12.	H	1:0	(0:0)	Borussia M'gladbach	0:0		A	28.04.	33
17	17.12.	A	1:1	(0:0)	Hamburger SV	1:0	(1:0)	H	05.05.	34

FC AUGSBURG AUF EINEN BLICK

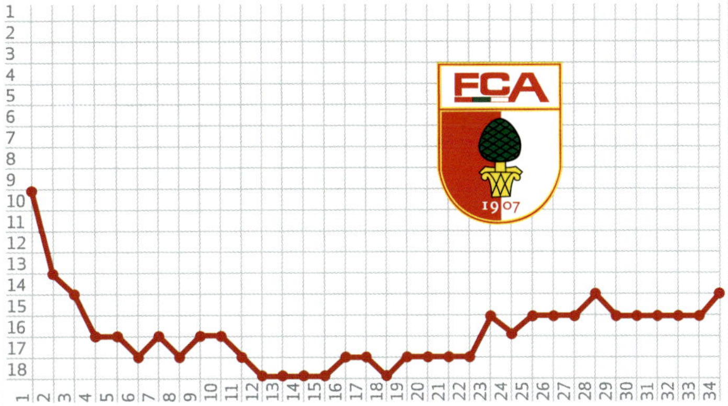

ALLE SPIELER

Name	Vorname	Geburtsdatum	Nationalität	Position	Rücken-Nr.	Einsätze	Auswechslungen	Einwechslungen	Gelbe Karten	Gelb-Rote Karten	Rote Karten	Tore	Elfmeter	Eigentore
Amsif	Mohamed	07.02.1989	D	T	30	6	-	-	1	-	-	-	-	-
Bah	Dawda	12.11.1983	GAM	M	25	1	-	1	-	-	-	-	-	-
Baier	Daniel	18.05.1984	D	M	10	33	12	-	8	-	-	-	-	-
Bellinghausen	Axel	17.05.1983	D	M	8	25	9	3	4	-	-	2	-	-
Brinkmann	Daniel	29.01.1986	D	M	24	15	3	7	4	-	-	1	-	-
Callsen-B.	Jan-Ingwer	23.09.1984	D	M	18	30	1	5	7	-	-	4	2	-
Davids	Lorenzo	04.09.1986	NED	M	26	20	8	2	1	-	-	-	-	-
De Jong	Marcel	15.10.1986	CAN	A	17	12	4	-	4	-	-	1	-	-
De Roeck	Jonas	20.12.1979	BEL	A	6	9	-	4	1	-	-	-	-	-
Gelios	Joannis	24.04.1992	GRE	T	37	-	-	-	-	-	-	-	-	-
Gogia	Akaki	18.01.1992	D	M	28	12	3	8	1	-	-	-	-	-
Hain	Stephan	27.09.1988	D	S	36	12	3	9	-	-	-	1	-	-
Hosogai	Hajime	10.06.1986	JPN	M	7	32	5	1	5	-	-	3	-	-
Jentzsch	Simon	04.05.1976	D	T	1	28	-	-	1	-	-	-	-	-
Kapllani	Edmond	31.07.1982	ALB	S	22	6	-	6	-	-	-	1	-	-
Koo	Ja-Cheol	27.02.1989	KOR	M	14	15	4	1	2	-	-	5	-	-
Langkamp	Sebastian	15.01.1988	D	A	15	26	1	2	4	-	1	4	-	-
Mayer	Patrick	28.03.1988	D	S	19	1	-	1	-	-	-	-	-	-
Moravek	Jan	01.11.1989	CZE	M	5	3	-	3	1	-	-	-	-	-
Möhrle	Uwe	03.12.1979	D	A	5	9	1	2	1	-	-	-	-	-
Mölders	Sascha	20.03.1985	D	S	33	29	8	7	2	-	-	5	1	-
Ndjeng	Marcel	06.05.1982	CMR	M	20	19	10	8	1	-	-	1	-	-
Nebel	Moritz	25.09.1991	D	M	29	-	-	-	-	-	-	-	-	-
Oehrl	Torsten	07.01.1986	D	S	9	16	2	2	1	-	1	4	-	-
Ostrzolek	Matthias	05.06.1990	D	A	19	12	2	1	2	-	-	-	-	-
Peitz	Dominic	11.09.1984	D	M	21	-	-	-	-	-	-	-	-	-
Rafael	Nando	10.01.1984	ANG	S	11	6	4	1	1	-	-	2	2	-
Reinhardt	Dominik	19.12.1984	D	A	4	16	2	8	4	-	-	-	-	-
Sankoh	Gibril	15.05.1983	NED	A	3	20	4	1	4	-	-	-	1	-
Sinkala	Andrew	18.06.1979	ZAM	M	23	12	2	7	1	-	-	-	-	-
Thiede	Marco	20.05.1992	D	M	31	-	-	-	-	-	-	-	-	-
Thurk	Michael	28.05.1976	D	S	27	-	-	-	-	-	-	-	-	-
Verhaegh	Paul	01.09.1983	NED	A	2	26	1	-	3	-	-	1	-	-
Werner	Tobias	19.07.1985	D	M	13	22	10	9	3	-	-	1	-	-

Kollektives Aufatmen

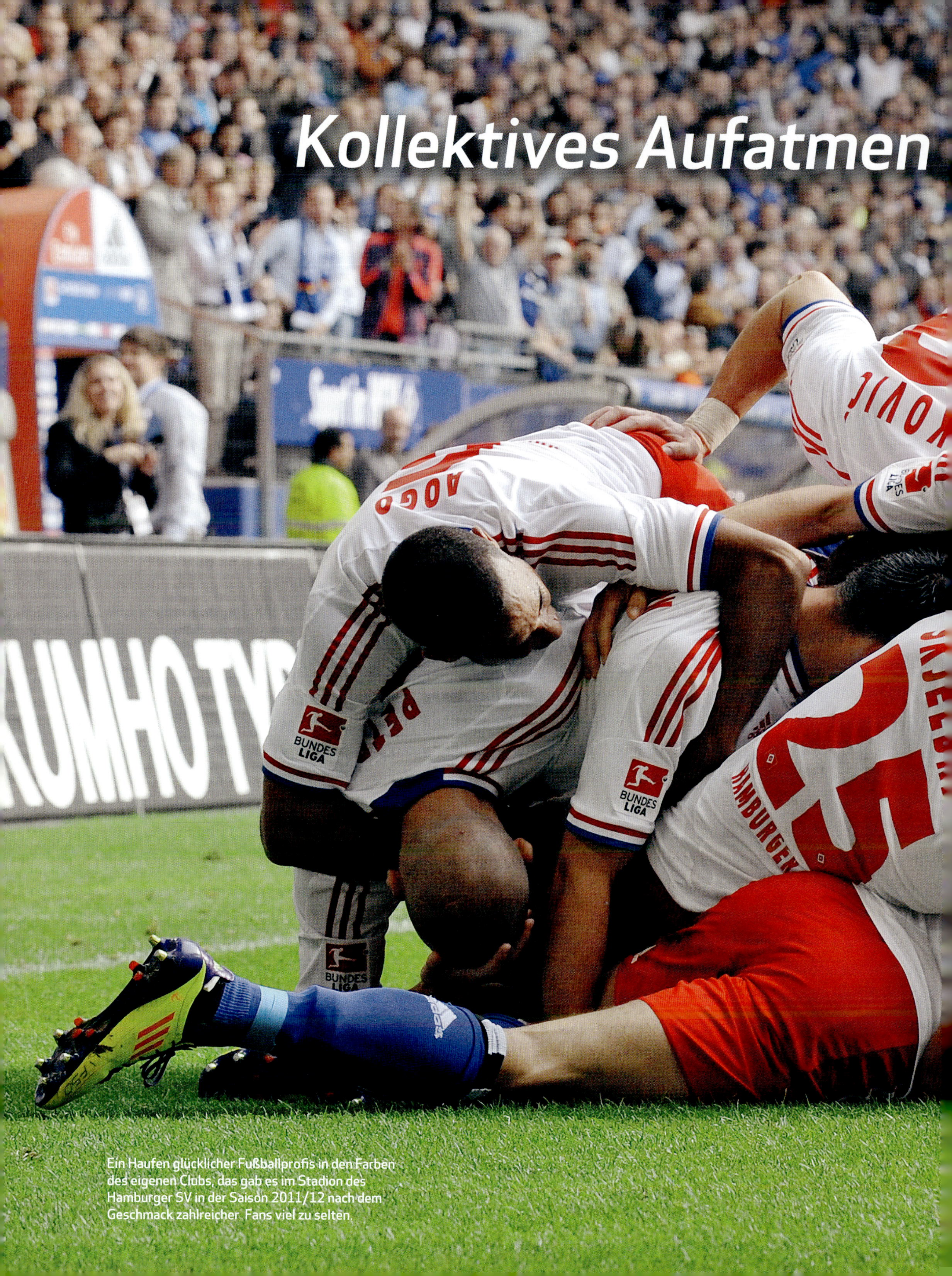

Ein Haufen glücklicher Fußballprofis in den Farben des eigenen Clubs, das gab es im Stadion des Hamburger SV in der Saison 2011/12 nach dem Geschmack zahlreicher Fans viel zu selten.

beim HSV

HAMBURG

Der Hamburger SV, oft als „Dino" der Bundesliga bezeichnet, weil er als einziger Club seit 1963 ohne Unterbrechung in der Eliteklasse antritt, rettete sich erst am vorletzten Spieltag vor dem Abstieg. Bis dahin durchlitten die Hanseaten eine aufregende Saison.

Der Autor: **Babak Milani** ist Chefreporter der „BILD" in Hamburg und seit Jahren Experte für den Hamburger SV.

Mit traurigem Gesicht verließ Uwe Seeler (75) am vorletzten Spieltag nach dem 0:0 gegen den 1. FSV Mainz 05 und der endgültigen Rettung das Hamburger Stadion. Das HSV-Idol sorgte sich trotz des Nichtabstiegs sehr um seinen Club, der „vieles ändern" müsse, um in Zukunft wieder erfolgreicher zu spielen. Zu stark waren noch die Eindrücke einer Spielzeit, in der erst spät das rettende Ufer erreicht wurde.

Dabei hatte sich zur Saison 2011/12 schon so vieles beim HSV verändert. Mit Frank Arnesen hatte ein neuer Vorstand Sport das Ruder übernommen. 15 Profis, unter ihnen gestandene Spieler wie Ruud van Nistelrooy, Zé Roberto, Joris Mathijsen, Piotr Trochowski und Guy Demel, verließen den Club. Im Gegenzug wurden acht neue Spieler engagiert. Der Däne Arnesen, der fünf Talente von seinem früheren Arbeitgeber Chelsea FC mit an die Elbe brachte, dämpfte umgehend die Erwartungen: „Wir brauchen Zeit, um Erfolg zu haben."

Doch diese Zeit bekamen die Hamburger nicht. Mit nur einem Punkt aus den ersten sechs Spielen verzeichnete der Dauerbrenner der Bundesliga den schlechtesten Start seiner Geschichte. Nach dem 0:1 im Heimspiel gegen Borussia Mönchengladbach beurlaubte der Vorstand den glücklosen Trainer Michael Oenning und holte nach einer Interimslösung mit Rodolfo Cardoso, der das Team beim VfB Stuttgart mit 2:1 zum ersten Sieg führte, dem sich ein 1:2 gegen den FC Schalke 04 anschloss, vom FC Basel den neuen Coach Thorsten Fink. „Ein Glücksfall für den HSV", sagte Arnesen. Er hatte selbst im dritten Spiel nach der Oenning-Trennung den Trainerjob beim 2:1 beim SC Freiburg für eine Partie übernommen.

Dann war Fink da, sofort lief es deutlich besser unter dem neuen Trainer, der das Team stabilisierte. In den ersten acht Spielen unter dem früheren Bayern-Profi Fink blieb der HSV ungeschlagen. Die Mannschaft kletterte vom letzten Tabellenplatz bis zur Winterpause auf Rang 13, klammheimlich reiften im Umfeld des Clubs zarte Träume von Europa, wenn nur dieser Aufwärtstrend anhalten würde. Doch dass Träume oftmals Schäume sind, zeigte sich schnell Mitte der Rückrunde. Der „Dinosaurier" der Liga wirkte wieder schwerfällig und stürzte nach vier Niederlagen in Folge erneut Richtung Abstiegszone ab. Die Angst grassierte an der Elbe. „Ich habe den HSV in viele Nachtgebete eingeschlossen. Ich habe mir große Sorgen gemacht, dass wir absteigen werden", sagte Seeler. Am 27. Spieltag lag der HSV nach einem 1:2 beim VfL Wolfsburg wieder auf Platz 16, mitten in der roten Zone, an der Abbruchkante zur 2. Bundesliga.

HSV-Ikone Uwe Seeler:

„Das möchte ich nie mehr erleben. Hoffentlich haben alle gelernt."

Dass ein weiteres Absinken abgewendet werden konnte, lag auch an zwei Musterprofis, David Jarolim, dem beherzten Kämpfer im Mittelfeld, und Torwart Jaroslav Drobny. Jarolim wusste, dass für ihn nach neun Jahren beim HSV Schluss sein sollte. Und Drobny erfuhr, dass René Adler aus Leverkusen als neue Nummer eins verpflichten werden sollte. Trotz des nahenden Endes kämpften die beiden Tschechen wie die Löwen und wurden zu Vorbildern für die Mitspieler. „Ich habe dem HSV viel zu verdanken und wollte dem Club etwas zurückzahlen", sagte Jarolim. Drobny, ein ohnehin wortkarger Schlussmann, hielt den Mund und viele Bälle. Der Keeper warf sich ohne Rücksicht auf seine Gesundheit in die Bresche für den Club, der nicht mehr mit ihm plante. Nicht einmal durch eine angerissene Sehne im linken Daumen ließ er sich bremsen. Gestoppt wurde er schließlich nach einem Zusammenstoß mit Nürnbergs Tomas Pekhart durch einen Muskelbündelriss in der Hüfte.

Mit der Niederlage in Wolfsburg wurde die Saison noch einmal richtig nervenaufreibend, danach gelangen nur die 1:0-Siege beim 1. FC Kaiserslautern und gegen Hannover 96. Die Fans, die ihren Unmut geäußert hatten, standen wieder geschlossen hinter der Mannschaft. Nur drei Heimsiege (bei je sieben Unentschieden und Niederlagen) bekamen sie in der Hamburger Imtech Arena in der Saison zu sehen. Emotionale Szenen, symptomatisch für das schwere Jahr, spielten sich nach dem letzten Heimspiel gegen den 1. FSV Mainz 05 ab, als hartgesottene Profis wie Jarolim und Mladen Petric wegen ihres Abschieds bitterliche Tränen vergossen.

„Irgendwann geht jede Reise zu Ende. Diesen Tag werde ich niemals vergessen", sagte Jarolim. Uwe Seeler, vor 50 Jahren schon dabei, war erleichtert nach einer Achterbahn-Saison, die eine der schlimmsten des HSV in der Bundesliga war. „So was möchte ich nicht mehr erleben. Der Abstieg wäre der GAU für uns alle gewesen. Ich hoffe, dass alle aus dieser Saison gelernt haben."

Sie haben ein turbulentes HSV-Jahr erlebt: Thorsten Fink (links) und Frank Arnesen.

Gökhan Töre enteilt den Leverkusenern Michal Kadlec und Lars Bender und bereitet das 2:2 des HSV vor.

HSV-Stürmer Paolo Guerrero springt mit großem Sicherheitsabstand über den Mainzer Torwart Christian Wetklo hinweg.

ALLE SPIELE

Hinrunde						Rückrunde				
1	05.08.	A	3:1	(2:0)	Borussia Dortmund	1:5	(0:2)	H	22.01.	18
2	13.08.	H	2:2	(1:1)	Hertha BSC	1:2	(0:2)	A	28.01.	19
3	20.08.	A	5:0	(3:0)	FC Bayern München	1:1	(1:0)	H	04.02.	20
4	27.08.	H	3:4	(1:1)	1. FC Köln	0:1	(0:0)	A	12.02.	21
5	10.09.	A	2:0	(0:0)	SV Werder Bremen	1:3	(0:2)	H	18.02.	22
6	17.09.	H	0:1	(0:0)	Borussia M'gladbach	1:1	(1:0)	A	24.02.	23
7	23.09.	A	1:2	(1:0)	VfB Stuttgart	0:4	(0:2)	H	03.03.	24
8	02.10.	H	1:2	(1:1)	FC Schalke 04	3:1	(3:1)	A	11.03.	25
9	16.10.	A	1:2	(0:1)	SC Freiburg	1:3	(0:2)	H	17.03.	26
10	22.10.	H	1:1	(0:1)	VfL Wolfsburg	2:1	(0:0)	A	23.03.	27
11	30.10.	H	1:1	(0:1)	1. FC Kaiserslautern	0:1	(0:1)	A	31.03.	28
12	05.11.	A	2:2	(2:1)	Bayer 04 Leverkusen	1:1	(1:0)	H	08.04.	29
13	20.11.	H	2:0	(1:0)	1899 Hoffenheim	4:0	(2:0)	A	11.04.	30
14	26.11.	A	1:1	(0:0)	Hannover 96	1:0	(1:0)	H	14.04.	31
15	04.12.	H	2:0	(1:0)	1. FC Nürnberg	1:1	(0:0)	A	21.04.	32
16	10.12.	A	0:0		1. FSV Mainz 05	0:0		H	28.04.	33
17	17.12.	H	1:1	(0:0)	FC Augsburg	1:0	(1:0)	A	05.05.	34

HAMBURGER SV AUF EINEN BLICK

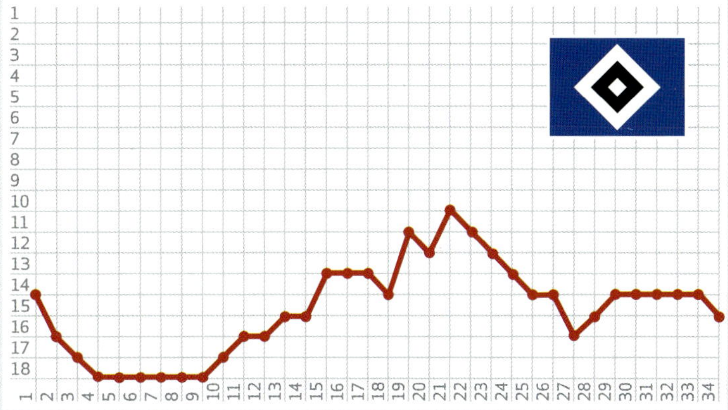

ALLE SPIELER

Name	Vorname	Geburtsdatum	Nationalität	Position	Rücken-Nr.	Einsätze	Auswechslungen	Einwechslungen	Gelbe Karten	Gelb-Rote Karten	Rote Karten	Tore	Elfmeter	Eigentore
Aogo	Dennis	14.01.1987	D	A	6	30	-	-	6	-	-	-	-	-
Arslan	Tolgay	16.08.1990	TUR	M	28	8	2	4	2	-	-	1	-	-
Behrens	Hanno	26.03.1990	D	M	35	-	-	-	-	-	-	-	-	-
Ben-Hatira	Änis	18.07.1988	D	M	32	1	-	1	-	-	-	-	-	-
Berg	Marcus	17.08.1986	SWE	S	16	13	4	4	-	-	-	1	-	-
Bertram	Sören	05.06.1991	D	M	27	-	-	-	-	-	-	-	-	-
Besic	Muhamed	10.09.1992	BIH	A	34	-	-	-	-	-	-	-	-	-
Bruma	Jeffrey	13.11.1991	NED	A	5	22	1	-	2	-	-	2	-	-
Brügmann	Florian	23.01.1991	D	A	32	-	-	-	-	-	-	-	-	-
Castelen	Romeo	03.05.1983	NED	M	18	2	-	2	-	-	-	-	-	-
Demel	Guy	13.06.1981	CIV	A	20	-	-	-	-	-	-	-	-	-
Diekmeier	Dennis	20.10.1989	D	A	2	24	2	2	2	-	-	-	-	-
Drobny	Jaroslav	18.10.1979	CZE	T	1	32	1	-	2	-	-	-	-	-
Elia	Eljero	13.02.1987	NED	M	11	4	2	2	-	-	-	-	-	-
Guerrero	Paolo	01.01.1984	PER	S	9	23	4	3	2	-	1	6	-	-
Hesl	Wolfgang	13.01.1986	D	T	30	-	-	-	-	-	-	-	-	-
Ilicevic	Ivo	14.11.1986	CRO	M	11	18	6	7	3	-	-	2	-	-
Ingreso	Kevin	10.02.1993	D	M	36	-	-	-	-	-	-	-	-	-
Jansen	Marcell	04.11.1985	D	M	7	29	9	3	2	-	-	5	-	-
Jarolim	David	17.05.1979	CZE	M	14	22	7	4	9	-	-	-	-	-
Kacar	Gojko	26.01.1987	SRB	M	44	21	10	7	5	-	-	1	-	-
Lam	Zhi Gin	04.06.1991	D	M	38	7	3	3	-	-	-	-	-	-
Mancienne	Michael	08.01.1988	ENG	A	3	16	1	2	4	-	-	-	-	-
Mickel	Tom	19.04.1989	D	T	29	-	-	-	-	-	-	-	-	-
Nagy	Daniel	15.03.1991	HUN	M	31	-	-	-	-	-	-	-	-	-
Neuhaus	Sven	04.04.1978	D	T	30	3	-	1	-	-	-	-	-	-
Petric	Mladen	01.01.1981	CRO	S	10	26	10	5	2	-	-	7	3	-
Rajkovic	Slobodan	03.02.1989	SRB	A	23	16	1	2	3	-	1	1	-	-
Rincón	Tomás	13.01.1988	VEN	M	8	27	3	3	8	-	-	-	-	-
Sala	Jacopo	05.12.1991	ITA	M	22	13	9	4	2	-	-	1	-	-
Skjelbred	Per	16.06.1987	NOR	M	25	8	4	3	-	-	-	-	-	-
Son	Heung Min	08.07.1992	KOR	S	15	27	8	16	-	-	-	5	-	-
Sowah	Lennard	23.08.1992	D	A	19	-	-	-	-	-	-	-	-	-
Stepanek	Miroslav	15.01.1990	CZE	A	33	-	-	-	-	-	-	-	-	-
Sternberg	Janek	19.10.1992	D	A	37	-	-	-	-	-	-	-	-	-
Stritzel	Florian	31.01.1994	D	T	40	-	-	-	-	-	-	-	-	-
Tavares	Mickael	25.10.1982	SEN	M	42	-	-	-	-	-	-	-	-	[illegible]
Tesche	Robert	27.05.1987	D	M	13	23	3	12	2	-	-	2	-	[illegible]
Töre	Gökhan	20.01.1992	TUR	M	17	22	6	6	2	-	-	-	-	[illegible]
Westermann	Heiko	14.08.1983	D	A	4	33	-	-	6	-	-	1	-	[illegible]

HAMBURG

Eine Saison

voller Turbulenzen

Roman Hubnik (rechts) faltet die Hände flehend zusammen, Thomas Kraft bringt ein Lächeln zustande. Das 0:4 beim FC Bayern München am 15. Oktober ist eine von 17 Niederlagen.

Der Autor: **Michael Jahn** ist Sportredakteur der „Berliner Zeitung" und hat mehrere Bücher über Hertha BSC geschrieben.

Hertha BSC bot in dieser Spielzeit alles: spektakuläre Spiele, miese Auftritte, Turbulenzen hinter den Kulissen, zwei Trainerwechsel und das Comeback von Altmeister Otto Rehhagel. Am Ende eines langen Leidenswegs standen die Niederlage in der Relegation und ein gerichtliches Nachspiel.

Am 34. Spieltag der Saison, einem Datum, an dem Hertha BSC längst nichts mehr mit dem Abstiegskampf zu tun haben wollte, kam es zu einem Endspiel für die Berliner. Das brisante Duell gegen die vom ehemaligen Hertha-Coach Markus Babbel trainierte Mannschaft von 1899 Hoffenheim musste unbedingt gewonnen werden, um den direkten Abstieg zu vermeiden und wenigstens noch in die Relegation zu kommen. Das Team von Trainer Otto Rehhagel siegte nach leidenschaftlichem Kampf mit 3:1 und traf in der Relegation auf den Dritten der 2. Bundesliga, Fortuna Düsseldorf. Solch ein nervenaufreibendes Szenario hatte man bei Hertha vor dieser Spielzeit nicht erwartet. Sie endete mit Schrecken. Berlin unterlag Düsseldorf im Olympiastadion mit 1:2, ein 2:2 im turbulenten Rückspiel in Düsseldorf reichte nicht mehr für den ersehnten Klassenverbleib. Es folgten zwei Einsprüche der Hertha gegen die Spielwertung, die von den DFB-Sportgerichten jedoch abgewiesen wurden. Die Saison hatte für den Aufsteiger, dessen Abstieg in der Spielzeit 2009/2010 später als Betriebsunfall gewertet wurde, ordentlich begonnen – bis auf die 0:1-Niederlage nach müdem Auftritt im ersten Saisonspiel im Olympiastadion gegen den 1. FC Nürnberg. Zwei Unentschieden in Serie in der Fremde beim Hamburger SV (2:2) und bei Hannover 96 (1:1) folgte der erste Heimsieg gegen den VfB Stuttgart (1:0). Danach, am fünften Spieltag, musste das Team von Markus Babbel zum Deutschen Meister Borussia Dortmund reisen. Dort erlebten 80.000 Zuschauer eine Hertha-Mannschaft, die in der Defensive kompakt stand und mit überfallartigen Kontern, meist über den überragenden Brasilianer Raffael vorgetragen, den Deutschen Meister ein übers andere Mal in Verlegenheit stürzte. Am Ende stand ein 2:1-Auswärtserfolg für Hertha BSC. Erst viel später sollte sich herausstellen, dass es auch das beste Saisonspiel gewesen war. Meistertrainer Jürgen Klopp sagte voller Anerkennung: „Diese Hertha-Mannschaft besitzt eine brutale Qualität. Das werden noch viele andere Teams zu spüren bekommen."

Zwei Monate lang konnte Hertha Klopps Vorschusslorbeeren wenigstens gelegentlich bestätigen. Bis Ende Oktober, als die Mannschaft nach einem turbulenten Spiel mit 3:2 beim VfL Wolfsburg gewann, lief es für den Aufsteiger nach Plan und sogar besser als insgeheim erhofft. Sport-Geschäftsführer Michael Preetz hatte als Saisonziel einzig und allein „den Klassenerhalt" ausgerufen. Doch was danach passierte, – ab Anfang November – war der schleichende Beginn eines dramatischen Absturzes, eines sportlichen Niedergangs, der so nicht vorstellbar war. Es mag Zufall gewesen sein, aber die Fakten sprechen für sich: Mit Beginn der langwierigen öffentlichen Diskussion um die Vertragsverlängerung von Trainer Babbel fielen die Resultate auf dem Platz zunehmend schlechter aus. Vom zwölften bis zum 17. Spieltag konnte die Mannschaft unter Babbel nicht mehr gewinnen.

Thomas Kraft:

„Es ist uns nicht gelungen, uns auf einen neuen Trainer einzustellen."

Der hatte nach langem Hickhack bekannt gegeben, dass er seinen bis Juni 2012 datierten Vertrag zwar erfüllen, aber nicht verlängern wolle. Das Hin und Her um den Trainer nahm skurrile Züge an, schließlich musste Babbel gehen. Erst kurz vor Saisonschluss sagte Torhüter Thomas Kraft, der stabilste Hertha-Profi in dieser Saison: „Es ist uns als Mannschaft danach nicht gelungen, uns ausreichend auf einen neuen Trainer einzustellen. Wir Spieler haben in diesem Punkt versagt."

Preetz verpflichtete unerwarteterweise Michael Skibbe, den ehemaligen Bundestrainer unter Teamchef Rudi Völler, als neuen Chef, der beim türkischen Erstligisten Eskisehirspor unter Vertrag stand. Noch im Wintertrainingslager in Belek herrschte Aufbruchsstimmung. Doch die erwarteten Erfolge auf dem Platz blieben aus, die Mannschaft präsentierte sich weiter deutlich unter ihrem Niveau. Nach vier Niederlagen in Serie mit dem 0:5 beim VfB Stuttgart am 21. Spieltag als Höhepunkt trennte sich der

Raffael (links) und Änis Ben-Hatira zeigen meist gute Leistungen, können aber die Sorgen von Hertha BSC allein nicht abwenden.

Es ist nicht zu fassen! Pierre-Michel Lasogga greift sich mit den Händen an den Kopf. Er selbst kann auch in der Krise beweisen, dass er ein großes Stürmertalent ist.

Club wieder von Skibbe, der dem Team vor Rückrundenbeginn noch eine „sehr gute Qualität" bescheinigt hatte. Nach einem Spiel unter Interimscoach René Tretschok, der zuvor Herthas U19-Team erfolgreich betreut hatte – einem 0:1 gegen Dortmund im tausendsten Bundesliga-Spiel der Berliner – überraschte Preetz mit der Verpflichtung des 73-jährigen Otto Rehhagel als Cheftrainer für die restlichen zwölf Spiele. Rehhagel hatte im Jahr 2000 zuletzt in der Bundesliga als Trainer agiert – beim 1. FC Kaiserslautern. Das Ballyhoo in Berlin war riesengroß. Das Team aber, das zuerst staunend vor dem Altmeister stand, konnte auch Rehhagel lange Zeit nicht stabilisieren. Er coachte gemeinsam mit seinen Assistenten Tretschok und Ante Covic, der zuvor die U15 von Hertha trainiert hatte.

Das Team zeigte fortan zwei Gesichter. Beim FC Augsburg verloren die Berliner zum Rehhagel-Comeback mit 0:3, gegen seinen früheren Leib- und Magen-Club SV Werder Bremen aber gelang mit dem 1:0 der erste Sieg nach zwölf Spielen. In der brisanten Partie beim 1. FC Köln wurde das Team mit 1:0 geschlagen, gegen den FC Bayern München war die Mannschaft im Olympiastadion beim 0:6 chancenlos. Doch scheinbar unbeeindruckt von den Niederlagen, führte Rehhagel seine Hertha auch zu guten Auswärtsleistungen wie dem 3:1 beim 1. FSV Mainz 05, dem 0:0 bei Borussia Mönchengladbach und dem 3:3 bei Bayer 04 Leverkusen. Nur zu Hause blieb die Hertha unter den Erwartungen. Als sie am 32. Spieltag mit 1:2 gegen den Tabellenletzten und Absteiger 1. FC Kaiserslautern verlor, gaben selbst treue Fans ihre Hoffnung auf. Doch am letzten Spieltag mit dem 3:1 gegen Hoffenheim erreichte die Mannschaft noch die Relegation. Die Entscheidung dort fiel aber zu Ungunsten der Berliner aus – auch weil sich das Team wieder selbst schlug. Ein Eigentor von Stürmer Adrián Ramos zum 1:2 im Heimspiel ergab eine sehr ungünstige Ausgangsposition für das alles entscheidende Rückspiel in Düsseldorf. Das 2:2 in der Fremde reichte nicht. Auch vor dem DFB-Sportgericht hatte die Hertha mit dem Einspruch gegen die Spielwertung keinen Erfolg. Die Mitglieder des Clubs stimmten schließlich gegen den Gang vors Ständige Schiedsgericht, die Clubführung wollte darüber nach Erhalt der Urteilsbegründung abschließend entscheiden.

ALLE SPIELE

Hinrunde									Rückrunde	
1	06.08.	H	0:1	(0:0)	1. FC Nürnberg	2:0	(1:0)	A	21.01.	18
2	13.08.	A	2:2	(1:1)	Hamburger SV	1:2	(0:2)	H	28.01.	19
3	21.08.	A	1:1	(1:0)	Hannover 96	0:1	(0:0)	H	04.02.	20
4	26.08.	H	1:0	(0:0)	VfB Stuttgart	5:0	(4:0)	A	11.02.	21
5	10.09.	A	1:2	(0:0)	Borussia Dortmund	0:1	(0:0)	H	18.02.	22
6	17.09.	H	2:2	(0:1)	FC Augsburg	3:0	(0:0)	A	25.02.	23
7	25.09.	A	2:1	(1:1)	SV Werder Bremen	1:0	(0:0)	H	03.03.	24
8	01.10.	H	3:0	(3:0)	1. FC Köln	1:0	(1:0)	A	10.03.	25
9	15.10.	A	4:0	(3:0)	FC Bayern München	0:6	(0:3)	H	17.03.	26
10	22.10.	H	0:0		1. FSV Mainz 05	1:3	(0:1)	A	24.03.	27
11	29.10.	A	2:3	(1:2)	VfL Wolfsburg	1:4	(1:2)	H	31.03.	28
12	05.11.	H	1:2	(1:1)	Borussia M'gladbach	0:0		A	07.04.	29
13	19.11.	A	2:2	(0:2)	SC Freiburg	1:2	(0:1)	H	10.04.	30
14	26.11.	H	3:3	(2:1)	Bayer 04 Leverkusen	3:3	(1:0)	A	14.04.	31
15	03.12.	A	1:1	(1:1)	1. FC Kaiserslautern	1:2	(0:2)	H	21.04.	32
16	09.12.	H	1:2	(1:2)	FC Schalke 04	4:0	(1:0)	A	28.04.	33
17	17.12.	A	1:1	(1:0)	1899 Hoffenheim	3:1	(1:0)	H	05.05.	34

HERTHA BSC AUF EINEN BLICK

ALLE SPIELER

Name	Vorname	Geburtsdatum	Nationalität	Position	Rücken-Nr.	Einsätze	Auswechslungen	Einwechslungen	Gelbe Karten	Gelb-Rote Karten	Rote Karten	Tore	Elfmeter	Eigentore
Aerts	Maikel	26.06.1976	NED	T	1	-	-	-	-	-	-	-	-	-
Bastians	Felix	09.05.1988	D	A	22	13	2	-	-	-	-	-	-	-
Ben-Hatira	Änis	18.07.1988	D	M	17	16	7	6	2	-	-	3	-	-
Brooks	John A.	28.01.1993	D	A	24	-	-	-	-	-	-	-	-	-
Burchert	Sascha	30.10.1989	D	T	21	2	-	2	-	-	-	-	-	-
Djuricin	Marco	12.12.1992	AUT	S	25	2	-	2	-	-	-	-	-	-
Ebert	Patrick	17.03.1987	D	M	20	26	12	5	6	-	-	-	-	-
Franz	Maik	05.08.1981	D	A	7	7	1	1	3	-	-	-	-	-
Friend	Rob	23.01.1981	CAN	S	16	-	-	-	-	-	-	-	-	-
Holland	Fabian	11.07.1990	D	M	32	2	-	-	-	-	-	-	-	-
Hubnik	Roman	06.06.1984	CZE	A	4	27	1	-	4	-	-	2	-	2
Janker	Christoph	14.02.1985	D	A	6	18	3	5	1	-	-	-	-	1
Kargbo	Abu Bakarr	21.12.1992	D	S	33	-	-	-	-	-	-	-	-	-
Kobiashvili	Levan	10.07.1977	GEO	A	3	31	-	-	4	1	1	2	2	-
Kraft	Thomas	22.07.1988	D	T	35	34	2	-	3	-	-	-	-	-
Lasogga	Pierre-M.	15.12.1991	D	S	19	32	9	13	4	-	-	8	-	-
Lell	Christian	29.08.1984	D	A	2	28	5	-	9	1	-	1	-	-
Lustenberger	Fabian	02.05.1988	SUI	M	28	12	2	8	-	-	-	-	-	-
Mijatovic	Andre	03.12.1979	CRO	A	5	21	-	3	7	-	-	1	-	-
Morales	Alfredo	12.05.1990	USA	M	27	8	1	6	3	-	-	-	-	-
Neumann	Sebastian	18.02.1991	D	A	14	2	-	1	-	1	-	-	-	-
Niemeyer	Peter	22.11.1983	D	M	18	31	6	3	5	1	-	3	-	-
Ottl	Andreas	01.03.1985	D	M	8	26	4	-	2	-	1	-	-	-
Perdedaj	Fanol	16.07.1991	D	M	23	8	3	2	2	-	-	-	-	-
Raffael		28.03.1985	BRA	S	10	31	6	1	4	-	1	6	-	-
Ramos	Adrián	22.01.1986	COL	S	9	31	7	4	2	1	-	6	-	-
Ronny		11.05.1986	BRA	M	12	10	1	8	-	-	-	-	-	-
Rukavytsya	Nikita	22.06.1987	AUS	S	13	24	8	8	-	-	-	1	-	-
Schulz	Nico	01.04.1993	D	A	26	-	-	-	-	-	-	-	-	-
Torun	Tunay	21.04.1990	TUR	S	11	20	8	10	3	-	-	4	-	-

Achterbahnfahrt ohne

Lukas Podolski drückt Milivoje Novakovic fest an sich. Der 1. FC Köln führt mit 1:0 gegen Dortmund, doch er verliert schließlich 1:6, es ist ein weiterer Schritt zum Abstieg.

Happy End

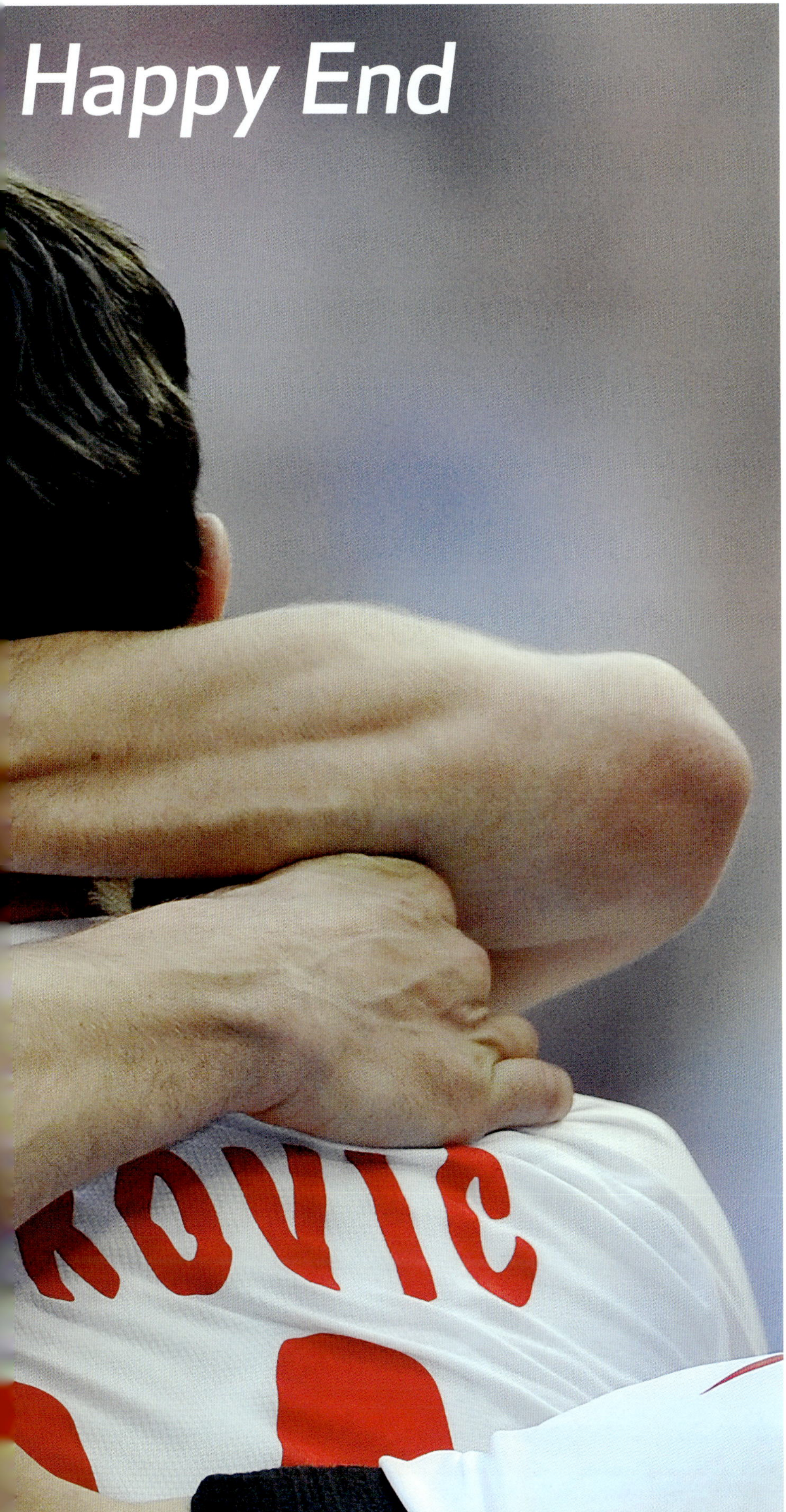

Der Autor: **Ralph Durry** ist Fußballchef des Sport-Informations-Dienstes (sid) und begleitet den 1. FC Köln seit zwei Jahzehnten.

Was für eine Saison für den 1. FC Köln. Mal himmelhochjauchzend nach der Torserie von Lukas Podolski, dann wieder zu Tode betrübt. Der Geißbockclub wurde hin- und hergerissen zwischen großer Euphorie und Niedergeschlagenheit. Am Ende stand der GAU: der fünfte Abstieg.

Die eingefleischten Fans des 1. FC Köln sind einiges gewöhnt. Aber was die Anhänger in der Saison 2011/2012 mitmachen mussten, das hat es in dieser Art und Weise in der Domstadt noch nie gegeben. Nach einer Spielzeit ohne Verschnaufpause und Atemholen, mit vielen Rückschlägen und unschönen Begleiterscheinungen gab es kein Happy End. Ein 1:4 gegen den FC Bayern München und das gleichzeitige 3:1 von Hertha BSC gegen 1899 Hoffenheim bedeuteten Tabellenplatz 17 und den direkten Abstieg.

Dabei prägte ein Mann auf und außerhalb des Platzes wie kein Zweiter die Szenerie beim FC. Die Rede ist natürlich von Lukas Podolski, der an 69 Prozent aller Tore (39) der Rheinländer als Schütze (18 Treffer) oder Vorlagengeber (9) beteiligt war. „Wer so viele Niederlagen und Gegentore kassiert, hat es nicht verdient, in der Bundesliga zu bleiben", konstatierte Podolski nach dem Abstieg.

Seit dem Frühjahr 2012 zeichnete sich ab, dass die FC-Ikone nach drei Jahren ihren Leib- und Magenclub verlassen würde. Fünf Tage vor dem Duell gegen den FC Bayern am 34. und letzten Spieltag bestätigte „Poldi" den Wechsel zum FC Arsenal nach London. „Ich glaube, dass dieser Club zu mir passt. Mit Arsenal muss es mein Ziel sein, Titel zu gewinnen", begründete Podolski seinen Weggang, der den FC, die Stadt, ja die ganze Region in ein Tal der Tränen stürzen ließ.

Der Weggang von „Prinz Poldi" bedeutete so etwas wie das i-Tüpfelchen auf einer Saison voller Frust, Enttäuschungen und

Frank Schaefer übernimmt vier Spieltage vor dem Saisonende die Mannschaft des 1. FC Köln vom Norweger Stale Solbakken.

Nackenschläge aus Sicht der FC-Fans. Angetreten war der Club, um nach Jahren der Existenzangst mal wieder an einstelligen Tabellenplätzen zu schnuppern. Die Garanten dafür sollten Sportdirektor Volker Finke, der die Mannschaft in der vergangenen Saison im Endspurt als Interimscoach zum Klassenerhalt geführt hatte, und Wunschtrainer Stale Solbakken sein. Der Norweger kam mit der Empfehlung, den FC Kopenhagen in die UEFA Champions League geführt zu haben.

Als Konzepttrainer sollte er Köln ebenfalls Flügel verleihen. Doch als die Saison

Lukas Podolski:

„Wir haben es nicht verdient, in der Bundesliga zu bleiben."

sich ihrem Ende näherte, waren beide nicht mehr in Amt und Würden. Bereits am 10. März 2012 erfolgte die Trennung von Finke, dessen Verhältnis zum Chefcoach im Laufe der Zeit immer angespannter geworden war. Aber auch Solbakken, lange Zeit ein echter Sympathieträger beim FC, musste vier Spieltage vor dem Saisonfinale gehen. Bis zum Schluss verstärkte sich der Eindruck, dass die FC-Profis die taktischen Vorgaben des Norwegers nicht wie gewünscht umsetzten. Vor allem die Abwehr (75 Gegentore) erwies sich als Achillesferse des Teams, das sich noch zum Ende der Hinrunde (21 Punkte) im Soll befunden hatte.

In der Rückrunde spielten die Kölner aber mehr als einmal vogelwild auf, die Talfahrt setzte sich ungebremst fort, Solbakken konnte den Abwärtstrend nicht stoppen. Als „bedauerlicher, aber zu diesem Zeitpunkt unausweichlicher Schritt" wurde seine Freistellung nach dem 0:4 beim 1. FC Mainz 05 in der Woche nach Ostern vom Club bezeichnet. Zum Nachfolger

FC-Verteidiger Pedro Geromel klärt eine gefährliche Szene mit einem gewaltigen Sprung vor dem Dortmunder Shinji Kagawa.

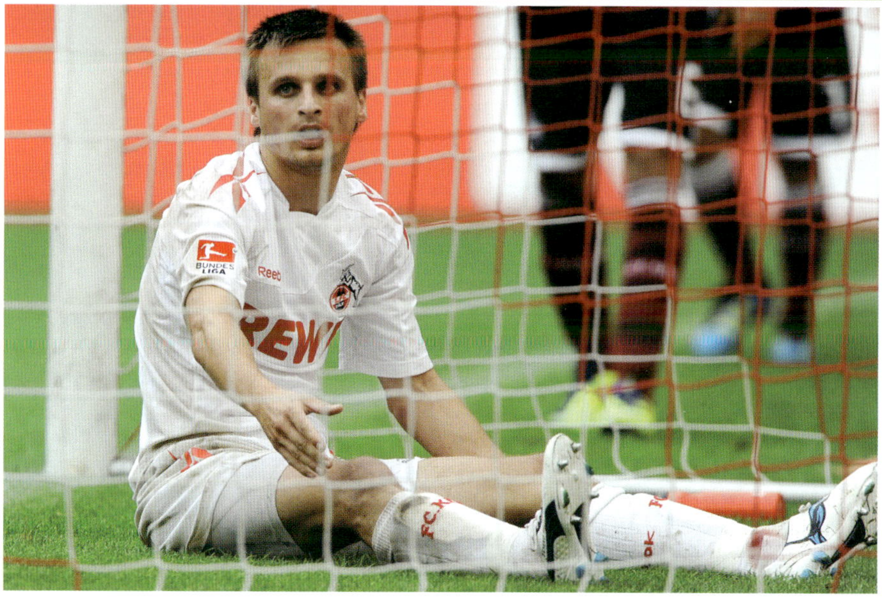

Slawomir Peszko, der polnische Nationalspieler, sitzt im Tornetz, die Chance ist vergeben. Die Heimschwäche der Kölner zeichnet sich schon mit dem 1:2 gegen Nürnberg ab.

Als am 5. Mai nach dem 1:4 gegen den FC Bayern München der Abstieg des 1. FC Köln feststeht, fließen bei vielen Fans die Tränen.

wurde Frank Schaefer bestimmt, der seinerseits ein Jahr zuvor drei Runden vor dem Ende zurückgetreten war, um Finke Platz zu machen. Schaefer scheiterte aber mit seiner Rettungsmission, holte nur einen Punkt in vier Spielen.

Die Trennung von Solbakken war der Endpunkt vieler Personalrochaden beim dreimaligen Deutschen Meister, der schon im November Präsident Wolfgang Overath und dessen Vorstandskollegen Friedrich Neukirch und Jürgen Glowacz durch Rücktritt verloren hatte. Erst am 23. April 2012 wurde in Werner Spinner, Exmanager des Bayer-Konzerns, ein Nachfolger für Overath gefunden. Zusammen mit seinen Präsidiumskollegen FC-Torwart-Ikone Toni Schumacher und Markus Ritterbach soll er den rheinischen Traditionsclub in ruhigeres Fahrwasser führen.

Der FC-Lukas-Podolski ist ab 1. Juli 2012 Vergangenheit. Eine personelle Zäsur deutet sich in Köln innerhalb der Mannschaft an, die nie in der Lage war, auch nur annähernd Konstanz in ihre Leistungen zu bringen. Durchaus ansehnlichen Vorstellungen vornehmlich in der Hinrunde folgten fast postwendend unerklärliche Leistungseinbrüche und zum Teil desolate Auftritte. In 15 Spielen kassierte der FC drei oder mehr Gegentore.

Die Suche nach einem neuen Cheftrainer – Schaefer stand nur als Interimslösung bereit – und einem Sportdirektor hatte nach der Saison für den neuen Vorstand Priorität. Holger Stanislawski, der ehemalige Coach des FC St. Pauli und von 1899 Hoffenheim, als Trainer und Jörg Jakobs, zuvor Assistent von Jörg Schmadtke bei Hannover 96, als Sportdirektor wurden neun Tage nach dem Abstieg vorgestellt. Sie erwartet viel Arbeit, denn den Club werden viele Spieler verlassen, neues Personal muss also gefunden werden. „Ich freue mich auf die Aufgabe, auch wenn sie nicht einfach wird", so Stanislawski, der St. Pauli 2010 in die Bundesliga führte.

ALLE SPIELE

Hinrunde										Rückrunde
1	06.08.	H	0:3	(0:1)	VfL Wolfsburg	1:0	(0:0)	A	21.01.	18
2	13.08.	A	5:1	(1:1)	FC Schalke 04	1:4	(1:0)	H	28.01.	19
3	20.08.	H	1:1	(1:1)	1. FC Kaiserslautern	0:1	(0:0)	A	05.02.	20
4	27.08.	A	3:4	(1:1)	Hamburger SV	0:1	(0:0)	H	12.02.	21
5	11.09.	H	1:2	(1:2)	1. FC Nürnberg	2:1	(1:0)	A	18.02.	22
6	17.09.	A	1:4	(0:1)	Bayer 04 Leverkusen	0:2	(0:1)	H	25.02.	23
7	25.09.	H	2:0	(1:0)	1899 Hoffenheim	1:1	(1:0)	A	04.03.	24
8	01.10.	A	3:0	(3:0)	Hertha BSC	1:0	(1:0)	H	10.03.	25
9	16.10.	H	2:0	(1:0)	Hannover 96	4:1	(1:1)	A	18.03.	26
10	22.10.	A	5:0	(3:0)	Borussia Dortmund	1:6	(1:1)	H	25.03.	27
11	30.10.	H	3:0	(2:0)	FC Augsburg	2:1	(2:1)	A	31.03.	28
12	05.11.	A	3:2	(0:2)	SV Werder Bremen	1:1	(1:1)	H	07.04.	29
13	13.12.	H	1:1	(0:0)	1. FSV Mainz 05	4:0	(3:0)	A	10.04.	30
14	25.11.	H	0:3	(0:2)	Borussia M'gladbach	3:0	(1:0)	A	15.04.	31
15	03.12.	A	2:2	(2:1)	VfB Stuttgart	1:1	(0:0)	H	21.04.	32
16	10.12.	H	4:0	(1:0)	SC Freiburg	4:1	(1:0)	A	28.04.	33
17	16.12.	A	3:0	(0:0)	FC Bayern München	1:4	(0:1)	H	05.05.	34

1. FC KÖLN AUF EINEN BLICK

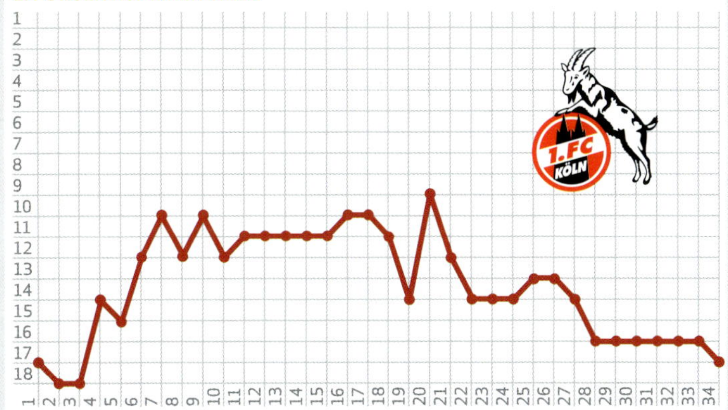

ALLE SPIELER

Name	Vorname	Geburtsdatum	Nationalität	Position	Rücken-Nr.	Einsätze	Auswechslungen	Einwechslungen	Gelbe Karten	Gelb-Rote Karten	Rote Karten	Tore	Elfmeter	Eigentore
Andrezinho		09.10.1981	BRA	A	12	7	4	3	1	-	-	-	-	-
Brecko	Miso	01.05.1984	SVN	A	2	27	2	2	6	-	2	-	-	-
Buchtmann	Christopher	25.04.1992	D	M	29	2	-	2	-	-	-	-	-	-
Chihi	Adil	21.02.1988	D	M	20	10	7	-	2	-	-	2	-	-
Clemens	Christian	04.08.1991	D	M	27	31	8	8	1	-	-	5	-	-
Eichner	Christian	24.11.1982	D	A	4	29	8	4	2	-	-	-	-	-
Freis	Sebastian	23.04.1985	D	S	7	4	-	4	-	-	-	-	-	-
Geromel	Pedro	21.09.1985	BRA	A	21	28	1	1	4	-	-	-	-	1
Hector	Jonas	27.05.1990	D	M	36	-	-	-	-	-	-	-	-	-
Horn	Timo	12.05.1993	D	T	26	-	-	-	-	-	-	-	-	-
Ionita	Alexandru	05.08.1989	ROM	S	14	-	-	-	-	-	-	-	-	-
Ishak	Mikael	31.03.1993	SWE	S	16	11	2	8	-	-	-	-	-	-
Jajalo	Mato	25.05.1988	CRO	M	19	31	9	6	4	-	1	3	-	-
Jemal	Ammar	20.04.1987	TUN	A	3	15	3	2	3	-	-	1	-	-
Kialka	Thiemo-J.	12.01.1989	D	S	38	-	-	-	-	-	-	-	-	-
Kübler	Lukas	30.08.1992	D	A	38	-	-	-	-	-	-	-	-	-
Lanig	Martin	11.07.1984	D	M	13	31	12	4	9	-	-	-	-	-
Makino	Tomoaki	11.05.1987	JPN	A	18	3	-	3	-	-	-	-	-	-
Matuschyk	Adam	14.02.1989	POL	M	25	9	1	7	1	-	-	-	-	-
McKenna	Kevin	21.01.1980	CAN	A	23	25	2	11	4	-	-	1	-	-
Mohamad	Youssef	01.07.1980	LIB	A	3	-	-	-	-	-	-	-	-	-
Novakovic	Milivoje	18.05.1979	SVN	S	11	20	4	2	1	1	-	5	-	-
Peszko	Slawomir	19.02.1985	POL	M	15	32	24	1	8	-	-	2	-	-
Petit		25.09.1976	POR	M	8	-	-	-	-	-	-	-	-	-
Pezzoni	Kevin	22.03.1989	D	M	6	12	2	8	-	-	-	1	-	-
Podolski	Lukas	04.06.1985	D	S	10	29	1	1	3	-	1	18	3	-
Rensing	Michael	14.05.1984	D	T	1	32	-	-	2	-	-	-	-	-
Riether	Sascha	23.03.1983	D	M	5	33	3	-	7	-	-	-	-	-
Roshi	Odise	22.05.1991	ALB	S	28	20	2	17	2	-	-	1	-	-
Schnellhardt	Fabian	12.01.1994	D	M	32	-	-	-	-	-	-	-	-	-
Schorch	Christopher	30.01.1989	D	A	16	-	-	-	-	-	-	-	-	-
Schwabke	Daniel	19.07.1989	D	T	24	-	-	-	-	-	-	-	-	-
Sereno	Henrique	18.05.1985	POR	A	17	25	5	-	7	-	1	-	-	-
Tese	Chong	02.03.1984	PRK	S	9	5	-	5	-	-	-	-	-	-
Uth	Mark	24.08.1991	D	S	31	-	-	-	-	-	-	-	-	[illegible]
Varvodic	Miro	15.05.1989	CRO	T	22	2	-	-	-	-	-	-	-	[illegible]
Weiser	Mitchell	21.04.1994	D	A	33	1	-	1	-	-	-	-	-	[illegible]

KÖLN

BUNDESLIGA

Der Autor: **Horst Konzok,** Ressortleiter Sport der Ludwigshafener Tageszeitung „Die Rheinpfalz", berichtet schon seit Jahrzehnten über den 1. FC Kaiserslautern.

Ladehemmung fatal für den FCK

Der dritte Abstieg des 1. FC Kaiserslautern aus der Bundesliga ist besiegelt. Nach 1996 und 2006 muss der viermalige Deutsche Meister zurück in die 2. Bundesliga. Die „Roten Teufel" sind an ihrer chronischen Offensivschwäche gescheitert.

Platz sieben – ein grandioser Erfolg in der Aufstiegssaison. Dem Traum folgte der Albtraum: Mit einer Negativserie von 21 Spielen ohne Sieg und einer desaströsen Rückrunde verspielte der 1. FC Kaiserslautern den Klassenerhalt. Die Schlagzeilen – bittere Wahrheiten auf einer fast beispiellosen Talfahrt. „Tasmania Kaiserslautern", kommentierte „Die Rheinpfalz", die größte Zeitung der Region, in Erinnerung an die schlechteste Mannschaft der Bundesliga-Geschichte. Die Höllenfahrt der Roten Teufel führte zurück in die 2. Bundesliga. Einziger Trost für die Anhänger des Traditionsclubs: Die Deutsche Fußball Liga erteilte dem FCK die Lizenz ohne Auflagen. „Ein Erfolg, der unsere Arbeit, die darauf ausgerichtet ist, den Club dauerhaft zu sanieren, belohnt", sagte Finanzvorstand Fritz Grünewalt.

„Wir sind vom Kader her ein Club zwischen Platz 14 in der Bundesliga und Platz fünf in der 2. Bundesliga. Um oben zu bleiben, muss bei uns alles passen", sagte Stefan Kuntz, der Vorstandsvorsitzende. Aber in der Saison 2011/12 passte einfach zu wenig. Den Verlust der fast kompletten Offensive vor Saisonbeginn, den Abgang von Torgarant Srdjan Lakic, den Abschied von Jan Moravek, Ivo Ilicevic, Erwin Hoffer und Adam Hlousek vermochten die Lauterer nicht aufzufangen. „Uns fehlen 32 Tore – aber die Spieler waren aus finanziellen Gründen nicht zu halten", erklärte Kuntz. Der Boss, vorher als Schnäppchenjäger gefeiert, griff bei seiner Einkaufstour daneben, wie er zugeben musste.

Itay Shechter, Dorge Kouemaha, Richard Sukuta-Pasu, Gil Vermouth, später Sandro Wagner, Jakub Swierczok und Nicolai Jörgensen – keiner schlug ein. Die Torflaute sollte für den FCK fatal enden. Die chronische Ladehemmung kostete Trainer Marco Kurz den Job. Dabei war sein Vertrag nach zwei erfolgreichen Jahren im Herbst noch bis 2013 verlängert worden, gültig eigentlich auch für die 2. Bundesliga. Kurz, der den FCK 2010 zurück in die Bundesliga geführt hatte, glaubte an die Qualität seiner Mannschaft, die in der Hinrunde 16 Punkte sammelte und meist mit der Konkurrenz auf Augenhöhe spielte. „Wir schaffen es einfach nicht, uns für gute Leistungen zu belohnen", sagte der Trainer aber nach einer Flut von Unentschieden. Beim Hamburger SV und 1899 Hoffenheim, daheim gegen Hertha BSC, Hannover 96 und den SV Werder Bremen hatte der FCK ein deutliches Chancenplus – aber es gab jeweils nur einen Punkt. Die guten Spiele hat der FCK nicht gewonnen, die schlechten hat er verloren.

„Die vielen Unentschieden haben uns das Selbstvertrauen genommen, das Erfolgserlebnis fehlte, die Verunsicherung wuchs, als die ausstehenden Spiele immer weniger wurden", bekannte Routinier Alexander Bugera, der bereitsteht, den Neuanfang mitzugehen. Auch die Wintereinkäufe änderten nichts an der Lauterer Malaise. Wagner, der neue Hoffnungsträger, traf nicht, Ariel Borysiuk, der talentierte polnische Neuzugang auf der Sechs, sah bei seinem Debüt gegen den 1. FC Köln nach 40 Minuten die Gelb-Rote

Itay Shechter kann in gewissem Sinne als Symbolfigur für den FCK in der Saison stehen: Die Hoffnungen waren groß, der Start erfreulich, doch dann häufen sich die Probleme.

KAISERSLAUTERN

BUNDESLIGA

Karte, der FCK verlor 0:1, es war der Knackpunkt der Saison.

Mit dem Misserfolg litt auch die Souveränität von Kurz, der oft das System und das Personal wechselte. Beim 0:4 im Derby beim 1. FSV Mainz 05 trat das Team desolat auf. Die Clubführung warf die Trainerfrage auf. Kurz kämpfte, die Mannschaft auch, das 0:0 beim VfB Stuttgart gab Hoffnung. Aber eine Woche später verlor der FCK 1:4 gegen den FC Schalke 04 nach durch naives Abwehrver-

Alexander Bugera:

„Die vielen Unentschieden nahmen uns das Selbstvertrauen."

halten entstandenen Gegentoren. Kurz wurde beurlaubt. „Wir wollen die letzte Patrone nutzen", sagte Kuntz. Krassimir Balakov kam für die letzten acht Spiele. Seine Mission aber scheiterte. Die ersten fünf Spiele unter der Leitung des Bulgaren gingen verloren, das 2:1 in Berlin kam zu spät. Der dritte Abstieg der Clubgeschichte war besiegelt.

Für die kommende Saison strebt die Clubführung nun umgehend den Wiederaufstieg an. Für das Scheitern übernahm Vorstandsvorsitzender Stefan Kuntz die Verantwortung, machte aber deutlich, dass Kurz jede Spielerverpflichtung gutgeheißen hatte. Nach drei wichtigen Toren in den ersten drei Spielen entwickelte sich der Israeli Shechter, der ein „neuer Lakic" werden sollte, zum Problemfall. Nach dem „goldenen Tor" zum 1:0 am zehnten Spieltag gegen den SC Freiburg saß Shechter aus taktischen Gründen draußen. Er verzagte, flog vom Platz, verletzte sich. Die Mannschaft spielte gut, aber ohne einen echten Torjäger erfolglos. Dann folgte die lange Misserfolgsserie. Es passte zu den Lauterern, dass mit dem ersten Sieg nach sechs Monaten, dem 2:1 in Berlin, auch ihr Abstieg besiegelt war – als Tabellenletzter mit einem tiefen Sturz von Platz sieben.

Beim zwischenzeitlichen 1:1 in Dortmund ist die Welt noch in Ordnung: Christian Tiffert, Olcay Sahan, Itay Shechter und Pierre de Wit (von links) jubeln.

Auch Christian Tiffert, am Auge gezeichnet, kämpft vergeblich gegen den Absturz.

Marco Kurz leistet als Trainer anerkannt gute Arbeit beim 1. FC Kaiserslautern, doch die lange Misserfolgsserie wird ihm nach dem 1:4 zum Verhängnis und kostet ihn den Job.

Pierre de Wit entwickelte sich zur Stammkraft. Mit drei Toren ist er gemeinsam mit Itay Shechter bester Schütze des FCK.

ALLE SPIELE

Hinrunde										Rückrunde
1	06.08.	A	2:0	(0:0)	SV Werder Bremen	0:0		H	21.01.	18
2	14.08.	H	1:1	(0:1)	FC Augsburg	2:2	(1:1)	A	28.01.	19
3	20.08.	A	1:1	(1:1)	1. FC Köln	0:1	(0:0)	H	05.02.	20
4	27.08.	H	0:3	(0:1)	FC Bayern München	2:0	(2:0)	A	11.02.	21
5	10.09.	A	1:0	(0:0)	Borussia M'gladbach	1:2	(0:2)	H	18.02.	22
6	17.09.	H	3:1	(1:1)	1. FSV Mainz 05	4:0	(3:0)	A	25.02.	23
7	24.09.	A	1:0	(0:0)	VfL Wolfsburg	0:0		H	03.03.	24
8	30.09.	H	0:2	(0:0)	VfB Stuttgart	0:0		A	09.03.	25
9	15.10.	A	1:2	(0:1)	FC Schalke 04	1:4	(1:2)	H	18.03.	26
10	22.10.	H	1:0	(0:0)	SC Freiburg	2:0	(2:0)	A	24.03.	27
11	30.10.	A	1:1	(0:1)	Hamburger SV	0:1	(0:1)	H	31.03.	28
12	05.11.	A	1:1	(1:0)	1899 Hoffenheim	1:2	(0:1)	H	07.04.	29
13	18.11.	H	0:2	(0:0)	Bayer 04 Leverkusen	3:1	(1:1)	A	11.04.	30
14	26.11.	A	1:0	(1:0)	1. FC Nürnberg	0:2	(0:1)	H	14.04.	31
15	03.12.	H	1:1	(1:1)	Hertha BSC	1:2	(0:2)	A	21.04.	32
16	11.12.	A	1:1	(1:0)	Borussia Dortmund	2:5	(1:3)	H	28.04.	33
17	18.12.	H	1:1	(0:1)	Hannover 96	2:1	(1:1)	A	05.05.	34

1. FC KAISERLAUTERN AUF EINEN BLICK

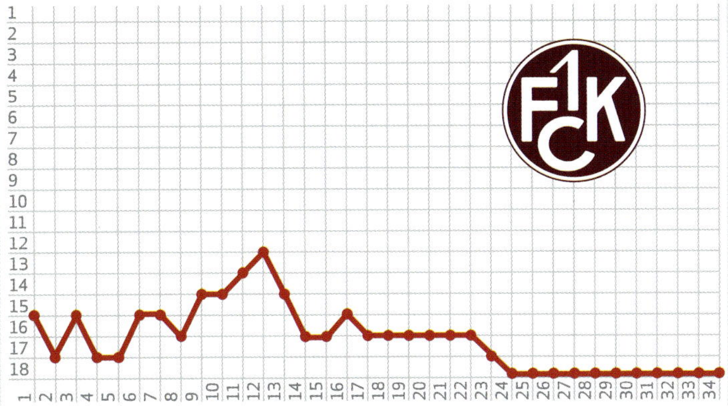

ALLE SPIELER

Name	Vorname	Geburtsdatum	Nationalität	Position	Rücken-Nr.	Einsätze	Auswechslungen	Einwechslungen	Gelbe Karten	Gelb-Rote Karten	Rote Karten	Tore	Elfmeter	Eigentore
Abel	Mathias	22.06.1981	D	A	6	22	-	2	2	-	-	-	-	-
Amedick	Martin	06.09.1982	D	A	5	14	-	1	3	-	-	-	-	-
Amri	Chadli	14.12.1984	ALG	M	18	-	-	-	-	-	-	-	-	-
Bilek	Jiri	04.11.1983	CZE	M	19	-	-	-	-	-	-	-	-	-
Borysiuk	Ariel	29.07.1991	POL	M	4	12	3	-	2	1	-	-	-	-
Bugera	Alexander	08.08.1978	D	A	17	20	2	-	4	-	-	1	-	1
de Wit	Pierre	26.09.1987	D	M	21	25	16	1	1	-	-	3	-	-
Derstroff	Julian	05.01.1992	D	S	35	12	8	3	2	-	-	1	-	-
Dick	Florian	09.11.1984	D	A	23	32	-	-	11	-	-	2	-	-
Fortounis	Konstantinos	16.10.1992	GRE	S	28	28	6	10	4	-	-	-	-	-
Heintz	Dominique	15.08.1993	D	A	33	1	-	1	-	-	-	-	-	-
Ilicevic	Ivo	14.11.1986	CRO	M	22	4	-	-	-	-	1	1	-	-
Jessen	Leon	11.06.1986	DEN	A	3	15	1	2	2	-	-	1	-	-
Jörgensen	Nicolai	15.01.1991	DEN	S	22	5	1	4	2	-	-	-	-	-
Kirch	Oliver	21.08.1982	D	M	7	23	7	4	3	-	-	1	-	-
Knaller	Marco	26.03.1987	AUT	T	27	-	-	-	-	-	-	-	-	-
Kouemaha	Dorge	28.06.1983	CMR	S	30	17	3	4	3	-	-	2	-	-
Linsmayer	Denis	19.09.1991	D	A	19	-	-	-	-	-	-	-	-	-
Lucas		14.07.1991	BRA	A	24	-	-	-	-	-	-	-	-	-
Micanski	Ilian	20.12.1985	BUL	S	11	-	-	-	-	-	-	-	-	-
Müller	Marius	12.07.1993	D	T	32	-	-	-	-	-	-	-	-	-
Nemec	Adam	02.09.1985	SVK	S	32	4	-	4	-	-	-	1	-	-
Orban	Willi	03.11.1992	D	A	34	2	-	1	-	-	-	-	-	-
Petsos	Thanos	05.06.1991	GRE	M	13	19	6	10	2	-	-	-	-	-
Rivic	Stiven	09.08.1985	CRO	M	25	-	-	-	-	-	-	-	-	-
Rodnei		11.09.1985	BRA	A	20	22	1	1	4	-	1	1	-	-
Sahan	Olcay	26.05.1987	TUR	M	10	27	9	4	5	-	-	1	-	-
Schulz	Bastian	10.07.1985	D	M	4	-	-	-	-	-	-	-	-	-
Shechter	Itay	22.02.1987	ISR	S	9	23	6	10	2	-	1	3	-	-
Simunek	Jan	20.02.1987	CZE	A	2	6	-	-	1	-	-	-	-	-
Sippel	Tobias	22.03.1988	D	T	1	11	-	-	-	-	-	-	-	-
Sukuta-Pasu	Richard	24.06.1990	D	S	16	24	6	12	4	-	-	-	-	-
Swierczok	Jakub	28.12.1992	POL	S	31	6	2	3	2	-	-	-	-	-
Tiffert	Christian	18.02.1982	D	M	8	31	7	-	5	-	-	2	2	-
Trapp	Kevin	08.07.1990	D	T	29	23	-	-	1	-	-	-	-	-
Vermouth	Gil	05.08.1985	ISR	M	14	2	-	2	-	-	-	-	-	-
Wagner	Sandro	29.11.1987	D	S	11	11	1	2	3	-	-	-	-	[illegible]
Walch	Clemens	10.07.1987	AUT	M	15	5	3	2	-	-	-	-	-	[illegible]
Wooten	Andrew	30.09.1989	D	S	37	7	1	5	-	-	-	1	-	[illegible]
Yahia	Anthar	21.03.1982	ALG	A	25	11	2	2	1	-	-	-	-	[illegible]
Zellner	Steven	14.03.1991	D	S	26	1	-	1	-	-	-	-	-	[illegible]

KAISERSLAUTERN

Der Franzose Franck Ribéry vom FC Bayern München gibt dem Griechen Kyriakos Papadopoulos vom FC Schalke 04 das Nachsehen.

Die Chronik der Saison

Jeder der 34 Spieltage auf einen Blick, mit seinen Höhepunkten in Wort und Bild und allen Statistiken ergibt dies eine komplette Übersicht über die Bundesliga 2011/12 – ergänzt um den DFB-Pokal und vier Relegationsspiele.

Meister Dortmund zelebriert zum Start gleich wieder Zauberfußball

Ein übergroßes Abbild des neuen Balls, der „Torfabrik" in neuem Design, wird von Fußballspielerinnen bei der Eröffnungszeremonie in das Dortmunder Stadion getragen.

Die Ouvertüre der 49. Bundesliga-Saison wird in 199 Länder live übertragen. Und was die Fußballwelt gleich zum Auftakt aus Deutschlands Eliteliga zu sehen bekommt, ist Werbung oberster Güte. Als hätte es die 83-tägige Pause nie gegeben, knüpft der Deutsche Meister Borussia Dortmund an seinen Zauberfußball der Vorsaison an. Das 3:1 gegen den Hamburger SV spiegelt dabei nur bedingt die spielerische Klasse der Dortmunder wider. Sogar die Konkurrenz ist beeindruckt. „Eine feine Sache", nennt etwa Präsident Uli

DER TORSCHÜTZE DES SPIELTAGES

Die Zeit von Patrick Helmes (27, Foto) beim VfL Wolfsburg schien eigentlich schon abgelaufen zu sein. Umso überraschender steht der 13-malige Nationalspieler im Spiel beim 1. FC Köln in der Startelf und ist mit zwei Treffern zum 3:0 gleich der Mann des Spiels. „Vor der Saison war ich abgeschrieben, alle zwei Tage sollte ich verkauft werden", berichtet Helmes nach seiner Glanzleistung.

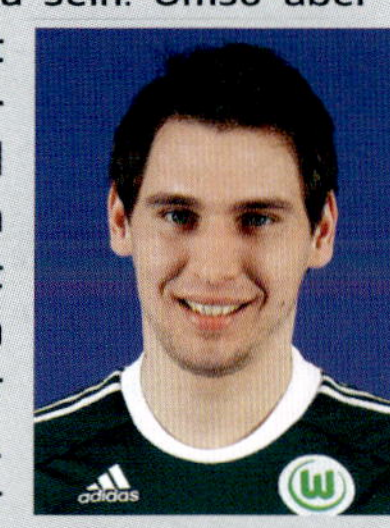

Die Leidenszeit hat zum Bundesliga-Auftakt aber ein Ende. Nach 168 Tagen ist der Torjäger wieder erfolgreich. Und das in seiner alten Heimat Köln, in seinem „Wohnzimmer", dem RheinEnergieStadion, wo Helmes' Profikarriere einst begann. 35 Tore in 65 Spielen erzielte der Stürmer zwischen 2005 und 2008 und schaffte dabei mit dem FC den Aufstieg.

DATEN & FAKTEN

Zuschauer gesamt	462.099
pro Spiel	51.344
Tore gesamt	23
Elfmeter	2
Eigentore	1
Gelbe Karten	35
Gelb-Rote Karten	1
Rote Karten	0

Borussia Dortmund – Hamburger SV 3:1 (2:0)

■ **Borussia Dortmund**: Weidenfeller - Piszczek, Santana, Hummels, Löwe (76. Perisic) - Gündogan, S. Bender - Götze (76. Blaszczykowski), Kagawa (90. Kehl), Großkreutz - Lewandowski
■ **Hamburger SV**: Drobny - Diekmeier, Mancienne, Westermann, Aogo - Kacar (73. Tesche), Rincón - Töre, Guerrero (42. Ben-Hatira), Elia (46. Jansen) - Petric
Tore: 1:0 Großkreutz (17.), 2:0 Götze (29.), 3:0 Großkreutz (48.), 3:1 Tesche (79.)
Ecken: 7:7
Schiedsrichter: Brych (München)
Zuschauer: 80.720 (ausverkauft)
Gelb: Lewandowski - Mancienne, Kacar, Rincón
Gelb-Rot: keine **Rot**: keine

SV Werder Bremen – 1. FC Kaiserslautern 2:0 (0:0)

■ **SV Werder Bremen**: Wiese - Sokratis, Mertesacker, Wolf, Schmitz - Bargfrede (46. Ekici) - Fritz, Hunt - Marin (59. Wesley) - Rosenberg, Thy
■ **1. FC Kaiserslautern**: Trapp - Dick, Abel, Rodnei, Jessen - Petsos (82. Amedick) - Tiffert, De Wit (63. Fortounis) - Sahan, Ilicevic - Sukuta-Pasu (46. Shechter)
Tore: 1:0 Rosenberg (60.), 2:0 Rosenberg (81.)
Ecken: 6:5
Schiedsrichter: Perl (Pullach)
Zuschauer: 41.100
Gelb: Wesley - Sukuta-Pasu, Dick
Gelb-Rot: keine **Rot**: keine

Hannover 96 – 1899 Hoffenheim 2:1 (2:1)

■ **Hannover 96**: Zieler - Chahed, Haggui, Pogatetz, Schulz - Schmiedebach, Pinto (69. Hauger) - Stindl, Rausch (74. Pander) - Schlaudraff, Abdellaoue (84. Stoppelkamp)
■ **1899 Hoffenheim**: Starke - Beck, Vorsah, Compper, Braafheid - Rudy, Salihovic (67. Firmino) - Obasi, Johnson (90. Tagoe), Babel (63. Schipplock) - Mlapa
Tore: 1:0 Schlaudraff (15.), 1:1 Salihovic (18., Foulelfmeter), 2:1 Abdellaoue (30., Foulelfmeter)
Ecken: 4:5
Schiedsrichter: Kinhöfer (Herne)
Zuschauer: 40.315
Gelb: Pogatetz, Schulz - Rudy, Obasi
Gelb-Rot: keine **Rot**: keine

VfB Stuttgart – FC Schalke 04 3:0 (1:0)

■ **VfB Stuttgart**: Ulreich - Boulahrouz, Tasci, Maza, Molinaro - Kvist, Kuzmanovic - Harnik (73. Traoré), Hajnal (79. Okazaki), Gentner - Cacau (85. Pogrebnyak)
■ **FC Schalke 04**: Fährmann - Höger, Höwedes, Papadopoulos, Fuchs - Matip (46. Draxler), Jones - Baumjohann (68. Moravek), Raúl, Holtby (65. Edu) - Huntelaar
Tore: 1:0 Cacau (37.), 2:0 Harnik (56.), 3:0 Okazaki (89.)
Ecken: 2:6
Schiedsrichter: Stark (Ergolding)
Zuschauer: 60.000 (ausverkauft)
Gelb: Gentner - Papadopoulos
Gelb-Rot: keine **Rot**: keine

Kevin Großkreutz reckt den Zeigefinger in die Höhe, nachdem er das erste Tor der neuen Saison erzielt hat. Freude auch bei Mario Götze (links). HSV-Stürmer Mladen Petric (Mitte) schaut konsterniert zu. Großkreutz gelingt noch ein zweites Tor beim 3:1 des BVB gegen Hamburg.

Hoeneß vom Titelrivalen FC Bayern München den Saisonstart der Westfalen.
Gar nicht fein ist dagegen der Start für die Bayern unter dem neuen Trainer Jupp Heynckes. Gegen Borussia Mönchengladbach müssen die Münchner gleich ein 0:1 hinnehmen. Es ist der erste Gladbacher Sieg an der Isar nach 16 Jahren. Igor de Camargo sorgt per Kopfball für die Sensation durch die „Fohlen", die in der Vorsaison erst in der Relegation den Klassenerhalt gesichert haben. „Wir sind noch weit entfernt von dem Spiel, wie ich es mir vorstelle", gesteht hingegen Heynckes ein. Einen Fehlstart leistet sich auch Heynckes' Exclub. Im ersten Bundesliga-Spiel unter dem neuen Trainer Robin Dutt verliert Vizemeister Bayer 04 Leverkusen beim 1. FSV Mainz 05 mit 0:2. Damit ist eine Woche nach dem Pokal-Aus. bei Dynamo Dresden die Euphorie bei Bayer stark gedämpft. Erste Tabellenführer sind der VfB Stuttgart und der VfL Wolfsburg. Der VfB weiht seine komplett umgebaute Mercedes-Benz Arena mit einem 3:0 gegen den FC Schalke 04 standesgemäß ein. Mit dem gleichen Ergebnis siegt Trainer Felix Magath mit seinen Wölfen beim 1. FC Köln, wo das neue System des norwegischen Trainerimports Stale Solbakken noch nicht greifen will. Zu allem Überfluss handelt sich der Kölner Stürmer Milivoje Novakovic als erster Spieler der Saison einen Platzverweis ein. Ohne Sieg beginnt die Saison auch für die beiden Aufsteiger. Hertha BSC verliert gegen den 1. FC Nürnberg 0:1 und knüpft an die schlechte Heimbilanz aus der Abstiegssaison an. Der FC Augsburg, 51. Club der Bundesliga-Historie, ergattert beim 2:2 gegen den SC Freiburg dank zweier Treffer von Sascha Mölders immerhin noch einen Punkt.
Beim SV Werder Bremen steigt ein alter Bekannter zum Matchwinner auf. Der Markus Rosenberg, aus Spanien von Racing Santander zurückgekehrt, erzielt beide Treffer zum 2:0 gegen den 1. FC Kaiserslautern. Hannover 96 nutzt den Rückenwind aus der UEFA Europa League mit dem Erfolg über den FC Sevilla und startet mit einem 2:1 gegen 1899 Hoffenheim in die Saison.

RESULTATE

Freitag, 05.08.2011	Borussia Dortmund - Hamburger SV	3:1 (2:0)
Samstag, 06.08.2011	SV Werder Bremen - 1. FC Kaiserslautern	2:0 (0:0)
	Hannover 96 - 1899 Hoffenheim	2:1 (2:1)
	VfB Stuttgart - FC Schalke 04	3:0 (1:0)
	1. FC Köln - VfL Wolfsburg	0:3 (0:1)
	FC Augsburg - SC Freiburg	2:2 (0:0)
	Hertha BSC - 1. FC Nürnberg	0:1 (0:0)
Sonntag, 07.08.2011	1. FSV Mainz 05 - Bayer Leverkusen	2:0 (1:0)
	FC Bayern München - Bor. M'gladbach	0:1 (0:0)

TORJÄGER

Markus Rosenberg	SV Werder Bremen	2
Patrick Helmes	VfL Wolfsburg	2
Kevin Großkreutz	Borussia Dortmund	2
Sascha Mölders	FC Augsburg	2
Cacau	VfB Stuttgart	1
Igor de Camargo	Borussia M'gladbach	1
Jan Schlaudraff	Hannover 96	1
Cedrick Makiadi	SC Freiburg	1
und weitere 10 Spieler mit je einem Treffer		

PERSONALIEN

Jan Schlaudraff bestreitet sein 100. Bundesliga-Spiel und erzielt dabei sein 20. Tor für Hannover 96.

Bastian Schweinsteiger begeht mit seinem 250. Bundesliga-Einsatz für den FC Bayern München ein großes Jubiläum.

Marcell Jansen (Hamburger SV) steht zum 150. Mal in einem Bundesliga-Spiel auf dem Platz.

TABELLE

Rang	Club	Sp.	g	u	v	Tore	Diff.	Pkt.
1	VfB Stuttgart	1	1	0	0	3:0	3	3
	VfL Wolfsburg	1	1	0	0	3:0	3	3
3	Borussia Dortmund	1	1	0	0	3:1	2	3
4	1. FSV Mainz 05	1	1	0	0	2:0	2	3
	SV Werder Bremen	1	1	0	0	2:0	2	3
6	Hannover 96	1	1	0	0	2:1	1	3
7	1. FC Nürnberg	1	1	0	0	1:0	1	3
	Borussia M'gladbach	1	1	0	0	1:0	1	3
9	FC Augsburg	1	0	1	0	2:2	0	1
	SC Freiburg	1	0	1	0	2:2	0	1
11	1899 Hoffenheim	1	0	0	1	1:2	-1	0
12	FC Bayern München	1	0	0	1	0:1	-1	0
	Hertha BSC	1	0	0	1	0:1	-1	0
14	Hamburger SV	1	0	0	1	1:3	-2	0
15	Bayer 04 Leverkusen	1	0	0	1	0:2	-2	0
	1. FC Kaiserslautern	1	0	0	1	0:2	-2	0
17	FC Schalke 04	1	0	0	1	0:3	-3	0
	1. FC Köln	1	0	0	1	0:3	-3	0

1. FC Köln – VfL Wolfsburg 0:3 (0:1)

■ **1. FC Köln:** Rensing - Brecko, Geromel, Pezzoni (83. Roshi), Eichner (46. Peszko) - Lanig, Riether - Chihi (88. Andrezinho), Jajalo - Novakovic, Podolski
■ **VfL Wolfsburg:** Benaglio - Hasebe (84. Schulze), Kjaer, Russ, M. Schäfer - Träsch, Josué - Ochs (81. Madlung), Salihamidzic (75. Schindzielorz) - Mandzukic, Helmes
Tore: 0:1 Helmes (17.), 0:2 M. Schäfer (86.), 0:3 Helmes (90+3.)
Ecken: 7:5
Schiedsrichter: Gräfe (Berlin)
Zuschauer: 47.000
Gelb: Hasebe, Ochs, Russ, M. Schäfer, Mandzukic
Gelb-Rot: Novakovic (80.) **Rot:** keine

FC Augsburg – SC Freiburg 2:2 (0:0)

■ **FC Augsburg:** Jentzsch - Verhaegh, Möhrle, De Roeck, De Jong - Callsen-Bracker, Davids (76. Hain) - Ndjeng (69. Gogia), Baier, Werner (46. Bellinghausen) - Mölders
■ **SC Freiburg:** Baumann - Mujdza, Barth, Butscher, Bastians - Schuster - D. Caligiuri (88. Dembele), Flum, Makiadi (83. Putsila), Abdessadki - Cissé
Tore: 0:1 Cissé (48.), 1:1 Mölders (53.), 1:2 Makiadi (55.), 2:2 Mölders (81.)
Ecken: 5:4
Schiedsrichter: Drees (Münster-Sarmsheim)
Zuschauer: 30.403
Gelb: De Jong, Werner - Barth, D. Caligiuri, Mujdza, Flum
Gelb-Rot: keine **Rot:** keine

Hertha BSC – 1. FC Nürnberg 0:1 (0:0)

■ **Hertha BSC:** Kraft - Lell, Franz, Mijatovic, Kobiashvili - Ottl, Niemeyer - Ebert (76. Rukavytsya), Ramos, Torun (46. Raffael) - Lasogga
■ **1. FC Nürnberg:** R. Schäfer - Chandler, Wollscheid, Klose, Pinola - Simons - Mendler (90. Didavi), Feulner (80. Hegeler), Cohen, Eigler (71. Esswein) - Pekhart
Tore: 0:1 Pekhart (80.)
Ecken: 2:3
Schiedsrichter: Gagelmann (Bremen)
Zuschauer: 61.118
Gelb: Niemeyer, Kobiashvili - Feulner, Cohen, Esswein
Gelb-Rot: keine **Rot:** keine

1. FSV Mainz 05 – Bayer 04 Leverkusen 2:0 (1:0)

■ **1. FSV Mainz 05:** H. Müller - Pospech, Svensson (46. Bungert), Noveski, M. Caligiuri - Polanski, Soto - Risse, Ivanschitz (90+1. Kirchhoff), Stieber (71. Choupo-Moting) - Allagui
■ **Bayer 04 Leverkusen:** Giefer - Schwaab, Reinartz, Toprak, Kadlec - Rolfes (60. Jörgensen) - Sam, L. Bender, Augusto (83. Kießling), Schürrle - Derdiyok
Tore: 1:0 Allagui (32.), 2:0 Toprak (86., Eigentor)
Ecken: 7:3
Schiedsrichter: Weiner (Giesen)
Zuschauer: 32.443
Gelb: Svensson, Polanski, Bungert - Augusto, L. Bender
Gelb-Rot: keine **Rot:** keine

FC Bayern München – Borussia M'gladbach 0:1 (0:0)

■ **FC Bayern München:** Neuer - Rafinha, Boateng (76. Petersen), Badstuber, Lahm - Gustavo, Schweinsteiger - Robben, Kroos (60. Ribéry), T. Müller - Gomez
■ **Borussia M'gladbach:** ter Stegen - Jantschke (90. Marx), Brouwers, Dante, Daems - Nordtveit, Neustädter - Reus (90+2. Rupp), Arango - Hanke (83. Herrmann), de Camargo
Tore: 0:1 de Camargo (62.)
Ecken: 12:2
Schiedsrichter: Rafati (Hannover)
Zuschauer: 69.000 (ausverkauft)
Gelb: de Camargo
Gelb-Rot: keine **Rot:** keine

BUNDESLIGA

Franck Ribéry (Mitte) fixiert den Ball und setzt sich gegen Christian Träsch (rechts) und Makoto Hasebe durch. Erst in der Nachspielzeit gelingt den Bayern das Siegtor in Wolfsburg.

Mainz ist wieder Spitzenreiter – BVB verliert beim Angstgegner

Nach seinem grandiosen Auftakt wird der hoch gelobte Deutsche Meister Borussia Dortmund von 1899 Hoffenheim kalt erwischt. Bei ihrem Angstgegner setzt es für die Mannschaft von Trainer Jürgen Klopp eine 0:1-Niederlage. Auch Überflieger Mario Götze, der unter der Woche beim 3:2 gegen Rekordweltmeister Brasilien sein Startelfdebüt in der Nationalelf mit einer Weltklasseleistung und einem Tor gekrönt hat, kann daran nichts ändern. Hoffenheims Mittelfeldstratege Sejad Salihovic entscheidet mit einem tollen Freistoßtor aus 35 Metern die Partie, womit sein Club zum sechsten Mal im siebten Bundesliga-Vergleich mit dem BVB ungeschlagen bleibt.

DER SPIELER DES SPIELTAGES

Am Ende seines bislang größten Auftritts in den Farben des FC Schalke 04 gibt es von den königsblauen Fans in der Nordkurve mit eintägiger Verspätung noch ein Ständchen zum 28. Geburtstag. Das hat sich Klaas-Jan Huntelaar (Foto) auch redlich verdient. Drei Tore erzielt der „Hunter" beim 5:1 gegen den 1. FC Köln. Es ist der Neuanfang nach einer durchwachsenen Vorsaison, als dem Millionenimport vom AC Mailand nur acht Tore gelangen. Viel zu wenig für einen Mann, dessen Name seit je für Tore steht. 110 Treffer gelangen ihm in 138 Spielen in der niederländischen Ehrendivision. Doch nach dem Abgang aus Holland – über Real Madrid ging es zum AC Mailand – geriet seine Karriere ins Stocken. Auch auf Schalke wurde schon über einen Abschied Huntelaars spekuliert. Nach seiner Gala gegen Köln ist davon keine Rede mehr.

DATEN & FAKTEN

Zuschauer gesamt	350.515
pro Spiel	38.946
Tore gesamt	23
Elfmeter	4
Eigentore	0
Gelbe Karten	36
Gelb-Rote Karten	1
Rote Karten	0

FC Schalke 04 – 1. FC Köln 5:1 (1:1)

■ **FC Schalke 04:** Fährmann - Höger, Höwedes, Metzelder (13. Papadopoulos), Fuchs - Matip, Holtby - Moravek (69. Jurado), Raúl (82. Marica), Draxler - Huntelaar
■ **1. FC Köln:** Rensing - Brecko, McKenna, Geromel, Eichner - Lanig, Riether - Chihi (74. Clemens), Peszko (56. Roshi) - Jajalo (74. Matuschyk), Podolski
Tore: 0:1 Podolski (12.), 1:1 Huntelaar (42., Handelfmeter), 2:1 Huntelaar (47.), 3:1 Holtby (48.), 4:1 Raúl (59.), 5:1 Huntelaar (84.)
Ecken: 7:2
Schiedsrichter: Winkmann (Kerken)
Zuschauer: 61.673 (ausverkauft)
Gelb: Lanig, McKenna, Roshi
Gelb-Rot: keine **Rot:** keine

Hamburger SV – Hertha BSC 2:2 (1:1)

■ **Hamburger SV:** Drobny - Diekmeier, Bruma, Mancienne, Aogo - Westermann - Töre, Son, Skjelbred (46. Tesche), Elia (57. Jansen) - Petric (67. Jarolim)
■ **Hertha BSC:** Kraft - Lell, Franz, Mijatovic, Kobiashvili - Ottl, Niemeyer (81. Rukavytsya) - Ebert (67. Morales), Raffael, Torun (71. Lasogga) - Ramos
Tore: 1:0 Petric (25., Foulelfmeter), 1:1 Torun (43.), 2:1 Son (61.), 2:2 Mijatovic (88.)
Ecken: 5:6
Schiedsrichter: Stark (Ergolding)
Zuschauer: 52.100
Gelb: Westermann, Aogo, Töre - Mijatovic, Ebert, Ramos
Gelb-Rot: keine **Rot:** keine

1. FC Nürnberg – Hannover 96 1:2 (0:2)

■ **1. FC Nürnberg:** R. Schäfer - Chandler, Wollscheid, Klose, Pinola - Cohen (46. Hegeler), Simons - Mak (46. Eigler), Feulner, Esswein (76. Mendler) - Pekhart
■ **Hannover 96:** Zieler - Chahed, Haggui, Pogatetz, Schulz - Schmiedebach, Pinto - Stindl, Rausch (87. Pander) - Schlaudraff (69. Stoppelkamp), Abdellaoue (63. Ya Konan)
Tore: 0:1 Abdellaoue (16.), 0:2 Rausch (27., Foulelfmeter), 1:2 Pekhart (56.)
Ecken: 8:6
Schiedsrichter: Fritz (Korb)
Zuschauer: 37.212
Gelb: Chandler, R. Schäfer - Stindl, Pinto, Zieler
Gelb-Rot: keine **Rot:** keine

SC Freiburg – 1. FSV Mainz 05 1:2 (0:0)

■ **SC Freiburg:** Baumann - Mujdza, Barth, Krmas, Butscher - Schuster - Putsila (66. D. Caligiuri), Flum (82. Dembele), Makiadi (72. Reisinger), Abdessadki - Cissé
■ **1. FSV Mainz 05:** H. Müller - M. Caligiuri, Bungert, Noveski, Fathi - Polanski, Soto (86. Ujah) - Risse, Ivanschitz (74. Baumgartlinger), Choupo-Moting - Allagui (81. Kirchhoff)
Tore: 0:1 Risse (64.), 0:2 Choupo-Moting (79.), 1:2 Cissé (90+1.)
Ecken: 4:6
Schiedsrichter: Kinhöfer (Herne)
Zuschauer: 20.600
Gelb: Choupo-Moting, Risse
Gelb-Rot: keine **Rot:** keine

Mladen Petric trifft mit einen Elfmeter, den André Mijatovic mit einem an Foul an ihm ausgelöst hat, zum 1:0. Am Ende trennt sich Hamburg mit 2:2 von Hertha BSC.

Der FC Bayern München nutzt die Gunst der Stunde und holt durch ein Tor von Luiz Gustavo in der Nachspielzeit mit dem schmeichelhaften 1:0 beim VfL Wolfsburg den ersten Sieg der Saison. Die Tabellenspitze übernimmt der 1. FSV Mainz 05, der beim SC Freiburg 2:1 gewinnt und sich in der noch jungen Saison unbeeindruckt von den Abgängen der Leistungsträger André Schürrle, Lewis Holtby und Christian Fuchs zeigt. Verlustpunktfrei ist nach zwei Spielen auch noch Hannover 96. Die Niedersachsen siegen beim 1. FC Nürnberg 2:1 und legen den besten Saisonstart der Vereinsgeschichte hin. Großen Fußball zelebrieren die Stürmerstars Klaas-Jan Huntelaar und Raúl vom FC Schalke 04 beim 5:1 gegen den 1. FC Köln. Huntelaar trifft dreimal, doch das Tor des Tages geht an Raúl, der mit einem traumhaften Lupfer über FC-Keeper Michael Rensing hinweg erfolgreich ist. Erstmals jubeln darf auch Bayer 04 Leverkusens neuer Trainer Robin Dutt beim 1:0 gegen den SV Werder Bremen. Für den Siegtreffer sorgt Michal Kadlec fünf Minuten vor dem Abpfiff. Neuling FC Augsburg ergattert mit dem 1:1 beim 1. FC Kaiserslautern seinen zweiten Punkt. Möglich macht dies Torschütze Sascha Mölders, der damit für alle drei Augsburger Bundesliga-Treffer verantwortlich ist. Der Teilerfolg des Hamburger SV beim 2:2 gegen Hertha BSC Berlin wird in der Hansestadt dagegen weniger euphorisch aufgenommen. Der unter Trainer Michael Oenning eingeleitete Umbruch nach den Abgängen in der Sommerpause (Frank Rost, Ruud van Nistelrooy, Joris Mathijsen oder Zé Roberto) gestaltet sich schwieriger als angenommen. Keine Sieger gibt es auch beim 1:1 zwischen Borussia Mönchengladbach und dem VfB Stuttgart.

Michal Kadlec findet mit einem Linksschuss eine Lücke in der dichten Abwehr des SV Werder Bremen und erzielt kurz vor Schluss den Treffer zum 1:0-Sieg von Bayer Leverkusen.

RESULTATE

Samstag, 13.08.2011	FC Schalke 04 - 1. FC Köln	5:1 (1:1)
	Hamburger SV - Hertha BSC	2:2 (1:1)
	1. FC Nürnberg - Hannover 96	1:2 (0:2)
	SC Freiburg - 1. FSV Mainz 05	1:2 (0:0)
	1899 Hoffenheim - Borussia Dortmund	1:0 (1:0)
	VfL Wolfsburg - FC Bayern München	0:1 (0:0)
	Borussia M'gladbach - VfB Stuttgart	1:1 (0:0)
Sonntag, 14.08.2011	1. FC Kaiserslautern - FC Augsburg	1:1 (0:1)
	Bayer Leverkusen - SV Werder Bremen	1:0 (0:0)

TORJÄGER

Klaas-Jan Huntelaar	FC Schalke 04	3
Sascha Mölders	FC Augsburg	3
Markus Rosenberg	SV Werder Bremen	2
Cacau	VfB Stuttgart	2
Patrick Helmes	VfL Wolfsburg	2
Sejad Salihovic	1899 Hoffenheim	2
Kevin Großkreutz	Borussia Dortmund	2
Tomas Pekhart	1. FC Nürnberg	2
Papiss Cissé	SC Freiburg	2
Mohammed Abdellaoue	Hannover 96	2

PERSONALIEN

Cacau (VfB Stuttgart) bestreitet ebenso wie **Michael Ballack** (Bayer Leverkusen) sein 250. Bundesliga-Spiel. Dem Nationalstürmer gelingt dabei das 80. Bundesliga-Tor seiner Karriere.

Zum 100. Mal hütet **Diego Benaglio** das Tor des VfL Wolfsburg.

Papiss Demba Cissé steht zum 50. Mal in der Mannschaft des SC Freiburg und erhöht seine Trefferzahl auf 30.

TABELLE

Rang	Club	Sp.	g	u	v	Tore	Diff.	Pkt.	
1	1. FSV Mainz 05	2	2	0	0	4:1	3	6	↗
2	Hannover 96	2	2	0	0	4:2	2	6	↗
3	VfB Stuttgart	2	1	1	0	4:1	3	4	↘
4	Borussia M'gladbach	2	1	1	0	2:1	1	4	↗
5	VfL Wolfsburg	2	1	0	1	3:1	2	3	↘
6	FC Schalke 04	2	1	0	1	5:4	1	3	↗
7	Borussia Dortmund	2	1	0	1	3:2	1	3	↘
8	SV Werder Bremen	2	1	0	1	2:1	1	3	↘
9	1899 Hoffenheim	2	1	0	1	2:2	0	3	↗
	1. FC Nürnberg	2	1	0	1	2:2	0	3	↘
11	FC Bayern München	2	1	0	1	1:1	0	3	↗
12	Bayer 04 Leverkusen	2	1	0	1	1:2	-1	3	↗
13	FC Augsburg	2	0	2	0	3:3	0	2	↘
14	SC Freiburg	2	0	1	1	3:4	-1	1	↘
15	Hertha BSC	2	0	1	1	2:3	-1	1	↘
16	Hamburger SV	2	0	1	1	3:5	-2	1	↘
17	1. FC Kaiserslautern	2	0	1	1	1:3	-2	1	↘
18	1. FC Köln	2	0	0	2	1:8	-7	0	↘

2. SPIELTAG

1899 Hoffenheim – Borussia Dortmund 1:0 (1:0)

■ **1899 Hoffenheim**: Starke - Beck, Vorsah, Compper, Braafheid - Rudy, Salihovic (62. Mlapa) - Johnson (81. Kaiser), Firmino (69. Schipplock), Obasi - Babel
■ **Borussia Dortmund**: Weidenfeller - Piszczek, Santana, Hummels, Löwe - S. Bender, Gündogan (56. Perisic) - Götze (54. Blaszczykowski), Kagawa (75. Zidan), Großkreutz - Lewandowski
Tore: 1:0 Salihovic (9.)
Ecken: 5:6
Schiedsrichter: Aytekin (Oberasbach)
Zuschauer: 30.150 (ausverkauft)
Gelb: Salihovic, Beck, Mlapa, Obasi - Götze
Gelb-Rot: keine **Rot**: keine

VfL Wolfsburg – FC Bayern München 0:1 (0:0)

■ **VfL Wolfsburg**: Benaglio - Hasebe, Kjaer, Russ, M. Schäfer - Träsch, Josué - Ochs (46. Dejagah), Salihamidzic (69. Koo) - Helmes (88. Lakic), Mandzukic
■ **FC Bayern München**: Neuer - Rafinha, Boateng, Badstuber, Lahm - Gustavo, Schweinsteiger - T. Müller (69. Usami, 90+2. van Buyten), Kroos (86. Olic), Ribéry - Gomez
Tore: 0:1 Gustavo (90+1.)
Ecken: 9:8
Schiedsrichter: Kircher (Rottenburg)
Zuschauer: 30.000 (ausverkauft)
Gelb: Kroos, Lahm, Rafinha
Gelb-Rot: keine **Rot**: keine

Borussia M'gladbach – VfB Stuttgart 1:1 (0:0)

■ **Borussia M'gladbach**: ter Stegen - Jantschke, Brouwers, Dante, Daems - Nordtveit, Neustädter - Reus (83. Marx), Arango - Hanke (77. Leckie), Bobadilla (70. Rupp)
■ **VfB Stuttgart**: Ulreich - Boulahrouz, Tasci, Maza, Molinaro - Kvist, Kuzmanovic - Harnik, Hajnal (72. Traoré), Gentner (77. Pogrebnyak) - Cacau
Tore: 1:0 Daems (67., Foulelfmeter), 1:1 Cacau (70.)
Ecken: 2:5
Schiedsrichter: Gräfe (Berlin)
Zuschauer: 48.322
Gelb: Bobadilla, Jantschke - Molinaro, Kvist
Gelb-Rot: Brouwers (80.) **Rot**: keine

1. FC Kaiserslautern – FC Augsburg 1:1 (0:1)

■ **1. FC Kaiserslautern**: Trapp - Dick, Abel, Rodnei, Jessen - Tiffert, Petsos - Sukuta-Pasu, Sahan (70. Kouemaha), Ilicevic - Shechter
■ **FC Augsburg**: Jentzsch - Verhaegh, Möhrle, De Roeck, De Jong - Callsen-Bracker, Davids (73. Hosogai) - Ndjeng (78. Langkamp), Baier (83. Gogia), Bellinghausen - Mölders
Tore: 0:1 Mölders (9.), 1:1 Shechter (80.)
Ecken: 7:1
Schiedsrichter: Welz (Wiesbaden)
Zuschauer: 40.248
Gelb: Sahan, Rodnei, Abel, Jessen - Langkamp
Gelb-Rot: keine **Rot**: keine

Bayer 04 Leverkusen – SV Werder Bremen 1:0 (0:0)

■ **Bayer 04 Leverkusen**: Leno - Castro, Reinartz, Toprak, Kadlec - L. Bender, Ballack (84. Rolfes) - Sam, Augusto (70. Balitsch), Schürrle - Kießling (68. Derdiyok)
■ **SV Werder Bremen**: Wiese - Sokratis, Mertesacker, Prödl, Schmitz - Fritz - Wesley, Hunt - Ekici (61. Marin) - Rosenberg (79. Arnautovic), Thy (61. Pizarro)
Tore: 1:0 Kadlec (86.)
Ecken: 7:1
Schiedsrichter: Brych (München)
Zuschauer: 30.210 (ausverkauft)
Gelb: Kießling - Sokratis, Schmitz
Gelb-Rot: keine **Rot**: keine

BUNDESLIGA

Schalke gewinnt nach grandioser Aufholjagd 4:2 bei Mainz 05

Stolze 33 Tore bekommen die mehr als 430.000 Zuschauer in den neun Stadien zu sehen. Fünf davon dürfen allein die Fans des FC Bayern München im ungleichen Nord-Süd-Klassiker gegen den Hamburger SV bejubeln. Am Ende heißt es 5:0, auch dank eines überragenden Arjen Robben, der ein Tor vorbereitet und eines selbst erzielt.

„Wir haben großartig gespielt", schwärmt Bayern-Trainer Jupp Heynckes, unter dessen Führung die Münchner nun immer besser in Schwung kommen. Die Anfangsschwierigkeiten sind nach dem Torreigen – auch Daniel van Buyten, Franck Ribéry, Mario Gomez und Ivica Olic treffen – längst vergessen.

Mike Hanke (Mitte), im Zweikampf mit Simon Kjaer, trägt dazu bei, dass Gladbach mit dem 4:1 gegen Wolfsburg an die Spitze stürmt.

Auf der Gegenseite sind beim Bundesliga-Dinosaurier dagegen die Sorgen riesengroß. Es läuft nicht viel zusammen, insbesondere die Abwehr offenbart Schwächen. Nach drei Spielen verzeichnen die Statistiker beim HSV bereits zehn Gegentore und 31 zugelassene Chancen.

Noch mehr Tore als in München fallen in Bremen, wo der SV Werder zu einem 5:3 gegen den SC Freiburg kommt. Spektakulärer Fußball wird pünktlich zum 700. Bundesliga-Sieg der Vereinsgeschichte wieder im Weserstadion gespielt. Nur Trainer Thomas Schaaf will sich am Offensivfeuerwerk ob der vielen Fehler in der Defensive nicht erfreuen.

Für die Tabellenspitze reicht es aber nicht, den ersten Platz sichert sich stattdessen Borussia Mönchengladbach. Der Fastabsteiger der Vorsaison übernimmt mit dem 4:1 gegen den VfL Wolfsburg erstmals seit dem 15. August 1998 wieder die Tabellenführung in der Bundesliga. Möglich macht dies ein glänzend aufgelegter Marco Reus, der gleich zweimal trifft.

Das muntere Wechselspiel an der Spitze kommt aber erst durch die Punkteverluste des 1. FSV Mainz 05 und von Hannover 96

DER GEWINNER DES SPIELTAGES

Die Reise in die Vergangenheit endet für Bernd Leno (19, Foto) mit einem vollen Erfolg. Noch Anfang des Monats hütete Leno vor gut 800 Zuschauern das Tor der Reserve des VfB Stuttgart in der Drittliga-Partie gegen den SV Wehen-Wiesbaden.

Drei Wochen später kehrt Leno nach Stuttgart zurück, als Nummer eins des UEFA-Champions-League-Teilnehmers Bayer 04 Leverkusen. Und am Ende ist es der fehlerfreie Leno, der nach dem 1:0 jubelt und das Duell gegen seinen einstigen Rivalen Sven Ulreich für sich entscheidet. Die Leverkusener Not im Tor hatte den Blitztransfer des Youngsters veranlasst. Die monatelange Verletzungspause von Nationaltorhüter René Adler ließ die Bayer-Bosse handeln. Mit Erfolg: Leno hält zum zweiten Mal in Folge die Null fest.

DATEN & FAKTEN

Zuschauer gesamt	435.229
pro Spiel	48.359
Tore gesamt	33
Elfmeter	4
Eigentore	0
Gelbe Karten	35
Gelb-Rote Karten	1
Rote Karten	0

Borussia M'gladbach – VfL Wolfsburg 4:1 (3:1)

■ **Borussia M'gladbach:** ter Stegen - Jantschke, Nordtveit, Dante, Daems - Marx, Neustädter - Reus (88. Herrmann), Arango - Hanke (86. King), Bobadilla (81. Leckie)
■ **VfL Wolfsburg:** Benaglio - Salihamidzic (23. Schulze), Kjaer, Russ, M. Schäfer - Josué (84. Knoche) - Träsch, Hitzlsperger - Hasebe - Helmes, Mandzukic (58. Lakic)
Tore: 0:1 Hasebe (12.), 1:1 Reus (15.), 2:1 Daems (32., Foulelfmeter), 3:1 Bobadilla (45.), 4:1 Reus (67.)
Ecken: 8:6
Schiedsrichter: Schmidt (Stuttgart)
Zuschauer: 43.224
Gelb: Hanke - Schulze, Russ
Gelb-Rot: keine **Rot:** keine

Borussia Dortmund – 1. FC Nürnberg 2:0 (0:0)

■ **Borussia Dortmund:** Weidenfeller - Piszczek, Subotic, Hummels, Schmelzer - S. Bender, Gündogan - Götze (84. Kehl), Kagawa (66. Blaszczykowski), Großkreutz - Lewandowski (72. Perisic)
■ **1. FC Nürnberg:** Rakovsky - Chandler, Wollscheid, Klose, Pinola - Simons, Cohen (77. Mendler) - Hegeler (77. Mak), Feulner (69. Wießmeier), Eigler - Pekhart
Tore: 1:0 Lewandowski (50.), 2:0 Großkreutz (80.)
Ecken: 5:5
Schiedsrichter: Zwayer (Berlin)
Zuschauer: 78.400
Gelb: Hegeler, Pinola
Gelb-Rot: keine **Rot:** keine

FC Bayern München – Hamburger SV 5:0 (3:0)

■ **FC Bayern München:** Neuer - Rafinha, van Buyten, Badstuber, Lahm - Tymoshchuk, Schweinsteiger - Robben (66. Alaba), T. Müller, Ribéry (71. Olic) - Gomez (76. Petersen)
■ **Hamburger SV:** Drobny - Diekmeier (68. Tesche), Bruma, Mancienne, Aogo - Westermann, Jarolim - Rincón, Jansen - Töre (68. Kacar), Son (87. Elia)
Tore: 1:0 van Buyten (13.), 2:0 Ribéry (17.), 3:0 Robben (34.), 4:0 Gomez (56.), 5:0 Olic (80.)
Ecken: 5:3
Schiedsrichter: Weiner (Giesen)
Zuschauer: 69.000 (ausverkauft)
Gelb: Tymoshchuk, Rafinha - Aogo, Westermann, Mancienne, Jansen
Gelb-Rot: keine **Rot:** keine

SV Werder Bremen – SC Freiburg 5:3 (2:1)

■ **SV Werder Bremen:** Wiese - Sokratis, Mertesacker, Wolf, Schmitz - Bargfrede - Fritz (77. Wesley), Hunt - Marin - Rosenberg (62. Arnautovic), Pizarro (84. Ekici)
■ **SC Freiburg:** Baumann - Williams, Barth, Krmas, Bastians - Schuster - Makiadi (80. Dembele), Abdessadki (46. D. Caligiuri) - Flum (88. Jendrisek) - Reisinger, Cissé
Tore: 0:1 Cissé (7.), 1:1 Fritz (30.), 2:1 Pizarro (34.), 2:2 Cissé (48.), 3:2 Arnautovic (65.), 3:3 Reisinger (84.), 4:3 Hunt (87., Foulelfmeter), 5:3 Wesley (90+3.)
Ecken: 12:1
Schiedsrichter: Sippel (München)
Zuschauer: 39.201
Gelb: Schmitz - Schuster, Flum, Reisinger, Krmas **Gelb-Rot:** keine **Rot:** keine

zustande. Der bisherige Spitzenreiter aus Mainz verliert in einem spektakulären Spiel trotz 2:0-Führung noch 2:4 gegen den FC Schalke 04. Innerhalb von nur 34 Minuten stellen Klaas-Jan Huntelaar, Benedikt Höwedes, Joel Matip und Christian Fuchs mit ihren Treffern in der zweiten Hälfte den Spielverlauf auf den Kopf. Weniger aufregend geht es in Hannover zu, wo sich 96 mit einem 1:1 gegen Hertha BSC begnügen muss.
Und was macht der Deutsche Meister Borussia Dortmund? Einen hart erkämpften Arbeitssieg streicht die Mannschaft von Trainer Jürgen Klopp beim 2:0 gegen den 1. FC Nürnberg ein. Den zweiten Sieg im dritten Spiel erkämpft sich auch Vizemeister Bayer 04 Leverkusen, der durch einen Treffer von Stefan Kießling beim VfB Stuttgart 1:0 gewinnt. Bei Leverkusens rheinischem Rivalen 1. FC Köln ist dagegen nach nur drei Spieltagen die Ernüchterung groß. Der erste Saisonsieg lässt auch beim 1:1 gegen den 1. FC Kaiserslautern auf sich warten, womit die Geißböcke weiter Letzter sind. Für Neuling FC Augsburg gibt es nach zwei Unentschieden mit dem 0:2 gegen 1899 Hoffenheim die erste Saisonniederlage.

Auch die jüngsten Fans in der neuen COFACE-Arena sind begeistert von der rassigen und torreichen Partie des 1. FSV Mainz 05 gegen Schalke 04.

Bastian Schweinsteiger im Zweikampf mit Marcell Jansen (rechts), der mit seinen Kollegen des Hamburger SV beim 0:5 als Gast des FC Bayern München auf verlorenem Posten steht.

RESULTATE

Freitag, 19.08.2011	Borussia M'gladbach - VfL Wolfsburg	4:1 (3:1)
Samstag, 20.08.2011	Borussia Dortmund - 1. FC Nürnberg	2:0 (0:0)
	FC Bayern München - Hamburger SV	5:0 (3:0)
	SV Werder Bremen - SC Freiburg	5:3 (2:1)
	VfB Stuttgart - Bayer 04 Leverkusen	0:1 (0:1)
	FC Augsburg - 1899 Hoffenheim	0:2 (0:1)
	1. FC Köln - 1. FC Kaiserslautern	1:1 (1:1)
Sonntag, 21.08.2011	1. FSV Mainz 05 - FC Schalke 04	2:4 (2:0)
	Hannover 96 - Hertha BSC	1:1 (1:0)

TORJÄGER

Klaas-Jan Huntelaar	FC Schalke 04	4
Papiss Cissé	SC Freiburg	4
Sejad Salihovic	1899 Hoffenheim	3
Kevin Großkreutz	Borussia Dortmund	3
Sascha Mölders	FC Augsburg	3
Markus Rosenberg	SV Werder Bremen	2
Cacau	VfB Stuttgart	2
Patrick Helmes	VfL Wolfsburg	2

und weitere 3 Spieler mit je zwei Treffern

PERSONALIEN

Franck Ribéry absolviert sein 100. Bundesliga-Spiel für den FC Bayern München.

Neven Subotic kommt bei Borussia Dortmund zum 100. Mal in der Bundesliga zum Einsatz. Die erste dieser Partien bestritt er noch für den 1. FSV Mainz 05.

Andreas Ivanschitz gelingt beim kleinen Jubiläum von 50 Bundesliga-Spielen für den 1. FSV Mainz 05 das zehnte Tor für die Rheinhessen.

TABELLE

Rang	Club	Sp.	g	u	v	Tore	Diff.	Pkt.	
1	Borussia M'gladbach	3	2	1	0	6:2	4	7	↗
2	Hannover 96	3	2	1	0	5:3	2	7	→
3	FC Bayern München	3	2	0	1	6:1	5	6	↗
4	FC Schalke 04	3	2	0	1	9:6	3	6	↗
5	SV Werder Bremen	3	2	0	1	7:4	3	6	↗
6	Borussia Dortmund	3	2	0	1	5:2	3	6	↗
7	1899 Hoffenheim	3	2	0	1	4:2	2	6	↗
8	1. FSV Mainz 05	3	2	0	1	6:5	1	6	↘
9	Bayer 04 Leverkusen	3	2	0	1	2:2	0	6	↗
10	VfB Stuttgart	3	1	1	1	4:2	2	4	↘
11	VfL Wolfsburg	3	1	0	2	4:5	-1	3	↘
12	1. FC Nürnberg	3	1	0	2	2:4	-2	3	↘
13	Hertha BSC	3	0	2	1	3:4	-1	2	↗
14	FC Augsburg	3	0	2	1	3:5	-2	2	↘
15	1. FC Kaiserslautern	3	0	2	1	2:4	-2	2	↗
16	SC Freiburg	3	0	1	2	6:9	-3	1	↘
17	Hamburger SV	3	0	1	2	3:10	-7	1	↘
18	1. FC Köln	3	0	1	2	2:9	-7	1	→

VfB Stuttgart – Bayer 04 Leverkusen 0:1 (0:1)

■ **VfB Stuttgart**: Ulreich - Boulahrouz, Tasci, Maza, Molinaro (75. Traoré) - Kvist, Kuzmanovic - Harnik, Hajnal (60. Pogrebnyak), Gentner (60. Okazaki) - Cacau
■ **Bayer 04 Leverkusen**: Leno - Castro, Reinartz, Toprak, Kadlec - L. Bender, Rolfes - Sam (81. Schwaab), Augusto (71. Balitsch), Schürrle - Kießling (75. Derdiyok)
Tore: 0:1 Kießling (28.)
Ecken: 5:4
Schiedsrichter: Gagelmann (Bremen)
Zuschauer: 53.000
Gelb: Maza **Gelb-Rot**: Boulahrouz (90.)
Rot: keine

FC Augsburg – 1899 Hoffenheim 0:2 (0:1)

■ **FC Augsburg**: Jentzsch - Verhaegh (82. Ndjeng), Sankoh, De Roeck, De Jong (70. Werner) - Hosogai, Sinkala (78. Callsen-Bracker) - Gogia, Baier, Bellinghausen - Mölders
■ **1899 Hoffenheim**: Starke - Beck, Vorsah, Compper, Braafheid - Rudy, Salihovic - Johnson (77. Kaiser), Firmino (88. Vestergaard), Obasi (63. Mlapa) - Babel
Tore: 0:1 Babel (5.), 0:2 Salihovic (75., Foulelfmeter); Starke hält Foulelfmeter von Mölders (59.)
Ecken: 4:2
Schiedsrichter: Wingenbach (Diez)
Zuschauer: 30.004
Gelb: De Roeck - Rudy
Gelb-Rot: keine **Rot**: keine

1. FC Köln – 1. FC Kaiserslautern 1:1 (1:1)

■ **1. FC Köln**: Varvodic - Brecko, McKenna (85. Matuschyk), Geromel, Eichner (6. Andrezinho) - Lanig, Riether - Chihi, Peszko (72. Clemens) - Jajalo, Novakovic
■ **1. FC Kaiserslautern**: Trapp - Dick, Amedick, Rodnei, Jessen - Tiffert, Kirch (90. Petsos) - Fortounis (75. Sahan), Ilicevic - Sukuta-Pasu (86. Kouemaha), Shechter
Tore: 0:1 Ilicevic (17.), 1:1 Jajalo (19.)
Ecken: 7:5
Schiedsrichter: Kircher (Rottenburg)
Zuschauer: 47.200
Gelb: Lanig, Brecko, Andrezinho - Amedick, Kirch, Dick, Jessen
Gelb-Rot: keine **Rot**: keine

1. FSV Mainz 05 – FC Schalke 04 2:4 (2:0)

■ **1. FSV Mainz 05**: H. Müller - M. Caligiuri, Svensson, Noveski, Fathi - Polanski, Soto (78. Sliskovic) - Risse (46. Choupo-Moting), Ivanschitz, Stieber (61. Kirchhoff) - Allagui
■ **FC Schalke 04**: Fährmann - Höger, Höwedes, Matip, Fuchs - Papadopoulos - Moravek (46. Farfán), Raúl, Holtby, Jurado (46. Draxler) - Huntelaar (86. Marica)
Tore: 1:0 Ivanschitz (7.), 2:0 Soto (12.), 2:1 Huntelaar (57.), 2:2 Höwedes (64.), 2:3 Matip (81.), 2:4 Fuchs (90.)
Ecken: 6:5
Schiedsrichter: Perl (Pullach)
Zuschauer: 34.000 (ausverkauft)
Gelb: Papadopoulos, Draxler
Gelb-Rot: keine **Rot**: keine

Hannover 96 – Hertha BSC 1:1 (1:0)

■ **Hannover 96**: Zieler - Cherundolo, Haggui, Pogatetz, Schulz - Schmiedebach, Pinto - Stindl, Rausch (68. Pander) - Schlaudraff (78. Stoppelkamp), Abdellaoue (60. Ya Konan)
■ **Hertha BSC**: Kraft - Lell, Franz, Mijatovic, Kobiashvili - Ottl, Niemeyer (75. Rukavytsya) - Ebert, Raffael, Torun (61. Lasogga) - Ramos
Tore: 1:0 Pinto (33.), 1:1 Lasogga (83.)
Ecken: 3:6
Schiedsrichter: Hartmann (Wangen)
Zuschauer: 41.200
Gelb: Pinto - Mijatovic, Ebert, Torun, Lasogga, Lell, Franz
Gelb-Rot: keine **Rot**: keine

BUNDESLIGA

Bayern spielen wieder zu null und übernehmen die Tabellenführung

Rassig wie der Zweikampf zwischen Eljero Elia (links) und Pedro Geromel verlaufen die gesamten 90 Minuten der umkämpften Partie zwischen dem Hamburger SV und dem 1. FC Köln.

Ohne Tore, aber mit reichlich Zündstoff geht das Gipfeltreffen zwischen Vizemeister Bayer 04 Leverkusen und dem Deutschen Meister Borussia Dortmund über die Bühne. Zwei Rote Karten und viele strittige Szenen erhitzen in der BayArena die Gemüter. Insbesondere der erste Platzverweis in der noch jungen Karriere des Ausnahmetalents Mario Götze bringt das BVB-Lager in Rage. Götze sieht von Schiedsrichter Wolfgang Stark nach einem Zweikampf mit Hanno Balitsch wegen Nachtretens Rot. Auf Leverkusener Seite muss Michal Kadlec vorzeitig duschen gehen.

Der FC Bayern München freut sich über die Punkteteilung der beiden Topmannschaften aus dem Vorjahr und setzt sich erstmals an die Spitze. 3:0 heißt es nach drei Toren von Mario Gomez im Spiel beim 1. FC Kaiserslautern. Damit macht sich Jupp Heynckes die Stevens'sche Weisheit „Die Null muss stehen" zu eigen. Inklusive der Spiele in der Qualifikation zur UEFA Champions League gegen den FC Zürich (2:0, 1:0) ist Nationaltorhüter Manuel Neuer, der vor der Saison vom FC Schalke 04 an die Isar gewechselt ist, nun schon seit fünf Spielen ohne Gegentor.

Das kann der Hamburger SV nicht von sich behaupten. Der Traditionsclub kassiert beim 3:4 gegen den 1. FC Köln bereits die Gegentreffer Nummer 11 bis 14 der Saison und verspielt dabei zweimal eine Führung. „Kein Spiel für einen Trainer mit Herzschrittmacher", meint Kölns Trainer Stale Solbakken über das Gastspiel in der Hansestadt und lässt die Rote Laterne des Tabellenletzten gleich da.

Ganz oben reihen sich hinter den Bayern DFB-Pokalsieger FC Schalke 04 und der SV Werder Bremen mit ebenfalls neun Punkten auf den Plätzen zwei und drei ein. Schalke holt dabei durch ein Tor von Raúl den Westrivalen Borussia Mönchengladbach von der Spitze. Die Bremer drehen bei 1899 Hoffenheim das Spiel und gewinnen 2:1.

DER TORSCHÜTZE DES SPIELTAGES

Die Schuhe haben Schuld. In grünen Fußballstiefeln war Mario Gomez (26, Foto) zu Saisonbeginn noch unterwegs und hatte seine Torjägerqualitäten ein wenig verloren. Also holt der Nationalstürmer seine rot-weißen Schuhe wieder hervor, und schon klappt es besser. Alle drei Treffer erzielt Gomez zum 3:0 des FC Bayern München im Spiel beim 1. FC Kaiserslautern. Damit kommt der Torschützenkönig der Vorsaison (28 Tore) auf fünf Treffer innerhalb von nur acht Tagen. Und schon diskutieren die Experten wieder darüber, ob Gomez den Allzeitrekord von Gerd Müller mit 40 Toren in einer Saison knacken kann. Bayern-Präsident Uli Hoeneß hält das für möglich: „Mario hat seine Leistungsgrenze längst noch nicht erreicht." Nach dem vierten Spieltag steht er jedenfalls bei vier Toren.

DATEN & FAKTEN

Zuschauer gesamt	377.425
pro Spiel	41.936
Tore gesamt	21
Elfmeter	3
Eigentore	0
Gelbe Karten	28
Gelb-Rote Karten	0
Rote Karten	3

Hertha BSC – VfB Stuttgart 1:0 (0:0)

■ **Hertha BSC:** Kraft - Lell, Hubnik, Mijatovic, Kobiashvili - Ottl, Niemeyer - Ebert (90+1. Janker), Raffael (89. Lustenberger), Ramos - Lasogga (65. Torun)
■ **VfB Stuttgart:** Ulreich - Celozzi (60. Boka), Tasci, Maza, Molinaro - Kvist, Kuzmanovic (79. Gentner) - Harnik, Hajnal (73. Pogrebnyak), Okazaki - Cacau
Tore: 1:0 Raffael (86.)
Ecken: 4:3
Schiedsrichter: Drees (Münster-Sarmsheim)
Zuschauer: 52.232
Gelb: Molinaro
Gelb-Rot: keine **Rot:** keine

Hamburger SV – 1. FC Köln 3:4 (1:1)

■ **Hamburger SV:** Drobny - Diekmeier, Westermann, Rajkovic, Aogo - Jarolim, Tesche - Son (75. Elia), Skjelbred, Jansen - Petric (81. Guerrero)
■ **1. FC Köln:** Varvodic - Brecko, Sereno, Geromel, Andrezinho (69. Clemens) - Lanig, Riether - Chihi, Peszko (46. Podolski) - Novakovic, Jajalo (85. McKenna)
Tore: 1:0 Petric (11., Foulelfmeter), 1:1 Chihi (21.), 1:2 Novakovic (49.), 2:2 Rajkovic (59.), 3:2 Son (62.), 3:3 Clemens (84.), 3:4 McKenna (88.)
Ecken: 5:4
Schiedsrichter: Meyer (Burgdorf)
Zuschauer: 51.289
Gelb: Aogo - Brecko, Novakovic, Riether
Gelb-Rot: keine **Rot:** keine

1. FC Nürnberg – FC Augsburg 1:0 (0:0)

■ **1. FC Nürnberg:** Rakovsky - Chandler, Wollscheid, Klose, Pinola - Simons - Hegeler (73. Mendler), Wießmeier (85. Maroh), Cohen, Eigler (60. Esswein) - Pekhart
■ **FC Augsburg:** Jentzsch - Callsen-Bracker, Sankoh, De Roeck, Davids - Hosogai (81. Reinhardt), Sinkala - Ndjeng (61. Gogia), Baier (81. Kapllani), Bellinghausen - Mölders
Tore: 1:0 Esswein (76.)
Ecken: 4:3
Schiedsrichter: Kinhöfer (Herne)
Zuschauer: 43.071
Gelb: Pekhart, Rakovsky, Wießmeier, Cohen - Hosogai, Callsen-Bracker
Gelb-Rot: keine **Rot:** keine

SC Freiburg – VfL Wolfsburg 3:0 (2:0)

■ **SC Freiburg:** Baumann - Nicu, Barth, Krmas, Bastians - Flum, Schuster - Reisinger (85. Abdessadki), Makiadi (89. Dembele), Jendrisek (81. D. Caligiuri) - Cissé
■ **VfL Wolfsburg:** Benaglio - Hasebe (50. Russ), Madlung, Kyrgiakos, M. Schäfer - Träsch, Josué (46. Lakic) - Ochs, Hitzlsperger (64. Cale) - Helmes, Mandzukic
Tore: 1:0 Barth (30.), 2:0 Jendrisek (40.), 3:0 Makiadi (59.)
Ecken: 4:6
Schiedsrichter: Dingert (Lebecksmühle)
Zuschauer: 20.000
Gelb: Russ, Cale
Gelb-Rot: keine **Rot:** keine

Sergio Pinto als Akrobat. Die Bodenhaftung verliert der Mittelfeldspieler, der schon lange eine führende Kraft bei Hannover 96 ist, nicht. Beim 1:1 gegen Mainz wird der frühere Schalker und Aachener aber von Trainer Mirko Slomka ausgewechselt.

„Was habe ich denn gemacht?", scheint Mario Götze zu fragen, als ihm Schiedsrichter Wolfgang Stark die Rote Karte zeigt.

Hannover 96 verhilft dagegen der Rückenwind aus der UEFA Europa League mit dem überraschenden Weiterkommen beim FC Sevilla nur zu einem 1:1 gegen den 1. FSV Mainz 05. So bleibt den „Roten" die erste Bundesliga-Tabellenführung seit 42 Jahren verwehrt. Fast schon Historisches vollbringt Hertha BSC mit dem 1:0 über den VfB Stuttgart. Nach 17 sieglosen Heimspielen und 748 Tagen beendet Raffael mit seinem späten Siegtreffer den Fluch. Dagegen setzt es für den ambitionierten VfL Wolfsburg mit Trainer Felix Magath beim 0:3 beim SC Freiburg die dritte Niederlage in Folge. Der 1. FC Nürnberg kommt gegen Neuling FC Augsburg zu einem 1:0.

RESULTATE

Freitag, 26.08.2011	Hertha BSC - VfB Stuttgart	1:0 (0:0)
Samstag, 27.08.2011	Hamburger SV - 1. FC Köln	3:4 (1:1)
	1. FC Nürnberg - FC Augsburg	1:0 (0:0)
	SC Freiburg - VfL Wolfsburg	3:0 (2:0)
	1. FC Kaiserslautern - Bayern München	0:3 (0:1)
	1899 Hoffenheim - SV Werder Bremen	1:2 (1:1)
	Bayer Leverkusen - Borussia Dortmund	0:0
Sonntag, 28.08.2011	Hannover 96 - 1. FSV Mainz 05	1:1 (1:1)
	FC Schalke 04 - Borussia M'gladbach	1:0 (0:0)

TORJÄGER

Klaas-Jan Huntelaar	FC Schalke 04	4
Mario Gomez	FC Bayern München	4
Papiss Cissé	SC Freiburg	4
Markus Rosenberg	SV Werder Bremen	3
Sejad Salihovic	1899 Hoffenheim	3
Kevin Großkreutz	Borussia Dortmund	3
Sascha Mölders	FC Augsburg	3
Mohammed Abdellaoue	Hannover 96	3

PERSONALIEN

Ihre 50. Bundesliga-Spiele bestreiten **Stefan Reisinger** (SC Freiburg), **Manuel Schmiedebach** (Hannover 96), **Ivo Ilicevic** (1. FC Kaiserslautern) und **Joel Matip** (FC Schalke 04).

Zum 100. Mal trägt **Neven Subotic** in der Bundesliga das Trikot von Borussia Dortmund.

Die Grenze von 40 Toren in der Bundesliga für ihren derzeitigen Club erreichen **Milivoje Novakovic** (1. FC Köln) und **Mario Gomez** (FC Bayern München).

TABELLE

Rang	Club	Sp.	g	u	v	Tore	Diff.	Pkt.	
1	FC Bayern München	4	3	0	1	9:1	8	9	↗
2	FC Schalke 04	4	3	0	1	10:6	4	9	↗
3	SV Werder Bremen	4	3	0	1	9:5	4	9	↗
4	Hannover 96	4	2	2	0	6:4	2	8	↘
5	Borussia M'gladbach	4	2	1	1	6:3	3	7	↘
6	Borussia Dortmund	4	2	1	1	5:2	3	7	→
7	1. FSV Mainz 05	4	2	1	1	7:6	1	7	↗
8	Bayer 04 Leverkusen	4	2	1	1	2:2	0	7	↗
9	1899 Hoffenheim	4	2	0	2	5:4	1	6	↘
10	1. FC Nürnberg	4	2	0	2	3:4	-1	6	↗
11	Hertha BSC	4	1	2	1	4:4	0	5	↗
12	VfB Stuttgart	4	1	1	2	4:3	1	4	↘
13	SC Freiburg	4	1	1	2	9:9	0	4	↗
14	1. FC Köln	4	1	1	2	6:12	-6	4	↗
15	VfL Wolfsburg	4	1	0	3	4:8	-4	3	↘
16	FC Augsburg	4	0	2	2	3:6	-3	2	↘
17	1. FC Kaiserslautern	4	0	2	2	2:7	-5	2	↘
18	Hamburger SV	4	0	1	3	6:14	-8	1	↘

1. FC Kaiserslautern – FC Bayern München 0:3 (0:1)

■ **1. FC Kaiserslautern:** Trapp - Dick, Amedick, Rodnei, Jessen - Tiffert, Petsos (87. Orban) - Walch (62. Sukuta-Pasu), De Wit (57. Fortounis), Ilicevic - Shechter
■ **FC Bayern München:** Neuer - Boateng, van Buyten, Badstuber, Lahm - Tymoshchuk, Schweinsteiger (88. Kroos) - Alaba (83. Gustavo), T. Müller, Ribéry - Gomez (85. Petersen)
Tore: 0:1 Gomez (37., Handelfmeter), 0:2 Gomez (55.), 0:3 Gomez (69.); Trapp hält Foulelfmeter von Gomez (55.)
Ecken: 1:2
Schiedsrichter: Gagelmann (Bremen)
Zuschauer: 49.780 (ausverkauft)
Gelb: Petsos, Rodnei, Fortounis - Alaba
Gelb-Rot: keine **Rot:** Ilicevic (90.)

1899 Hoffenheim – SV Werder Bremen 1:2 (1:1)

■ **1899 Hoffenheim:** Starke - Beck, Vorsah, Compper, Braafheid (79. Mlapa) - Rudy (86. Tagoe), Salihovic - Johnson, Firmino (79. Schipplock), Obasi - Babel
■ **SV Werder Bremen:** Wiese - Sokratis, Mertesacker, Wolf, Schmitz - Bargfrede - Fritz (90+1. Prödl), Hunt - Marin (74. Ekici) - Arnautovic (74. Rosenberg), Pizarro
Tore: 1:0 Firmino (37.), 1:1 Arnautovic (38.), 1:2 Rosenberg (83.)
Ecken: 3:6
Schiedsrichter: Rafati (Hannover)
Zuschauer: 28.750
Gelb: Ekici
Gelb-Rot: keine **Rot:** keine

Bayer 04 Leverkusen – Borussia Dortmund 0:0

■ **Bayer 04 Leverkusen:** Leno - Castro, Reinartz, Toprak, Kadlec - L. Bender, Rolfes - Schürrle, Augusto (69. Balitsch), Sam - Kießling
■ **Borussia Dortmund:** Weidenfeller - Piszczek, Subotic, Hummels, Schmelzer - S. Bender, Gündogan - Götze, Kagawa (81. Blaszczykowski), Großkreutz (63. Perisic) - Lewandowski
Tore: keine
Ecken: 5:3
Schiedsrichter: Stark (Ergolding)
Zuschauer: 30.210 (ausverkauft)
Gelb: Augusto, Balitsch - Hummels
Gelb-Rot: keine **Rot:** Kadlec (64.) - Götze (77.)

Hannover 96 – 1. FSV Mainz 05 1:1 (1:1)

■ **Hannover 96:** Zieler - Cherundolo, Haggui, Pogatetz, Schulz (89. Pander) - Schmiedebach, Pinto (65. Hauger) - Stindl, Rausch - Schlaudraff (50. Ya Konan), Abdellaoue
■ **1. FSV Mainz 05:** H. Müller - Pospech, Bungert, Noveski, M. Caligiuri - Polanski (73. Baumgartlinger), Soto - Risse, Stieber (78. Kirchhoff) - Allagui, Choupo-Moting (88. N. Müller)
Tore: 0:1 Allagui (2.), 1:1 Abdellaoue (30.)
Ecken: 8:9
Schiedsrichter: Aytekin (Oberasbach)
Zuschauer: 40.420
Gelb: Schmiedebach, Stindl
Gelb-Rot: keine **Rot:** keine

FC Schalke 04 – Borussia M'gladbach 1:0 (0:0)

■ **FC Schalke 04:** Fährmann - Uchida, Höwedes, Matip, Fuchs - Papadopoulos, Holtby (82. Höger) - Farfán (90. Baumjohann), Draxler (86. Marica) - Raúl, Huntelaar
■ **Borussia M'gladbach:** ter Stegen - Jantschke, Brouwers, Dante, Daems - Nordtveit (81. Rupp), Neustädter - Reus, Arango - Hanke (73. Leckie), Bobadilla (67. de Camargo)
Tore: 1:0 Raúl (64.)
Ecken: 8:6
Schiedsrichter: Zwayer (Berlin)
Zuschauer: 61.673 (ausverkauft)
Gelb: Fuchs, Höwedes - Jantschke, Bobadilla, Dante
Gelb-Rot: keine **Rot:** keine

BUNDESLIGA

Bremen erobert nach Sieg im Nordderby Tabellenplatz zwei

Mit einer Galavorstellung von „Super-Mario" Gomez verteidigt der FC Bayern München in beeindruckender Manier seine Tabellenführung erfolgreich. Vier Tore steuert der Nationalstürmer nach der Länderspielpause zum 7:0 gegen den SC Freiburg bei, womit der 26-Jährige sein Torekonto nach fünf Spieltagen bereits auf acht Treffer aufstockt. Ähnliches gelang zuletzt 1967 dem Gladbacher Peter Meyer. „Mario ist einfach Weltklasse", schwärmt Nationalelfkollege Bastian Schweinsteiger. Der so hoch gelobte Stürmer übt sich dagegen in Bescheidenheit: „Ich will den Ball flach halten. Es kommen auch wieder andere Tage."
Beim FC Bayern sind die Tage in der noch frühen Saison kaum zu toppen. Gegen Freiburg gibt es den sechsten Pflichtspielsieg in Folge bei 19:0 Toren. Die Münchner sind unter ihrem neuen Trainer Jupp Heynckes in aller Munde. Umgekehrte Vorzeichen gibt es dagegen beim großen Titelrivalen Borussia Dortmund, der gegen Hertha BSC Berlin überraschend 1:2 verliert. Es ist die erste Heimniederlage seit gut 13 Monaten. „Wir brauchen einen Knotenlöser", sagt Trainer Jürgen Klopp, der sich die ideenlose Vorstellung seiner Meisterelf nach dem zunächst sehr guten Saisonstart nicht erklären kann. So findet sich der BVB auf Platz elf wieder, die Rolle des ersten Bayern-Jägers übernimmt der SV Werder Bremen durch ein 2:0 im 175. Nordderby gegen den Tabellenletzten Hamburger SV. So herrscht im Werder-Land große Euphorie, trotz des kurzfristigen Abgangs von Nationalverteidiger Per Mertesacker zum FC Arsenal. Zu den Gewinnern des Spieltags gehören auch Borussia Mönchengladbach und Bayer 04 Leverkusen, die auf die Plätze drei und vier klettern. Leverkusen schießt sich mit 4:1 beim FC Augsburg für das Comeback in der UEFA Champions League ein, Gladbach erkämpft sich durch ein Tor von Juan Arango ein 1:0 gegen den 1. FC Kaiserslautern. Trainer Felix Magath kommt mit dem VfL Wolfsburg zu einem 2:1 gegen seinen Exclub FC Schalke 04 – dem zweifachen Torschützen Mario Mandzukic sei Dank. So kehrt beim VfL nach einer turbulenten Woche wieder Ruhe ein. Beim 1. FC Köln ist es dagegen mit der Ruhe schnell wieder vorbei, beim 1:2 gegen den 1. FC Nürnberg gibt es den nächsten Rückschlag. Deutliche Siege verzeichnen 1899 Hoffenheim und der VfB Stuttgart. Hoffenheim siegt beim 1. FSV Mainz 05 mit 4:0. Überragender Mann ist Ryan Babel mit zwei Toren. Es ist der beste Auftritt des niederländischen Nationalspielers, seit er im Winter 2010/11 vom FC Liverpool in den Kraichgau kam. VfB Stuttgart behält gegen Hannover 96 mit 3:0 die Oberhand.

Levan Kobiashvli (Mitte) schafft sich, beobachtet von Roman Hubnik (links), mit den Armen Platz gegen Lukasz Piszczek beim überraschenden Auswärtsieg der Hertha gegen Dortmund.

DATEN & FAKTEN

Zuschauer gesamt	431.763
pro Spiel	47.974
Tore gesamt	31
Elfmeter	4
Eigentore	1
Gelbe Karten	31
Gelb-Rote Karten	1
Rote Karten	1

FC Augsburg – Bayer 04 Leverkusen 1:4 (1:2)

FC Augsburg: Jentzsch - Hosogai, Sankoh, De Roeck, Davids - Sinkala (62. Reinhardt), Callsen-Bracker - Werner (62. Gogia), Baier, Bellinghausen (77. D. Bah) - Mölders
Bayer 04 Leverkusen: Leno - Castro, Reinartz, Toprak, Schwaab - L. Bender (68. Balitsch), Rolfes - Augusto, Ballack (60. Schürrle), Sam - Kießling (75. Derdiyok)
Tore: 1:0 Hosogai (5.), 1:1 Sam (6.), 1:2 Kießling (23.), 1:3 Sam (72.), 1:4 Derdiyok (79.)
Ecken: 4:2
Schiedsrichter: Zwayer (Berlin)
Zuschauer: 30.660 (ausverkauft)
Gelb: Sinkala - Schwaab, Ballack, Balitsch
Gelb-Rot: keine **Rot:** keine

Borussia Dortmund – Hertha BSC 1:2 (0:0)

Borussia Dortmund: Weidenfeller - Piszczek, Subotic, Hummels, Schmelzer - S. Bender (73. Zidan), Gündogan (46. da Silva) - Blaszczykowski (59. Perisic), Kagawa, Großkreutz - Lewandowski
Hertha BSC: Kraft - Lell, Hubnik, Mijatovic, Kobiashvili - Ottl, Niemeyer - Ebert (83. Ben-Hatira), Raffael (87. Lustenberger), Torun (58. Rukavytsya) - Ramos
Tore: 0:1 Raffael (50.), 0:2 Niemeyer (81.), 1:2 Lewandowski (88.)
Ecken: 4:1
Schiedsrichter: Fritz (Korb)
Zuschauer: 80.720 (ausverkauft)
Gelb: Lewandowski - Hubnik, Lell, Ramos
Gelb-Rot: keine **Rot:** keine

FC Bayern München – SC Freiburg 7:0 (3:0)

FC Bayern München: Neuer - Rafinha, Boateng, Badstuber, Lahm (63. Contento) - Gustavo, Schweinsteiger - T. Müller, Kroos, Ribéry (73. Alaba) - Gomez (73. Petersen)
SC Freiburg: Baumann - Nicu (46. Mujdza), Barth, Krmas, Bastians - Flum, Schuster - Reisinger, Makiadi (84. Abdessadki), Jendrisek (46. Dembele) - Cissé
Tore: 1:0 Gomez (8.), 2:0 Ribéry (26.), 3:0 Ribéry (41.), 4:0 Gomez (52.), 5:0 Gomez (55.), 6:0 Gomez (71., Foulelfmeter), 7:0 Petersen (90.)
Ecken: 13:0
Schiedsrichter: Welz (Wiesbaden)
Zuschauer: 69.000 (ausverkauft)
Gelb: keine
Gelb-Rot: keine **Rot:** keine

1. FSV Mainz 05 – 1899 Hoffenheim 0:4 (0:2)

1. FSV Mainz 05: H. Müller - Pospech, Bungert, Noveski, M. Caligiuri - Polanski, Soto (70. Stieber) - Risse (80. Baumgartlinger), Ivanschitz (64. Gavranovic), Choupo-Moting - Allagui
1899 Hoffenheim: Starke - Beck, Vorsah, Compper, Braafheid - Rudy, Kaiser - Babel (82. Schipplock), Firmino, Johnson (73. Obasi), Mlapa (57. Williams)
Tore: 0:1 Firmino (16.), 0:2 Babel (45+2., Foulelfmeter), 0:3 Babel (74.), 0:4 Noveski (85., Eigentor)
Ecken: 7:4
Schiedsrichter: Winkmann (Kerken)
Zuschauer: 31.500
Gelb: keine
Gelb-Rot: keine **Rot:** keine

DER TORSCHÜTZE DES SPIELTAGES

Immer wieder Claudio Pizarro (32, Foto). Der Peruaner entwickelt sich zum Albtraum des Hamburger SV. In seinem 19. Spiel gegen den Nordrivalen erzielt Pizarro beim 2:0 des SV Werder Bremen schon die Tore Nummer 13 und 14. Tore sind ohnehin das Markenzeichen von „Pizza". Mit den beiden Treffern gegen den HSV bringt es der Stürmer bereits auf 145 Tore in seiner Bundesliga-Karriere. Damit ist Pizarro der treffsicherste Ausländer in 49 Jahren Bundesliga. „Claudio ist immer da, wenn er gebraucht wird", schwärmt Werder-Geschäftsführer Klaus Allofs über den Torjäger. 2008 holte Allofs den Nationalspieler vom FC Chelsea London zurück an die Weser, nachdem er zuvor beim FC Bayern München gespielt hatte. Seitdem freut sich wieder Werder – über 41 Tore in 74 Begegnungen.

Die Hannoveraner Verteidiger Steven Cherundolo (links) und Karim Haggui (Mitte, im Sprung) bewachen die Torlinie, Torwart Ron-Robert Zieler eilt aus dem Kasten, Didier Ya Konan deckt Cacau ab. Der VfB Stuttgart bezwingt die Niedersachsen dennoch klar mit 3:0.

RESULTATE

Freitag, 09.09.2011	FC Augsburg - Bayer 04 Leverkusen	1:4 (1:2)
Samstag, 10.09.2011	Borussia Dortmund - Hertha BSC	1:2 (0:0)
	FC Bayern München - SC Freiburg	7:0 (3:0)
	1. FSV Mainz 05 - 1899 Hoffenheim	0:4 (0:2)
	VfB Stuttgart - Hannover 96	3:0 (1:0)
	Borussia M'gladbach - 1. FC Kaiserslautern	1:0 (0:0)
	SV Werder Bremen - Hamburger SV	2:0 (0:0)
Sonntag, 11.09.2011	1. FC Köln - 1. FC Nürnberg	1:2 (1:2)
	VfL Wolfsburg - FC Schalke 04	2:1 (1:1)

TORJÄGER

Mario Gomez	FC Bayern München	8
Klaas-Jan Huntelaar	FC Schalke 04	4
Papiss Cisse	SC Freiburg	4
Raúl	FC Schalke 04	3
Markus Rosenberg	SV Werder Bremen	3
Claudio Pizarro	SV Werder Bremen	3
Sejad Salihovic	1899 Hoffenheim	3
Ryan Babel	1899 Hoffenheim	3
und weitere 4 Spieler mit je vier Treffer		

PERSONALIEN

David Jarolim bestreitet sein 300. Bundesliga-Spiel. Für den Hamburger SV kommt der frühere Profi des FC Bayern München und des 1. FC Nürnberg zum 239. Mal zum Einsatz.

Oliver Barth (SC Freiburg) und **Adil Chihi** (1. FC Köln) spielen zum 50. Mal in der Bundesliga, **Toni Kroos** (93 Spiele insgesamt) zum 50. Mal für den FC Bayern München.

TABELLE

Rang	Club	Sp.	g	u	v	Tore	Diff.	Pkt.	
1	FC Bayern München	5	4	0	1	16:1	15	12	→
2	SV Werder Bremen	5	4	0	1	11:5	6	12	↗
3	Borussia M'gladbach	5	3	1	1	7:3	4	10	↗
4	Bayer 04 Leverkusen	5	3	1	1	6:3	3	10	↗
5	1899 Hoffenheim	5	3	0	2	9:4	5	9	↗
6	FC Schalke 04	5	3	0	2	11:8	3	9	↘
7	1. FC Nürnberg	5	3	0	2	5:5	0	9	↗
8	Hertha BSC	5	2	2	1	6:5	1	8	↗
9	Hannover 96	5	2	2	1	6:7	-1	8	↘
10	VfB Stuttgart	5	2	1	2	7:3	4	7	↗
11	Borussia Dortmund	5	2	1	2	6:4	2	7	↘
12	1. FSV Mainz 05	5	2	1	2	7:10	-3	7	↘
13	VfL Wolfsburg	5	2	0	3	6:9	-3	6	↗
14	SC Freiburg	5	1	1	3	9:16	-7	4	↘
15	1. FC Köln	5	1	1	3	7:14	-7	4	↘
16	FC Augsburg	5	0	2	3	4:10	-6	2	→
17	1. FC Kaiserslautern	5	0	2	3	2:8	-6	2	→
18	Hamburger SV	5	0	1	4	6:16	-10	1	→

VfB Stuttgart – Hannover 96 3:0 (1:0)

VfB Stuttgart: Ulreich - Boulahrouz, Tasci, Maza, Molinaro - Kvist, Kuzmanovic - Harnik (78. Gebhart), Gentner (64. Hajnal), Okazaki (83. Pogrebnyak) - Cacau
Hannover 96: Zieler - Cherundolo, Haggui, Pogatetz, Schulz (46. Pander) - Schmiedebach (80. Eggimann), Pinto - Stindl, Rausch (66. Stoppelkamp) - Ya Konan, Schlaudraff
Tore: 1:0 Okazaki (9.), 2:0 Kuzmanovic (79.), 3:0 Tasci (86.)
Ecken: 9:4
Schiedsrichter: Brych (München)
Zuschauer: 53.000
Gelb: Haggui
Gelb-Rot: keine **Rot**: keine

Borussia M'gladbach – 1. FC Kaiserslautern 1:0 (0:0)

Borussia M'gladbach: ter Stegen - Jantschke, Brouwers, Dante, Daems - Marx (75. Nordtveit), Neustädter - Reus (86. Herrmann), Arango - Hanke (60. Bobadilla), de Camargo
1. FC Kaiserslautern: Trapp - Dick, Amedick, Rodnei, Jessen - Kirch, Petsos (71. Sahan) - Tiffert, Fortounis - Sukuta-Pasu (67. Walch), Shechter
Tore: 1:0 Arango (58.)
Ecken: 4:3
Schiedsrichter: Meyer (Burgdorf)
Zuschauer: 52.083
Gelb: Dante, Nordtveit - Shechter, Amedick, Tiffert, Sahan
Gelb-Rot: keine **Rot**: keine

SV Werder Bremen – Hamburger SV 2:0 (0:0)

SV Werder Bremen: Wiese - Sokratis, Prödl, Wolf, Ignjovski - Bargfrede - Fritz, Hunt - Marin (79. Ekici) - Pizarro (86. Naldo), Arnautovic (79. Rosenberg)
Hamburger SV: Drobny - Mancienne, Westermann, Rajkovic, Aogo - Jarolim, Tesche - Skjelbred (76. Töre), Jansen (88. Kacar) - Petric, Guerrero
Tore: 1:0 Pizarro (52.), 2:0 Pizarro (78.)
Ecken: 11:6
Schiedsrichter: Gräfe (Berlin)
Zuschauer: 41.600 (ausverkauft)
Gelb: Pizarro, Marin, Bargfrede - Rajkovic, Guerrero, Mancienne, Jansen, Jarolim
Gelb-Rot: keine **Rot**: keine

1. FC Köln – 1. FC Nürnberg 1:2 (1:2)

1. FC Köln: Rensing - Brecko, Sereno (82. McKenna), Geromel, Eichner (46. Jajalo) - Lanig, Riether - Chihi (69. Clemens), Peszko - Novakovic, Podolski
1. FC Nürnberg: Stephan - Chandler, Wollscheid, Klose, Pinola - Feulner, Simons - Hegeler (72. Plattenhardt), Mendler (46. Eigler), Esswein (90. Cohen) - Pekhart
Tore: 0:1 Simons (31., Foulelfmeter), 0:2 Simons (36., Foulelfmeter), 1:2 Chihi (39.)
Ecken: 2:5
Schiedsrichter: Weiner (Giesen)
Zuschauer: 43.200
Gelb: Riether, Chihi, McKenna - Feulner
Gelb-Rot: Pekhart (42.)
Rot: Brecko (75.)

VfL Wolfsburg – FC Schalke 04 2:1 (1:1)

VfL Wolfsburg: Hitz - Hasebe, Madlung, Kyrgiakos, M. Schäfer - Träsch, Josué - Ochs (70. Polak), Mandzukic (85. Chris), Jönsson (90+1. Koo) - Lakic
FC Schalke 04: Fährmann - Höger, Höwedes, Matip, Fuchs - Papadopoulos, Holtby (80. Jurado) - Farfán, Raúl, Draxler (57. Marica) - Huntelaar (80. Baumjohann)
Tore: 0:1 Raúl (13.), 1:1 Mandzukic (33.), 2:1 Mandzukic (82.)
Ecken: 9:3
Schiedsrichter: Aytekin (Oberasbach)
Zuschauer: 30.000 (ausverkauft)
Gelb: Kyrgiakos - Fuchs, Farfán, Jurado
Gelb-Rot: keine **Rot**: keine

BUNDESLIGA

Kölner feiern ersten Derbysieg bei Bayer Leverkusen seit 15 Jahren

Eine wahre Flut an Platzverweisen prägt den sechsten Spieltag. Fünf Profis (Tim Wiese, André Schürrle, Sebastian Langkamp, Artur Sobiech, Marwin Hitz) sehen die Rote Karte, womit der Bundesliga-Rekord eingestellt wird. Und nach dem 0:1 des Hamburger SV gegen Borussia Mönchengladbach gibt es auch die erste Trainertrennung der Saison: Michael Oenning wird von der Clubführung des HSV freigestellt. Nach nur 14 Spielen mit lediglich einem Sieg ist die Ära des 45 Jahre alten Fußballlehrers beim HSV beendet. Der Traditionsclub ist am Tiefpunkt angelangt. Mit nur einem Punkt liegt der sechsmalige Meister auf dem 18. und letzten Platz. Igor de Camargo besiegelt die Hamburger Niederlage und setzt den Gladbacher Aufschwung fort. Die Borussia, in der vergangenen Saison zeitweise hoffnungslos abgeschlagen, mischt weiter im Vorderfeld mit und behauptet den dritten Platz. Die Dortmunder Borussia erlebt dagegen eine weitere Enttäuschung. In den letzten vier Minuten verspielt der Deutsche Meister eine Führung bei Hannover 96 und verliert noch 1:2. So wächst der Rückstand auf den FC Bayern München bereits auf acht Punkte an. Denn die Elf von Trainer Jupp Heynckes siegt dank der Tore von Nils Petersen und Thomas Müller beim FC Schalke 04 mit 2:0. Damit bleiben die Münchner auch beim achten Pflichtspielsieg in Serie ohne Gegentor, dieses Mal bei der Rückkehr von Nationaltorhüter Manuel Neuer zu seinem Exclub FC Schalke 04. Es ist das Wochenende der Bayern, denn die gesamte Konkurrenz lässt Punkte liegen. Der SV Werder Bremen, bislang mit den Bayern punktgleich, muss sich bei der Wasserschlacht im easyCredit-Stadion mit einem 1:1 gegen den 1. FC Nürnberg begnügen. Sintflutartige Regenfälle sorgen für eine Verlängerung der Halbzeit um 20 Minuten. Einen ganz bitteren

Der auf dem Boden sitzende Augsburger Sebastian Langkamp hat soeben den Berliner Raffael zu Fall gebracht und erhält trotz der Einwände von Torwart Simon Jentzsch und Uwe Möhrle von Schiedsrichter Markus Schmidt die Rote Karte. Es ist einer von fünf Platzverweisen des Spieltags.

TORSCHÜTZE DES SPIELTAGES

„Samba do Firmino" heißt es am sechsten Spieltag bei 1899 Hoffenheim. Mit zwei Treffern ist der Brasilianer Roberto Firmino (19, Foto) beim 3:1 von 1899 Hoffenheim gegen den VfL Wolfsburg der überragende Spieler auf dem Platz. Vor allem sein Tor zum 2:0 ist allein schon das Eintrittsgeld wert.

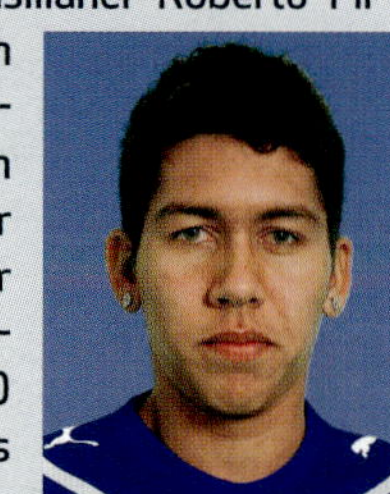

Erst tanzt der Youngster vier Gegenspieler aus, dann lupft er den Ball auch noch gefühlvoll über den Wolfsburger Torhüter Marwin Hitz. Grund genug, um an der Seitenlinie ein Tänzchen aufzuführen. „Mein Tor war spontan, aber gewollt", sagt Firmino, der nach sechs Spieltagen bereits vier Tore auf dem Konto hat. „Ich habe mich schneller eingelebt, als es viele erwartet haben", ergänzt der im Januar 2011 vom brasilianischen Zweitligisten Figueirense Futebol Clube gekommene Stürmer.

DATEN & FAKTEN

Zuschauer gesamt	382.988
pro Spiel	42.554
Tore gesamt	28
Elfmeter	0
Eigentore	1
Gelbe Karten	34
Gelb-Rote Karten	0
Rote Karten	5

SC Freiburg – VfB Stuttgart 1:2 (0:1)

SC Freiburg: Baumann - Mujdza, Barth, Ferati (27. Putsila), Bastians - Flum, Schuster - Reisinger (75. Dembele), Makiadi, Abdessadki (70. Jendrisek) - Cissé
VfB Stuttgart: Ulreich - Boulahrouz, Tasci, Maza, Molinaro - Kvist, Kuzmanovic - Harnik, Gentner (63. Hajnal), Okazaki (79. Gebhart) - Cacau (85. Pogrebnyak)
Tore: 0:1 Harnik (32.), 0:2 Harnik (73.), 1:2 Cissé (84.)
Ecken: 6:5
Schiedsrichter: Winkmann (Kerken)
Zuschauer: 24.000 (ausverkauft)
Gelb: Makiadi, Barth, Jendrisek - Kvist, Okazaki, Molinaro, Cacau
Gelb-Rot: keine **Rot:** keine

Bayer 04 Leverkusen – 1. FC Köln 1:4 (0:1)

Bayer 04 Leverkusen: Leno - Balitsch, Reinartz, Toprak, Schwaab (80. Bellarabi) - L. Bender, Rolfes - Augusto, Ballack (53. Sam), Schürrle - Derdiyok (53. Kießling)
1. FC Köln: Rensing - Sereno, McKenna, Geromel, Jemal (69. Eichner) - Riether, Jajalo - Chihi (64. Lanig), Peszko (77. Clemens) - Podolski - Novakovic
Tore: 0:1 Novakovic (44.), 0:2 Podolski (47.), 0:3 Podolski (54.), 1:3 Rolfes (70.), 1:4 Jajalo (90+4.)
Ecken: 5:0
Schiedsrichter: Perl (Pullach)
Zuschauer: 30.210 (ausverkauft)
Gelb: Balitsch - Peszko, Clemens, Rensing, Riether
Gelb-Rot: keine **Rot:** Schürrle (90+1.)

Hamburger SV – Borussia M'gladbach 0:1 (0:0)

Hamburger SV: Drobny - Mancienne, Westermann, Rajkovic, Aogo - Tesche, Rincòn - Jarolim (69. Berg), Skjelbred (56. Son), Jansen (56. Töre) - Petric
Borussia M'gladbach: ter Stegen - Jantschke, Brouwers, Dante, Daems - Marx (66. Nordtveit), Neustädter - Herrmann (66. Bobadilla), Arango - Reus - de Camargo (90+4. Stranzl)
Tore: 0:1 de Camargo (66.)
Ecken: 2:8
Schiedsrichter: Sippel (München)
Zuschauer: 55.797
Gelb: Jarolim, Tesche - Neustädter, Reus, Arango
Gelb-Rot: keine **Rot:** keine

1. FC Nürnberg – SV Werder Bremen 1:1 (0:1)

1. FC Nürnberg: Stephan - Chandler, Wollscheid, Klose, Pinola (46. Bunjaku) - Feulner, Simons - Hegeler, Mendler (60. Mak), Esswein (78. Wießmeier) - Eigler
SV Werder Bremen: Wiese - Sokratis (6. Schmitz), Prödl, Wolf, Ignjovski - Bargfrede - Fritz, Hunt - Ekici (65. Naldo) - Arnautovic (18. Mielitz), Pizarro
Tore: 0:1 Ekici (24.), 1:1 Wollscheid (62.)
Ecken: 13:0
Schiedsrichter: Drees (Münster-Sarmsheim)
Zuschauer: 43.121
Gelb: Eigler - Ignjovski
Gelb-Rot: keine **Rot:** Wiese (17.)

Lukas Podolski (links) und Milivoje Novakovic in einer Triumphpose: Beide Stürmer treffen beim 4:1 für den 1. FC Köln bei Bayer Leverkusen, dem ersten Derbysieg seit 15 Jahren.

Derbytag erlebt Bayer 04 Leverkusen. Gegen den vom bärenstarken Lukas Podolski angeführten rheinischen Rivalen 1. FC Köln verliert die Werkself 1:4. Mit zwei Toren und einer Vorlage ist Podolski beim ersten Kölner Sieg auf der anderen Rheinseite seit dem 6. April 1996 der große Held des Tages. „So kann es weitergehen", sagt Podolski, der mit einer Kölner Fahne den Triumph vor den eigenen Fans feiert. Einen Derbysieg und zugleich den ersten Erfolg der Saison streicht auch der 1. FC Kaiserslautern ein. Im Südwestduell gegen den 1. FSV Mainz 05 siegt die Mannschaft von Trainer Marco Kurz 3:1. Dagegen bleibt Neuling FC Augsburg auch am sechsten Spieltag sieglos, im Duell der Aufsteiger erkämpft sich die Elf von Trainer Jos Luhukay aber ein 2:2 bei Hertha BSC Berlin. Augsburg bleibt im Tabellenkeller, genauso wie der SC Freiburg und der VfL Wolfsburg. Freiburg unterliegt daheim dem VfB Stuttgart 1:2, Wolfsburg verliert bei 1899 Hoffenheim 1:3.

RESULTATE

Freitag, 16.09.2011	SC Freiburg - VfB Stuttgart	1:2 (0:1)
Samstag, 17.09.2011	Bayer 04 Leverkusen - 1. FC Köln	1:4 (0:1)
	Hamburger SV - Borussia M'gladbach	0:1 (0:0)
	1. FC Nürnberg - SV Werder Bremen	1:1 (0:1)
	1899 Hoffenheim - VfL Wolfsburg	3:1 (2:0)
	Hertha BSC - FC Augsburg	2:2 (0:1)
	1. FC Kaiserslautern - 1. FSV Mainz 05	3:1 (1:1)
Sonntag, 18.09.2011	Hannover 96 - Borussia Dortmund	2:1 (0:0)
	FC Schalke 04 - FC Bayern München	0:2 (0:1)

TORJÄGER

Mario Gomez	FC Bayern München	8
Papiss Cissé	SC Freiburg	5
Klaas-Jan Huntelaar	FC Schalke 04	4
Ryan Babel	1899 Hoffenheim	4
Roberto Firmino	1899 Hoffenheim	4
Raúl	FC Schalke 04	3
Markus Rosenberg	SV Werder Bremen	3
Claudio Pizarro	SV Werder Bremen	3
und weitere 7 Spieler mit je drei Treffern		

PERSONALIEN

Christian Tiffert bestreitet sein 200. Bundesliga-Spiel, davon hat er 39 für den 1. FC Kaiserslautern absolviert.

Zum 100. Bundesliga-Einsatz kommt **Khalid Boulahrouz** vom VfB Stuttgart. 52 Begegnungen bestritt er davon für den Hamburger SV.

Zum 100. Mal trägt **Marvin Compper** die Farben von 1899 Hoffenheim. 28 weitere Spiele bestritt der Verteidiger für Borussia Mönchengladbach.

TABELLE

Rang	Club	Sp.	g	u	v	Tore	Diff.	Pkt.	
1	FC Bayern München	6	5	0	1	18:1	17	15	→
2	SV Werder Bremen	6	4	1	1	12:6	6	13	→
3	Borussia M'gladbach	6	4	1	1	8:3	5	13	→
4	1899 Hoffenheim	6	4	0	2	12:5	7	12	↗
5	Hannover 96	6	3	2	1	8:8	0	11	↗
6	VfB Stuttgart	6	3	1	2	9:4	5	10	↗
7	Bayer 04 Leverkusen	6	3	1	2	7:7	0	10	↘
8	1. FC Nürnberg	6	3	1	2	6:6	0	10	↘
9	FC Schalke 04	6	3	0	3	11:10	1	9	↘
10	Hertha BSC	6	2	3	1	8:7	1	9	↘
11	Borussia Dortmund	6	2	1	3	7:6	1	7	→
12	1. FC Köln	6	2	1	3	11:15	-4	7	↗
13	1. FSV Mainz 05	6	2	1	3	8:13	-5	7	↘
14	VfL Wolfsburg	6	2	0	4	7:12	-5	6	↘
15	1. FC Kaiserslautern	6	1	2	3	5:9	-4	5	↗
16	SC Freiburg	6	1	1	4	10:18	-8	4	↘
17	FC Augsburg	6	0	3	3	6:12	-6	3	↘
18	Hamburger SV	6	0	1	5	6:17	-11	1	→

1899 Hoffenheim – VfL Wolfsburg 3:1 (2:0)

■ **1899 Hoffenheim:** Starke - Beck, Vorsah, Compper, Braafheid - Rudy, Kaiser - Babel, Firmino (86. Williams), Sigurdsson (63. Musona), Obasi (60. Mlapa)
■ **VfL Wolfsburg:** Hitz - Hasebe, Russ, Kyrgiakos, M. Schäfer - Josueé- Träsch, Polak (33. Dejagah) - Mandzukic (68. Ochs), Koo (46. Jönsson) - Lakic
Tore: 1:0 Babel (20.), 2:0 Firmino (23.), 2:1 Dejagah (67.), 3:1 Firmino (85.)
Ecken: 4:6
Schiedsrichter: Fritz (Korb)
Zuschauer: 26.850
Gelb: Firmino, Beck, Vorsah - Josué
Gelb-Rot: keine **Rot:** Hitz (80.)

Hertha BSC – FC Augsburg 2:2 (0:1)

■ **Hertha BSC:** Kraft - Lell, Hubnik, Mijatovic, Kobiashvili - Ottl, Niemeyer - Ebert (79. Ronny), Raffael, Torun - Lasogga
■ **FC Augsburg:** Jentzsch - Reinhardt (73. Brinkmann), Sankoh (59. Möhrle), Langkamp, De Jong - Hosogai, Callsen-Bracker - Gogia (84. Davids), Baier, Bellinghausen - Mölders
Tore: 0:1 Hosogai (20.), 1:1 Lell (46.), 2:1 Torun (57.), 2:2 Callsen-Bracker (64.)
Ecken: 3:2
Schiedsrichter: Schmidt (Stuttgart)
Zuschauer: 48.385
Gelb: Mijatovic, Ottl - De Jong, Reinhardt, Callsen-Bracker, Brinkmann
Gelb-Rot: keine **Rot:** Langkamp (86.)

1. FC Kaiserslautern – 1. FSV Mainz 05 3:1 (1:1)

■ **1. FC Kaiserslautern:** Trapp - Dick, Amedick, Rodnei, Jessen - Kirch, Petsos - Walch (59. Kouemaha), Tiffert (89. De Wit) - Sukuta-Pasu, Shechter (90. Fortounis)
■ **1. FSV Mainz 05:** H. Müller - Bungert, Svensson, Noveski, Pospech - Polanski (67. Ivanschitz), Soto - Risse, Stieber (46. Kirchhoff) - Allagui (67. Ujah), Choupo-Moting
Tore: 0:1 Choupo-Moting (15.), 1:1 Svensson (24., Eigentor), 2:1 Shechter (54.), 3:1 Tiffert (73.)
Ecken: 6:3
Schiedsrichter: Stark (Ergolding)
Zuschauer: 43.952
Gelb: Ivanschitz, Kirchhoff
Gelb-Rot: keine **Rot:** keine

Hannover 96 – Borussia Dortmund 2:1(0:0)

■ **Hannover 96:** Zieler - Chahed (81. Rausch), Haggui, Pogatetz, Pander - Schmiedebach, Hauger (64. Pinto) - Stoppelkamp, Stindl - Ya Konan, Schlaudraff (83. Sobiech)
■ **Borussia Dortmund:** Weidenfeller - Piszczek, Subotic, Hummels (81. Santana), Schmelzer (46. Löwe) - Gündogan, da Silva - Blaszczykowski, Kagawa, Perisic - Lewandowski (66. Großkreutz)
Tore: 0:1 Kagawa (63.), 1:1 Haggui (87.), 2:1 Ya Konan (89.)
Ecken: 7:3
Schiedsrichter: Gagelmann (Bremen)
Zuschauer: 49.000 (ausverkauft)
Gelb: Pander **Gelb-Rot:** keine
Rot: Sobiech (90+1.)

FC Schalke 04 – FC Bayern München 0:2 (0:1)

■ **FC Schalke 04:** Fährmann - Uchida, Höwedes, Matip, Fuchs - Papadopoulos - Kluge (57. Draxler), Holtby (84. Marica) - Farfán, Raúl - Huntelaar (66. Pukki)
■ **FC Bayern München:** Neuer - Rafinha, Boateng, Badstuber, Lahm - Gustavo (43. Tymoshchuk), Schweinsteiger - T. Müller, Kroos (90+1. Contento), Ribéry - Petersen (71. Alaba)
Tor: 0:1 Petersen (21.), 0:2 T. Müller (75.)
Ecken: 2:5
Schiedsrichter: Meyer (Burgdorf)
Zuschauer: 61.673 (ausverkauft)
Gelb: Kluge - Badstuber
Gelb-Rot: keine **Rot:** keine

BUNDESLIGA

Zwei Aushilfstrainer sorgen mit Siegen für Furore

Mladen Petric (rechts) eilt Martin Harnik davon. Der aus Hamburg stammende Stuttgarter schießt sein Team in Führung, aber der HSV holt schließlich bei den Schwaben den ersten Saisonsieg.

Zwei Aushilfstrainer stehen am siebten Spieltag im Blickpunkt der Öffentlichkeit – und am Ende auch als strahlende Sieger da: Seppo Eichkorn und Rodolfo Cardoso. Eichkorn rückt nach dem plötzlichen Rückzug von Ralf Rangnick, der unter einem vegetativen Erschöpfungssyndrom leidet, über Nacht vom Ko- zum Cheftrainer auf Zeit beim FC Schalke 04 auf. Mit Erfolg, denn die Königsblauen besiegen den SC Freiburg 4:2 und bleiben auf Tuchfühlung zur Spitzengruppe. Beim Hamburger SV muss es nach der Beurlaubung von Michael Oenning der Argentinier Rodolfo Cardoso richten. Der frühere Bundesligaprofi, bislang Trainer der Regionalliga-Mannschaft, ist aber nur eine Zwischenlösung. Das besagen allein schon die Statuten der DFL. Denn Cardoso fehlt die Trainerlizenz, er darf somit nur 15 Tage auf der Bank des Traditionsclubs sitzen. Doch die Aushilfe erweist sich für den HSV als voller Erfolg. Bei seinem Trainerdebüt in der Bundesliga führt Cardoso den HSV zu einem 2:1 beim VfB Stuttgart und damit zum ersten Sieg der Saison. Cardoso setzt dabei ganz auf die Jugend. In Jeffrey Bruma, Gökhan Töre, Heung-Min Son und Zhi-Gin Lam stehen vier Spieler in der Startelf, die 20 Jahre oder jünger sind. Mit einem Schnitt von 24,1 Jahren läuft die jüngste HSV-Anfangsformation seit 1974 auf.

Alles beim Alten bleibt dagegen an der Spitze der Bundesliga. Der FC Bayern München holt mit dem 3:0 gegen Bayer 04 Leverkusen den sechsten Sieg in Serie.

Schwerer haben es die beiden Verfolger SV Werder Bremen und Borussia Mönchengladbach, die zwei Punkte zurück auf den Plätzen zwei und drei folgen. Werder kommt

DER SPIELER DES SPIELTAGES

Ein Wechselbad der Gefühle erlebt Rechtsverteidiger Lukasz Piszczek (26, Foto) beim 2:1 von Borussia Dortmund beim 1. FSV Mainz 05. Erst verschuldet der Pole das 0:1, dann erzielt er in der letzten Minute doch noch den Siegtreffer und beendet die kleine Dortmunder Durststrecke von drei Spielen ohne Sieg. Das Spiel in Mainz steht fast schon symbolisch für die vorangegangenen Wochen. Dem Nationalspieler droht wegen einer angeblichen Verwicklung in einen Manipulationsskandal in seiner Heimat aus früheren Zeiten eine weltweite Sperre, am Ende kommt er auf Bewährung davon. Bei Klopp spielt Piszczek aber nicht auf Bewährung. Der 26-Jährige, der im Jahr 2010 von Hertha BSC nach Westfalen gekommen ist, hat sich mit 33 Spielen im Meisterjahr auf Anhieb als Stammspieler etabliert.

DATEN & FAKTEN

Zuschauer gesamt	412.514
pro Spiel	45.835
Tore gesamt	22
Elfmeter	1
Eigentore	0
Gelbe Karten	27
Gelb-Rote Karten	2
Rote Karten	1

VfB Stuttgart – Hamburger SV 1:2 (1:0)

VfB Stuttgart: Ulreich - Boulahrouz, Tasci, Maza, Molinaro (82. Boka) - Kvist, Kuzmanovic - Harnik, Gentner (69. Pogrebnyak), Okazaki (76. Gebhart) - Cacau
Hamburger SV: Drobny - Westermann, Bruma, Rajkovic, Aogo - Tesche, Rincón - Lam (65. Guerrero), Töre - Son (82. Castelen), Petric (90+1. Jarolim)
Tore: 1:0 Harnik (18.), 1:1 Bruma (51.), 1:2 Tesche (67.)
Ecken: 3:7
Schiedsrichter: Zwayer (Berlin)
Zuschauer: 55.700
Gelb: Cacau - Rajkovic
Gelb-Rot: keine **Rot:** keine

FC Schalke 04 – SC Freiburg 4:2 (1:1)

FC Schalke 04: Fährmann - Uchida, Höwedes, Matip, Fuchs - Papadopoulos (60. Metzelder), Kluge (46. Jurado) - Farfán, Holtby - Raùl, Huntelaar (78. Marica)
SC Freiburg: Baumann - Mujdza, Barth, Krmas (46. D. Caligiuri), Bastians - Flum, Schuster - Putsila, Makiadi, Abdessadki (71. Jendrisek) - Cissé
Tore: 0:1 Cisseé(3.), 1:1 Farfán (33.), 2:1 Huntelaar (62.), 3:1 Holtby (67.), 4:1 Raùl (75.), 4:2 Jendrisek (83.)
Ecken: 6:1
Schiedsrichter: Wingenbach (Diez)
Zuschauer: 60.545
Gelb: Papadopoulos - Schuster
Gelb-Rot: keine **Rot:** keine

1. FSV Mainz 05 – Borussia Dortmund 1:2 (1:0)

1. FSV Mainz 05: H. Müller - Pospech, Bungert, Noveski, Fathi - Baumgartlinger - Polanski, Soto (88. M. Caligiuri) - Risse, N. Müller (75. Ivanschitz) - Choupo-Moting (43. Ujah)
Borussia Dortmund: Weidenfeller - Piszczek, Subotic, Hummels, Löwe - Gündogan (86. Blaszczykowski), Kehl - Götze, Kagawa (70. Leitner), Perisic - Lewandowski (75. Barrios)
Tore: 1:0 N. Müller (33.), 1:1 Perisic (64.), 1:2 Piszczek (90.)
Ecken: 3:9
Schiedsrichter: Weiner (Giesen)
Zuschauer: 34.000 (ausverkauft)
Gelb: Pospech **Gelb-Rot:** keine
Rot: keine

VfL Wolfsburg – 1. FC Kaiserslautern 1:0 (0:0)

VfL Wolfsburg: Benaglio - Ochs, Madlung, Kyrgiakos, M. Schäfer - Träsch, Josué - Jönsson (46. Mandzukic), Dejagah (76. Salihamidzic) - Helmes (45+2. Russ) - Lakic
1. FC Kaiserslautern: Trapp - Dick, Amedick, Rodnei, Jessen (76. Fortounis) - Kirch, Petsos - Walch (58. Vermouth), Tiffert - Kouemaha, Shechter (84. Sukuta-Pasu)
Tore: 1:0 Dejagah (63.)
Ecken: 4:5
Schiedsrichter: Kinhöfer (Herne)
Zuschauer: 26.779
Gelb: Ochs - Trapp, Sukuta-Pasu
Gelb-Rot: keine **Rot:** Kyrgiakos (45.)

Verteidiger Florian Dick (links) liefert sich ein Laufduell mit Srdjan Lakic, dem Stürmer des VfL Wolfsburg, mit dem er in der vorigen Saison noch zusammen beim FCK spielte. Der Kroate ist noch torlos bei den „Wölfen", den 1:0-Siegtreffer gegen Lautern erzielt Ashkan Dejagah.

durch zwei Tore von Claudio Pizarro, eines davon in der Nachspielzeit, zu einem 2:1 gegen Hertha BSC. Mönchengladbach siegt gegen den 1. FC Nürnberg 1:0 und bejubelt den besten Saisonstart seit der bisher letzten Meistersaison 1976/77.
Nach zuvor nur einem Punkt aus drei Spielen siegt Borussia Dortmund beim 1. FSV Mainz 05 mit 2:1. „Wir haben den Trend abgewendet, dass wir viel tun und wenig dafür bekommen", sagt Trainer Jürgen Klopp. In Köln führt ein erneut glänzend aufgelegter Lukas Podolski den 1. FC beim 2:0 gegen 1899 Hoffenheim zum ersten Heimsieg der Saison. Darauf, und auf den ersten Bundesliga-Erfolg überhaupt, wartet der FC Augsburg auch beim 0:0 gegen Hannover 96 vergeblich. Der VfL Wolfsburg kommt dagegen mit dem 1:0 gegen den 1. FC Kaiserslautern zum dritten Saisonsieg.

Gonzalo Castro (links) trennt Arjen Robben vom Ball, doch letztlich ist Bayer 04 Leverkusen beim 0:3 im Auswärtsspiel gegen den FC Bayern chancenlos.

RESULTATE

Freitag, 23.09.2011	VfB Stuttgart - Hamburger SV	1:2 (1:0)
Samstag, 24.09.2011	FC Schalke 04 - SC Freiburg	4:2 (1:1)
	1. FSV Mainz 05 - Borussia Dortmund	1:2 (1:0)
	VfL Wolfsburg - 1. FC Kaiserslautern	1:0 (0:0)
	Borussia M'gladbach - 1. FC Nürnberg	1:0 (0:0)
	FC Augsburg - Hannover 96	0:0
	Bayern München - Bayer Leverkusen	3:0 (2:0)
Sonntag, 25.09.2011	1. FC Köln - 1899 Hoffenheim	2:0 (1:0)
	SV Werder Bremen - Hertha BSC	2:1 (1:1)

TORJÄGER

Mario Gomez	FC Bayern München	8
Papiss Cissé	SC Freiburg	6
Claudio Pizarro	SV Werder Bremen	5
Klaas-Jan Huntelaar	FC Schalke 04	5
Raùl	FC Schalke 04	4
Lukas Podolski	1. FC Köln	4
Ryan Babel	1899 Hoffenheim	4
Martin Harnik	VfB Stuttgart	4
Roberto Firmino	1899 Hoffenheim	4

PERSONALIEN

Sein 200. Bundesliga-Spiel absolviert **Heiko Westermann**. Für den Hamburger SV ist es die 41. Partie, zudem spielte er für Arminia Bielefeld und den FC Schalke 04.

Sein 100. Bundesliga-Spiel bestreitet **Benedikt Höwedes** für den FC Schalke 04, zum 100. Einsatz kommt auch der Ex-Gladbacher **Eugen Polanski** beim 1. FSV Mainz 05.

Ein Elfmeter-Jubiläum begeht **Filip Daems** bei Borussia Mönchengladbach, der in seinem 125. Bundesliga-Spiel beim 1:0 gegen den 1. FC Nürnberg beim zehnten Versuch sein zehntes Strafstoßtor erzielt.

TABELLE

Rang	Club	Sp.	g	u	v	Tore	Diff.	Pkt.	
1	FC Bayern München	7	6	0	1	21:1	20	18	→
2	SV Werder Bremen	7	5	1	1	14:7	7	16	→
3	Borussia M'gladbach	7	5	1	1	9:3	6	16	→
4	1899 Hoffenheim	7	4	0	3	12:7	5	12	→
5	FC Schalke 04	7	4	0	3	15:12	3	12	↗
6	Hannover 96	7	3	3	1	8:8	0	12	↘
7	VfB Stuttgart	7	3	1	3	10:6	4	10	↘
8	Borussia Dortmund	7	3	1	3	9:7	2	10	↗
9	1. FC Nürnberg	7	3	1	3	6:7	-1	10	↘
10	1. FC Köln	7	3	1	3	13:15	-2	10	↗
11	Bayer 04 Leverkusen	7	3	1	3	7:10	-3	10	↘
12	Hertha BSC	7	2	3	2	9:9	0	9	↘
13	VfL Wolfsburg	7	3	0	4	8:12	-4	9	↗
14	1. FSV Mainz 05	7	2	1	4	9:15	-6	7	↘
15	1. FC Kaiserslautern	7	1	2	4	5:10	-5	5	k
16	FC Augsburg	7	0	4	3	6:12	-6	4	↗
17	SC Freiburg	7	1	1	5	12:22	-10	4	↘
18	Hamburger SV	7	1	1	5	8:18	-10	4	→

7. SPIELTAG

Borussia M'gladbach – 1. FC Nürnberg 1:0 (0:0)

■ **Borussia M'gladbach**: ter Stegen - Jantschke, Stranzl, Dante, Daems - Marx (88. Nordtveit), Neustädter - Reus, Arango - Hanke (63. Bobadilla) - de Camargo
■ **1. FC Nürnberg**: Stephan - Chandler, Wollscheid, Klose, Pinola - Feulner, Simons - Hegeler (78. Eigler), Mendler (46. Cohen), Esswein (80. Bunjaku) - Pekhart
Tore: 1:0 Daems (76., Foulelfmeter)
Ecken: 9:4
Schiedsrichter: Kircher (Rottenburg)
Zuschauer: 51.117
Gelb: Bobadilla - Klose
Gelb-Rot: keine **Rot**: keine

FC Augsburg – Hannover 96 0:0

■ **FC Augsburg**: Jentzsch - Hosogai, Möhrle, Sankoh, De Jong - Brinkmann, Davids (83. De Roeck) - Baier, Bellinghausen (79. Werner) - Rafael (60. Gogia), Mölders
■ **Hannover 96**: Zieler - Chahed, Haggui, Pogatetz, Pander - Schmiedebach, Pinto (88. Royer) - Stindl, Rausch (46. Lala) - Schlaudraff (80. Schulz) - Ya Konan
Tore: keine
Ecken: 2:2
Schiedsrichter: Dingert (Lebecksmühle)
Zuschauer: 29.113
Gelb: Gogia - Pogatetz, Lala
Gelb-Rot: keine **Rot**: keine

FC Bayern München – Bayer 04 Leverkusen 3:0 (2:0)

■ **FC Bayern München**: Neuer - Rafinha, van Buyten, Badstuber, Lahm - Tymoshchuk, Schweinsteiger - T. Müller, Kroos (78. Robben), Ribéry (82. Alaba) - Gomez (65. Gustavo)
■ **Bayer 04 Leverkusen**: Leno - Da Costa (64. Bellarabi), Reinartz, Toprak (85. Friedrich), Castro - L. Bender, Rolfes - Balitsch, Augusto, Sam - Kießling
Tore: 1:0 T. Müller (5.), 2:0 van Buyten (19.), 3:0 Robben (90.)
Ecken: 4:1
Schiedsrichter: Gräfe (Berlin)
Zuschauer: 69.000 (ausverkauft)
Gelb: van Buyten - Kießling, Toprak, Reinartz, Sam
Gelb-Rot: keine **Rot**: keine

1. FC Köln – 1899 Hoffenheim 2:0 (1:0)

■ **1. FC Köln**: Rensing - Andrezinho (83. Matuschyk), McKenna, Sereno, Eichner - Riether, Jajalo - Chihi, Peszko (85. Clemens) - Novakovic (73. Lanig), Podolski
■ **1899 Hoffenheim**: Starke - Beck, Vorsah, Compper, Braafheid - Rudy, Kaiser (68. Musona) - Mlapa (55. Obasi), Sigurdsson, Firmino (76. Schipplock), Babel
Tore: 1:0 Jajalo (20.), 2:0 Podolski (64.)
Ecken: 4:6
Schiedsrichter: Sippel (München)
Zuschauer: 45.500
Gelb: Sereno - Babel, Compper
Gelb-Rot: keine **Rot**: keine

SV Werder Bremen – Hertha BSC 2:1 (1:1)

■ **SV Werder Bremen**: Mielitz - Ignjovski, Prödl, Wolf, Schmitz (71. Rosenberg) - Bargfrede (82. Naldo) - Hunt, Fritz - Ekici (59. Marin) - Arnautovic, Pizarro
■ **Hertha BSC**: Kraft - Lell, Hubnik, Mijatovic, Kobiashvili - Ottl, Niemeyer - Ebert (59. Janker), Raffael, Torun (46. Ben-Hatira, 66. Lustenberger) - Ramos
Tore: 0:1 Ramos (3.), 1:1 Pizarro (23.), 2:1 Pizarro (90+3.)
Ecken: 8:3
Schiedsrichter: Brych (München)
Zuschauer: 40.760
Gelb: Fritz, Pizarro - Janker, Kraft, Mijatovic, Kobiashvili
Gelb-Rot: Lell (57.), Ramos (63.)
Rot: keine

BUNDESLIGA

Huub Stevens ist zurück. Mit dem Auswärtsspiel beim Hamburger SV, der sich auch für seine Verpflichtung interessierte, gibt er nach zehn Jahren sein Comeback bei Schalke.

Huub Stevens feiert glanzvolles Comeback als Schalke-Coach

Alle Augen sind auf Huub Stevens gerichtet. Neun Jahre nach seinem Abschied beim FC Schalke 04 sitzt der Niederländer erstmals wieder in einem Bundesligaspiel auf der Trainerbank der Königsblauen, und das Comeback endet mit einem großen Erfolg. Durch zwei Treffer seines Landsmanns Klaas-Jan Huntelaar siegt Stevens mit dem DFB-Pokalsieger beim Hamburger SV 2:1. Ausgerechnet in Hamburg kehrt Stevens auf die Bundesliga-Bühne zurück. In der Hansestadt, wo er zwischen 2007 und 2008 so erfolgreich gearbeitet und den HSV zurück in einen europäischen Wettbewerb geführt hat. Nach der Niederlage gegen Schalke sind die Hanseaten weiter

DER TORSCHÜTZE DES SPIELTAGES

Nur eine Stunde benötigt Mohammed Abdellaoue (25, Foto), um sein Tagwerk zu vollenden. Mit drei Toren sorgt der Stürmer von Hannover 96 praktisch im Alleingang für den 3:2-Sieg im Nordderby gegen den SV Werder Bremen, bevor er in der 61. Minute wegen muskulärer Probleme das Feld verlässt. „Moa ist eine echte Tormaschine", lobt Trainer Mirko Slomka den Stürmer, der seine kleine Heldentat relativ gelassen sieht: „Tore? Das ist mein Job." Wenn es denn immer so einfach wäre! Nach dem achten Spieltag steht der Norweger mit marokkanischen Wurzeln bereits bei sechs Toren, obwohl er nur fünfmal gespielt hat.
Für Hannover ist Abdellaoue, der im Sommer 2010 von Valerenga Oslo nach Niedersachsen gewechselt ist, ein absoluter Glücksgriff.

DATEN & FAKTEN

Zuschauer gesamt	410.086
pro Spiel	45.565
Tore gesamt	28
Elfmeter	2
Eigentore	0
Gelbe Karten	37
Gelb-Rote Karten	0
Rote Karten	1

1. FC Kaiserslautern – VfB Stuttgart 0:2 (0:0)

■ **1. FC Kaiserslautern:** Trapp - Dick, Amedick, Rodnei, Jessen - Kirch (78. Vermouth), Petsos (61. Fortounis) - Sukuta-Pasu, Tiffert - Kouemaha, Shechter
■ **VfB Stuttgart:** Ulreich - Boulahrouz, Tasci, Maza, Boka - Kvist, Hajnal (89. Gentner) - Harnik, Okazaki (72. Gebhart) - Pogrebnyak, Cacau (90+1. Traoré)
Tore: 0:1 Cacau (52.), 0:2 Boulahrouz (69.)
Ecken: 9:4
Schiedsrichter: Perl (Pullach)
Zuschauer: 46.186
Gelb: Dick, Shechter - Gebhart
Gelb-Rot: keine **Rot:** keine

Borussia Dortmund – FC Augsburg 4:0 (2:0)

■ **Borussia Dortmund:** Weidenfeller - Piszczek, Santana, Hummels, Löwe - S. Bender, Gündogan (68. da Silva) - Blaszczykowski (62. Barrios), Götze (79. Großkreutz), Perisic - Lewandowski
■ **FC Augsburg:** Jentzsch - Callsen-Bracker, Möhrle, Sankoh, De Jong (23. Werner) - Hosogai (82. Reinhardt) - Brinkmann, Baier (71. Langkamp), Davids, Bellinghausen - Mölders
Tore: 1:0 Lewandowski (30.), 2:0 Lewandowski (44.), 3:0 Götze (75.), 4:0 Lewandowski (78.); Weidenfeller hält Foulelfmeter von Sankoh (48.)
Ecken: 3:3
Schiedsrichter: Rafati (Hannover)
Zuschauer: 80.720 (ausverkauft)
Gelb: S. Bender, Götze - Baier, Hosogai
Gelb-Rot: keine **Rot:** keine

Bayer 04 Leverkusen – VfL Wolfsburg 3:1 (1:0)

■ **Bayer 04 Leverkusen:** Leno - Balitsch, Reinartz, Toprak, Kadlec - L. Bender (66. Rolfes), Ballack (88. Friedrich) - Castro, Kießling, Sam - Derdiyok (72. Schwaab)
■ **VfL Wolfsburg:** Benaglio - Ochs, Madlung, Russ, M. Schäfer - Träsch, Josué (69. Koo) - Jönsson (46. Hasebe), Dejagah - Mandzukic, Lakic (46. Helmes)
Tore: 1:0 Castro (14.), 1:1 Mandzukic (59.), 2:1 Derdiyok (65.), 3:1 Kießling (85.)
Ecken: 6:4
Schiedsrichter: Brych (München)
Zuschauer: 28.195
Gelb: Derdiyok - Josué, Russ
Gelb-Rot: keine **Rot:** keine

1. FC Nürnberg – 1. FSV Mainz 05 3:3 (2:2)

■ **1. FC Nürnberg:** Stephan - Chandler, Wollscheid, Klose, Pinola - Simons, Cohen (62. Frantz) - Mak, Feulner (84. Kamavuaka), Bunjaku (65. Esswein) - Pekhart
■ **1. FSV Mainz 05:** H. Müller - Pospech, Bungert, Noveski, Fathi - Kirchhoff - Risse (68. M. Caligiuri), Baumgartlinger, Ivanschitz, N. Müller (83. Allagui) - Choupo-Moting
Tore: 1:0 Feulner (5.), 2:0 Mak (19.), 2:1 Bungert (32.), 2:2 Choupo-Moting (45.), 2:3 Ivanschitz (52.), 3:3 Pekhart (82.)
Ecken: 2:4
Schiedsrichter: Gagelmann (Bremen)
Zuschauer: 38.107
Gelb: Wollscheid, Klose
Gelb-Rot: keine **Rot:** keine

Tabellenletzter. „Es ist immer etwas Emotionales, wenn man für beide Clubs schon gearbeitet hat. Aber es geht nicht um den HSV, sondern um Schalke“, sagt Stevens, der Nachfolger von Ralf Rangnick. Durch den Sieg schiebt sich Schalke auf den vierten Tabellenplatz. Ein alter Schalker trägt sich derweil in die Geschichtsbücher des FC Bayern München ein. Mit dem 0:0 bei 1899 Hoffenheim ist Nationaltorhüter Manuel Neuer seit 1.019 Minuten in Pflichtspielen ohne Gegentor und übertrifft damit die Rekordmarke von Oliver Kahn (1.011). Für Neuer ist dies eher „ein Rekord der Mannschaft“, wie er betont. Trotz der Punkteteilung vergrößert sich der Vorsprung der Bayern auf drei Zähler, da sowohl der SV Werder Bremen als auch Borussia Mönchengladbach auswärts leer ausgehen. Werder verliert durch drei Treffer von Mohammed Abdellaoue im Nordderby bei Hannover 96 mit 2:3, Gladbach kehrt mit einer 0:1-Niederlage vom SC Freiburg heim.

Abdellaoue ist nicht der einzige Dreifachtorschütze des Tages, Gleiches gelingt Robert Lewandowski beim 4:0 von Borussia Dortmund über den FC Augsburg. Der Pole hat das Fehlen des verletzten Mittelstürmers Lucas Barrios jedenfalls vergessen gemacht und ist laut Trainer Jürgen Klopp ein Sinnbild für „Beharrlichkeit“. Das schönste Tor des Tages geht aber auf das Konto von Eren Derdiyok. Beim 3:1 von Bayer 04 Leverkusen gegen den VfL Wolfsburg trifft der Schweizer mit einem tollen Fallrückzieher zum vorentscheidenden 2:1. Den höchsten Heimsieg seit fast drei Jahren streicht Hertha BSC beim 3:0 gegen den 1. FC Köln ein. Als zweifacher Torschütze zeichnet sich der erst 19-jährige Pierre-Michel Lasogga aus. Viele Tore gibt es auch in der Partie des 1. FC Nürnberg gegen den 1. FSV Mainz 05 zu sehen, wo der Gast einen 0:2-Rückstand zunächst in eine 3:2-Führung umwandelt, um dann acht Minuten vor Schluss noch den Ausgleich zum 3:3-Endstand zu kassieren. Schlimmer ergeht es dem 1. FC Kaiserslautern, der nach dem 0:2 gegen den VfB Stuttgart weiter tief im Tabellenkeller steckt.

Verteidiger Khalid Boulahrouz feiert sein Tor zum 2:0 beim 1. FC Kaiserslautern mit einem tollen Luftsprung. Der VfB Stuttgart hält punktgleich mit Dortmund den Kontakt nach oben.

RESULTATE

Freitag, 30.09.2011	1. FC Kaiserslautern - VfB Stuttgart	0:2 (0:0)
Samstag, 01.10.2011	Borussia Dortmund - FC Augsburg	4:0 (2:0)
	Bayer 04 Leverkusen - VfL Wolfsburg	3:1 (1:0)
	1. FC Nürnberg - 1. FSV Mainz 05	3:3 (2:2)
	SC Freiburg - Borussia M'gladbach	1:0 (1:0)
	1899 Hoffenheim - FC Bayern München	0:0
	Hertha BSC - 1. FC Köln	3:0 (3:0)
Sonntag, 02.10.2011	Hannover 96 - SV Werder Bremen	3:2 (2:1)
	Hamburger SV - FC Schalke 04	1:2 (1:1)

TORJÄGER

Mario Gomez	FC Bayern München	8
Klaas-Jan Huntelaar	FC Schalke 04	7
Claudio Pizarro	SV Werder Bremen	6
Papiss Cissé	SC Freiburg	6
Mohammed Abdellaoue	Hannover 96	6
Robert Lewandowski	Borussia Dortmund	5
Raúl	FC Schalke 04	4
Lukas Podolski	1. FC Köln	4
Ryan Babel	1899 Hoffenheim	4
Martin Harnik	VfB Stuttgart	4
Roberto Firmino	1899 Hoffenheim	4

PERSONALIEN

Zum 100. Mal steht **Ciprian Marica** beim FC Schalke 04 in einer Bundesliga-Mannschaft, 93 Einsätze absolvierte der Stürmer davon für den VfB Stuttgart.

Das 100. Bundesliga-Spiel für Bayer 04 Leverkusen bestreitet **Michael Ballack**. Insgesamt kommt er auf 253 Einsätze, davon die meisten für den FC Bayern München.

TABELLE

Rang	Club	Sp.	g	u	v	Tore	Diff.	Pkt.	
1	FC Bayern München	8	6	1	1	21:1	20	19	→
2	SV Werder Bremen	8	5	1	2	16:10	6	16	→
3	Borussia M'gladbach	8	5	1	2	9:4	5	16	→
4	FC Schalke 04	8	5	0	3	17:13	4	15	↗
5	Hannover 96	8	4	3	1	11:10	1	15	↗
6	Borussia Dortmund	8	4	1	3	13:7	6	13	↗
7	VfB Stuttgart	8	4	1	3	12:6	6	13	→
8	1899 Hoffenheim	8	4	1	3	12:7	5	13	↘
9	Bayer 04 Leverkusen	8	4	1	3	10:11	-1	13	↗
10	Hertha BSC	8	3	3	2	12:9	3	12	↗
11	1. FC Nürnberg	8	3	2	3	9:10	-1	11	↘
12	1. FC Köln	8	3	1	4	13:18	-5	10	↘
13	VfL Wolfsburg	8	3	0	5	9:15	-6	9	→
14	1. FSV Mainz 05	8	2	2	4	12:18	-6	8	→
15	SC Freiburg	8	2	1	5	13:22	-9	7	↗
16	1. FC Kaiserslautern	8	1	2	5	5:12	-7	5	↘
17	FC Augsburg	8	0	4	4	6:16	-10	4	↘
18	Hamburger SV	8	1	1	6	9:20	-11	4	→

SC Freiburg – Borussia M'gladbach 1:0 (1:0)

■ **SC Freiburg**: Baumann - Mujdza, Barth (46. Butscher), Krmas, Bastians (81. Nicu) - Flum, Schuster - Putsila, Makiadi, Abdessadki (90+2. D. Caligiuri) - Cissé
■ **Borussia M'gladbach**: ter Stegen - Jantschke (82. Herrmann), Stranzl, Dante, Wendt - Marx (69. Nordtveit), Neustädter - Reus, Arango - Hanke (62. Bobadilla), de Camargo
Tore: 1:0 Flum (19.)
Ecken: 4:7
Schiedsrichter: Schmidt (Stuttgart)
Zuschauer: 24.000 (ausverkauft)
Gelb: Krmas, Flum - Marx, Bobadilla
Gelb-Rot: keine **Rot**: keine

1899 Hoffenheim – FC Bayern München 0:0

■ **1899 Hoffenheim**: Starke - Beck, Vorsah, Compper, Braafheid - Rudy - Sigurdsson (85. Schipplock), Williams (69. Kaiser) - Babel, Firmino (73. Musona), Obasi
■ **FC Bayern München**: Neuer - Boateng, van Buyten (75. Gustavo), Badstuber, Lahm - Tymoshchuk, Schweinsteiger - T. Müller, Kroos, Ribéry (46. Robben) - Gomez (58. Alaba)
Tore: keine
Ecken: 6:2
Schiedsrichter: Kinhöfer (Herne)
Zuschauer: 30.150 (ausverkauft)
Gelb: Musona - Tymoshchuk, Schweinsteiger, Lahm, Kroos
Gelb-Rot: keine **Rot**: keine

Hertha BSC – 1. FC Köln 3:0 (3:0)

■ **Hertha BSC**: Kraft - Janker (72. Franz), Hubnik, Mijatovic, Kobiashvili - Ottl, Niemeyer - Ebert, Raffael, Ben-Hatira (64. Rukavytsya) - Lasogga (78. Lustenberger)
■ **1. FC Köln**: Rensing - Andrezinho (46. Clemens), McKenna, Sereno, Eichner - Riether, Jajalo (67. Lanig) - Chihi (46. Matuschyk), Peszko - Novakovic, Podolski
Tore: 1:0 Lasogga (14.), 2:0 Lasogga (26.), 3:0 Raffael (34.)
Ecken: 3:5
Schiedsrichter: Meyer (Burgdorf)
Zuschauer: 59.491
Gelb: Lasogga, Franz - Peszko, Lanig
Gelb-Rot: keine **Rot**: keine

Hannover 96 – SV Werder Bremen 3:2 (2:1)

■ **Hannover 96**: Zieler - Cherundolo, Haggui, Pogatetz, Schulz - Schmiedebach, Pinto - Stindl, Pander (76. Rausch) - Schlaudraff (86. Eggimann), Abdellaoue (61. Ya Konan)
■ **SV Werder Bremen**: Mielitz - Sokratis, Prödl, Wolf, Ignjovski (85. Naldo) - Bargfrede (60. Rosenberg) - Fritz, Hunt - Marin (67. Ekici) - Arnautovic, Pizarro
Tore: 1:0 Abdellaoue (2., Foulelfmeter), 2:0 Abdellaoue (38.), 2:1 Arnautovic (45+3.), 3:1 Abdellaoue (59.), 3:2 Pizarro (83.)
Ecken: 3:1
Schiedsrichter: Winkmann (Kerken)
Zuschauer: 49.000 (ausverkauft)
Gelb: Stindl, Schulz, Pinto, Cherundolo, Schmiedebach - Wolf, Marin, Bargfrede
Gelb-Rot: keine **Rot**: Arnautovic (78.)

Hamburger SV – FC Schalke 04 1:2 (1:1)

■ **Hamburger SV**: Drobny - Westermann, Bruma, Rajkovic, Aogo - Tesche (84. Berg), Rincón - Lam (74. Castelen), Töre - Guerrero (65. Son), Petric
■ **FC Schalke 04**: Fährmann - Höger, Höwedes, Metzelder, Fuchs - Papadopoulos, Holtby (55. Jones) - Farfán (46. Draxler), Jurado (89. Marica) - Raúl, Huntelaar
Tore: 0:1 Huntelaar (13.), 1:1 Petric (38.), 1:2 Huntelaar (73.)
Ecken: 5:5
Schiedsrichter: Kircher (Rottenburg)
Zuschauer: 54.237
Gelb: Tesche, Petric, Rincón - Höwedes
Gelb-Rot: keine **Rot**: keine

BUNDESLIGA

Aufsteiger FC Augsburg jubelt über den ersten Bundesliga-Sieg

Endlich ist es vollbracht, im neunten Spiel feiert der FC Augsburg den ersten Sieg seiner noch jungen Bundesliga-Geschichte. Jan-Ingwer Callsen-Bracker macht es mit einem verwandelten Foulelfmeter zum 1:0 beim 1. FSV Mainz 05 unmittelbar vor dem Abpfiff möglich. „Ein Sieg ist wie Medizin. Ich bin froh, stolz und erleichtert", sagt Trainer Jos Luhukay, dessen Mannschaft einen Beweis der ihr von einigen Experten oftmals schon abgesprochenen Bundesliga-Tauglichkeit abgeliefert hat. Es ist ohnehin das Wochenende der Bundesliga-Sorgenkinder. Auch der Hamburger SV kommt zu einem Sieg, bleibt aber trotz des 2:1 beim SC Freiburg Tabellenletzter. Auf der Bank sitzt diesmal Sportdirektor Frank Arnesen anstelle des bisherigen Interimstrainers Rodolfo Cardoso, der wegen fehlender Trainerlizenz weichen muss. Es ist nicht Arnesens einziger Erfolg. Auch bei der Trainersuche gelingt ihm mit der Verpflichtung von Thorsten Fink der Durchbruch. Das Spiel gegen Freiburg verfolgt der bisherige Trainer des FC Basel vor dem TV. Als Dritter im Bunde der siegreichen Kellerclubs wartet der 1. FC Kaiserslautern mit einem 2:1 beim FC Schalke 04 auf. Doch es kommt noch schlimmer für Schalke. Neben den Punkten verliert der DFB-Pokalsieger auch Torhüter Ralf Fährmann mit einem Kreuzbandriss. Derlei Sorgen hat der FC Bayern München nicht. Manuel Neuer hält weiter sein Tor sauber, und nach dem 4:0 gegen Hertha BSC vergrößert sich der Vorsprung an der Spitze bereits auf fünf Punkte.

Für zwei der vier Tore zeichnet Mario Gomez verantwortlich. Zehn Tore stehen beim Nationalstürmer, der in der Länderspielpause auch

Dorge Kouemaha (vorn) stoppt den Ball vor Jermaine Jones mit der Brust. Beim 2:1 der Lauterer in Schalke holt er einen Foulelfmeter heraus und erzielt den Siegtreffer.

TORSCHÜTZE DES SPIELTAGES

Mal mit Gefühl, mal mit Gewalt: Lukas Podolski zeigt wieder sein ganzes Repertoire und unterstreicht mit zwei Treffern beim 2:0 gegen Hannover 96, wie wertvoll er für den 1. FC Köln ist. „Wahnsinn. Das Tor zeigt Podolskis ganze Klasse", schwärmt FC-Kollege Sascha Riether insbesondere über den Freistoßtreffer zum 1:0.

Damit bringt es Podolski bereits auf sechs Tore und vier Vorlagen in nur acht Saisonspielen. Köln erlebt den stärksten Podolski seit seiner Rückkehr aus München im Sommer 2009 und belegt den zehnten Tabellenplatz.

Podolski ist und bleibt der unumschränkte Star beim FC. Und auch in der Nationalelf hat er im Kampf um den Platz links in der Offensive gegenüber dem Leverkusener André Schürrle die Nase vorn.

DATEN & FAKTEN

Zuschauer gesamt	407.906
pro Spiel	45.323
Tore gesamt	24
Elfmeter	7
Eigentore	0
Gelbe Karten	39
Gelb-Rote Karten	1
Rote Karten	3

SV Werder Bremen – Borussia Dortmund 0:2 (0:1)

■ **SV Werder Bremen:** Mielitz - Sokratis, Wolf (74. Wagner), Naldo, Schmitz - Bargfrede (62. Ekici) - Fritz, Hunt - Marin - Rosenberg, Pizarro
■ **Borussia Dortmund:** Weidenfeller - Owomoyela, Subotic, Hummels, Löwe - S. Bender, Gündogan (74. Kehl) - Großkreutz, Götze (89. Leitner), Perisic - Lewandowski (88. Barrios)
Tore: 0:1 Perisic (42.), 0:2 Owomoyela (71.)
Ecken: 11:3
Schiedsrichter: Meyer (Burgdorf)
Zuschauer: 42.068 (ausverkauft)
Gelb: Wolf - Subotic
Gelb-Rot: Perisic (47.) **Rot:** keine

FC Bayern München – Hertha BSC 4:0 (3:0)

■ **FC Bayern München:** Neuer - Boateng, van Buyten, Badstuber, Lahm (78. Contento) - Tymoshchuk, Schweinsteiger - T. Müller (73. Alaba), Kroos, Ribéry - Gomez (75. Olic)
■ **Hertha BSC:** Kraft - Lell, Hubnik, Mijatovic, Kobiashvili - Ottl, Niemeyer - Ebert (46. Lustenberger), Raffael, Ben-Hatira (61. Morales) - Lasogga (70. Ramos)
Tore: 1:0 Gomez (5.), 2:0 Ribéry (7.), 3:0 Schweinsteiger (13.), 4:0 Gomez (69., Foulelfmeter)
Ecken: 3:2
Schiedsrichter: Weiner (Giesen)
Zuschauer: 69.000 (ausverkauft)
Gelb: Raffael
Gelb-Rot: keine **Rot:** keine

1. FSV Mainz 05 – FC Augsburg 0:1 (0:0)

■ **1. FSV Mainz 05:** H. Müller - Pospech, Bungert (46. Svensson), Noveski, Fathi - Kirchhoff - Baumgartlinger, Ivanschitz (80. Allagui) - Risse (66. Ujah), N. Müller - Choupo-Moting
■ **FC Augsburg:** Jentzsch - Reinhardt, Möhrle, Langkamp, Hosogai - Callsen-Bracker, Davids (64. Brinkmann) - Gogia (75. Werner), Baier (81. De Roeck), Bellinghausen - Mölders
Tore: 0:1 Callsen-Bracker (88., Foulelfmeter)
Ecken: 9:4
Schiedsrichter: Fritz (Korb)
Zuschauer: 30.195
Gelb: Noveski, Ujah, Svensson - Möhrle, Bellinghausen
Gelb-Rot: keine **Rot:** keine

VfB Stuttgart – 1899 Hoffenheim 2:0 (0:0)

■ **VfB Stuttgart:** Ulreich - Boulahrouz, Tasci, Maza, Boka - Kvist, Hajnal (83. Gentner) - Harnik, Okazaki (78. Traoré) - Pogrebnyak, Cacau (90. M. Bah)
■ **1899 Hoffenheim:** Starke - Beck, Vorsah, Compper, Braafheid - Kaiser, Williams (62. Ibisevic) - Babel, Sigurdsson, Firmino (80. Schipplock), Obasi (69. Musona)
Tore: 1:0 Okazaki (48.), 2:0 Pogrebnyak (77., Foulelfmeter)
Ecken: 3:3
Schiedsrichter: Rafati (Hannover)
Zuschauer: 55.000
Gelb: Pogrebnyak, Harnik, Boulahrouz - Obasi
Gelb-Rot: keine **Rot:** keine

bei den 3:1-Siegen in der Türkei und gegen Belgien jeweils einmal traf, bereits zu Buche. „Es ist nicht mein Ziel, irgendwelche Torrekorde zu knacken. Ich will zum Erfolg der Mannschaft beitragen", sagt Gomez.

Die Bayern profitieren wieder einmal von den Punktverlusten der Konkurrenz. Borussia Mönchengladbach muss sich nach dem ersten Bundesligator von André Schürrle im Trikot von Bayer 04 Leverkusen mit einem 2:2 im Westderby begnügen. Der SV Werder Bremen verliert gar 0:2 gegen den wiedererstarkten Deutschen Meister Borussia Dortmund, der damit auf Platz drei klettert.

In einem rassigen Duell kämpfen der Freiburger Andreas Hinkel (vorn) und der Hamburger Slobodan Rajkovic um den Ball. Der HSV siegt, bleibt aber Letzter.

Direkt dahinter folgt schon der VfB Stuttgart, der das Südderby gegen 1899 Hoffenheim 2:0 gewinnt, womit die Gäste nach dem dritten Spiel ohne Sieg und Tor weiter nach unten durchgereicht werden. Den zweiten Heimsieg der Saison feiert der 1. FC Köln beim 2:0 gegen Hannover 96. Wieder einmal macht Nationalspieler Lukas Podolski mit zwei Toren den Unterschied aus. Beim VfL Wolfsburg übernimmt Mario Mandzukic diesen Part. Der Kroate trifft beim 2:1 gegen den 1. FC Nürnberg doppelt.

Zwei überragende Akteure beim 2:2 zwischen Gladbach und Leverkusen: Marco Reus trumpft in der Offensive mit einem Treffer auf, Torhüter Bernd Leno glänzt mit hervorragenden Paraden.

RESULTATE

Freitag, 14.10.2011	SV Werder Bremen - Borussia Dortmund	0:2 (0:1)
Samstag, 15.10.2011	FC Bayern München - Hertha BSC	4:0 (3:0)
	1. FSV Mainz 05 - FC Augsburg	0:1 (0:0)
	VfB Stuttgart - 1899 Hoffenheim	2:0 (0:0)
	VfL Wolfsburg - 1. FC Nürnberg	2:1 (1:0)
	Borussia M'gladbach - Bayer Leverkusen	2:2 (0:1)
	FC Schalke 04 - 1. FC Kaiserslautern	1:2 (0:1)
Sonntag, 16.10.2011	SC Freiburg - Hamburger SV	1:2 (0:1)
	1. FC Köln - Hannover 96	2:0 (1:0)

TORJÄGER

Mario Gomez	FC Bayern München	10
Klaas-Jan Huntelaar	FC Schalke 04	8
Papiss Cissé	SC Freiburg	7
Claudio Pizarro	SV Werder Bremen	6
Lukas Podolski	1. FC Köln	6
Mohammed Abdellaoue	Hannover 96	6
Mario Mandzukic	VfL Wolfsburg	5
Robert Lewandowski	Borussia Dortmund	5

PERSONALIEN

Simon Jentzsch steht zum 250. Mal im Tor einer Bundesliga-Mannschaft. Der FC Augsburg ist sein fünfter Bundesliga-Club nach Uerdingen, Karlsruhe, München 1860 und Wolfsburg.

Zum 100. Mal trägt **Miso Brecko** das Trikot des 1. FC Köln. Zuvor bestritt der Verteidiger 21 Spiele für den Hamburger SV.

Mit zwei Toren für den FC Bayern München steigert sich **Mario Gomez** auf 111 Treffer – vorzügliche Quote bei 190 Bundesliga-Einsätzen für den FC Bayern München und den VfB Stuttgart.

TABELLE

Rang	Club	Sp.	g	u	v	Tore	Diff.	Pkt.	
1	FC Bayern München	9	7	1	1	25:1	24	22	→
2	Borussia M'gladbach	9	5	2	2	11:6	5	17	↗
3	Borussia Dortmund	9	5	1	3	15:7	8	16	↗
4	VfB Stuttgart	9	5	1	3	14:6	8	16	↗
5	SV Werder Bremen	9	5	1	3	16:12	4	16	↘
6	FC Schalke 04	9	5	0	4	18:15	3	15	↘
7	Hannover 96	9	4	3	2	11:12	-1	15	↘
8	Bayer 04 Leverkusen	9	4	2	3	12:13	-1	14	↗
9	1899 Hoffenheim	9	4	1	4	12:9	3	13	↘
10	1. FC Köln	9	4	1	4	15:18	-3	13	↗
11	Hertha BSC	9	3	3	3	12:13	-1	12	↘
12	VfL Wolfsburg	9	4	0	5	11:16	-5	12	↗
13	1. FC Nürnberg	9	3	2	4	10:12	-2	11	↘
14	1. FC Kaiserslautern	9	2	2	5	7:13	-6	8	↗
15	1. FSV Mainz 05	9	2	2	5	12:19	-7	8	↘
16	FC Augsburg	9	1	4	4	7:16	-9	7	↗
17	SC Freiburg	9	2	1	6	14:24	-10	7	↘
18	Hamburger SV	9	2	1	6	11:21	-10	7	→

VfL Wolfsburg – 1. FC Nürnberg 2:1 (1:0)

■ **VfL Wolfsburg**: Benaglio - Salihamidzic (62. Hasebe), Madlung (46. Polak), Thoelke, M. Schäfer - Träsch, Josué - Dejagah, Orozco (54. Hitzlsperger) - Mandzukic, Lakic
■ **1. FC Nürnberg**: Stephan - Chandler, Wollscheid, Klose, Plattenhardt - Simons - Mak (58. Eigler, 72. Kamavuaka), Feulner, Hegeler (68. Frantz), Esswein - Pekhart
Tore: 1:0 Mandzukic (24.), 1:1 Eigler (70.), 2:1 Mandzukic (83., Foulelfmeter)
Ecken: 1:3
Schiedsrichter: Welz (Wiesbaden)
Zuschauer: 27.112
Gelb: Dejagah, Polak - Feulner, Frantz
Gelb-Rot: keine **Rot**: keine

Borussia M'gladbach – Bayer 04 Leverkusen 2:2 (0:1)

■ **Borussia M'gladbach**: ter Stegen - Jantschke, Stranzl, Dante, Daems - Nordtveit (69. Marx), Neustädter - Herrmann (74. Bobadilla), Arango - Hanke, Reus
■ **Bayer 04 Leverkusen**: Leno - Balitsch, Reinartz, Schwaab, Kadlec - Ballack (61. Rolfes), L. Bender - Castro, Schürrle, Sam (68. Derdiyok) - Kießling
Tore: 0:1 Reinartz (20.), 1:1 Reus (65.), 2:1 Herrmann (72.), 2:2 Schürrle (87.)
Ecken: 4:3
Schiedsrichter: Stark (Ergolding)
Zuschauer: 52.858
Gelb: Arango, Stranzl - Reinartz, Ballack, Balitsch, Kießling
Gelb-Rot: keine **Rot**: Castro (68.)

FC Schalke 04 – 1. FC Kaiserslautern 1:2 (0:1)

■ **FC Schalke 04**: Fährmann - Höger, Höwedes, Metzelder, Fuchs - Papadopoulos (75. Farfàn), Holtby (46. Jones) - Draxler (30. Unnerstall), Raúl, Jurado - Huntelaar
■ **1. FC Kaiserslautern**: Trapp - Dick, Amedick, Rodnei, Bugera - De Wit (73. Petsos), Kirch - Sahan, Tiffert (84. Sukuta-Pasu) - Kouemaha, Shechter (64. Abel)
Tore: 0:1 Tiffert (30., Foulelfmeter), 1:1 Huntelaar (62., Foulelfmeter), 1:2 Kouemaha (72.)
Ecken: 4:5
Schiedsrichter: Sippel (München)
Zuschauer: 61.673 (ausverkauft)
Gelb: Raúl, Höger, Metzelder - Dick, Kirch, Bugera
Gelb-Rot: keine **Rot**: Fährmann (28.) - Rodnei (61.)

SC Freiburg – Hamburger SV 1:2 (0:1)

■ **SC Freiburg**: Baumann - Hinkel (82. Nicu), Barth, Krmas, Bastians - Schuster, Flum - Putsila (74. Reisinger), Makiadi, Abdessadki (76. Dembele) - Cissé
■ **Hamburger SV**: Drobny - Westermann, Bruma, Rajkovic, Aogo - Kacar, Tesche - Lam (66. Ilicevic), Töre - Son (87. Jansen), Petric (75. Guerrero)
Tore: 0:1 Son (12.), 1:1 Cisse (47.), 1:2 Ilicevic (73.); Cissé verschießt Foulelfmeter (81.)
Ecken: 7:2
Schiedsrichter: Aytekin (Oberasbach)
Zuschauer: 24.000 (ausverkauft)
Gelb: Schuster - Kacar, Petric, Drobny
Gelb-Rot: keine **Rot**: keine

1. FC Köln – Hannover 96 2:0 (1:0)

■ 1. FC Köln: Rensing - Brecko (46. Andrezinho, 57. Makino), Sereno, Jemal, Eichner - Lanig, Riether - Chihi (87. Roshi), Peszko - Jajalo - Podolski
■ Hannover 96: Zieler - Chahed, Haggui, Pogatetz, Schulz - Schmiedebach (60. Stoppelkamp), Pinto - Stindl, Rausch (60. Pander) - Ya Konan, Abdellaoue
Tore: 1:0 Podolski (24.), 2:0 Podolski (86.)
Ecken: 1:5
Schiedsrichter: Drees (Münster-Sarmsheim)
Zuschauer: 46.000
Gelb: Podolski, Chihi, Lanig - Rausch, Schmiedebach, Pogatetz, Pinto
Gelb-Rot: keine **Rot**: keine

BUNDESLIGA

Bayerns Siegesserie endet – Dortmund ist wieder dran

Zwei Tore erzielt Robert Lewandowski beim 5:0 gegen Köln. Beim Kopfball des Dortmunder Stürmers müssen Sascha Riether (links) und Torwart Michael Rensing tatenlos zuschauen.

Nach 77 Tagen ist die beeindruckende Erfolgsserie des FC Bayern München beendet. 1:2 verliert die Elf von Trainer Jupp Heynckes nach sieben Siegen und einem Unentschieden bei Hannover 96. Torwart Manuel Neuer kassiert sein erstes Gegentor nach 771 Bundesliga-Minuten und verpasst damit den Rekord von Timo Hildebrand aus der Saison 2003/04 um 114 Minuten, zu allem Überfluss sieht Jerome Boateng nach einer Tätlichkeit im Zuge eines heftigen Gerangels die Rote Karte.

Und auch sonst ist das Spiel an Dramatik kaum zu übertreffen. Nach der 2:0-Führung der Niedersachen durch Tore von Mohammed Abdellaoue und Christian Pander werfen die Bayern alles nach vorn und erspielen sich beste Chancen. Mehr als ein Tor von David Alaba springt aber nicht mehr heraus.

„Diese Niederlage wirft uns nicht um", sagt Trainer Jupp Heynckes trotzig. Das Leben an der Tabellenspitze macht die zweite Saisonniederlage aber doch ein wenig ungemütlicher. Denn Titelverteidiger Borussia Dortmund nähert sich mit großen Schritten den Bayern und ist plötzlich nur noch drei Punkte zurück. Die Schwarz-Gelben besiegen den 1. FC Köln 5:0 und präsentieren sich allmählich wieder in der prächtigen Form des Vorjahres. Das kann von Bayer 04 Leverkusen nicht gerade behauptet werden. Die Werkself verliert das Westduell gegen den FC Schalke 04 mit 0:1 und findet sich nach der vierten Saisonniederlage mit acht Punkten Rückstand auf die Spitze auf dem neunten Platz wieder. Schalke springt dagegen auf Platz drei und bedankt sich bei Jefferson Farfán. Der Peruaner erzielt nach einem 70-Meter-Solo den Siegtreffer.

Borussia Mönchengladbach rutscht durch das 0:1 bei 1899 Hoffenheim vom zweiten auf den siebten Platz ab, und auch der SV Werder Bremen fällt zurück, weil er zwei wichtige Punkte liegen lässt. Beim FC Augsburg langt es für die Hanseaten nur zu

DER DEBÜTANT DES SPIELTAGES

Der Start an seiner ersten Trainerstation in der Bundesliga beginnt für Thorsten Fink (43, Foto) denkbar schlecht. Gerade einmal 63 Sekunden dauert es, und schon liegt der Hamburger SV im ersten Spiel unter der Regie des 367-maligen Bundesliga-Profis gegen den VfL Wolfsburg durch ein Tor von Mario Mandzukic mit 0:1 im Hintertreffen. Aller Anfang ist schwer. Doch der HSV erkämpft noch einen Punkt und verlässt den letzten Tabellenplatz, den er zuvor sechs Spieltage eingenommen hatte. Mit Fink ist in Hamburg die Hoffnung zurück. Die Verpflichtung des Erfolgstrainers vom FC Basel (zweimal Meister, einmal Pokalsieger) ist dem Bundesliga-Gründungsmitglied sogar eine Ablösesumme wert. Fink, der UEFA Champions-League-Spiele gegen den Bundesliga-Abstiegskampf eintauscht, sieht im Engagement in Hamburg seine große Chance.

DATEN & FAKTEN

Zuschauer gesamt	430.068
pro Spiel	47.785
Tore gesamt	28
Elfmeter	3
Eigentore	0
Gelbe Karten	33
Gelb-Rote Karten	1
Rote Karten	1

FC Augsburg – SV Werder Bremen 1:1 (0:0)

■ **FC Augsburg:** Jentzsch - Reinhardt, Möhrle, Langkamp - Callsen-Bracker, Hosogai, Davids - Gogia (46. Brinkmann), Baier, Bellinghausen (63. Werner) - Mölders (88. Kapllani)
■ **SV Werder Bremen:** Wiese - Sokratis (63. Ekici), Wolf, Naldo, Schmitz - Ignjovski - Hunt, Fritz - Marin (58. Wagner) - Rosenberg, Pizarro
Tore: 1:0 Bellinghausen (49.), 1:1 Pizarro (68.)
Ecken: 4:7
Schiedsrichter: Kircher (Rottenburg)
Zuschauer: 30.660 (ausverkauft)
Gelb: Baier, Callsen-Bracker, Jentzsch - Sokratis, Pizarro
Gelb-Rot: keine **Rot:** keine

Borussia Dortmund – 1. FC Köln 5:0 (3:0)

■ **Borussia Dortmund:** Weidenfeller - Piszczek, Subotic, Hummels, Schmelzer - S. Bender (57. Leitner), Kehl - Götze (46. Blaszczykowski), Kagawa (71. Gündogan), Großkreutz - Lewandowski
■ **1. FC Köln:** Rensing - Riether, Sereno, Jemal, Eichner - Matuschyk, Jajalo (71. Pezzoni) - Chihi (58. Clemens), Peszko (46. Roshi) - Lanig - Podolski
Tore: 1:0 Kagawa (7.), 2:0 Schmelzer (25.), 3:0 Lewandowski (44.), 4:0 Lewandowski (50.), 5:0 Kehl (66.)
Ecken: 2:3
Schiedsrichter: Brych (München)
Zuschauer: 80.200
Gelb: Kehl, Subotic - Matuschyk, Sereno
Gelb-Rot: keine **Rot:** keine

1. FC Nürnberg – VfB Stuttgart 2:2 (1:0)

■ **1. FC Nürnberg:** Stephan - Chandler, Wollscheid, Klose (46. Maroh), Plattenhardt - Cohen, Simons - Mak (69. Judt), Esswein, Hegeler (90+2. Kamavuaka) - Pekhart
■ **VfB Stuttgart:** Ulreich - Boulahrouz, Tasci, Maza, Boka (46. Molinaro) - Kvist, Kuzmanovic - Harnik, Hajnal, Okazaki (76. Hemlein) - Cacau
Tore: 1:0 Simons (9.), 1:1 Kuzmanovic (60., Handelfmeter), 2:1 Wollscheid (70.), 2:2 Maza (84.)
Ecken: 4:4
Schiedsrichter: Wingenbach (Diez)
Zuschauer: 46.486
Gelb: Simons - Ulreich, Harnik
Gelb-Rot: keine **Rot:** keine

1. FC Kaiserslautern – SC Freiburg 1:0 (0:0)

■ **1. FC Kaiserslautern:** Trapp - Dick, Amedick, Abel, Bugera - De Wit (90+3. Petsos), Kirch - Sahan, Tiffert - Shechter (89. Sukuta-Pasu), Kouemaha
■ **SC Freiburg:** Baumann - Hinkel, Barth, Krmas, Bastians (74. Butscher) - Schuster, Flum - Putsila (68. D. Caligiuri), Makiadi, Abdessadki (79. Reisinger) - Cissé
Tore: 1:0 Shechter (75.); Baumann hält Foulelfmeter von Tiffert (77.)
Ecken: 6:4
Schiedsrichter: Hartmann (Wangen)
Zuschauer: 40.748
Gelb: Krmas, Baumann, Hinkel, Barth
Gelb-Rot: keine **Rot:** keine

Der Mönchengladbacher Torwart Marc-André ter Stegen fängt im Sprung den Ball sicher vor Vedad Ibisevic. Doch einmal kann der Hoffenheimer Stürmer den Junioren-Nationalspieler bezwingen, womit die Badener 1:0 gegen das Team vom Niederrhein gewinnen.

einem 1:1. Der Nordrivale Hamburger SV verlässt unter dem neuen Trainer Thorsten Fink erstmals seit dem vierten Spieltag wieder den letzten Tabellenplatz, auch wenn es gegen den VfL Wolfsburg nur zu einem 1:1 reicht. Mladen Petric bewahrt mit seinem Ausgleichstor nach einem frühen Rückstand Fink vor einem verpatzten Einstand. Schlusslicht ist nun der SC Freiburg, der beim 1. FC Kaiserslautern 0:1 verliert.
Dem 1. FC Nürnberg reicht eine zweimalige Führung gegen den VfB Stuttgart nicht zum Sieg, am Ende heißt es 2:2. Hertha BSC legt seine Heimschwäche auch gegen den 1. FSV Mainz 05 nicht ab und muss sich mit einem 0:0 begnügen.

Auch Beten hilft den Bayern und Toni Kroos nichts: In Hannover beziehen die Münchner die zweite Saisonniederlage.

RESULTATE

Freitag, 21.10.2011	FC Augsburg - SV Werder Bremen	1:1 (0:0)
Samstag, 22.10.2011	Borussia Dortmund - 1. FC Köln	5:0 (3:0)
	1. FC Nürnberg - VfB Stuttgart	2:2 (1:0)
	1. FC Kaiserslautern - SC Freiburg	1:0 (0:0)
	1899 Hoffenheim - Borussia M'gladbach	1:0 (0:0)
	Hertha BSC - 1. FSV Mainz 05	0:0
	Hamburger SV - VfL Wolfsburg	1:1 (0:1)
Sonntag, 23.10.2011	Bayer 04 Leverkusen - FC Schalke 04	0:1 (0:0)
	Hannover 96 - FC Bayern München	2:1 (1:0)

TORJÄGER

Mario Gomez	FC Bayern München	10
Klaas-Jan Huntelaar	FC Schalke 04	8
Claudio Pizarro	SV Werder Bremen	7
Robert Lewandowski	Borussia Dortmund	7
Papiss Cissé	SC Freiburg	7
Mohammed Abdellaoue	Hannover 96	7
Lukas Podolski	1. FC Köln	6
Mario Mandzukic	VfL Wolfsburg	6

PERSONALIEN

Christian Lell bestreitet sein 100. Bundesliga-Spiel, sein neuntes für Hertha BSC nach seinen vorgehenden Partien für den FC Bayern München und den 1. FC Köln.

100 Bundesliga-Spiele, alle für den FC Schalke 04, hat **Jefferson Farfán** bestritten. Beim Jubiläumseinsatz erzielt er das 22. Tor in der Bundesliga für die Gelsenkirchener.

Heinz Müller beim 1. FSV Mainz 05 und **Edmond Kapllani** beim FC Augsburg nehmen zum 50. Mal an einer Bundesliga-Partie teil.

TABELLE

Rang	Club	Sp.	g	u	v	Tore	Diff.	Pkt.	
1	FC Bayern München	10	7	1	2	26:3	23	22	→
2	Borussia Dortmund	10	6	1	3	20:7	13	19	↗
3	FC Schalke 04	10	6	0	4	19:15	4	18	↗
4	Hannover 96	10	5	3	2	13:13	0	18	↗
5	VfB Stuttgart	10	5	2	3	16:8	8	17	↘
6	SV Werder Bremen	10	5	2	3	17:13	4	17	↘
7	Borussia M'gladbach	10	5	2	3	11:7	4	17	↘
8	1899 Hoffenheim	10	5	1	4	13:9	4	16	↗
9	Bayer 04 Leverkusen	10	4	2	4	12:14	-2	14	↘
10	Hertha BSC	10	3	4	3	12:13	-1	13	↗
11	VfL Wolfsburg	10	4	1	5	12:17	-5	13	↗
12	1. FC Köln	10	4	1	5	15:23	-8	13	↘
13	1. FC Nürnberg	10	3	3	4	12:14	-2	12	→
14	1. FC Kaiserslautern	10	3	2	5	8:13	-5	11	→
15	1. FSV Mainz 05	10	2	3	5	12:19	-7	9	→
16	FC Augsburg	10	1	5	4	8:17	-9	8	→
17	Hamburger SV	10	2	2	6	12:22	-10	8	↗
18	SC Freiburg	10	2	1	7	14:25	-11	7	↘

1899 Hoffenheim
Borussia M'gladbach 1:0 (0:0)

■ **1899 Hoffenheim**: Haas - Beck, Vorsah, Compper, Braafheid - Williams - Firmino (77. Obasi), Johnson (68. Musona), Sigurdsson, Babel - Ibisevic (88. Vestergaard)
■ **Borussia M'gladbach**: ter Stegen - Jantschke, Stranzl, Dante, Wendt - Nordtveit (75. Marx), Neustädter - Herrmann (75. King), Arango - Hanke (84. Otsu), Reus
Tore: 1:0 Ibisevic (56.)
Ecken: 8:2
Schiedsrichter: Dingert (Lebecksmühle)
Zuschauer: 30.150 (ausverkauft)
Gelb: Beck - Stranzl, Jantschke, Dante
Gelb-Rot: keine **Rot**: keine

Hertha BSC
1. FSV Mainz 05 0:0

■ **Hertha BSC**: Kraft - Lell, Hubnik, Mijatovic, Kobiashvili - Ottl, Lustenberger (71. Niemeyer) - Ebert, Raffael, Ben-Hatira (63. Torun) - Ramos (68. Lasogga)
■ **1. FSV Mainz 05**: H. Müller - Pospech, Bungert, Noveski, Fathi - Kirchhoff - M. Caligiuri, Soto - Ivanschitz (73. Malli) - Allagui (79. Risse), N. Müller (59. Choupo-Moting)
Tore: keine
Ecken: 3:3
Schiedsrichter: Stark (Ergolding)
Zuschauer: 47.064
Gelb: Niemeyer - Allagui, Kirchhoff, Choupo-Moting
Gelb-Rot: keine **Rot**: keine

Hamburger SV
VfL Wolfsburg 1:1 (0:1)

■ **Hamburger SV**: Drobny - Westermann, Bruma, Rajkovic (46. Diekmeier), Aogo - Kacar (79. Tesche), Rincón - Töre, Jansen (85. Lam) - Guerrero, Petric
■ **VfL Wolfsburg**: Benaglio - Hasebe, Kyrgiakos, Thoelke, M. Schäfer - Träsch, Josué (79. Hitzlsperger) - Ochs, Dejagah (55. Salihamidzic) - Mandzukic, Koo (90+2. Russ)
Tore: 0:1 Mandzukic (2.), 1:1 Petric (56.)
Ecken: 8:4
Schiedsrichter: Perl (Pullach)
Zuschauer: 54.378
Gelb: Rajkovic, Kacar - Träsch
Gelb-Rot: keine **Rot**: keine

Bayer 04 Leverkusen
FC Schalke 04 0:1 (0:0)

■ **Bayer 04 Leverkusen**: Leno - Schwaab, Friedrich, Toprak, Kadlec - L. Bender, Rolfes - Sam, Ballack, Schürrle - Kießling
■ **FC Schalke 04**: Unnerstall - Höwedes, Papadopoulos, Matip, Fuchs - Jones, Holtby (90+2. Metzelder) - Farfán (90. Moravek), Draxler (75. Jurado) - Raúl, Huntelaar
Tore: 0:1 Farfán (82.)
Ecken: 3:3
Schiedsrichter: Zwayer (Berlin)
Zuschauer: 30.210 (ausverkauft)
Gelb: Ballack - Jones, Draxler, Huntelaar
Gelb-Rot: keine **Rot**: keine

Hannover 96
FC Bayern München 2:1 (1:0)

■ **Hannover 96**: Zieler - Cherundolo, Haggui, Pogatetz, Schulz (46. Rausch) - Schmiedebach, Pinto - Stindl, Pander - Schlaudraff (71. Chahed), Abdellaoue (79. Ya Konan)
■ **FC Bayern München**: Neuer - Rafinha (68. Alaba), Boateng, Badstuber (87. Petersen), Lahm - Gustavo, Schweinsteiger - T. Müller, Kroos, Ribéry - Gomez (83. Olic)
Tore: 1:0 Abdellaoue (23., Foulelfmeter), 2:0 Pander (50.), 2:1 Alaba (83.)
Ecken: 2:5
Schiedsrichter: Gräfe (Berlin)
Zuschauer: 49.000 (ausverkauft)
Gelb: Schulz, Pinto, Schmiedebach, Zieler - Ribéry **Gelb-Rot**: Cherundolo (63.) **Rot**: Boateng (28.)

BUNDESLIGA

Bayer siegt durch erstes Tor von Michael Ballack nach 1.994 Tagen

Genau 1.994 Tage muss Michael Ballack auf diesen Moment warten. Der frühere Nationalmannschaftskapitän erzielt seinen ersten Bundesliga-Treffer seit dem 13. Mai 2006, doch richtig genießen kann er es nicht. Für Ballack geht es direkt nach dem 1:0-Sieg von Bayer 04 Leverkusen beim SC Freiburg in die Freiburger Universitätsklinik. Der 35-Jährige erleidet während des Spiels einen Nasenbeinbruch. Trotzdem wird Ballack für Bayer immer wertvoller. „Michael ist fitter als im vergangenen Jahr, ein fitter Michael Ballack bringt uns weiter", sagt Mitspieler Lars Bender. Und seinem Coach Robin Dutt beschert Ballack mit seinem Siegtreffer eine erfolgreiche Rückkehr nach Freiburg, wo der Trainer bis zum Sommer vier Jahre lang gearbeitet hat.

Der ganz große Fußball wird aber eher in München vom FC Bayern geboten. Beim 4:0 gegen den 1. FC Nürnberg macht die Mannschaft von Trainer Jupp Heynckes den Ausrutscher vor Wochenfrist bei Hannover 96 in eindrucksvoller Manier wieder vergessen. Präsident Uli Hoeneß wird ob der Vorstellung im 183. Derby gar richtig warm ums Herz. „Chapeau. Ich freue mich jedes Mal, ins Stadion zu gehen. Das ist höhere Kunst. Es wird nicht planlos rumgekickt, sondern Fußball zelebriert. Die Linien werden klar wie mit dem Pinsel gezogen", schwärmt der Weltmeister von 1974. Der Vorsprung an der Tabellenspitze wächst auf vier Punkte an, da sich Borussia Dortmund beim VfB Stuttgart mit einem 1:1 begnügen muss und hinter den FC Schalke 04 auf Platz drei abrutscht. Der

Jubel kann schmerzhaft sein: Dies erfahren die Mitspieler von Andreas Ottl (oben Mitte), der nach einem Tor von Hertha BSC beim 3:2 in Wolfsburg auf die Kollegen springt.

DER SPIELER DES SPIELTAGES

Die Scouts der internationalen Topclubs geben sich im BORUSSIA-PARK die Klinke in die Hand. Der Grund ist klar. Marco Reus (22, Foto) präsentiert sich in der Form seines Lebens und bei Hannover 96 auch von seiner torgefährlichen Seite. Beide Tore steuert der pfeilschnelle Nationalstürmer zum 2:1 gegen die Niedersachsen bei. „Es macht Spaß, Marco spielen zu sehen", sagt Gladbachs Torwart Marc-André ter Stegen. Die Borussia-Fans sind ebenfalls begeistert, denn das Gesicht des Gladbacher Höhenflugs ist Reus. Der 22-Jährige ist mit seinen Tempodribblings von den gegnerischen Abwehrspielern kaum zu stoppen. So hat der gebürtige Dortmunder seit seinem Wechsel nach Gladbach im Sommer 2009 seinen Marktwert bereits um ein Vielfaches gesteigert.

DATEN & FAKTEN

Zuschauer gesamt	430.068
pro Spiel	47.785
Tore gesamt	28
Elfmeter	3
Eigentore	0
Gelbe Karten	33
Gelb-Rote Karten	0
Rote Karten	2

SC Freiburg – Bayer 04 Leverkusen 0:1 (0:1)

■ **SC Freiburg:** Baumann - Hinkel, Barth, Krmas, Bastians - Schuster, Flum - Putsila (76. Jendrisek), Rosenthal (81. Makiadi) - Dembele (69. Reisinger), CisseÖ■ **Bayer 04 Leverkusen:** Leno - Schwaab, Friedrich, Toprak, Kadlec - L. Bender, Castro - Sam, Ballack (65. Rolfes), Schürrle (83. Reinartz) - Derdiyok (74. Kießling)
Tore: 0:1 Ballack (2.)
Ecken: 6:2
Schiedsrichter: Fritz (Korb)
Zuschauer: 22.300
Gelb: Cissé
Gelb-Rot: keine **Rot:** keine

FC Bayern München – 1. FC Nürnberg 4:0 (3:0)

■ **FC Bayern München:** Neuer - Rafinha, van Buyten, Badstuber, Lahm - Tymoshchuk, Schweinsteiger (71. Alaba) - T. Müller (77. Olic), Kroos (74. Gustavo), Ribéry - Gomez
■ **1. FC Nürnberg:** Stephan - Judt (46. Hegeler), Wollscheid, Klose, Plattenhardt - Simons - Chandler, Cohen (62. Wießmeier), Kamavuaka, Esswein (71. Frantz) - Pekhart
Tore: 1:0 Gomez (2.), 2:0 Schweinsteiger (19.), 3:0 Ribéry (39.), 4:0 Gomez (68.)
Ecken: 7:3
Schiedsrichter: Meyer (Burgdorf)
Zuschauer: 69.000 (ausverkauft)
Gelb: Gustavo - Judt, Cohen
Gelb-Rot: keine **Rot:** keine

FC Schalke 04 – 1899 Hoffenheim 3:1 (1:0)

■ **FC Schalke 04:** Unnerstall - Höwedes, Papadopoulos, Matip, Fuchs - Jones, Holtby - Farfán (83. Moravek), Draxler (89. Kluge) - Huntelaar, Raul (86. Pukki)
■ **1899 Hoffenheim:** Starke - Beck, Vorsah, Compper, Braafheid - Williams - Obasi, Firmino (85. Schipplock), Sigurdsson (79. Johnson), Babel - Ibisevic
Tore: 1:0 Raúl (28.), 1:1 Ibisevic (63.), 2:1 Huntelaar (73., Foulelfmeter), 3:1 Huntelaar (76.)
Ecken: 5:4
Schiedsrichter: Welz (Wiesbaden)
Zuschauer: 60.384
Gelb: Jones - Beck, Williams
Gelb-Rot: keine **Rot:** keine

VfB Stuttgart – Borussia Dortmund 1:1 (1:1)

■ **VfB Stuttgart:** Ulreich - Boulahrouz, Tasci, Maza, Molinaro - Kvist, Kuzmanovic - Harnik, Hajnal (90+2. Gentner), Okazaki (70. Traoré) - Cacau (78. Hemlein)
■ **Borussia Dortmund:** Weidenfeller - Piszczek, Subotic, Hummels, Schmelzer - S. Bender (46. Leitner), Kehl - Götze, Kagawa, Perisic (76. Großkreutz) - Lewandowski (72. Barrios)
Tore: 1:0 Tasci (22.), 1:1 Piszczek (45+1.)
Ecken: 6:7
Schiedsrichter: Gräfe (Berlin)
Zuschauer: 60.000 (ausverkauft)
Gelb: Cacau, Kuzmanovic, Maza - Kehl, Schmelzer
Gelb-Rot: keine **Rot:** keine

Wilson Kamavuaka vom 1. FC Nürnberg treibt den Ball über den Platz, seine linke Hand liegt auf dem Kopf von Bastian Schweinsteiger, der die Verfolgung aufgenommen hat. Der Münchner berührt seinerseits den Mittelfeldspieler des „Clubs" am Oberarm.

Revierrivale steigt durch ein 3:1 gegen 1899 Hoffenheim zum ersten Bayern-Jäger auf. Im Mittelpunkt steht wieder einmal Schalkes geballte Offensive. Der niederländische Torjäger Klaas-Jan Huntelaar trifft zweimal. Raúl erzielt den Führungstreffer und löst damit heftige Diskussionen aus, denn der Ball springt von der Hand des Spaniers ins Tor. Es gibt aber noch weitere Stürmer, die große Schlagzeilen produzieren. Etwa Marco Reus, der Borussia Mönchengladbach mit zwei Toren den 2:1-Sieg gegen Hannover 96 sichert. Oder Lukas Podolski beim 1. FC Köln. Der Nationalstürmer schafft beim 3:0 gegen den FC Augsburg seinen dritten Doppelpack der Saison. Beim SV Werder Bremen heißt der Mann der Tore Claudio Pizarro, beim 3:1 beim 1. FSV Mainz 05 gelingt dem Peruaner sein 150. Tor im 314. Bundesliga-Spiel. Dermaßen viele Tore weisen neben Pizarro nur zwölf Spieler in der Bundesliga-Historie auf, angeführt vom Rekordtorjäger Gerd Müller (365). Im Tabellenkeller geht es für den Hamburger SV unter dem neuen Trainer Thorsten Fink weiter nur langsam voran, 1:1 heißt es am Ende gegen den 1. FC Kaiserslautern. Hertha BSC Berlin siegt indes beim VfL Wolfsburg 3:2.

RESULTATE

Freitag, 28.10.2011	SC Freiburg - Bayer 04 Leverkusen	0:1 (0:1)
Samstag, 29.10.2011	FC Bayern München - 1. FC Nürnberg	4:0 (3:0)
	FC Schalke 04 - 1899 Hoffenheim	3:1 (1:0)
	VfB Stuttgart - Borussia Dortmund	1:1 (1:1)
	VfL Wolfsburg - Hertha BSC	2:3 (1:2)
	Borussia M'gladbach - Hannover 96	2:1 (1:1)
	1. FSV Mainz 05 - SV Werder Bremen	1:3 (1:1)
Sonntag, 30.10.2011	1. FC Köln - FC Augsburg	3:0 (2:0)
	Hamburger SV - 1. FC Kaiserslautern	1:1 (0:1)

TORJÄGER

Mario Gomez	FC Bayern München	12
Klaas-Jan Huntelaar	FC Schalke 04	10
Claudio Pizarro	SV Werder Bremen	8
Lukas Podolski	1. FC Köln	8
Mario Mandzukic	VfL Wolfsburg	7
Robert Lewandowski	Borussia Dortmund	7
Papiss Cissé	SC Freiburg	7
Mohammed Abdellaoue	Hannover 96	7

PERSONALIEN

Dominik Reinhardt (früher 1. FC Nürnberg) beim FC Augsburg, **Dennis Aogo** (früher SC Freiburg) beim Hamburger SV und **Markus Rosenberg** beim SV Werder Bremen absolvieren ihre 100. Bundesliga-Spiele.

Sein 150. Bundesliga-Tor erzielt **Claudio Pizarro** beim SV Werder Bremen, der Stürmer baut seinen Status als treffsicherster ausländischer Profi seit Bundesliga-Gründung weiter aus.

Kleinere Torjubiläen feiern **Lukas Podolski** beim 1. FC Köln mit seinem 60. Bundesliga-Tor, **Levan Kobiashvili** bei Hertha BSC mit seinem 30. Tor sowie **Mario Gomez**, der zum 50. Mal für den FC Bayern München trifft, und Vedad Ibisevic, der sein 40. Tor für 1899 Hoffenheim erzielt.

TABELLE

Rang	Club	Sp.	g	u	v	Tore	Diff.	Pkt.	
1	FC Bayern München	11	8	1	2	30:3	27	25	→
2	FC Schalke 04	11	7	0	4	22:16	6	21	↗
3	Borussia Dortmund	11	6	2	3	21:8	13	20	↘
4	SV Werder Bremen	11	6	2	3	20:14	6	20	↗
5	Borussia M'gladbach	11	6	2	3	13:8	5	20	↗
6	VfB Stuttgart	11	5	3	3	17:9	8	18	↘
7	Hannover 96	11	5	3	3	14:15	-1	18	↘
8	Bayer 04 Leverkusen	11	5	2	4	13:14	-1	17	↗
9	1899 Hoffenheim	11	5	1	5	14:12	2	16	↘
10	Hertha BSC	11	4	4	3	15:15	0	16	→
11	1. FC Köln	11	5	1	5	18:23	-5	16	↗
12	VfL Wolfsburg	11	4	1	6	14:20	-6	13	↘
13	1. FC Kaiserslautern	11	3	3	5	9:14	-5	12	↗
14	1. FC Nürnberg	11	3	3	5	12:18	-6	12	↘
15	1. FSV Mainz 05	11	2	3	6	13:22	-9	9	→
16	Hamburger SV	11	2	3	6	13:23	-10	9	↗
17	FC Augsburg	11	1	5	5	8:20	-12	8	↘
18	SC Freiburg	11	2	1	8	14:26	-12	7	→

VfL Wolfsburg – Hertha BSC 2:3 (1:2)

■ **VfL Wolfsburg**: Benaglio - Hasebe, Thoelke, Kyrgiakos, M. Schäfer - Träsch, Josué (46. Hitzlsperger) - Ochs (63. Lakic), Hleb (78. Koo) - Dejagah, Mandzukic
■ **Hertha BSC**: Kraft (38. Burchert) - Lell, Franz, Mijatovic, Kobiashvili - Niemeyer, Ottl - Ramos, Raffael, Rukavytsya (82. Lustenberger) - Lasogga (87. Janker)
Tore: 0:1 Raffael (27.), 1:1 Mandzukic (31.), 1:2 Kobiashvili (37., Foulelfmeter), 2:2 M. Schäfer (84.), 2:3 Lasogga (85.)
Ecken: 6:7
Schiedsrichter: Hartmann (Wangen)
Zuschauer: 30.000 (ausverkauft)
Gelb: Benaglio, Hasebe, Mandzukic - Lasogga, Franz
Gelb-Rot: keine **Rot**: keine

Borussia M'gladbach – Hannover 96 2:1 (1:1)

■ **Borussia M'gladbach**: ter Stegen - Jantschke, Stranzl (44. Brouwers), Dante, Daems - Nordtveit, Neustädter (69. Marx) - Herrmann, Arango - Hanke (82. Bobadilla), Reus
■ **Hannover 96**: Zieler - Chahed, Haggui, Pogatetz, Schulz (88. Eggimann) - Schmiedebach, Lala (56. Ya Konan) - Stindl, Pander (69. Rausch) - Schlaudraff - Abdellaoue
Tore: 1:0 Reus (21.), 1:1 Pogatetz (26.), 2:1 Reus (51.)
Ecken: 5:5
Schiedsrichter: Kinhöfer (Herne)
Zuschauer: 51.036
Gelb: Schmiedebach, Ya Konan, Stindl
Gelb-Rot: keine **Rot**: keine

1. FSV Mainz 05 – SV Werder Bremen 1:3 (1:1)

■ **1. FSV Mainz 05**: Wetklo - Pospech (70. Ivanschitz), Bungert, Noveski (15. Baumgartlinger), Fathi - Kirchhoff - M. Caligiuri, Soto - Malli - Choupo-Moting, Ujah (70. N. Müller)
■ **SV Werder Bremen**: Wiese - Sokratis, Prödl, Naldo, Schmitz - Ignjovski (88. Wolf) - Fritz, Hunt - Ekici (68. Bargfrede) - Rosenberg (63. Wagner), Pizarro
Tore: 1:0 Bungert (23.), 1:1 Pizarro (29.), 1:2 Hunt (47.), 1:3 Prödl (78.)
Ecken: 10:0
Schiedsrichter: Aytekin (Oberasbach)
Zuschauer: 34.000 (ausverkauft)
Gelb: Kirchhoff, Soto - Ignjovski, Pizarro, Wagner, Schmitz
Gelb-Rot: keine **Rot**: keine

1. FC Köln – FC Augsburg 3:0 (2:0)

■ **1. FC Köln**: Rensing - Brecko, Sereno, Jemal, Eichner - Lanig (67. Matuschyk), Riether - Clemens (67. Roshi), Peszko - Jajalo (73. Pezzoni) - Podolski
■ **FC Augsburg**: Jentzsch - Reinhardt, Möhrle (6. Sankoh, 46. Gogia), Langkamp, Hosogai - Callsen-Bracker, Davids - Baier, Brinkmann (64. Oehrl), Bellinghausen - Mölders
Tore: 1:0 Podolski (19.), 2:0 Podolski (24., Foulelfmeter), 3:0 Peszko (56.)
Ecken: 1:2
Schiedsrichter: Gagelmann (Bremen)
Zuschauer: 48.000
Gelb: Jajalo - Callsen-Bracker, Bellinghausen
Gelb-Rot: keine **Rot**: Oehrl (75.)

Hamburger SV – 1. FC Kaiserslautern 1:1 (0:1)

■ **Hamburger SV**: Drobny - Westermann, Bruma, Rajkovic, Aogo - Kacar (83. Tesche), Rincón - Töre (81. Lam), Jansen - Guerrero, Berg (38. Diekmeier)
■ **1. FC Kaiserslautern**: Trapp - Dick, Amedick, Abel, Bugera - De Wit (75. Shechter), Kirch - Sahan (67. Sukuta-Pasu), Tiffert, Fortounis (90. Petsos) - Kouemaha
Tore: 0:1 De Wit (38.), 1:1 Guerrero (65.)
Ecken: 4:3
Schiedsrichter: Schmidt (Stuttgart)
Zuschauer: 55.348
Gelb: Westermann, Diekmeier - Kouemaha, Sukuta-Pasu
Gelb-Rot: keine **Rot**: Rajkovic (22.)

BUNDESLIGA

Hattrick von Claudio Pizarro bringt nach 0:2 noch Bremer Sieg

Fantastische Tore und ein Zauberduo der Extraklasse bekommen die Zuschauer von Borussia Dortmund beim 5:1 gegen den VfL Wolfsburg zu sehen. Mario Götze und sein kongenialer Partner Shinji Kagawa spielen den Deutschen Meister von 2009 quasi schwindelig und sind an vier der fünf Tore beteiligt. „Deutscher Meister wird nur der BVB", ist auf den Rängen des Dortmunder SIGNAL IDUNA PARKS schon wieder zu hören. Doch davon will Erfolgstrainer Jürgen Klopp nichts wissen. „Wir sind froh, dass wir in der Spitzengruppe sind." Und Götze ist offensichtlich froh, beim BVB zu spielen. „Ich bin mehr als glücklich hier", sagt der 19-Jährige zu den anhaltenden Wechselgerüchten um seine Person. Nicht so glücklich schaut dagegen Teamkollege Neven Subotic nach einem Mittelgesichtsbruch drein. „Ich sehe aus wie Quasimodo", schreibt Subotic auf seiner Facebook-Seite. Doch auch der Spitzenreiter aus München hat seine Probleme. Ohne Bastian Schweinsteiger, der wegen eines im UEFA-Champions-League-Spiel gegen den SSC Neapel erlittenen Schlüsselbeinbruchs ausfällt, quält sich der FC Bayern zu einem 2:1 beim FC Augsburg und erhält sich so den Fünf-Punkte-Vorsprung auf den BVB. Dabei hält Nationaltorhüter Manuel Neuer mit einer tollen Parade den Münchner Sieg in der Schlussphase fest. „Jetzt hat Manuel eine Million seiner Ablösesumme abbezahlt", scherzt Bayern-Präsident Uli Hoeneß.

Beim Tabellendritten SV Werder Bremen ist mal wieder Claudio Pizarro der Matchwinner. Mit drei Toren gibt der Peruaner beim 3:2 gegen den 1. FC Köln dem Spiel nach 0:2-Rückstand im Alleingang noch eine Wende.

Bei Borussia Mönchengladbach ist Marco Reus der Mann für die entscheidenden Tore. Der dynamische Angreifer ist nicht zu stoppen und trifft beim 2:1 der Gladbacher bei

Kevin Trapp begeistert mit glänzenden Paraden im Tor des 1. FC Kaiserslautern und lässt sich beim 1:1 im Auswärtsspiel bei 1899 Hoffenheim nur einmal bezwingen.

DIE AUSHILFSKRAFT DES SPIELTAGES

Weil ein doppelter Nasenbeinbruch Toptorjäger Klaas-Jan Huntelaar zu einer Pause zwingt, kommt Teemu Pukki unverhofft zum Debüt in der Startelf des FC Schalke 04. Es wird eine denkwürdige Premiere für den Finnen. Der 21-Jährige erzielt beide Treffer beim 2:2 der Königsblauen im Spiel bei Hannover 96. „Teemu bringt eine unglaubliche Schnelligkeit mit und ist sehr abgeklärt. Für solche Situationen haben wir ihn geholt", sagt Sportdirektor Horst Heldt. Es ist schon eine besondere Geschichte, die Pukki nach Schalke geführt hat. In der Qualifikation zur UEFA Europa League erzielt der Blondschopf drei Tore in zwei Spielen für HJK Helsinki gegen Schalke. Zum Weiterkommen der Finnen reicht das nicht, wohl aber als Bewerbungsschreiben für eine Anstellung auf Schalke.

DATEN & FAKTEN

Zuschauer gesamt	394.822
pro Spiel	43.869
Tore gesamt	34
Elfmeter	3
Eigentore	1
Gelbe Karten	40
Gelb-Rote Karten	1
Rote Karten	3

1. FSV Mainz 05 – VfB Stuttgart 3:1 (0:0)

■ **1. FSV Mainz 05:** Wetklo - Pospech, Bungert, Kirchhoff, M. Caligiuri - Polanski - Baumgartlinger, Soto - Ivanschitz (73. Choupo-Moting) - N. Müller (82. Malli, 87. Fathi), Ujah
■ **VfB Stuttgart:** Ulreich - Boulahrouz, Tasci, Maza, Molinaro (66. Traore) - Kvist, Kuzmanovic - Harnik, Hajnal (82. Gebhart), Okazaki (64. Hemlein) - Cacau
Tore: 0:1 Cacau (50.), 1:1 Ujah (53.), 2:1 Ivanschitz (60., Foulelfmeter), 3:1 Ujah (64.)
Ecken: 4:6
Schiedsrichter: Winkmann (Kerken)
Zuschauer: 34.000 (ausverkauft)
Gelb: N. Müller, Ivanschitz - Okazaki, Ulreich **Gelb-Rot:** Maza (90+3.)
Rot: Polanski (83.)

Borussia Dortmund – VfL Wolfsburg 5:1 (2:0)

■ **Borussia Dortmund:** Weidenfeller - Piszczek, Subotic (46. Santana), Hummels, Schmelzer - S. Bender, Leitner (71. Kehl) - Götze, Kagawa, Großkreutz - Lewandowski (74. Barrios)
■ **VfL Wolfsburg:** Benaglio - Salihamidzic, Chris, Kyrgiakos, M. Schäfer - Josué - Ochs (56. Jönsson), Träsch, Polak (40. Hleb) - Dejagah, Mandzukic
Tore: 1:0 Götze (12.), 2:0 Kagawa (45.), 2:1 Hleb (59.), 3:1 S. Bender (61.), 4:1 Lewandowski (66.), 5:1 Götze (78.)
Ecken: 8:6
Schiedsrichter: Drees (Münster-Sarmsheim)
Zuschauer: 80.720 (ausverkauft)
Gelb: Großkreutz - Polak, Träsch, Chris, Salihamidzic
Gelb-Rot: keine **Rot:** keine

SV Werder Bremen – 1. FC Köln 3:2 (0:2)

■ **SV Werder Bremen:** Wiese - Sokratis, Prödl, Naldo, Schmitz (37. Bargfrede) - Ignjovski - Fritz, Hunt - Ekici (37. Rosenberg) - Arnautovic (79. Wagner), Pizarro
■ **1. FC Köln:** Rensing - Brecko, Sereno, Jemal, Eichner - Lanig, Riether - Clemens (55. Geromel), Jajalo (67. Pezzoni), Peszko (72. Matuschyk) - Podolski
Tore: 0:1 Clemens (3.), 0:2 Podolski (45.), 1:2 Pizarro (49.), 2:2 Pizarro (54., Foulelfmeter), 3:2 Pizarro (86.)
Ecken: 10:4
Schiedsrichter: Weiner (Giesen)
Zuschauer: 41.500 (ausverkauft)
Gelb: Sokratis, Fritz, Bargfrede - Riether, Rensing, Lanig
Gelb-Rot: keine **Rot:** Sereno (52.)

1. FC Nürnberg – SC Freiburg 1:2 (1:1)

■ **1. FC Nürnberg:** R. Schäfer (46. Stephan) - Chandler, Wollscheid, Klose, Pinola - Feulner (66. Hegeler), Simons - Eigler, Frantz (74. Didavi), Esswein - Pekhart
■ **SC Freiburg:** Baumann - Hinkel (64. Ferati), Barth, Krmas, Bastians - Schuster - Putsila, Makiadi, Flum, Rosenthal - Cissé
Tore: 1:0 Frantz (32.), 1:1 Rosenthal (34.), 1:2 Cissé (90+3., Foulelfmeter)
Ecken: 5:2
Schiedsrichter: Dingert (Lebecksmühle)
Zuschauer: 38.026
Gelb: Pinola, Wollscheid, Esswein, Stephan - Hinkel
Gelb-Rot: keine **Rot:** keine

André Schürrle (vorn) erzielt das 1:0 für Leverkusen gegen Hamburg, der auf dem Boden sitzende Dennis Aogo schaut fassungslos zu, im Hintergrund jubelt Michael Ballack.

Mario Gomez (Mitte) bestätigt seine gute Form mit seinem 13. Saisontor beim 2:1 der Münchner in Augsburg. Dominik Reinhardt (links) und Daniel Brinkmann können ihn nicht stoppen.

Hertha BSC doppelt, womit er seinem Trainer Lucien Favre eine erfolgreiche Rückkehr an die alte Wirkungsstätte beschert. Die Borussia lässt den FC Schalke 04 wieder hinter sich, der trotz zweier Tore von Teemu Pukki nicht über ein 2:2 bei Hannover 96 hinauskommt. Mit dem gleichen Ergebnis trennen sich Bayer 04 Leverkusen und der Hamburger SV, der damit im dritten Spiel unter dem neuen Trainer Thorsten Fink das dritte Unentschieden einspielt. Für den 1. FSV Mainz 05 gibt es dagegen nach neun Spielen ohne Sieg beim 3:1 gegen den VfB Stuttgart endlich wieder ein Erfolgserlebnis. Drei Punkte, und das erstmals in dieser Saison auswärts, gelingen auch dem SC Freiburg durch ein 2:1 beim 1. FC Nürnberg. In der dritten Minute der Nachspielzeit stellt Stürmer Papiss Demba Cissé den glücklichen Sieg mit einem verwandelten Foulelfmeter sicher. Mit 1:1 endet das Duell zwischen 1899 Hoffenheim und dem 1. FC Kaiserslautern.

RESULTATE

Freitag, 04.11.2011	1. FSV Mainz 05 - VfB Stuttgart	3:1 (0:0)
Samstag, 05.11.2011	Borussia Dortmund - VfL Wolfsburg	5:1 (2:0)
	SV Werder Bremen - 1. FC Köln	3:2 (0:2)
	1. FC Nürnberg - SC Freiburg	1:2 (1:1)
	1899 Hoffenheim - 1. FC Kaiserslautern	1:1 (1:0)
	Hertha BSC - Borussia M'gladbach	1:2 (1:1)
	Bayer 04 Leverkusen - Hamburger SV	2:2 (2:1)
Sonntag, 06.11.2011	Hannover 96 - FC Schalke 04	2:2 (1:1)
	FC Augsburg - FC Bayern München	1:2 (0:2)

TORJÄGER

Mario Gomez	FC Bayern München	13
Claudio Pizarro	SV Werder Bremen	11
Klaas-Jan Huntelaar	FC Schalke 04	10
Lukas Podolski	1. FC Köln	9
Robert Lewandowski	Borussia Dortmund	8
Papiss Cissé	SC Freiburg	8
Mohammed Abdellaoue	Hannover 96	8
Mario Mandzukic	VfL Wolfsburg	7
Marco Reus	Borussia M'gladbach	7

PERSONALIEN

Aaron Hunt absolviert beim SV Werder Bremen sein 150. Bundesliga-Spiel. Ebenfalls zum 150. Mal am Ball für den SV Werder ist **Clemens Fritz**, der allerdings noch 43 weitere Spiele für Bayer 04 Leverkusen gemacht hat.

Das Jubiläum des 100. Einsatzes in der Bundesliga feiert **Mats Hummels** von Borussia Dortmund, wobei er 99 für den BVB und einen für den FC Bayern München bestritt.

Auf 100 steigert **Toni Kroos** (FC Bayern München) seine Bundesliga-Einsätze, 43 davon für Bayer 04 Leverkusen.

TABELLE

Rang	Club	Sp.	g	u	v	Tore	Diff.	Pkt.	
1	FC Bayern München	12	9	1	2	32:4	28	28	→
2	Borussia Dortmund	12	7	2	3	26:9	17	23	↗
3	SV Werder Bremen	12	7	2	3	23:16	7	23	↗
4	Borussia M'gladbach	12	7	2	3	15:9	6	23	↗
5	FC Schalke 04	12	7	1	4	24:18	6	22	↘
6	Hannover 96	12	5	4	3	16:17	-1	19	↗
7	VfB Stuttgart	12	5	3	4	18:12	6	18	↘
8	Bayer 04 Leverkusen	12	5	3	4	15:16	-1	18	→
9	1899 Hoffenheim	12	5	2	5	15:13	2	17	→
10	Hertha BSC	12	4	4	4	16:17	-1	16	→
11	1. FC Köln	12	5	1	6	20:26	-6	16	→
12	1. FC Kaiserslautern	12	3	4	5	10:15	-5	13	↗
13	VfL Wolfsburg	12	4	1	7	15:25	-10	13	↘
14	1. FSV Mainz 05	12	3	3	6	16:23	-7	12	↗
15	1. FC Nürnberg	12	3	3	6	13:20	-7	12	↘
16	Hamburger SV	12	2	4	6	15:25	-10	10	→
17	SC Freiburg	12	3	1	8	16:27	-11	10	↗
18	FC Augsburg	12	1	5	6	9:22	-13	8	↘

1899 Hoffenheim
1. FC Kaiserslautern 1:1 (1:0)

■ **1899 Hoffenheim:** Starke - Ibertsberger (71. Firmino), Vorsah, Compper, Braafheid - Rudy, Salihovic - Obasi (60. Williams), Johnson, Babel - Ibisevic
■ **1. FC Kaiserslautern:** Trapp - Dick, Amedick, Abel, Bugera (81. Jessen) - De Wit (66. Shechter), Kirch - Sahan (66. Sukuta-Pasu), Tiffert, Fortounis - Kouemaha
Tore: 1:0 Ibisevic (33.), 1:1 Kouemaha (73.)
Ecken: 4:3
Schiedsrichter: Perl (Pullach)
Zuschauer: 30.150 (ausverkauft)
Gelb: Salihovic, Ibisevic, Ibertsberger, Williams, Firmino - Bugera
Gelb-Rot: keine **Rot:** keine

Hertha BSC
Borussia M'gladbach 1:2 (1:1)

■ **Hertha BSC:** Kraft - Lell, Franz, Mijatovic, Kobiashvili - Ottl (83. Ben-Hatira), Niemeyer - Ramos, Raffael, Rukavytsya (67. Ebert) - Lasogga (71. Torun)
■ **Borussia M'gladbach:** ter Stegen - Jantschke, Stranzl, Dante, Daems - Nordtveit, Neustädter - Herrmann (83. Zimmermann), Arango - Hanke (85. Bobadilla), Reus (90+3. Marx)
Tore: 1:0 Ramos (18.), 1:1 Reus (33.), 1:2 Reus (55.)
Ecken: 5:4
Schiedsrichter: Welz (Wiesbaden)
Zuschauer: 60.556
Gelb: Herrmann, Dante
Gelb-Rot: keine **Rot:** keine

Bayer 04 Leverkusen
Hamburger SV 2:2 (2:1)

■ **Bayer 04 Leverkusen:** Leno - Castro, Friedrich, Toprak, Kadlec - L. Bender, Rolfes (63. Derdiyok) - Sam (46. Reinartz), Ballack, Schürrle - Kießling
■ **Hamburger SV:** Drobny - Diekmeier, Westermann, Mancienne, Aogo - Kacar (79. Tesche), Rincón - Töre (82. Jarolim), Jansen - Son (89. Skjelbred), Guerrero
Tore: 1:0 Schürrle (5.), 2:0 L. Bender (20.), 2:1 Westermann (33.), 2:2 Jansen (57.)
Ecken: 5:4
Schiedsrichter: Kircher (Rottenburg)
Zuschauer: 30.210 (ausverkauft)
Gelb: Derdiyok, Reinartz - Rincón
Gelb-Rot: keine **Rot:** keine

Hannover 96
FC Schalke 04 2:2 (1:1)

■ **Hannover 96:** Zieler - Chahed, Haggui, Pogatetz, Schulz - Stindl, Pinto - Ya Konan, Pander (81. Rausch) - Schlaudraff (84. Stoppelkamp) - Abdellaoue
■ **FC Schalke 04:** Unnerstall - Höwedes, Papadopoulos, Matip, Fuchs - Jones, Holtby - Farfán, Draxler (90. Moravek) - Raùl, Pukki (87. Marica)
Tore: 0:1 Pukki (26.), 1:1 Papadopoulos (29., Eigentor), 2:1 Abdellaoue (59.), 2:2 Pukki (73.)
Ecken: 2:5
Schiedsrichter: Stark (Ergolding)
Zuschauer: 49.000 (ausverkauft)
Gelb: Schlaudraff, Schulz - Matip, Jones, Papadopoulos, Höwedes
Gelb-Rot: keine **Rot:** keine

FC Augsburg
FC Bayern München 1:2 (0:2)

■ **FC Augsburg:** Amsif - Reinhardt, Callsen-Bracker, Langkamp, Verhaegh - Hosogai - Brinkmann (59. Gogia), Davids (80. Rafael) - Baier, Werner - Mölders (75. Kapllani)
■ **FC Bayern München:** Neuer - Rafinha (68. Gustavo), van Buyten, Badstuber, Lahm - Tymoshchuk, Alaba - T. Müller, Kroos (89. Contento), Ribéry (90+1. Pranjic) - Gomez
Tore: 0:1 Gomez (15.), 0:2 Ribéry (28.), 1:2 Hosogai (59.)
Ecken: 1:3
Schiedsrichter: Zwayer (Berlin)
Zuschauer: 30.660 (ausverkauft)
Gelb: Reinhardt - Rafinha, Ribéry
Gelb-Rot: keine **Rot:** Tymoshchuk (90+3.)

BUNDESLIGA

Manuel Neuer und Rafinha (rechts) klären diese brandgefährliche Situation für den FC Bayern. Dennoch verlieren die Münchner das Topspiel gegen den Meister aus Dortmund mit 0:1.

Titelrennen nach Dortmunder 1:0 gegen die Bayern wieder spannend

Nürnbergs Christian Eigler gegen die Schalker Christian Fuchs und Lars Unnerstall .

Das mit Spannung erwartete Gipfeltreffen endet für den Deutschen Meister Borussia Dortmund mit einem Erfolg auf ganzer Linie. Mario Götze erzielt den 1:0-Siegtreffer bei Spitzenreiter FC Bayern München und macht damit die Liga wieder spannend. Statt eines möglichen Acht-Punkte-Vorsprungs liegen die Bayern nur noch zwei Zähler vor ihrem größten Rivalen. „Das ist für die Liga eine sehr gute Geschichte", sagt Dortmunds Vorsitzender der Geschäftsführung, Hans-Joachim Watzke. Eine Meinung, die sein Kollege Karl-Heinz Rummenigge nicht teilen mag. „Die Niederlage schmerzt sehr", räumt der Vorstandsvorsitzende der Bayern ein. Wieder einmal sind es die Dortmunder, die den Bayern wie schon im Vorjahr (2:0, 3:1) die Punkte abluchsen. „Das war das Beste, was wir seit langer Zeit geboten haben", sagt Trainer Jürgen Klopp, der von einer möglichen Titelverteidigung aber nichts wissen will. Ohnehin kristallisiert sich nach gut einem Drittel der Saison eine geballte Verfolgergruppe heraus, die den Bayern das Leben schwer machen will. Neuer Tabellendritter ist Borussia Mönchengladbach. Angeführt vom überragenden dreifachen Torschützen Marco Reus besiegen die Fast-Absteiger des Vorjahres den SV Werder Bremen 5:0 und sorgen für den höchsten Gladbacher Bundesliga-Erfolg seit dem 24. September 1994 (7:1 gegen den VfL

DATEN & FAKTEN

Zuschauer gesamt	428.920
pro Spiel	47.658
Tore gesamt	28
Elfmeter	0
Eigentore	0
Gelbe Karten	34
Gelb-Rote Karten	1
Rote Karten	1

1. FC Kaiserslautern – Bayer 04 Leverkusen 0:2 (0:0)

■ **1. FC Kaiserslautern:** Trapp - Dick, Amedick, Abel, Bugera - Petsos (76. Nemec), Kirch (63. Shechter) - Sahan (76. Sukuta-Pasu), Fortounis - Tiffert - Kouemaha
■ **Bayer 04 Leverkusen:** Leno - Schwaab, Friedrich, Toprak, Kadlec - L. Bender, Reinartz (77. Rolfes) - Castro (90. Oczipka), Ballack, Sam - Kießling (88. Derdiyok)
Tore: 0:1 Ballack (54.), 0:2 Sam (70.)
Ecken: 8:2
Schiedsrichter: Kinhöfer (Herne)
Zuschauer: 42.245
Gelb: Dick - Castro
Gelb-Rot: keine **Rot:** keine

FC Schalke 04 – 1. FC Nürnberg 4:0 (2:0)

■ **FC Schalke 04:** Unnerstall - Uchida, Papadopoulos, Matip, Fuchs - Jones (73. Höger), Holtby - Baumjohann, Draxler (73. Pukki) - Raúl, Huntelaar (82. Marica)
■ **1. FC Nürnberg:** R. Schäfer - Chandler, Wollscheid, Klose, Plattenhardt - Simons, Hegeler (77. Cohen) - Eigler, Didavi (72. Mak), Frantz - Esswein
Tore: 1:0 Huntelaar (13.), 2:0 Raúl (39.), 3:0 Huntelaar (66.), 4:0 Holtby (84.)
Ecken: 4:8
Schiedsrichter: Kircher (Rottenburg)
Zuschauer: 61.673 (ausverkauft)
Gelb: Baumjohann, Jones - Plattenhardt, Mak, Frantz
Gelb-Rot: keine **Rot:** keine

SC Freiburg – Hertha BSC 2:2 (0:2)

■ **SC Freiburg:** Baumann - Ferati (53. Reisinger), Krmas, Butscher, Bastians - Schuster - Schmid, Flum, Rosenthal (10. Makiadi, 80. Dembele), Putsila - Cissé
■ **Hertha BSC:** Kraft - Lell, Hubnik, Mijatovic, Kobiashvili - Ottl, Niemeyer - Ebert (90. Janker), Raffael, Ramos - Lasogga (59. Lustenberger)
Tore: 0:1 Ramos (20.), 0:2 Niemeyer (45+1.), 1:2 Reisinger (61.), 2:2 Reisinger (90+5.)
Ecken: 6:4
Schiedsrichter: Wingenbach (Diez)
Zuschauer: 21.500
Gelb: Makiadi, Cissé - Raffael, Ottl, Ebert, Kobiashvili, Kraft
Gelb-Rot: keine **Rot:** keine

VfL Wolfsburg – Hannover 96 4:1 (2:1)

■ **VfL Wolfsburg:** Benaglio - Träsch, Chris (83. Thoelke), Madlung, M. Schäfer - Josué - Hasebe, Salihamidzic (64. Hleb) - Koo (56. Jönsson), Dejagah - Mandzukic
■ **Hannover 96:** Zieler - Chahed, Haggui, Pogatetz, Schulz - Stindl, Schmiedebach - Ya Konan, Pander (46. Rausch) - Schlaudraff (80. Stoppelkamp) - Abdellaoue
Tore: 1:0 Salihamidzic (22.), 2:0 Salihamidzic (36.), 2:1 Schulz (43.), 3:1 Chris (55.), 4:1 Madlung (74.)
Ecken: 9:8
Schiedsrichter: Aytekin (Oberasbach)
Zuschauer: 30.000 (ausverkauft)
Gelb: Mandzukic - Stindl, Chahed
Gelb-Rot: keine **Rot:** Ya Konan (58.)

Bochum). Dritter im Bunde der Bayern-Verfolger ist der FC Schalke 04. Die Mannschaft von Trainer Huub Stevens kommt gegen den 1. FC Nürnberg zu einem 4:0-Sieg. Zwei der vier Treffer erzielt der Niederländer Klaas-Jan Huntelaar, der auch mit Gesichtsmaske wegen eines Nasenbeinbruchs nichts von seiner Torgefährlichkeit eingebüßt hat. Im Tabellenkeller feiert der Hamburger SV beim 2:0 gegen 1899 Hoffenheim nach drei Remis den ersten Sieg unter dem neuen Trainer Thorsten Fink. Es ist zugleich der erste Heimsieg des HSV nach acht Monaten und zehn erfolglosen Versuchen. Die beiden direkten Abstiegsplätze belegen der FC Augsburg und der SC Freiburg. Augsburg verliert im schwäbischen Duell beim VfB Stuttgart 1:2. Freiburg erkämpft gegen Hertha BSC nach 0:2-Rückstand immerhin noch ein 2:2 durch einen Treffer von Stefan Reisinger in der fünften Minute der Nachspielzeit. Einen Schritt nach vorn machen nach einer bislang enttäuschend verlaufenen Saison Bayer 04 Leverkusen und der VfL Wolfsburg. Bayer siegt beim 1. FC Kaiserslautern 2:0. Wolfsburg kommt zu einem 4:1 im Niedersachsen-Duell gegen Hannover 96. Die zunächst abgesagte Begegnung zwischen dem 1. FC Köln und dem 1. FSV Mainz 05 endet am 13. Dezember 1:1.

DAS COMEBACK DES SPIELTAGES

Seit 1996 ist Hasan Salihamidzic (34, Foto) Fußballprofi. Der Bosnier macht beim Hamburger SV und beim FC Bayern München in 306 Bundesligaspielen mit 49 Toren nachhaltig auf sich aufmerksam. „Brazzo" ist ein großer Kämpfer, er gewinnt mit den Bayern sechs Deutsche Meistertitel, die UEFA Champions League und den Weltpokal. Im Sommer 2007 wechselt er zu Juventus Turin. Als dort nach vier Jahren sein Vertrag nicht verlängert wird, holt Felix Magath den Mittelfeldspieler, der offensiv wie defensiv einsetzbar ist, im August 2011 zum VfL Wolfsburg in die Bundesliga zurück. Nach einem Unterarmbruch in einem Testspiel kommt er schwer in Tritt, aber beim 4:1 gegen Hannover 96 erlebt „Brazzo" eine Sternstunde, er schießt nach viereinhalb Jahren Pause das 50. Bundesliga-Tor seiner Karriere und lässt noch den 51. Treffer zum 2:0 folgen.

Der Augsburger Verteidiger Jan-Ingwer Callsen-Bracker stemmt sich gegen den heranstürmenden Stuttgarter Shinji Okazaki.

RESULTATE

Freitag, 18.11.2011	1. FC Kaiserslautern - Bayer Leverkusen	0:2 (0:0)
Samstag, 19.11.2011	FC Schalke 04 - 1. FC Nürnberg	4:0 (2:0)
	SC Freiburg - Hertha BSC	2:2 (0:2)
	VfL Wolfsburg - Hannover 96	4:1 (2:1)
	Borussia M'gladbach - Werder Bremen	5:0 (3:0)
	Bayern München - Borussia Dortmund	0:1 (0:0)
Sonntag, 20.11.2011	VfB Stuttgart - FC Augsburg	2:1 (1:0)
	Hamburger SV - 1899 Hoffenheim	2:0 (1:0)
Dienstag, 13.12.2011	1. FC Köln - 1. FSV Mainz 05	1:1 (0:0)

TORJÄGER

Mario Gomez	FC Bayern München	13
Klaas-Jan Huntelaar	FC Schalke 04	12
Claudio Pizarro	SV Werder Bremen	11
Lukas Podolski	1. FC Köln	10
Marco Reus	Borussia M'gladbach	10
Robert Lewandowski	Borussia Dortmund	8
Papiss Cissé	SC Freiburg	8
Mohammed Abdellaoue	Hannover 96	8

PERSONALIEN

Konstantin Rausch von Hannover 96 wirkt zum 100. Mal in einem Bundesliga-Spiel mit, ihre 50. Partien bestreiten **Johannes Flum** vom SC Freiburg, **Ömer Toprak** von Bayer 04 Leverkusen und **Marco Caligiuri** vom 1. FSV Mainz 05.

Zum 100. Mal tragen **Andreas Beck** von 1899 Hoffenheim und **Mats Hummels** von Borussia Dortmund die Farben ihrer derzeitigen Clubs.

TABELLE

Rang	Club	Sp.	g	u	v	Tore	Diff.	Pkt.	
1	FC Bayern München	13	9	1	3	32:5	27	28	→
2	Borussia Dortmund	13	8	2	3	27:9	18	26	→
3	Borussia M'gladbach	13	8	2	3	20:9	11	26	↗
4	FC Schalke 04	13	8	1	4	28:18	10	25	↗
5	SV Werder Bremen	13	7	2	4	23:21	2	23	↘
6	VfB Stuttgart	13	6	3	4	20:13	7	21	↗
7	Bayer 04 Leverkusen	13	6	3	4	17:16	1	21	↗
8	Hannover 96	13	5	4	4	17:21	-4	19	↘
9	1899 Hoffenheim	13	5	2	6	15:15	0	17	↘
10	Hertha BSC	13	4	5	4	18:19	-1	17	→
11	1. FC Köln	13	5	2	6	21:27	-6	17	→
12	VfL Wolfsburg	13	5	1	7	19:26	-7	16	↗
13	1. FSV Mainz 05	13	3	4	6	17:24	-7	13	↗
14	1. FC Kaiserslautern	13	3	4	6	10:17	-7	13	↘
15	Hamburger SV	13	3	4	6	17:25	-8	13	↗
16	1. FC Nürnberg	13	3	3	7	13:24	-11	12	↘
17	SC Freiburg	13	3	2	8	18:29	-11	11	→
18	FC Augsburg	13	1	5	7	10:24	-14	8	→

Borussia M'gladbach – SV Werder Bremen 5:0 (3:0)

Borussia M'gladbach: ter Stegen - Jantschke, Stranzl (28. Brouwers), Dante, Daems - Nordtveit, Neustädter - Herrmann (81. Bobadilla), Arango - Hanke, Reus (87. Wendt)
SV Werder Bremen: Wiese - Sokratis, Prödl, Wolf, Ignjovski - Bargfrede - Fritz, Hunt (78. Stevanovic) - Ekici (46. Schmitz) - Arnautovic (61. Rosenberg), Pizarro
Tore: 1:0 Herrmann (16.), 2:0 Reus (23.), 3:0 Reus (38.), 4:0 Reus (51.), 5:0 Arango (53.)
Ecken: 6:4
Schiedsrichter: Brych (München)
Zuschauer: 53.465
Gelb: keine
Gelb-Rot: Sokratis (76.) **Rot:** keine

FC Bayern München – Borussia Dortmund 0:1 (0:0)

FC Bayern München: Neuer - Rafinha (79. Petersen), Boateng, Badstuber, Lahm - Gustavo, Kroos - Robben (72. Alaba), T. Müller (72. Olic), Ribéry - Gomez
Borussia Dortmund: Weidenfeller - Piszczek, Santana, Hummels, Schmelzer - S. Bender, Kehl (79. Leitner) - Götze, Kagawa (89. Perisic), Großkreutz - Lewandowski (90. Barrios)
Tore: 0:1 Götze (65.)
Ecken: 3:3
Schiedsrichter: Gagelmann (Bremen)
Zuschauer: 69.000 (ausverkauft)
Gelb: Gustavo, Badstuber - Kehl
Gelb-Rot: keine **Rot:** keine

VfB Stuttgart – FC Augsburg 2:1 (1:0)

VfB Stuttgart: Ulreich - Boulahrouz, Tasci, Niedermeier, Molinaro - Kvist, Hajnal - Harnik, Traoré (74. Okazaki) - Pogrebnyak (74. Gebhart), Cacau (87. Kuzmanovic)
FC Augsburg: Amsif - Reinhardt (62. Gogia), Callsen-Bracker, Langkamp, Verhaegh - Hosogai - Baier (79. Mayer), Brinkmann, Davids, Werner - Mölders (72. Kapllani)
Tore: 1:0 Harnik (41.), 1:1 Werner (47.), 2:1 Harnik (51.)
Ecken: 5:4
Schiedsrichter: Dingert (Lebecksmühle)
Zuschauer: 60.000 (ausverkauft)
Gelb: Tasci, Gebhart - Brinkmann, Langkamp, Reinhardt
Gelb-Rot: keine **Rot:** keine

Hamburger SV – 1899 Hoffenheim 2:0 (1:0)

Hamburger SV: Drobny - Diekmeier, Bruma, Westermann, Aogo - Kacar (77. Jarolim), Rincón - Töre (77. Ilicevic), Jansen - Berg - Guerrero (87. Son)
1899 Hoffenheim: Starke - Beck, Vestergaard, Compper, Braafheid (30. Mlapa) - Rudy (68. Firmino), T. Weis (84. Musona) - Johnson, Salihovic - Babel - Ibisevic
Tore: 1:0 Guerrero (25.), 2:0 Jansen (65.)
Ecken: 5:3
Schiedsrichter: Fritz (Korb)
Zuschauer: 46.237
Gelb: Rudy, Compper, Beck
Gelb-Rot: keine **Rot:** keine

1. FC Köln – 1. FSV Mainz 05 1:1 (0:0)

1. FC Köln: Rensing - Brecko, Geromel, Jemal, Sereno (55. Eichner) - Lanig (76. Freis), Riether - Clemens, Jajalo, Peszko (76. McKenna) - Podolski
1. FSV Mainz 05: Wetklo - Pospech, Bungert, Svensson, Fathi - Kirchhoff - Baumgartlinger, Soto - Allagui (89. Ujah), Stieber (56. Choupo-Moting) - Gavranovic (74. M. Caligiuri)
Tore: 0:1 Allagui (70.), 1:1 Podolski (85.)
Ecken: 4:7
Schiedsrichter: Zwayer (Berlin)
Zuschauer: 44.800
Gelb: Jemal, Brecko - Gavranovic, Svensson, Allagui, Baumgartlinger
Gelb-Rot: keine **Rot:** keine

BUNDESLIGA

Mit triumphalem Derbyerfolg stürmt BVB an die Tabellenspitze

Es ist Derbyzeit in der Bundesliga, gleich in vier Begegnungen treffen Lokalrivalen aufeinander. Für den FC Bayern München hat der 14. Spieltag indes eine unliebsame Überraschung parat. Die Elf von Trainer Jupp Heynckes verliert eine Woche nach dem 0:1 gegen den Deutschen Meister Borussia Dortmund auch beim 1. FSV Mainz 05 mit 2:3 und ist erstmals seit dem dritten Spieltag nicht mehr Spitzenreiter. „Wir haben grundlegende Eigenschaften vermissen lassen: Laufbereitschaft, Aggressivität, Kompaktheit", schimpft Sportdirektor Christian Nerlinger. Insbesondere das Fehlen des verletzten Bastian Schweinsteiger fällt immer mehr ins Gewicht. Die Bayern werden gar bis auf den dritten Platz durchgereicht, denn sowohl Dortmund als auch Borussia Mönchengladbach ziehen mit Derbysiegen vorbei. Der BVB geht aus einem einseitigen Revierduell gegen den FC Schalke 04 mit 2:0 als Sieger hervor und klettert erstmals seit dem Gewinn der Deutschen Meisterschaft im Mai auf den ersten Platz. „Wir haben schon einige außergewöhnliche Spiele gezeigt, aber das war Wahnsinn", lobt BVB-Trainer Jürgen Klopp seine Elf. Sein Gegenüber Huub Stevens findet dagegen nach dem 139. Derby deutliche Worte für die schwache Vorstellung seines Teams. „In der ersten Halbzeit war es wie eine Erwachsenen- gegen eine Schülermannschaft", moniert der Niederländer. Einen ähnlichen Klassenunterschied bekommen auch die Zuschauer in Köln beim rheinischen Aufeinandertreffen zwischen dem 1. FC und Borussia Mönchengladbach zu sehen. 3:0 gewinnt die „Fohlenelf" in der Domstadt. Angesichts der Euphorie – Gladbach steht an diesem Freitag sogar kurzfristig an der Spitze – muss Trainer Lucien Favre immer wieder mahnend den Zeigefinger heben. „Wir dürfen nicht vergessen, wo wir vor sechs Monaten standen. Es ist die gleiche Mannschaft, die den Klassenerhalt in letzter Minute geschafft hat", sagt der Schweizer. Im dritten Derby des Spieltages geht es nicht so hoch her, 1:1 trennen sich Hannover 96 und der Hamburger SV. Mit dem gleichen Ergebnis endet auch das baden-württembergische Duell zwischen 1899 Hoffenheim und dem SC Freiburg. Groß ist indes der Jubel beim FC Augs-

Lukas Podolski (vorn) spielt eine starke Saison, doch gegen Gladbach mit Roel Brouwers ist er mit Köln chancenlos.

Der Mainzer Niko Bungert (rechts) überwindet mit einem Kopfball Manuel Neuer und sorgt gegen die Bayern für die Vorentscheidung.

DATEN & FAKTEN

Zuschauer gesamt	393.687
pro Spiel	43.743
Tore gesamt	25
Elfmeter	1
Eigentore	1
Gelbe Karten	40
Gelb-Rote Karten	0
Rote Karten	0

1. FC Köln – Borussia M'gladbach 0:3 (0:2)

1. FC Köln: Rensing - Brecko, McKenna, Geromel, Eichner - Matuschyk (55. Pezzoni), Riether (85. Makino) - Clemens, Peszko (55. Roshi) - Jajalo - Podolski
Borussia M'gladbach: ter Stegen - Jantschke, Brouwers, Dante, Daems - Nordtveit, Neustädter - Herrmann (90. Marx), Arango - Hanke (87. de Camargo), Reus (85. Bobadilla)
Tore: 0:1 Hanke (20.), 0:2 Arango (30.), 0:3 Hanke (47.)
Ecken: 6:2
Schiedsrichter: Gräfe (Berlin)
Zuschauer: 50.000 (ausverkauft)
Gelb: Peszko - Herrmann
Gelb-Rot: keine **Rot:** keine

Borussia Dortmund – FC Schalke 04 2:0 (1:0)

Borussia Dortmund: Weidenfeller - Piszczek, Santana, Hummels, Schmelzer - Leitner, Kehl - Blaszczykowski (89. Großkreutz), Lewandowski, Götze (89. Owomoyela) - Barrios (78. Kagawa)
FC Schalke 04: Unnerstall - Uchida, Papadopoulos, Matip, Fuchs - Jones, Holtby (82. Jurado) - Baumjohann (79. Marica), Draxler (54. Pukki) - Raúl, Huntelaar
Tore: 1:0 Lewandowski (16.), 2:0 Santana (61.)
Ecken: 3:2
Schiedsrichter: Meyer (Burgdorf)
Zuschauer: 80.720 (ausverkauft)
Gelb: Kehl - Jones, Papadopoulos, Matip, Uchida
Gelb-Rot: keine **Rot:** keine

1. FC Nürnberg – 1. FC Kaiserslautern 1:0 (1:0)

1. FC Nürnberg: R. Schäfer - Chandler, Maroh, Wollscheid, Plattenhardt - Simons, Hegeler (89. Feulner) - Eigler (90+2. Kamavuaka), Didavi (75. Cohen), Esswein - Pekhart
1. FC Kaiserslautern: Trapp - Orban, Amedick, Abel, Bugera - Tiffert, Kirch (78. Walch) - De Wit (68. Fortounis), Sahan (78. Nemec) - Shechter, Kouemaha
Tore: 1:0 Chandler (13.)
Ecken: 6:1
Schiedsrichter: Welz (Wiesbaden)
Zuschauer: 37.266
Gelb: Esswein, Cohen, Pekhart, Feulner - Kouemaha
Gelb-Rot: keine **Rot:** keine

1899 Hoffenheim – SC Freiburg 1:1 (1:0)

1899 Hoffenheim: Starke - Johnson, Vorsah, Vestergaard, Compper - Williams, Salihovic - Mlapa (65. Rudy), Firmino (84. Ibisevic), Babel, Obasi (77. Vukcevic)
SC Freiburg: Baumann - Hinkel (61. Reisinger), Krmas, Butscher (76. Jendrisek), Bastians - Schuster - Schmid, Flum, Makiadi (86. Dembele), Putsila - CissÖ
Tore: 1:0 Firmino (24.), 1:1 Dembele (90.)
Ecken: 4:1
Schiedsrichter: Aytekin (Oberasbach)
Zuschauer: 28.250
Gelb: Compper, Williams - Putsila, Makiadi, Schuster
Gelb-Rot: keine **Rot:** keine

burg, dem beim 2:0 gegen den VfL Wolfsburg im siebten Anlauf der erste Heimsieg seiner noch jungen Bundesliga-Geschichte gelingt. Eine ähnliche Negativserie geht auch für den 1. FC Nürnberg zu Ende. Nach acht Spielen ohne Erfolg verbuchen die Franken mit dem 1:0 gegen den 1. FC Kaiserslautern wieder einen dreifachen Punktgewinn. Die meisten Tore des Tages fallen in Berlin beim 3:3 von Hertha BSC gegen Bayer 04 Leverkusen. Dabei gelingt dem Schweizer Eren Derdiyok innerhalb von 46 Minuten ein Dreierpack. Der SV Werder Bremen kommt außerdem gegen den VfB Stuttgart zu einem 2:0.

DER SPIELER DES SPIELTAGES

Schier endlose 1.024 Minuten muss er auf diesen Moment warten. Ausgerechnet im brisanten Derby beim 1. FC Köln gelingt Mike Hanke (28, Foto) das lang ersehnte Erfolgserlebnis mit seinem Tor zum 1:0 für Borussia Mönchengladbach. Und weil es so schön ist, lässt er noch einen weiteren Treffer zum 3:0-Endstand folgen. Hanke, und nicht wie in den vergangenen Wochen sein kongenialer Partner Marco Reus, ist zur Abwechslung einmal der Gladbacher Held des Tages. Den Wert Hankes schätzt Gladbachs Trainer Lucien Favre aber nicht nach Toren ein. „Mike ist ein intelligenter Spieler", sagt der Schweizer, für den der frühere Nationalstürmer ein wichtiges Mosaikstück im Gladbacher Gefüge ist. „Ich genieße es, Teil dieser Mannschaft zu sein", sagt Hanke, der seit seinem Wechsel im Winter 2010/11 nach Gladbach immer mehr zu alter Stärke zurückfindet.

RESULTATE

Freitag, 25.11.2011	1. FC Köln - Borussia M'gladbach	0:3 (0:2)
Samstag, 26.11.2011	Borussia Dortmund - FC Schalke 04	2:0 (1:0)
	1. FC Nürnberg - 1. FC Kaiserslautern	1:0 (1:0)
	1899 Hoffenheim - SC Freiburg	1:1 (1:0)
	FC Augsburg - VfL Wolfsburg	2:0 (0:0)
	Hertha BSC - Bayer 04 Leverkusen	3:3 (2:1)
	Hannover 96 - Hamburger SV	1:1 (0:0)
Sonntag, 27.11.2011	SV Werder Bremen - VfB Stuttgart	2:0 (0:0)
	1. FSV Mainz 05 - FC Bayern München	3:2 (1:0)

TORJÄGER

Mario Gomez	FC Bayern München	13
Klaas-Jan Huntelaar	FC Schalke 04	12
Claudio Pizarro	SV Werder Bremen	11
Lukas Podolski	1. FC Köln	10
Marco Reus	Borussia M'gladbach	10
Robert Lewandowski	Borussia Dortmund	9
Papiss Cissé	SC Freiburg	8
Mohammed Abdellaoue	Hannover 96	8

PERSONALIEN

Die Marke von 100 Bundesliga-Einsätzen, die er alle für den VfL Wolfsburg bestritt, erreicht **Makoto Hasebe**.

Zu ihrem 50. Bundesliga-Spiel kommen **Mario Götze** von Borussia Dortmund, **Jens Hegeler** vom 1. FC Nürnberg und **Bo Svensson** vom 1. FSV Mainz 05.

TABELLE

Rang	Club	Sp.	g	u	v	Tore	Diff.	Pkt.	
1	Borussia Dortmund	14	9	2	3	29:9	20	29	↗
2	Borussia M'gladbach	14	9	2	3	23:9	14	29	↗
3	FC Bayern München	14	9	1	4	34:8	26	28	↘
4	SV Werder Bremen	14	8	2	4	25:21	4	26	↗
5	FC Schalke 04	14	8	1	5	28:20	8	25	↘
6	Bayer 04 Leverkusen	14	6	4	4	20:19	1	22	↗
7	VfB Stuttgart	14	6	3	5	20:15	5	21	↘
8	Hannover 96	14	5	5	4	18:22	-4	20	→
9	1899 Hoffenheim	14	5	3	6	16:16	0	18	→
10	Hertha BSC	14	4	6	4	21:22	-1	18	→
11	1. FC Köln	14	5	2	7	21:30	-9	17	→
12	1. FSV Mainz 05	14	4	4	6	20:26	-6	16	↗
13	VfL Wolfsburg	14	5	1	8	19:28	-9	16	↘
14	1. FC Nürnberg	14	4	3	7	14:24	-10	15	↗
15	Hamburger SV	14	3	5	6	18:26	-8	14	→
16	1. FC Kaiserslautern	14	3	4	7	10:18	-8	13	↘
17	SC Freiburg	14	3	3	8	19:30	-11	12	→
18	FC Augsburg	14	2	5	7	12:24	-12	11	→

FC Augsburg
VfL Wolfsburg 2:0 (0:0)

■ **FC Augsburg**: Amsif - Reinhardt, Callsen-Bracker, Langkamp, Verhaegh - Hosogai, Davids - Brinkmann, Baier, Werner (90+2. Sinkala) - Mölders (89. Kapllani)
■ **VfL Wolfsburg**: Benaglio - Träsch, Chris, Madlung, M. Schäfer - Josué - Hasebe (86. Arnold), Salihamidzic (73. Lakic) - Dejagah, Koo (62. Hleb) - Mandzukic
Tore: 1:0 Brinkmann (65.), 2:0 Kapllani (90+4.)
Ecken: 7:4
Schiedsrichter: Winkmann (Kerken)
Zuschauer: 29.110
Gelb: Werner, Brinkmann, Baier - Josué, Dejagah, Chris
Gelb-Rot: keine **Rot**: keine

Hertha BSC
Bayer 04 Leverkusen 3:3 (2:1)

■ **Hertha BSC**: Kraft - Lell, Hubnik, Mijatovic, Kobiashvili - Ottl, Niemeyer (81. Ramos) - Ebert (61. Ben-Hatira), Raffael, Rukavytsya (76. Lustenberger) - Lasogga
■ **Bayer 04 Leverkusen**: Leno - Schwaab, Friedrich, Toprak (46. Castro), Kadlec - L. Bender (70. Reinartz), Rolfes (59. Kießling) - Schürrle, Ballack, Sam - Derdiyok
Tore: 1:0 Lasogga (7.), 2:0 Toprak (17., Eigentor), 2:1 Derdiyok (24.), 2:2 Derdiyok (64.), 2:3 Derdiyok (79.), 3:3 Lasogga (82.); Leno hält Handelfmeter von Kobiashvili (5.)
Ecken: 1:5
Schiedsrichter: Hartmann (Wangen)
Zuschauer: 44.541
Gelb: Lell - Ballack, Castro
Gelb-Rot: keine **Rot**: keine

Hannover 96
Hamburger SV 1:1 (0:0)

■ **Hannover 96**: Zieler - Cherundolo, Haggui, Pogatetz, Schulz - Schmiedebach, Pinto - Stoppelkamp (67. Sobiech), Pander - Schlaudraff, Abdellaoue (84. Rausch)
■ **Hamburger SV**: Drobny - Diekmeier, Bruma, Westermann, Aogo - Kacar (81. Tesche), Rincón - Töre, Jansen (84. Ilicevic) - Guerrero, Son
Tore: 0:1 Bruma (64.), 1:1 Schlaudraff (79.)
Ecken: 4:8
Schiedsrichter: Zwayer (Berlin)
Zuschauer: 49.000 (ausverkauft)
Gelb: Haggui, Pinto - Aogo, Ilicevic
Gelb-Rot: keine **Rot**: keine

SV Werder Bremen
VfB Stuttgart 2:0 (0:0)

■ **SV Werder Bremen**: Wiese - Ignjovski, Wolf, Naldo, Schmitz - Bargfrede - Fritz, Hunt - Marin (79. Ekici) - Rosenberg (75. Wagner), Arnautovic (88. Trinks)
■ **VfB Stuttgart**: Ulreich - Boulahrouz, Tasci, Maza, Molinaro - Kvist, Kuzmanovic (46. Gentner) - Harnik, Hajnal, Okazaki (61. Gebhart) - Pogrebnyak (61. Cacau)
Tore: 1:0 Hunt (57.), 2:0 Naldo (67.)
Ecken: 4:5
Schiedsrichter: Kinhöfer (Herne)
Zuschauer: 40.800
Gelb: Wolf - Tasci, Gentner, Boulahrouz, Kvist
Gelb-Rot: keine **Rot**: keine

1. FSV Mainz 05
FC Bayern München 3:2 (1:0)

■ **1. FSV Mainz 05**: Wetklo - Pospech, Bungert, Svensson, Fathi - Baumgartlinger, Soto - N. Müller (75. Choupo-Moting), M. Caligiuri - Ivanschitz (86. Schönheim) - Allagui (90+1. Ujah)
■ **FC Bayern München**: Neuer - Boateng (68. Rafinha), van Buyten, Badstuber, Lahm - Gustavo (52. Olic), Alaba - T. Müller, Kroos, Ribéry - Gomez
Tore: 1:0 Ivanschitz (10.), 1:1 van Buyten (56.), 2:1 M. Caligiuri (65.), 3:1 Bungert (74.), 3:2 van Buyten (79.)
Ecken: 3:2
Schiedsrichter: Kircher (Rottenburg)
Zuschauer: 34.000 (ausverkauft)
Gelb: Baumgartlinger, Bungert, Wetklo - Gustavo, Gomez
Gelb-Rot: keine **Rot**: keine

BUNDESLIGA

Erneuter Führungswechsel nach Münchner Sieg gegen Bremen

Die Spitzengruppe der Bundesliga ist am 15. Spieltag unter sich, und am Ende heißt der große Gewinner FC Bayern München. „Rib" und „Rob" bescheren dem Rekordmeister einen 4:1-Sieg gegen den SV Werder Bremen und damit auch die Rückkehr an die Tabellenspitze nach nur einer Woche Abstinenz. Möglich wird der erneute Führungswechsel durch das 1:1 von Borussia Dortmund im Westderby bei Borussia Mönchengladbach.

„Das war ein guter Spieltag für den FC Bayern", sagt Nationalspieler Thomas Müller. Das Aufatmen in München ist kaum zu überhören. Nach zwei Niederlagen in Folge kehren die Bayern in die Erfolgsspur zurück. Zweimal Franck Ribéry und zweimal Arjen Robben sorgen, wenn auch erst in der zweiten Halbzeit, für klare Verhältnisse.

„Ich denke, dass jetzt alle wieder zufrieden sind. Bayern ist vorne, und wir sind auch vorne dabei", sagt BVB-Trainer Jürgen Klopp und zeigt sich am zweiten Advent in Geberlaune. Zuvor erteilt er – spaßeshalber – dem Gladbacher Mike Hanke noch eine Backpfeife. Schließlich hat der Stürmer die Westfalen 18 Minuten vor Schluss mit seinem Treffer von der Spitze geholt – und das ohne den verletzten Marco Reus (Zehenbruch). „Wir sind eine Überraschungsmannschaft, aber die 30 Punkte sind verdient", sagt Gladbachs Trainer Lucien Favre. Besser sind nur die Bayern (31) und Dortmund (30). Auf den vierten Platz rückt der FC Schalke 04 (28) durch ein 3:1 gegen den FC Augsburg.

Dahinter hält Bayer 04 Leverkusen durch ein 2:0 gegen 1899 Hoffenheim Anschluss. So hat Leverkusens Torhüter Bernd Leno doppelt Grund zur Freude, hat sich doch die Führung seines jetzigen Clubs mit dem VfB Stuttgart auf einen endgültigen Wechsel des 19-Jährigen an den Rhein geeinigt.

Mittelfeldspieler Lars Bender von Bayer 04 Leverkusen, einer der laufstärksten Profis der Liga, wird durch den Hoffenheimer Jannik Vestergaard aus dem Gleichgewicht gebracht.

DER SPIELER DES SPIELTAGES

Wie wichtig Franck Ribéry (28, Foto) für das Spiel von Rekordmeister FC Bayern München ist, stellt der Franzose beim 4:1 gegen den SV Werder Bremen eindrucksvoll unter Beweis. Zwei Tore und eine Vorlage steuert der Mittelfeldstar zum Sieg der Bayern bei. Ribéry hat unter Jupp Heynckes wieder zu alter Form gefunden. 15 Spiele, acht Tore, neun Vorlagen – das Arbeitszeugnis des Nationalspielers kann sich wahrlich sehen lassen. Er könne sich vorstellen, auch mit 35 Jahren noch für die Bayern zu spielen, teilt Ribéry anschließend mit. Ohnehin läuft für ihn alles nach Plan. Mit der französischen Nationalmannschaft hat er sich für die EM qualifiziert, und privat darf sich der Ausnahmetechniker nach der Geburt seines Sohnes Saif im September dieses Jahres nun dreifacher Vater nennen.

DATEN & FAKTEN

Zuschauer gesamt	390.541
pro Spiel	43.393
Tore gesamt	27
Elfmeter	4
Eigentore	3
Gelbe Karten	32
Gelb-Rote Karten	1
Rote Karten	1

Bayer 04 Leverkusen – 1899 Hoffenheim 2:0 (1:0)

■ **Bayer 04 Leverkusen:** Leno - Castro, Schwaab, Friedrich, Kadlec - L. Bender, Ballack (73. Reinartz) - Schürrle, Sam (85. Oczipka) - Kießling - Derdiyok (68. Rolfes)
■ **1899 Hoffenheim:** Starke - Beck, Vorsah, Vestergaard, Compper - Williams - Sigurdsson (80. Schipplock), Salihovic - Mlapa (72. Ibisevic), Johnson (59. Musona) - Babel
Tore: 1:0 Derdiyok (10.), 2:0 Sam (79.)
Ecken: 4:7
Schiedsrichter: Stark (Ergolding)
Zuschauer: 25.948
Gelb: Castro, Derdiyok - Babel, Salihovic
Gelb-Rot: keine **Rot:** keine

FC Bayern München – SV Werder Bremen 4:1 (1:0)

■ **FC Bayern München:** Neuer - Boateng, van Buyten, Badstuber, Lahm - Gustavo, Alaba (60. Robben) - T. Müller (90+1. Contento), Kroos, Ribéry (90+1. Pranjic) - Gomez
■ **SV Werder Bremen:** Mielitz - Sokratis, Wolf, Naldo, Ignjovski - Bargfrede - Fritz, Hunt - Marin (74. Wagner) - Arnautovic (46. Rosenberg, 84. Wesley), Pizarro
Tore: 1:0 Ribéry (22.), 1:1 Rosenberg (52.), 2:1 Robben (69., Foulelfmeter), 3:1 Ribéry (77.), 4:1 Robben (83., Foulelfmeter)
Ecken: 8:4
Schiedsrichter: Meyer (Burgdorf)
Zuschauer: 69.000 (ausverkauft)
Gelb: Kroos - Wolf, Sokratis
Gelb-Rot: keine **Rot:** Hunt (81.)

SC Freiburg – Hannover 96 1:1 (0:1)

■ **SC Freiburg:** Baumann - Schmid, Krmas, Butscher (74. Ferati), Bastians - Schuster - Reisinger (84. Dembele), Flum, Makiadi, Putsila (87. Jendrisek) - Cissé
■ **Hannover 96:** Zieler - Cherundolo, Haggui, Pogatetz, Schulz - Pinto - Schmiedebach (29. Rausch), Pander (86. Stoppelkamp) - Schlaudraff - Ya Konan, Abdellaoue
Tore: 0:1 Bastians (44., Eigentor), 1:1 Cissé (67.)
Ecken: 6:4
Schiedsrichter: Drees (Münster-Sarmsheim)
Zuschauer: 20.000
Gelb: Flum - Rausch, Pinto
Gelb-Rot: keine **Rot:** keine

1. FC Kaiserslautern – Hertha BSC 1:1 (1:1)

■ **1. FC Kaiserslautern:** Trapp - Dick, Amedick, Abel, Bugera - Kirch (46. Shechter) - Sahan, Tiffert, De Wit, Fortounis - Kouemaha
■ **Hertha BSC:** Kraft - Lell, Hubnik, Franz (38. Mijatovic), Kobiashvili - Ottl, Niemeyer - Ramos, Raffael, Rukavytsya - Lasogga
Tore: 1:0 Hubnik (5., Eigentor), 1:1 Raffael (14.)
Ecken: 5:0
Schiedsrichter: Weiner (Giesen)
Zuschauer: 36.856
Gelb: Bugera, Amedick, Dick - Lell
Gelb-Rot: keine **Rot:** keine

Daniel Didavi (links) vom 1. FC Nürnberg, der sich als Leihgabe vom VfB Stuttgart zum Ideengeber des „Clubs" entwickelt hat, fordert Marcell Jansen im Zweikampf alles ab. Der Mittelfeldspieler des Hamburger SV erzielt gegen die Franken das Tor zum 2:0-Endstand.

Lenos ehemalige Clubkollegen aus Stuttgart verzweifeln indes an Lukas Podolski. Der Nationalstürmer erzielt beide Tore für den 1. FC Köln beim 2:2 im Schwabenland.
Einen weiteren Schritt in Richtung Tabellenmittelfeld macht der Hamburger SV mit dem 2:0 gegen den 1. FC Nürnberg. Die Hanseaten bleiben damit auch im sechsten Spiel unter Trainer Thorsten Fink ungeschlagen.
Am Tabellenende bleibt alles beim Alten. Neben Schlusslicht FC Augsburg belegt weiterhin der SC Freiburg den zweiten direkten Abstiegsplatz. Gegen Hannover 96 reicht es nur zu einem 1:1. Mit dem gleichen Ergebnis trennen sich auch der Drittletzte 1. FC Kaiserslautern und Hertha BSC. Der VfL Wolfsburg hat gegen den 1. FSV Mainz 05 eine Art Déjà-vu-Erlebnis. Trotz 2:0-Führung reicht es am Ende nur zu einem 2:2. Zur Erinnerung: Im Vorjahr hatte der VfL am zweiten Spieltag gar eine 3:0-Führung gegen Mainz verspielt und 3:4 verloren.

RESULTATE

Freitag, 02.12.2011	Bayer Leverkusen - 1899 Hoffenheim	2:0 (1:0)
Samstag, 03.12.2011	FC Bayern München - SV Werder Bremen	4:1 (1:0)
	SC Freiburg - Hannover 96	1:1 (0:1)
	1. FC Kaiserslautern - Hertha BSC	1:1 (1:1)
	VfL Wolfsburg - 1. FSV Mainz 05	2:2 (2:0)
	Borussia M'gladbach - Borussia Dortmund	1:1 (0:1)
	VfB Stuttgart - 1. FC Köln	2:2 (2:1)
Sonntag, 04.12.2011	Hamburger SV - 1. FC Nürnberg	2:0 (1:0)
	FC Schalke 04 - FC Augsburg	3:1 (1:0)

TORJÄGER

Klaas-Jan Huntelaar	FC Schalke 04	13
Mario Gomez	FC Bayern München	13
Lukas Podolski	1. FC Köln	12
Claudio Pizarro	SV Werder Bremen	11
Marco Reus	Borussia M'gladbach	10
Robert Lewandowski	Borussia Dortmund	10
Papiss Cissé	SC Freiburg	9
Franck Ribéry	FC Bayern München	8
Mario Mandzukic	VfL Wolfsburg	8
Mohammed Abdellaoue	Hannover 96	8

PERSONALIEN

In seinem 150. Bundesliga-Einsatz erzielt **Paolo Guerrero** beim Hamburger SV sein 44. Tor.

Das Jubiläum von 100 Bundesliga-Spielen feiert **Sejad Salihovic** von 1899 Hoffenheim. Die ersten fünf Einsätze absolvierte er noch für Hertha BSC.

Das 50. Bundesliga-Spiel bestreiten **Danijel Pranjic** beim FC Bayern München und **Havard Nordtveit** von Borussia Mönchengladbach, der früher beim 1. FC Nürnberg unter Vertrag stand.

TABELLE

Rang	Club	Sp.	g	u	v	Tore	Diff.	Pkt.	
1	FC Bayern München	15	10	1	4	38:9	29	31	↗
2	Borussia Dortmund	15	9	3	3	30:10	20	30	↘
3	Borussia M'gladbach	15	9	3	3	24:10	14	30	↘
4	FC Schalke 04	15	9	1	5	31:21	10	28	↗
5	SV Werder Bremen	15	8	2	5	26:25	1	26	↘
6	Bayer 04 Leverkusen	15	7	4	4	22:19	3	25	→
7	VfB Stuttgart	15	6	4	5	22:17	5	22	→
8	Hannover 96	15	5	6	4	19:23	-4	21	→
9	Hertha BSC	15	4	7	4	22:23	-1	19	↗
10	1899 Hoffenheim	15	5	3	7	16:18	-2	18	↘
11	1. FC Köln	15	5	3	7	23:32	-9	18	→
12	1. FSV Mainz 05	15	4	5	6	22:28	-6	17	→
13	Hamburger SV	15	4	5	6	20:26	-6	17	↗
14	VfL Wolfsburg	15	5	2	8	21:30	-9	17	↘
15	1. FC Nürnberg	15	4	3	8	14:26	-12	15	↘
16	1. FC Kaiserslautern	15	3	5	7	11:19	-8	14	→
17	SC Freiburg	15	3	4	8	20:31	-11	13	→
18	FC Augsburg	15	2	5	8	13:27	-14	11	→

15. SPIELTAG

VfL Wolfsburg – 1. FSV Mainz 05 2:2 (2:0)

VfL Wolfsburg: Benaglio - Träsch, Chris, Madlung, M. Schäfer - Josué - Hasebe, Salihamidzic (87. Thoelke) - Koo (53. Ochs), Dejagah (78. Jönsson) - Mandzukic
1. FSV Mainz 05: Wetklo - Pospech, Bungert, Kirchhoff, Fathi - Baumgartlinger, Soto - N. Müller (77. Gavranovic), M. Caligiuri (30. Malli) - Ivanschitz - Allagui (59. Choupo-Moting)
Tore: 1:0 Mandzukic (10.), 2:0 Kirchhoff (41., Eigentor), 2:1 Ivanschitz (70., Foulelfmeter), 2:2 Choupo-Moting (81.)
Ecken: 6:3
Schiedsrichter: Sippel (München)
Zuschauer: 24.321
Gelb: Benaglio - Allagui
Gelb-Rot: Hasebe (85.) **Rot**: keine

Borussia M'gladbach – Borussia Dortmund 1:1 (0:1)

Borussia M'gladbach: ter Stegen - Jantschke, Stranzl, Dante, Daems - Nordtveit, Neustädter - Herrmann, Arango - Hanke (90+2. Brouwers), Bobadilla (84. Leckie)
Borussia Dortmund: Weidenfeller - Piszczek, Santana, Hummels, Schmelzer - Gündogan, Kehl - Götze (77. Barrios), Kagawa (77. Blaszczykowski), Großkreutz (86. Perisic) - Lewandowski
Tore: 0:1 Lewandowski (40.), 1:1 Hanke (72.)
Ecken: 3:10
Schiedsrichter: Zwayer (Berlin)
Zuschauer: 54.047 (ausverkauft)
Gelb: Schmelzer, Santana
Gelb-Rot: keine **Rot**: keine

VfB Stuttgart – 1. FC Köln 2:2 (2:1)

VfB Stuttgart: Ulreich - Boulahrouz (46. Boka), Tasci, Maza, Molinaro - Kvist - Harnik, Hajnal (67. Kuzmanovic), Gentner, Okazaki - Cacau (84. Schieber)
1. FC Köln: Rensing - Brecko, Geromel, Jemal, Sereno - Lanig (85. Freis), Riether - Clemens (60. Roshi), Peszko (85. McKenna) - Jajalo - Podolski
Tore: 0:1 Podolski (15., Foulelfmeter), 1:1 Gentner (29.), 2:1 Gentner (36.), 2:2 Podolski (88.)
Ecken: 8:2
Schiedsrichter: Brych (München)
Zuschauer: 56.255
Gelb: Boulahrouz, Okazaki, Boka - Lanig, Brecko, Jemal, Sereno
Gelb-Rot: keine **Rot**: keine

Hamburger SV – 1. FC Nürnberg 2:0 (1:0)

Hamburger SV: Drobny - Diekmeier, Bruma (46. Mancienne, 76. Tesche), Westermann, Aogo - Rincón, Kacar - Töre, Jansen - Son (61. Ilicevic), Guerrero
1. FC Nürnberg: R. Schäfer - Chandler, Maroh, Wollscheid, Plattenhardt - Simons (76. Feulner) - Eigler (60. Mak), Hegeler (86. Cohen), Didavi, Esswein - Pekhart
Tore: 1:0 Guerrero (23.), 2:0 Jansen (62.)
Ecken: 0:3
Schiedsrichter: Kinhöfer (Herne)
Zuschauer: 45.473
Gelb: Diekmeier, Bruma, Mancienne - Chandler
Gelb-Rot: keine **Rot**: keine

FC Schalke 04 – FC Augsburg 3:1 (1:0)

FC Schalke 04: Unnerstall - Höger, Metzelder, Matip, Fuchs - Moritz - Jurado (85. Baumjohann), Holtby - Raúl (88. Escudero) - Pukki (68. Draxler), Huntelaar
FC Augsburg: Amsif - Reinhardt, Callsen-Bracker, Sankoh (74. Sinkala), Verhaegh - Hosogai, Davids (46. Oehrl) - Brinkmann (74. Hain), Baier, Werner - Mölders
Tore: 1:0 Huntelaar (16.), 1:1 Mölders (48.), 2:1 Fuchs (66.), 3:1 Raúl (84.)
Ecken: 8:2
Schiedsrichter: Wingenbach (Diez)
Zuschauer: 58.641
Gelb: Metzelder - Sankoh, Reinhardt
Gelb-Rot: keine **Rot**: keine

BUNDESLIGA

Lukas Podolski zeigt seine Klasse gegen die Freiburger Jan Rosenthal, Julian Schuster und Pavel Krmas (von links), beobachtet von den Mitspielern Mato Jajalo (kniend) und Miso Brecko.

Podolski mit dem 1. FC Köln gegen Freiburg auf Rekordjagd

Bereits einen Spieltag vor Ende der Hinrunde ist dem FC Bayern München die Herbstmeisterschaft praktisch nicht mehr zu nehmen. Mit 2:1 siegt die Mannschaft von Trainer Jupp Heynckes im Südklassiker beim VfB Stuttgart und steht damit in der Tabelle drei Punkte und zehn Tore besser als der große Titelrivale Borussia Dortmund da. Denn der BVB trifft gegen den 1. FC Kaiserslautern zwar viermal das Aluminium, aber nur einmal das Tor. So reicht es für den Titelverteidiger nur zu einem 1:1 gegen die Pfälzer. Es ist nach dem Aus in der UEFA Champions League (letzter Platz in der Gruppenphase) die zweite Enttäuschung innerhalb weniger Tage. „Die Jungs sind keine Maschinen“, sagt Meistertrainer

RÜCKHALT DES SPIELTAGES

Dass Thorsten Fink auch in seinem achten Pflichtspiel als Trainer des Hamburger SV unbesiegt bleibt, hat er unter anderem dem Mann mit der Rückennummer eins zu verdanken. Der Tscheche Jaroslav Drobny (32, Foto) erweist sich wie so oft in den vergangenen Wochen als starker Rückhalt und hält das 0:0 beim 1. FSV Mainz 05 fest. „Er hat überhaupt keine Aussetzer mehr und besitzt eine tolle Ausstrahlung“, schwärmt Fink von Drobny und freut sich über die deutliche Formsteigerung seines Torhüters im Vergleich zu den ersten Saisonspielen. Seit dem Amtsantritt von Fink hat der 32-Jährige nur fünfmal hinter sich gegriffen. Zum Vergleich: In den ersten fünf Spielen hatte der HSV noch 16 Gegentore kassiert. Davon hat sich Drobny aber genauso wenig aus der Ruhe bringen lassen wie von den anhaltenden Gerüchten in der Hansestadt über eine mögliche Verpflichtung von Nationaltorhüter René Adler von Bayer 04 Leverkusen.

DATEN & FAKTEN

Zuschauer gesamt	422.044
pro Spiel	46.894
Tore gesamt	20
Elfmeter	0
Eigentore	0
Gelbe Karten	32
Gelb-Rote Karten	1
Rote Karten	2

Hertha BSC – FC Schalke 04 1:2 (1:2)

■ **Hertha BSC**: Kraft - Lell, Hubnik, Mijatovic, Kobiashvili - Ottl, Niemeyer (81. Ronny) - Ebert (70. Torun), Raffael, Ramos - Lasogga
■ **FC Schalke 04**: Unnerstall - Höwedes, Papadopoulos, Matip, Fuchs - Jones - Jurado (87. Höger), Holtby (68. Moritz) - Raúl - Huntelaar, Pukki (73. Draxler)
Tore: 0:1 Huntelaar (19.), 1:1 Ramos (25.), 1:2 Pukki (44.)
Ecken: 11:3
Schiedsrichter: Perl (Pullach)
Zuschauer: 52.382
Gelb: Jones
Gelb-Rot: keine **Rot**: keine

SV Werder Bremen – VfL Wolfsburg 4:1 (2:0)

■ **SV Werder Bremen**: Wiese - Sokratis (60. Arnautovic), Wolf (71. Prödl), Naldo, Schmitz - Bargfrede - Fritz, Ignjovski - Trinks - Rosenberg, Pizarro (73. Wagner)
■ **VfL Wolfsburg**: Benaglio - Träsch, Thoelke, Madlung, M. Schäfer - Chris - Josué (46. Schindzielorz), Salihamidzic (46. Polter) - Orozco (77. Jönsson), Dejagah - Mandzukic
Tore: 1:0 Sokratis (18.), 2:0 Pizarro (45.), 3:0 Rosenberg (55.), 4:0 Arnautovic (71.), 4:1 M. Schäfer (86.)
Ecken: 2:7
Schiedsrichter: Kircher (Rottenburg)
Zuschauer: 39.124
Gelb: Sokratis - Josué, Chris, Träsch
Gelb-Rot: keine **Rot**: keine

1. FSV Mainz 05 – Hamburger SV 0:0

■ **1. FSV Mainz 05**: Wetklo - Pospech, Bungert, Svensson, Fathi - Kirchhoff - M. Caligiuri, Soto - Malli (77. N. Müller) - Allagui (83. Gavranovic), Ivanschitz (54. Choupo-Moting)
■ **Hamburger SV**: Drobny - Diekmeier, Bruma, Westermann, Aogo - Rincón, Tesche (68. Kacar) - Töre (68. Petric), Jansen - Ilicevic (84. Lam) - Guerrero
Tore: keine
Ecken: 4:5
Schiedsrichter: Hartmann (Wangen)
Zuschauer: 34.000 (ausverkauft)
Gelb: Pospech
Gelb-Rot: keine **Rot**: keine

1. FC Nürnberg – 1899 Hoffenheim 0:2 (0:1)

■ **1. FC Nürnberg**: R. Schäfer - Chandler, Maroh, Wollscheid, Plattenhardt - Hegeler, Simons - Eigler (46. Feulner), Didavi (68. Cohen), Esswein (68. Bunjaku) - Pekhart
■ **1899 Hoffenheim**: Starke - Beck, Vorsah, Compper, Johnson - Rudy (66. Williams) - Mlapa, Firmino, Salihovic, Babel (84. T. Weis) - Ibisevic (75. Vukcevic)
Tore: 0:1 Ibisevic (39.), 0:2 Ibisevic (56.)
Ecken: 4:10
Schiedsrichter: Drees (Münster-Sarmsheim)
Zuschauer: 35.389
Gelb: Eigler, Pekhart, Simons - Babel, Ibisevic, Beck
Gelb-Rot: keine **Rot**: Chandler (43.) - Compper (90+1.)

Jürgen Klopp und sehnt auch angesichts der vielen personellen Ausfälle die Winterpause herbei. Umgekehrte Vorzeichen herrschen dagegen in München. Die kleine Herbstkrise ist vorbei. Mario Gomez sorgt mit zwei Toren an seiner alten Wirkungsstätte für ein Stimmungshoch. „Wir waren ja schon länger nicht mehr vor der Winterpause ganz oben", sagt Philipp Lahm, nachdem in Stuttgart das nächste Zwischenziel nach dem Erreichen des Achtelfinales in der UEFA Champions League auch erreicht ist. Die Ergebnisse der Konkurrenz spielen den Bayern in die Karten. Auch die bislang so positiv in Erscheinung getretene Elf von Borussia Mönchengladbach erlebt einen unerwarteten Rückschlag. Ein Tor des früheren Gladbachers Jan-Ingwer Callsen-Bracker besiegelt das 0:1 beim FC Augsburg, womit die Borussia auf Platz vier abrutscht. Denn der neue Tabellendritte FC Schalke 04 nutzt die Gunst der Stunde und siegt bei Hertha BSC 2:1. Am Tabellenende findet sich der SC Freiburg wieder. Die Breisgauer sind beim 1. FC Köln chancenlos und verlieren nach jeweils zwei Treffern von Lukas Podolski und Christian Clemens mit 0:4. Für Podolski bedeutet der Doppelpack zugleich, dass er die persönliche Torbestmarke aus der Vorsaison (13 Treffer) schon übertroffen hat. Das schönste Tor des Tages geht aber auf das Konto von Clemens, der eine Ecke direkt zum 3:0 verwandelt. Vier Tore bekommen auch die Fans des SV Werder Bremen von ihrer Mannschaft beim 4:1 gegen den VfL Wolfsburg zu sehen, womit die Hanseaten als Fünfter in Schlagdistanz zur Spitzengruppe bleiben. Das trifft auf 1899 Hoffenheim nicht mehr zu, immerhin verbucht die Mannschaft von Trainer Holger Stanislawski mit dem 2:0 beim 1. FC Nürnberg aber wieder einen dreifachen Punktgewinn nach fünf Spielen ohne Sieg. Ansonsten sind Minimalisten am Werk. Torlos enden die Spiele zwischen Hannover 96 und Bayer 04 Leverkusen sowie zwischen dem 1. FSV Mainz 05 und dem Hamburger SV.

Der Hannoveraner Emanuel Pogatetz klärt eine Situation per Kopfball vor dem Leverkusener Stefan Kießling.

Der große Jubel der Kaiserslauterer über einen unerwarteten Punk bei Borussia Dortmund: Mathias Abel, Olcay Sahan, Itay Shechter, Konstantinos Fortounis, Pierre De Wit (von links).

RESULTATE

Freitag, 09.12.2011	Hertha BSC - FC Schalke 04	1:2 (1:2)
Samstag, 10.12.2011	SV Werder Bremen - VfL Wolfsburg	4:1 (2:0)
	1. FSV Mainz 05 - Hamburger SV	0:0
	1. FC Nürnberg - 1899 Hoffenheim	0:2 (0:1)
	1. FC Köln - SC Freiburg	4:0 (1:0)
	FC Augsburg - Borussia M'gladbach	1:0 (0:0)
	Hannover 96 - Bayer 04 Leverkusen	0:0
Sonntag, 11.12.2011	Borussia Dortmund - 1. FC Kaiserslautern	1:1 (1:0)
	VfB Stuttgart - FC Bayern München	1:2 (1:1)

TORJÄGER

Mario Gomez	FC Bayern München	15
Klaas-Jan Huntelaar	FC Schalke 04	14
Lukas Podolski	1. FC Köln	14
Claudio Pizarro	SV Werder Bremen	12
Marco Reus	Borussia M'gladbach	10
Robert Lewandowski	Borussia Dortmund	10
Papiss Cissé	SC Freiburg	9
Franck Ribéry	FC Bayern München	8
Mario Mandzukic	VfL Wolfsburg	8
Mohammed Abdellaoue	Hannover 96	8

PERSONALIEN

Ihre 100. Bundesliga-Einsätze bestreiten **Luiz Gustavo** vom FC Bayern München (davon 72 für 1899 Hoffenheim) und **Christian Fuchs** vom FC Schalke 04. Fuchs hat den Großteil seiner Spiele für den VfL Bochum und den 1. FSV Mainz 05 absolviert.

Für **Sidney Sam** von Bayer 04 Leverkusen, **Patrick Herrmann** bei Borussia Mönchengladbach und für **Raúl** beim FC Schalke 04 werden die 50. Bundesliga-Einsätze verzeichnet.

Sein 50. Tor für den 1. FC Köln erzielt **Lukas Podolski**.

TABELLE

Rang	Club	Sp.	g	u	v	Tore	Diff.	Pkt.	
1	FC Bayern München	16	11	1	4	40:10	30	34	→
2	Borussia Dortmund	16	9	4	3	31:11	20	31	→
3	FC Schalke 04	16	10	1	5	33:22	11	31	↗
4	Borussia M'gladbach	16	9	3	4	24:11	13	30	↘
5	SV Werder Bremen	16	9	2	5	30:26	4	29	→
6	Bayer 04 Leverkusen	16	7	5	4	22:19	3	26	→
7	VfB Stuttgart	16	6	4	6	23:19	4	22	→
8	Hannover 96	16	5	7	4	19:23	-4	22	→
9	1899 Hoffenheim	16	6	3	7	18:18	0	21	↗
10	1. FC Köln	16	6	3	7	27:32	-5	21	↗
11	Hertha BSC	16	4	7	5	23:25	-2	19	↘
12	1. FSV Mainz 05	16	4	6	6	22:28	-6	18	→
13	Hamburger SV	16	4	6	6	20:26	-6	18	→
14	VfL Wolfsburg	16	5	2	9	22:34	-12	17	→
15	1. FC Kaiserslautern	16	3	6	7	12:20	-8	15	↗
16	1. FC Nürnberg	16	4	3	9	14:28	-14	15	↘
17	FC Augsburg	16	3	5	8	14:27	-13	14	↗
18	SC Freiburg	16	3	4	9	20:35	-15	13	↘

1. FC Köln – SC Freiburg 4:0 (1:0)

■ **1. FC Köln:** Rensing - Brecko, Geromel, Jemal, Sereno - Lanig, Riether (78. Matuschyk) - Clemens (78. Freis), Jajalo, Peszko (70. Eichner) - Podolski
■ **SC Freiburg:** Baumann - Schmid, Krmas, Butscher, Bastians - Schuster - Putsila (85. Abdessadki), Makiadi, Flum, Rosenthal (63. Reisinger) - Cissé
Tore: 1:0 Clemens (19.), 2:0 Podolski (61.), 3:0 Clemens (65.), 4:0 Podolski (73.)
Ecken: 4:2
Schiedsrichter: Fritz (Korb)
Zuschauer: 44.500
Gelb: Sereno - Bastians, Schuster
Gelb-Rot: keine **Rot:** keine

FC Augsburg – Borussia M'gladbach 1:0 (0:0)

■ **FC Augsburg:** Amsif - Verhaegh, Callsen-Bracker, Sankoh, De Jong - Hosogai, Davids - Baier (85. Brinkmann), Werner (78. Hain) - Oehrl (90+1. Sinkala) - Mölders
■ **Borussia M'gladbach:** ter Stegen - Jantschke, Stranzl, Dante, Daems - Marx (76. Otsu), Neustädter - Herrmann (70. Leckie), Arango - Hanke, Bobadilla (65. de Camargo)
Tore: 1:0 Callsen-Bracker (51.)
Ecken: 5:4
Schiedsrichter: Schmidt (Stuttgart)
Zuschauer: 30.660 (ausverkauft)
Gelb: Mölders, Callsen-Bracker, Hosogai - Marx, de Camargo
Gelb-Rot: keine **Rot:** keine

Hannover 96 – Bayer 04 Leverkusen 0:0

■ **Hannover 96:** Zieler - Chahed, Haggui, Pogatetz, Schulz (83. Pander) - Pinto - Stindl (89. Stoppelkamp), Rausch - Schmiedebach - Schlaudraff (80. Ya Konan) - Abdellaoue
■ **Bayer 04 Leverkusen:** Leno - Castro, Schwaab, Friedrich, Kadlec - L. Bender, Rolfes (46. Ballack) - Sam, Schürrle - Kießling - Derdiyok
Tore: keine
Ecken: 9:3
Schiedsrichter: Gagelmann (Bremen)
Zuschauer: 44.800
Gelb: Schürrle, Leno
Gelb-Rot: keine **Rot:** keine

Borussia Dortmund – 1. FC Kaiserslautern 1:1 (1:0)

■ **Borussia Dortmund:** Weidenfeller - Piszczek, Santana, Hummels, Schmelzer (77. Owomoyela) - Gündogan, da Silva (73. Perisic) - Blaszczykowski (66. Götze), Kagawa, Großkreutz - Lewandowski
■ **1. FC Kaiserslautern:** Trapp - Dick, Abel, Rodnei, Bugera - Kirch (51. Shechter), De Wit (83. Petsos) - Fortounis, Tiffert, Sahan - Kouemaha (78. Nemec)
Tore: 1:0 Kagawa (27.), 1:1 Sahan (60.)
Ecken: 9:4
Schiedsrichter: Aytekin (Oberasbach)
Zuschauer: 80.720 (ausverkauft)
Gelb: Gündogan - Kouemaha, Dick
Gelb-Rot: keine **Rot:** keine

VfB Stuttgart – FC Bayern München 1:2 (1:1)

■ **VfB Stuttgart:** Ulreich - Boka, Tasci, Maza, Molinaro - Kvist, Gentner (70. Cacau) - Harnik, Hajnal (87. Niedermeier), Gebhart - Schieber (70. Pogrebnyak)
■ **FC Bayern München:** Neuer - Rafinha, van Buyten, Badstuber, Lahm - Tymoshchuk, Kroos - Robben (85. Boateng), T. Müller (79. Gustavo), Ribéry (79. Alaba) - Gomez
Tore: 1:0 Gentner (6.), 1:1 Gomez (13.), 1:2 Gomez (57.)
Ecken: 3:6
Schiedsrichter: Gräfe (Berlin)
Zuschauer: 60.469 (ausverkauft)
Gelb: Gentner, Boka, Niedermeier - T. Müller, Badstuber, Rafinha, Gomez
Gelb-Rot: Molinaro (29.) **Rot:** keine

BUNDESLIGA

Bayern München macht die 17. Herbstmeisterschaft perfekt

Havard Nordtveit, unter Trainer Lucien Favre zur Gladbacher Stammkraft geworden, wird von den Mainzern Julian Baumgartlinger und Nicolas Müller in die Zange genommen.

Mit einem 3:0 gegen den 1. FC Köln und zum 17. Mal als Herbstmeister beendet der FC Bayern München die Hinrunde der Bundesliga-Saison 2011/12 und beschert seinem Präsidenten Uli Hoeneß ein schönes Weihnachtsfest. „Ich kann die Winterpause nun richtig genießen, nachdem wir in der vergangenen Saison den ersten Platz nicht mal mit dem Fernglas sehen konnten", sagt Hoeneß. Das Fernglas müssen in diesem Jahr aber auch die Verfolger nicht herausholen. Borussia Dortmund rundet eines der erfolgreichsten Jahre in der Clubgeschichte mit einem 4:1 beim SC Freiburg ab und geht mit einem Drei-Punkte-Rückstand in die 32-tägige Spielpause. „34 Punkte sind überragend, der zweite Platz ist eine wunderbare Position", schwärmt Dortmunds Vorsitzender der Geschäftsführung, Hans-Joachim Watzke. Seit elf Spielen ist der BVB nach der anfänglichen Schwächephase nun schon unbesiegt. So darf die Meistermannschaft von Trainer Jürgen Klopp in bester Laune die vielen Ehrungen zum Jahresende entgegennehmen. Unter anderem wird der BVB als Mannschaft des Jahres 2011 bei der Sportlerwahl in Deutschland ausgezeichnet. Zwei weitere ernst zu nehmende Bayern-Verfolger hat der BVB nach 17 Spieltagen im Schlepptau. Der FC Schalke 04 ist nach dem 5:0 gegen den SV Werder Bremen punktgleich mit dem Revierrivalen. Und nur einen Zähler dahinter folgt schon Borussia Mönchengladbach, das durch das 1:0 gegen den 1. FSV Mainz 05 die erfolgreichste Hinrunde seit 35 Jahren vorweisen kann. „Wir dürfen nicht zu gierig sein", sagt Gladbachs Trainer Lucien Favre und mahnt das Umfeld zur Bescheidenheit. Dass die Borussia aber nach vielen Jahren wieder sorgenfrei in die Pause geht, liegt nicht zuletzt an dem Schweizer Trainer. 53 Punkte in 29 Ligaspielen dokumentieren den Gladbacher Aufwärtstrend seit Favres Amtsantritt. Wenige Kilometer weiter ist die Stimmung bei Vizemeister Bayer 04 Leverkusen dagegen arg getrübt, mit der Hypothek einer 0:3-Heimniederlage gegen den 1. FC Nürnberg endet die Hinrunde. Gleiches gilt auch für Hertha BSC. Der Aufsteiger trennt sich nach dem 1:1 bei 1899 Hoffenheim von Trainer Markus Babbel. Im Tabellenkeller belegt der FC Augsburg trotz eines achtbaren 1:1 beim Hamburger SV neben Schlusslicht SC Freiburg den zweiten direkten Abstiegsplatz. Drittletzter ist der 1. FC Kaiserslautern, der das Jahr 2011 mit einem 1:1 gegen Hannover 96 beendet. Der 20 Jahre alte Nachwuchsstürmer Jan Polter lässt dagegen den VfL Wolfsburg am Ende einer enttäuschenden Hinserie mit seinem Treffer zum 1:0 gegen den VfB Stuttgart doch noch einmal jubeln.

DATEN & FAKTEN

Zuschauer gesamt	368.657
pro Spiel	40.962
Tore gesamt	24
Elfmeter	0
Eigentore	0
Gelbe Karten	31
Gelb-Rote Karten	1
Rote Karten	3

FC Bayern München – 1. FC Köln 3:0 (0:0)

■ **FC Bayern München:** Neuer - Rafinha, van Buyten, Badstuber, Lahm - Tymoshchuk, Kroos - Robben (76. Gustavo), T. Müller (52. Alaba), Ribéry - Gomez (78. Olic)
■ **1. FC Köln:** Rensing - Brecko (14. Makino), Sereno, McKenna, Geromel, Jemal - Riether, Jajalo - Clemens (68. Roshi), Peszko - Podolski (68. Freis)
Tore: 1:0 Gomez (48.), 2:0 Alaba (63.), 3:0 Kroos (88.)
Ecken: 10:2
Schiedsrichter: Winkmann (Kerken)
Zuschauer: 69.000 (ausverkauft)
Gelb: Sereno, Jajalo, Peszko, McKenna
Gelb-Rot: Ribéry (33.) **Rot:** keine

Bayer 04 Leverkusen – 1. FC Nürnberg 0:3 (0:2)

■ **Bayer 04 Leverkusen:** Leno - Castro, Schwaab, Friedrich, Kadlec (46. Oczipka) - Rolfes (46. Kießling) - Schürrle, L. Bender, Ballack, Sam - Derdiyok
■ **1. FC Nürnberg:** R. Schäfer - Feulner, Maroh, Wollscheid, Plattenhardt - Cohen, Simons - Hegeler (81. Wießmeier), Didavi (76. Mak), Eigler - Pekhart (83. Esswein)
Tore: 0:1 Didavi (8.), 0:2 Hegeler (22.), 0:3 Pekhart (73.)
Ecken: 6:3
Schiedsrichter: Schmidt (Stuttgart)
Zuschauer: 29.239
Gelb: Feulner
Gelb-Rot: keine **Rot:** keine

Hamburger SV – FC Augsburg 1:1 (0:0)

■ **Hamburger SV:** Drobny - Diekmeier, Bruma, Westermann, Aogo - Rincón, Kacar (75. Son) - Töre, Ilicevic - Petric (71. Berg, 81. Skjelbred) - Guerrero
■ **FC Augsburg:** Amsif - Verhaegh, Sinkala, Sankoh, De Jong - Hosogai, Davids (82. Möhrle) - Baier, Oehrl, Werner (66. Reinhardt) - Mölders (57. Brinkmann)
Tore: 0:1 Oehrl (62.), 1:1 Guerrero (66.)
Ecken: 8:0
Schiedsrichter: Welz (Wiesbaden)
Zuschauer: 48.143
Gelb: Töre
Gelb-Rot: keine **Rot:** keine

SC Freiburg – Borussia Dortmund 1:4 (1:2)

■ **SC Freiburg:** Baumann - Schmid, Krmas, Ferati, Bastians - Flum - D. Caligiuri (82. Dembele), Makiadi, Putsila, Rosenthal (70. Reisinger) - Cissé
■ **Borussia Dortmund:** Weidenfeller - Piszczek, Santana (71. Perisic), Hummels, Schmelzer (62. Owomoyela) - Gündogan, Kehl - Blaszczykowski, Kagawa, Großkreutz - Lewandowski (85. Barrios)
Tore: 0:1 Lewandowski (7.), 1:1 Rosenthal (34.), 1:2 Gündogan (44.), 1:3 Großkreutz (59.), 1:4 Lewandowski (70.)
Ecken: 3:3
Schiedsrichter: Perl (Pullach)
Zuschauer: 24.000 (ausverkauft)
Gelb: Rosenthal - Lewandowski
Gelb-Rot: keine **Rot:** keine

Marco Höger, der nach seinem Wechsel vom Zweitligisten Alemannia Aachen auch beim FC Schalke 04 überzeugende Leistungen auf wechselnden Defensivpositionen zeigt, fixiert im Duell mit dem Bremer Stürmer Claudio Pizarro den Ball.

TORSCHÜTZE DES SPIELTAGES

Uno, dos, tres: Kurz vor Weihnachten beschenkt Senor Raúl (34, Foto) die Fans des FC Schalke 04 besonders gern. Mit drei Toren ist der spanische Weltstar der überragende Spieler beim 5:0 gegen den SV Werder Bremen, womit er sein Kunststück aus dem Vorjahr wiederholt. Da hatte Raúl ebenfalls im letzten Bundesliga-Spiel des Jahres gegen den 1. FC Köln dreimal getroffen. „Ich genieße die Erfahrung bei diesem Club sehr. Ich hoffe, dass sie noch weitergeht", sagt der langjährige Stürmer des spanischen Rekordmeisters Real Madrid nach seiner Heldentat, womit er vor den im Winter anstehenden Verhandlungen über einen neuen Vertrag seinen Wert noch einmal unter Beweis stellt. Zehn Tore stehen bei Raúl zu Buche, nicht inbegriffen sind in dieser Zahl seine spielerischen und kämpferischen Impulse für die Königsblauen.

RESULTATE

Freitag, 16.12.2011	FC Bayern München - 1. FC Köln	3:0 (0:0)
Samstag, 17.12.2011	Bayer 04 Leverkusen - 1. FC Nürnberg	0:3 (0:2)
	Hamburger SV - FC Augsburg	1:1 (0:0)
	SC Freiburg - Borussia Dortmund	1:4 (1:2)
	1899 Hoffenheim - Hertha BSC	1:1 (1:0)
	VfL Wolfsburg - VfB Stuttgart	1:0 (0:0)
	FC Schalke 04 - SV Werder Bremen	5:0 (2:0)
Sonntag, 18.12.2011	1. FC Kaiserslautern - Hannover 96	1:1 (0:1)
	Borussia M'gladbach - 1. FSV Mainz 05	1:0 (1:0)

TORJÄGER

Mario Gomez	FC Bayern München	16
Klaas-Jan Huntelaar	FC Schalke 04	15
Lukas Podolski	1. FC Köln	14
Claudio Pizarro	SV Werder Bremen	12
Robert Lewandowski	Borussia Dortmund	12
Raúl	FC Schalke 04	10
Marco Reus	Borussia M'gladbach	10
Papiss Cissé	SC Freiburg	9
Mohammed Abdellaoue	Hannover 96	9

PERSONALIEN

Den 100. Bundesliga-Einsatz für den 1. FC Köln absolviert **Pedro Geromel.**

Beim VfL Wolfsburg erreicht **Christian Träsch** die Marke von 100 Bundesliga-Spielen, 83 absolvierte er davon für den VfB Stuttgart.

Zum 50. Mal laufen **Robert Lewandowski** bei Borussia Dortmund und **Dennis Diekmeier** sowie **Tomás Rincón** beim Hamburger SV in der Bundesliga auf.

TABELLE

Rang	Club	Sp.	g	u	v	Tore	Diff.	Pkt.	
1	FC Bayern München	17	12	1	4	43:10	33	37	→
2	Borussia Dortmund	17	10	4	3	35:12	23	34	→
3	FC Schalke 04	17	11	1	5	38:22	16	34	→
4	Borussia M'gladbach	17	10	3	4	25:11	14	33	→
5	SV Werder Bremen	17	9	2	6	30:31	-1	29	→
6	Bayer 04 Leverkusen	17	7	5	5	22:22	0	26	→
7	Hannover 96	17	5	8	4	20:24	-4	23	↗
8	VfB Stuttgart	17	6	4	7	23:20	3	22	↘
9	1899 Hoffenheim	17	6	4	7	19:19	0	22	→
10	1. FC Köln	17	6	3	8	27:35	-8	21	→
11	Hertha BSC	17	4	8	5	24:26	-2	20	→
12	VfL Wolfsburg	17	6	2	9	23:34	-11	20	↗
13	Hamburger SV	17	4	7	6	21:27	-6	19	→
14	1. FSV Mainz 05	17	4	6	7	22:29	-7	18	↘
15	1. FC Nürnberg	17	5	3	9	17:28	-11	18	↗
16	1. FC Kaiserslautern	17	3	7	7	13:21	-8	16	↘
17	FC Augsburg	17	3	6	8	15:28	-13	15	→
18	SC Freiburg	17	3	4	10	21:39	-18	13	→

1899 Hoffenheim
Hertha BSC **1:1 (1:0)**

■ **1899 Hoffenheim**: Starke - Beck, Vorsah, Vestergaard, Johnson - Rudy - Mlapa (60. Vukcevic), Firmino, Salihovic (66. Williams), Babel (60. Musona) - Ibisevic
■ **Hertha BSC**: Kraft - Lell (75. Ronny), Hubnik, Janker, Kobiashvili - Ottl, Lustenberger (83. Lasogga) - Ebert, Raffael, Rukavytsya (15. Torun) - Ramos
Tore: 1:0 Salihovic (21.), 1:1 Hubnik (90+1.)
Ecken: 5:4
Schiedsrichter: Sippel (München)
Zuschauer: 25.550
Gelb: Salihovic, Beck, Musona, Rudy - Hubnik
Gelb-Rot:keine **Rot**:Vorsah (63.) - Raffael (31.)

VfL Wolfsburg
VfB Stuttgart **1:0 (0:0)**

■ **VfL Wolfsburg**: Benaglio - Träsch, Russ, Madlung, M. Schäfer - Hasebe, Polak - Dejagah, Koo (80. Josué), Orozco (46. Salihamidzic, 66. Polter) - Mandzukic
■ **VfB Stuttgart**: Ulreich - Gebhart (86. Niedermeier), Tasci, Maza, Boka - Kvist - Harnik, Hajnal (66. Traoré), Gentner - Schieber (46. Pogrebnyak), Cacau
Tore: 1:0 Polter (74.)
Ecken: 6:7
Schiedsrichter: Stark (Ergolding)
Zuschauer: 25.944
Gelb: Salihamidzic, Polter, Dejagah - Gentner, Ulreich
Gelb-Rot:keine **Rot**:keine

FC Schalke 04
SV Werder Bremen **5:0 (2:0)**

■ **FC Schalke 04**: Unnerstall - Höwedes, Papadopoulos, Matip, Fuchs - Jones - Höger, Jurado (74. Baumjohann) - Raúl - Huntelaar (77. Marica), Pukki (57. Draxler)
■ **SV Werder Bremen**: Wiese - Prödl (46. Arnautovic), Wolf, Naldo, Schmitz - Bargfrede - Fritz, Ignjovski - Trinks (71. Wesley) - Pizarro, Rosenberg
Tore: 1:0 Raúl (16.), 2:0 Raúl (20.), 3:0 Raúl (63.), 4:0 Papadopoulos (67.), 5:0 Huntelaar (70.)
Ecken: 4:4
Schiedsrichter: Gräfe (Berlin)
Zuschauer: 61.673 (ausverkauft)
Gelb: Raúl, Höwedes - Schmitz, Fritz
Gelb-Rot:keine **Rot**:keine

1. FC Kaiserslautern
Hannover 96 **1:1 (0:1)**

■ **1. FC Kaiserslautern**: Trapp - Dick, Abel, Rodnei, Bugera - Kirch, De Wit (46. Shechter) - Fortounis, Tiffert, Sahan (85. Sukuta-Pasu) - Kouemaha (46. Nemec)
■ **Hannover 96**: Zieler - Chahed, Haggui, Pogatetz, Schulz - Pinto - Stindl, Rausch (78. Stoppelkamp) - Schmiedebach - Schlaudraff (63. Ya Konan) - Abdellaoue (72. Sobiech)
Tore: 0:1 Abdellaoue (13.), 1:1 Nemec (68.)
Ecken: 6:0
Schiedsrichter: Brych (München)
Zuschauer: 36.019
Gelb: Tiffert - Rausch, Abdellaoue
Gelb-Rot:keine **Rot**:Shechter (87.)

Borussia M'gladbach
1. FSV Mainz 05 **1:0 (1:0)**

■ **Borussia M'gladbach**: ter Stegen - Jantschke, Stranzl, Dante, Daems - Nordtveit, Neustädter - Herrmann (90. Marx), Arango - Hanke (71. de Camargo), Reus (84. Bobadilla)
■ **1. FSV Mainz 05**: Wetklo - Pospech, Bungert, Svensson (41. M. Caligiuri), Fathi - Kirchhoff - Baumgartlinger, Polanski (73. Ujah) - Malli (65. N. Müller) - Allagui, Choupo-Moting
Tore: 1:0 Herrmann (5.)
Ecken: 5:4
Schiedsrichter: Gagelmann (Bremen)
Zuschauer: 49.089
Gelb: Nordtveit, Dante, Herrmann - Pospech, Allagui, Bungert
Gelb-Rot:keine **Rot**:keine

BUNDESLIGA

Gladbach sorgt mit Sieg gegen die Bayern für neue Hochspannung

Wie schon zum Saisonauftakt wird Topfavorit FC Bayern München kalt erwischt, während der Deutsche Meister Borussia Dortmund einen Traumstart in die Rückrunde hinlegt. Das Überraschungsteam von Borussia Mönchengladbach feiert ein verdientes 3:1 gegen den Herbstmeister, der sich auf einmal massiver Konkurrenz im Titelkampf ausgesetzt sieht. Denn der BVB zieht durch eine 5:1-Gala beim Hamburger SV ebenso nach Punkten mit der Mannschaft von Trainer Jupp Heynckes gleich wie der FC Schalke 04 dank des 3:1 gegen den VfB Stuttgart. Mönchengladbach folgt nur einen Punkt dahinter. Der Gladbacher Marco Reus führt den Bayern mit seiner schnellen Reaktion auf einen Fehler von Nationaltorhüter Manuel Neuer schmerzhaft vor Augen, was ihnen bereits vor diesem ersten Rückschlag des Jahres entgangen ist. Denn Reus hat sich wenige Tage nach Neujahr zu einer Rückkehr nach Dortmund entschieden, anstatt dem Lockruf des Rekordmeisters zu folgen. In Hamburg brennen die Dortmunder einen Tag später ein Feuerwerk ab, besonders die polnischen Stars Robert Lewandowski und Jakub Blaszczykowski glänzen mit jeweils zwei Toren. „Kuba" lässt sogar den verletzten Jungstar Mario Götze vergessen. Nicht die Stars Raúl oder Klaas-Jan Huntelaar, sondern die Defensivspieler Joel Matip und Kyriakos Papadopoulos ebnen den Schalker Erfolg gegen Stuttgart, Julian Draxler steuert den dritten Treffer bei. Lars Bender beschert Bayer 04 Leverkusen mit seinem Siegtor zum 3:2 gegen den 1. FSV Mainz 05 einen guten Start ins neue Jahr, obwohl es nach einer 2:0-Führung plötzlich 2:2 steht. Doch Bender erzielt in der 70. Minute das 3:2. Der Vizemeister rückt als Sechster damit auf einen Punkt an den SV Werder Bremen heran, der nicht über ein 0:0 beim 1. FC

Mit den Armen die Balance haltend, das Standbein neben den Ball gesetzt, das Schussbein holt weit aus: Der Dortmunder Neven Subotic unter Beobachtung des Hamburgers Marcell Jansen als Modell für das Lehrbuch.

DER TORSCHÜTZE DES SPIELTAGES

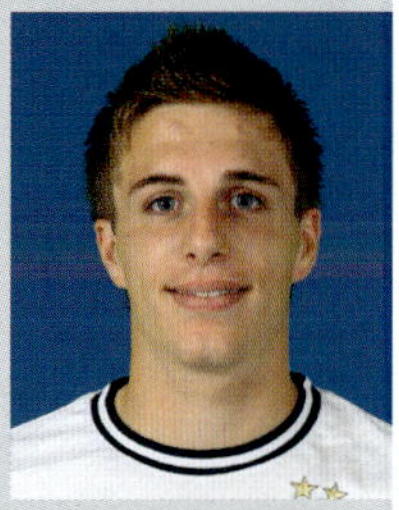

Es ist der Abend, an dem Patrick Herrmann (21, Foto) aus dem Schatten von Marco Reus heraustritt. Mit zwei Toren wird der schmächtige Mittelfeldspieler zum Matchwinner für Borussia Mönchengladbach beim 3:1 gegen den FC Bayern München. „Es ist ein tolles Gefühl, gegen die Bayern einen Doppelpack zu machen. Aber es sah sicher leichter aus, als es war, die Tore zu schießen", sagt Herrmann nach dem Galaauftritt. Nach Anspielen von Mike Hanke und Reus überwindet der Saarländer Bayern-Torwart Manuel Neuer zum 2:0 und zum 3:0. Erstmals ließ der Offensivspieler vor eineinhalb Jahren beim 6:3 der Borussia bei Bayer 04 Leverkusen mit zwei Toren aufhorchen. Trainer Lucien Favre dämpft dennoch nach dem Husarenstück gegen München die Erwartungen. „Ein Vergleich mit Marco Reus wäre übertrieben."

DATEN & FAKTEN

Zuschauer gesamt	348.040
pro Spiel	38.671
Tore gesamt	23
Elfmeter	1
Eigentore	1
Gelbe Karten	22
Gelb-Rote Karten	0
Rote Karten	0

Borussia M'gladbach – FC Bayern München 3:1 (2:0)

■ **Borussia M'gladbach:** ter Stegen - Jantschke, Stranzl, Brouwers, Daems - Nordtveit, Neustädter - Herrmann (89. Marx), Arango - Hanke (82. de Camargo), Reus (90+3. Leckie)
■ **FC Bayern München:** Neuer - Boateng (66. Rafinha), van Buyten (76. Gustavo), Badstuber, Lahm - Tymoshchuk (57. Alaba), Schweinsteiger - Robben, T. Müller, Kroos - Gomez
Tore: 1:0 Reus (11.), 2:0 Herrmann (41.), 3:0 Herrmann (71.), 3:1 Schweinsteiger (76.)
Ecken: 4:8
Schiedsrichter: Kinhöfer (Herne)
Zuschauer: 54.047 (ausverkauft)
Gelb: Arango
Gelb-Rot: keine **Rot:** keine

1899 Hoffenheim – Hannover 96 0:0

■ **1899 Hoffenheim:** Starke - Beck, Williams, Vestergaard, Braafheid - Rudy, Salihovic (85. Musona) - Mlapa (66. Johnson), Firmino, Babel - Ibisevic
■ **Hannover 96:** Zieler - Cherundolo, Eggimann, Pogatetz, Pander - Schmiedebach (88. Lala), Stindl - Royer (68. Chahed), Rausch - Stoppelkamp - Abdellaoue
Tore: keine
Ecken: 0:4
Schiedsrichter: Dingert (Lebecksmühle)
Zuschauer: 24.800
Gelb: Beck - Rausch
Gelb-Rot: keine **Rot:** keine

FC Schalke 04 – VfB Stuttgart 3:1 (1:0)

■ **FC Schalke 04:** Unnerstall - Uchida, Papadopoulos, Höwedes (42. Metzelder), Fuchs - Höger, Matip - Obasi (75. Marica), Raúl, Baumjohann (46. Draxler) - Huntelaar
■ **VfB Stuttgart:** Ulreich - Celozzi, Tasci, Maza, Molinaro - Kvist (62. Schieber) - Kuzmanovic, Hajnal - Harnik (62. Okazaki), Cacau - Pogrebnyak (85. Holzhauser)
Tore: 1:0 Matip (3.), 2:0 Papadopoulos (57.), 3:0 Draxler (80.), 3:1 Okazaki (87.)
Ecken: 8:6
Schiedsrichter: Brych (München)
Zuschauer: 61.673 (ausverkauft)
Gelb: Höger - Hajnal
Gelb-Rot: keine **Rot:** keine

VfL Wolfsburg – 1. FC Köln 1:0 (0:0)

■ **VfL Wolfsburg:** Benaglio - Träsch, Madlung, Felipe, Rodriguez - Polak, Jiracek (79. Josué) - Dejagah, M. Schäfer - Koo (74. Sio), Vieirinha (46. Polter)
■ **1. FC Köln:** Rensing - Brecko, Geromel, Pezzoni, Eichner - Lanig (85. Ishak), Riether - Clemens (85. Roshi), Peszko (63. Jajalo) - Novakovic, Podolski
Tore: 1:0 Polter (78.)
Ecken: 15:1
Schiedsrichter: Welz (Wiesbaden)
Zuschauer: 27.057
Gelb: Felipe - Jajalo, Eichner
Gelb-Rot: keine **Rot:** keine

Unbändige Freude empfinden Mike Hanke und Marco Reus, die beiden Offensivkräfte von Borussia Mönchengladbach, als zum Beginn der Rückrunde erneut ein Sieg gegen den Favoriten FC Bayern München gelingt. Reus erzielt beim 3:1 den Führungstreffer, Hanke bereitet ein Tor vor.

Sejad Salihovic (ganz rechts) schießt einen Freistoß für Hoffenheim gegen die Abwehrmauer von Hannover mit Emanuel Pogatetz, Mario Eggimann, Mohammed Abdellaoue und Moritz Stoppelkamp. Jannik Vestergaard will die Abwehr stören. Salihovic trifft nicht, das Spiel endet 0:0.

Kaiserslautern hinauskommt. Für die Pfälzer ist das Remis im Abstiegskampf kaum eine Verbesserung der Situation. Dem SC Freiburg gelingt mit Trainer Christian Streich, der in der Winterpause Markus Sorg abgelöst hat, beim 1:0 gegen den FC Augsburg ein Auftakt nach Maß , er schafft den Anschluss im Tabellenkeller. Dort verschafft sich der 1. FC Nürnberg im 1.000. Bundesliga-Spiel der Clubgeschichte etwas Luft und verdirbt mit dem 2:0 gegen Hertha BSC deren neuem Trainer Michael Skibbe den Einstand. Für Felix Magath zahlen sich die Wintereinkäufe aus. Vier der acht Neuen stehen auf dem Platz, das Tor zum 1:0 gegen den 1. FC Köln erzielt allerdings Youngster Sebastian Polter. 1899 Hoffenheim und Hannover 96 trennen sich 0:0.

RESULTATE

Freitag, 20.01.2012	Borussia M'gladbach - Bayern München	3:1 (2:0)
Samstag, 21.01.2012	1899 Hoffenheim - Hannover 96	0:0
	FC Schalke 04 - VfB Stuttgart	3:1 (1:0)
	VfL Wolfsburg - 1. FC Köln	1:0 (0:0)
	SC Freiburg - FC Augsburg	1:0 (0:0)
	1. FC Nürnberg - Hertha BSC	2:0 (1:0)
	1. FC Kaiserslautern - Werder Bremen	0:0
Sonntag, 22.01.2012	Hamburger SV - Borussia Dortmund	1:5 (0:2)
	Bayer Leverkusen - 1. FSV Mainz 05	3:2 (2:0)

TORJÄGER

Mario Gomez	FC Bayern München	16
Klaas-Jan Huntelaar	FC Schalke 04	15
Lukas Podolski	1. FC Köln	14
Robert Lewandowski	Borussia Dortmund	14
Claudio Pizarro	SV Werder Bremen	12
Marco Reus	Borussia M'gladbach	11
Raúl	FC Schalke 04	10
Papiss Cissé	SC Freiburg	9
Mohammed Abdellaoue	Hannover 96	9

PERSONALIEN

Zum 100. Bundesliga-Einsatz kommt **Gojko Kacar** vom Hamburger SV.

Seinen 100. Bundesliga-Einsatz feiert auch **Michal Kadlec** bei Bayer 04 Leverkusen.

Zum 50. Mal tragen **Lukasz Piszczek** bei Borussia Dortmund und **Martin Harnik** beim VfB Stuttgart die Trikots ihrer derzeitigen Clubs in der Bundesliga.

TABELLE

Rang	Club	Sp.	g	u	v	Tore	Diff.	Pkt.	
1	FC Bayern München	18	12	1	5	44:13	31	37	→
2	Borussia Dortmund	18	11	4	3	40:13	27	37	→
3	FC Schalke 04	18	12	1	5	41:23	18	37	→
4	Borussia M'gladbach	18	11	3	4	28:12	16	36	→
5	SV Werder Bremen	18	9	3	6	30:31	-1	30	→
6	Bayer 04 Leverkusen	18	8	5	5	25:24	1	29	→
7	Hannover 96	18	5	9	4	20:24	-4	24	→
8	1899 Hoffenheim	18	6	5	7	19:19	0	23	↗
9	VfL Wolfsburg	18	7	2	9	24:34	-10	23	↗
10	VfB Stuttgart	18	6	4	8	24:23	1	22	↘
11	1. FC Köln	18	6	3	9	27:36	-9	21	↘
12	1. FC Nürnberg	18	6	3	9	19:28	-9	21	↗
13	Hertha BSC	18	4	8	6	24:28	-4	20	↘
14	Hamburger SV	18	4	7	7	22:32	-10	19	↘
15	1. FSV Mainz 05	18	4	6	8	24:32	-8	18	↘
16	1. FC Kaiserslautern	18	3	8	7	13:21	-8	17	→
17	SC Freiburg	18	4	4	10	22:39	-17	16	↗
18	FC Augsburg	18	3	6	9	15:29	-14	15	↘

SC Freiburg
FC Augsburg **1:0 (0:0)**

■ **SC Freiburg**: Baumann - Sorg, Krmas, Diagne, Lumb - Makiadi, Flum - Schmid, D. Caligiuri (82. Freis) - Putsila (70. Ginter) - Jendrisek (65. Reisinger)
■ **FC Augsburg**: Jentzsch - Verhaegh, Callsen-Bracker, Langkamp, De Jong (77. Reinhardt) - Sinkala - Baier (58. Ndjeng), Hosogai, Oehrl, Werner (58. Hain) - Mölders
Tore: 1:0 Ginter (88.)
Ecken: 6:2
Schiedsrichter: Meyer (Burgdorf)
Zuschauer: 19.600
Gelb: Flum - Werner, De Jong, Verhaegh
Gelb-Rot: keine **Rot**: keine

1. FC Nürnberg
Hertha BSC **2:0 (1:0)**

■ **1. FC Nürnberg**: R. Schäfer - Hegeler, Maroh, Wollscheid, Hlousek - Cohen (90+2. Nilsson), Simons - Didavi (90. Frantz), Esswein - Eigler, Pekhart (82. Bunjaku)
■ **Hertha BSC**: Kraft - Lell (83. Torun), Hubnik, Janker, Kobiashvili - Ottl, Niemeyer (76. Djuricin) - Ebert, Ramos, Ronny (46. Ben-Hatira) - Lasogga
Tore: 1:0 Esswein (43.), 2:0 Maroh (85.)
Ecken: 4:5
Schiedsrichter: Gagelmann (Bremen)
Zuschauer: 39.117
Gelb: Pekhart - Niemeyer, Ebert
Gelb-Rot: keine **Rot**: keine

1. FC Kaiserslautern
SV Werder Bremen **0:0**

■ **1. FC Kaiserslautern**: Trapp - Dick, Simunek, Rodnei, Bugera - Tiffert (87. Kirch), De Wit - Sahan, Fortounis (63. Jörgensen) - Kouemaha, Swierczok
■ **SV Werder Bremen**: Wiese - Fritz, Prödl (28. Silvestre), Sokratis, Schmitz - Bargfrede - Ignjovski, Trybull - Ekici - Rosenberg, Pizarro
Tore: keine
Ecken: 4:2
Schiedsrichter: Hartmann (Wangen)
Zuschauer: 40.381
Gelb: Swierczok, Tiffert - Sokratis, Bargfrede, Schmitz
Gelb-Rot: keine **Rot**: keine

Hamburger SV
Borussia Dortmund **1:5 (0:2)**

■ **Hamburger SV**: Drobny - Diekmeier, Bruma, Westermann, Aogo - Rincon, Kacar (46. Petric) - Lam, Tesche, Jansen (65. Sala) - Guerrero
■ **Borussia Dortmund**: Langerak - Piszczek, Subotic, Hummels, Schmelzer - S. Bender (82. Barrios), Kehl (73. Leitner) - Blaszczykowski, Kagawa (82. Gündogan), Großkreutz - Lewandowski
Tore: 0:1 Großkreutz (16.), 0:2 Lewandowski (37.), 0:3 Blaszczykowski (58.), 0:4 Blaszczykowski (76., Foulelfmeter), 0:5 Lewandowski (83.), 1:5 Guerrero (86.)
Ecken: 8:5
Schiedsrichter: Stark (Ergolding)
Zuschauer: 57.000 (ausverkauft)
Gelb: Bruma
Gelb-Rot: keine **Rot**: keine

Bayer 04 Leverkusen
1. FSV Mainz 05 **3:2 (2:0)**

■ **Bayer 04 Leverkusen**: Leno - Da Costa, Schwaab, Friedrich (86. Toprak), Kadlec - Reinartz, L. Bender - Castro, Ballack (60. Kießling), Schürrle - Derdiyok (80. Rolfes)
■ **1. FSV Mainz 05**: Wetklo - Pospech, Bungert, Noveski, Fathi - Polanski (77. Malli) - Baumgartlinger, Soto - Ujah (46. M. Caligiuri), Choupo-Moting - Yilmaz (46. Szalai)
Tore: 1:0 Pospech (10., Eigentor), 2:0 Friedrich (35.), 2:1 Polanski (50.), 2:2 M. Caligiuri (53.), 3:2 L. Bender (70.)
Ecken: 5:6
Schiedsrichter: Weiner (Giesen)
Zuschauer: 24.365
Gelb: Friedrich
Gelb-Rot: keine **Rot**: keine

BUNDESLIGA

Jupp Heynckes überholt beim Münchner Sieg Otto Rehhagel

Verteidiger Jerome Boateng vom FC Bayern München setzt sich mit einem Sprung beim mit 2:0 gewonnenen Bundesliga-Spiel gegen den VfL Wolfsburg vor Mittelfeldspieler Petr Jiracek.

Das Spitzenquartett gibt sich keine Blöße. Der FC Bayern München kommt dank der Tore von Mario Gomez und Arjen Robben zu einem glanzlosen 2:0 gegen den VfL Wolfsburg und verteidigt die Tabellenspitze. Ein besonderer Erfolg ist es für Trainer Jupp Heynckes, der seinen 456. Sieg in der Bundesliga als Spieler und Trainer feiert und damit Otto Rehhagel überholt. Der Deutsche Meister Borussia Dortmund bleibt auf der Siegerspur und freut sich mit einem 3:1 über den ersten Heimsieg gegen 1899 Hoffenheim in der Bundesliga. Shinji Kagawa trifft zweimal und zeigt wieder die Form, mit der er in der Hinrunde der Meistersaison für Jubelstürme sorgte. Der BVB hält den Druck auf den Tabellenführer hoch – und das zum zweiten Mal in Folge ohne Mario Götze. Der deutsche Shootingstar muss wegen einer Schambeinentzündung mehrere Wochen pausieren. „Wir schicken ihn in den Urlaub", sagt Trainer Jürgen Klopp über den 19-Jährigen, der sich zusammen mit Bundestrainer Joachim Löw auf der Tribüne das Spiel ansieht. Auch der FC Schalke 04 muss auf Toppersonal verzichten, Raúl und Nationalspieler Benedikt Höwedes fehlen verletzungsbedingt. Seine Chance nutzt Ciprian Marica, der zwei Tore zum 4:1 beim 1. FC Köln beisteuert. Lukas Podolski erzielt die Kölner Führung – bezahlt aber einen hohen Preis. Eine alte Fußverletzung bricht auf, die ihn zu einer Pause zwingt. Deutlich unterstreicht Borussia Mönchengladbach, dass der vierte Tabellenplatz kein Zufall ist. Die Mannschaft von Trainer Lucien Favre gewinnt 3:0 beim VfB Stuttgart. Gleichklang gibt es beim Münchner Verfolgertrio in Bezug auf das Thema Meisterschaft. „Außer dem Nichtabstieg haben wir noch nichts erreicht", sagt Schalkes Vorstand Sport Horst Heldt, und Dortmunds Torschütze Kevin Großkreutz meint: „Hier geht es nicht darum, wer Erster oder Zweiter ist. Der FC Bayern München ist Favorit. Sie sagen, sie haben mehr Qualität. Also sollen sie es zeigen." Im langen Schatten

DATEN & FAKTEN

Zuschauer gesamt	438.694
pro Spiel	48.744
Tore gesamt	28
Elfmeter	2
Eigentore	0
Gelbe Karten	36
Gelb-Rote Karten	0
Rote Karten	2

Hannover 96 – 1. FC Nürnberg 1:0 (1:0)

Hannover 96: Zieler - Cherundolo, Eggimann, Pogatetz, Pander - Schmiedebach, Pinto (90+3. Chahed) - Stindl, Rausch - Schlaudraff (84. Stoppelkamp), Abdellaoue (89. Sobiech)
1. FC Nürnberg: R. Schäfer - Feulner, Maroh, Wollscheid, Hlousek - Cohen (46. Pekhart), Simons - Didavi, Hegeler - Eigler (73. Bunjaku) - Esswein (82. Frantz)
Tore: 1:0 Abdellaoue (18.)
Ecken: 8:1
Schiedsrichter: Fritz (Korb)
Zuschauer: 35.400
Gelb: Abdellaoue, Schlaudraff, Pinto - Wollscheid, Eigler
Gelb-Rot: keine **Rot**: keine

FC Bayern München – VfL Wolfsburg 2:0 (0:0)

FC Bayern München: Neuer - Rafinha, Boateng, Badstuber, Lahm - Schweinsteiger, Kroos - Robben, T. Müller (66. Gustavo), Ribéry (89. Alaba) - Gomez (75. Olic)
VfL Wolfsburg: Benaglio - Träsch, Russ, Felipe, Rodriguez - Chris (41. Koo), Jiracek (66. Sio) - Hasebe (82. Polter), M. Schäfer - Dejagah, Mandzukic
Tore: 1:0 Gomez (60.), 2:0 Robben (90+2.)
Ecken: 4:4
Schiedsrichter: Zwayer (Berlin)
Zuschauer: 69.000 (ausverkauft)
Gelb: Rafinha - Russ, Hasebe
Gelb-Rot: keine **Rot**: keine

SV Werder Bremen – Bayer 04 Leverkusen 1:1 (1:0)

SV Werder Bremen: Wiese - Fritz, Affolter, Sokratis, Hartherz - Bargfrede - Ignjovski, Trybull (77. Wesley) - Ekici (63. Füllkrug) - Rosenberg, Pizarro
Bayer 04 Leverkusen: Leno - Da Costa (46. Derdiyok), Schwaab, Friedrich, Kadlec - Reinartz - Castro, Rolfes - L. Bender - Kießling, Schürrle
Tore: 1:0 Pizarro (29.), 1:1 Reinartz (57.)
Ecken: 4:6
Schiedsrichter: Aytekin (Oberasbach)
Zuschauer: 40.060
Gelb: Rosenberg, Ignjovski, Bargfrede - Castro, Kadlec
Gelb-Rot: keine **Rot**: keine

Hertha BSC – Hamburger SV 1:2 (0:2)

Hertha BSC: Kraft - Lell, Hubnik, Janker (22. Mijatovic), Kobiashvili - Ottl (76. Ronny), Lustenberger - Torun (46. Niemeyer), Ebert, Ramos - Lasogga
Hamburger SV: Drobny - Diekmeier, Bruma, Westermann, Aogo - Rincón, Jarolim - Sala (90+3. Son), Jansen (90+1. Rajkovic) - Petric (85. Kacar) - Guerrero
Tore: 0:1 Jansen (24.), 0:2 Petric (45+1.), 1:2 Lasogga (81.)
Ecken: 6:7
Schiedsrichter: Winkmann (Kerken)
Zuschauer: 49.168
Gelb: Mijatovic, Niemeyer, Lell - Rincon
Gelb-Rot: keine **Rot**: keine

Michael Skibbe hat schon einfachere Trainerzeiten als bei Hertha BSC erlebt.

der Spitzengruppe gewinnt Hannover 96 durch das Siegtor von Mohammed Abdellaoue 1:0 gegen den 1. FC Nürnberg und rückt bis auf drei Punkte an die UEFA-Europa-League-Plätze heran, weil sich der Fünfte SV Werder Bremen 1:1 vom Sechsten Bayer 04 Leverkusen trennt. Viel mehr Spannung bietet der Abstiegskampf, der schon ab Platz acht beginnt. Der Hamburger SV gewinnt 2:1 bei Hertha BSC, wo Trainer Michael Skibbe weiter ohne Punkt ist. Der SC Freiburg liegt nach 17 Minuten mit 0:3 zurück und rutscht nach 1:3 beim 1. FSV Mainz 05 wieder auf den letzten Platz ab. Der 1. FC Kaiserslautern schießt zwei Tore, zu mehr als 2:2 beim FC Augsburg reicht es aber nicht für die Mannschaft von Trainer Marco Kurz.

DER SPIELER DES SPIELTAGES

Die Geschichte hätte nicht schöner geschrieben werden können. Ciprian Marica (26, Foto) spielt nach seinem Wechsel zum FC Schalke 04 im Jahr 2011 erstmals von Beginn an und ist gleich mit zwei Toren maßgeblich am 4:1-Erfolg beim 1. FC Köln beteiligt. Für Trainer Huub Stevens ist die Nominierung des Rumänen eine „Bauchentscheidung", von der sich selbst der Stürmer „etwas überrascht" zeigt. Zwölfmal zuvor war Marica lediglich eingewechselt worden und hatte ganze 117 Minuten auf dem Platz gestanden. Schließlich wurde er als Back-up für die Stars Raúl und Klaas-Jan Huntelaar vom VfB Stuttgart verpflichtet. Weil Raúl im Köln-Spiel fehlt, belohnt Marica nun das Vertrauen des Trainers – und der Kollegen. „Er hat gezeigt, dass er da ist, wenn man ihn braucht", sagt Huntelaar nach dem Spiel.

Dass es gar nicht leicht ist, den energischen Bremer Stürmer Claudio Pizarro zu stoppen, erfahren die Leverkusener Abwehrspieler Manuel Friedrich (rechts) und Stefan Reinartz.

RESULTATE

Freitag, 27.01.2012	Hannover 96 - 1. FC Nürnberg	1:0 (1:0)
Samstag, 28.01.2012	FC Bayern München - VfL Wolfsburg	2:0 (0:0)
	SV Werder Bremen - Bayer Leverkusen	1:1 (1:0)
	Hertha BSC - Hamburger SV	1:2 (0:2)
	FC Augsburg - 1. FC Kaiserslautern	2:2 (1:1)
	Borussia Dortmund - 1899 Hoffenheim	3:1 (2:0)
	1. FC Köln - FC Schalke 04	1:4 (1:0)
Sonntag, 29.01.2012	1. FSV Mainz 05 - SC Freiburg	3:1 (3:0)
	VfB Stuttgart - Borussia M'gladbach	0:3 (0:1)

TORJÄGER

Mario Gomez	FC Bayern München	17
Klaas-Jan Huntelaar	FC Schalke 04	16
Lukas Podolski	1. FC Köln	15
Robert Lewandowski	Borussia Dortmund	14
Claudio Pizarro	SV Werder Bremen	13
Marco Reus	Borussia M'gladbach	12
Raúl	FC Schalke 04	10
Mohammed Abdellaoue	Hannover 96	10

PERSONALIEN

Ihre 200. Bundesliga-Einsätze absolvieren **Mario Gomez** beim FC Bayern München und **Clemes Fritz** beim SV Werder Bremen.

Die Einsatzzahl von 200 für Borussia Dortmund erreicht auch **Sebastian Kehl**, der zuvor schon 40 Mal in der Bundesliga für den SC Freiburg gespielt hat.

Patrick Ebert bestreitet bei Hertha BSC zum 100. Mal eine Bundesliga-Partie.

Zu ihren 50. Bundesliga-Einsätzen kommen **Oliver Baumann** beim SC Freiburg, **Peter Niemeyer** bei Hertha BSC.

TABELLE

Rang	Club	Sp.	g	u	v	Tore	Diff.	Pkt.	
1	FC Bayern München	19	13	1	5	46:13	33	40	→
2	Borussia Dortmund	19	12	4	3	43:14	29	40	→
3	FC Schalke 04	19	13	1	5	45:24	21	40	→
4	Borussia M'gladbach	19	12	3	4	31:12	19	39	→
5	SV Werder Bremen	19	9	4	6	31:32	-1	31	→
6	Bayer 04 Leverkusen	19	8	6	5	26:25	1	30	→
7	Hannover 96	19	6	9	4	21:24	-3	27	→
8	1899 Hoffenheim	19	6	5	8	20:22	-2	23	→
9	VfL Wolfsburg	19	7	2	10	24:36	-12	23	→
10	VfB Stuttgart	19	6	4	9	24:26	-2	22	→
11	Hamburger SV	19	5	7	7	24:33	-9	22	↗
12	1. FSV Mainz 05	19	5	6	8	27:33	-6	21	↗
13	1. FC Nürnberg	19	6	3	10	19:29	-10	21	↘
14	1. FC Köln	19	6	3	10	28:40	-12	21	↘
15	Hertha BSC	19	4	8	7	25:30	-5	20	↘
16	1. FC Kaiserslautern	19	3	9	7	15:23	-8	18	→
17	FC Augsburg	19	3	7	9	17:31	-14	16	↗
18	SC Freiburg	19	4	4	11	23:42	-19	16	↘

FC Augsburg – 1. FC Kaiserslautern 2:2 (1:1)

FC Augsburg: Jentzsch - Verhaegh, Callsen-Bracker, Langkamp, De Jong - Hosogai, Brinkmann - Baier, Oehrl, Werner (77. Ndjeng) - Mölders (65. Hain)
1. FC Kaiserslautern: Trapp - Dick, Simunek, Rodnei, Bugera - Tiffert, Kirch (70. Petsos) - Sahan, Fortounis (85. Jörgensen) - Wagner, Swierczok (74. Sukuta-Pasu)
Tore: 1:0 De Jong (5.), 1:1 Dick (25.), 1:2 Dick (48.), 2:2 Hain (65.)
Ecken: 3:4
Schiedsrichter: Gräfe (Berlin)
Zuschauer: 30.028
Gelb: De Jong, Brinkmann - Swierczok, Wagner, Fortounis, Jörgensen
Gelb-Rot: keine **Rot**: keine

Borussia Dortmund – 1899 Hoffenheim 3:1 (2:0)

Borussia Dortmund: Weidenfeller - Piszczek, Subotic, Hummels, Schmelzer - S. Bender, Kehl - Blaszczykowski (77. Perisic), Kagawa, Großkreutz (85. Gündogan) - Lewandowski (77. Barrios)
1899 Hoffenheim: Starke - Beck, Williams, Vestergaard, Braafheid - Rudy (80. Musona) - T. Weis, Salihovic - Johnson (77. Mlapa), Firmino, Babel
Tore: 1:0 Kagawa (16.), 2:0 Großkreutz (31.), 3:0 Kagawa (55.), 3:1 Johnson (63.)
Ecken: 6:2
Schiedsrichter: Kircher (Rottenburg)
Zuschauer: 80.500
Gelb: S. Bender - T. Weis, Braafheid, Beck, Babel
Gelb-Rot: keine **Rot**: keine

1. FC Köln – FC Schalke 04 1:4 (1:0)

1. FC Köln: Rensing - Sereno, McKenna (70. Brecko), Geromel, Eichner - Jajalo, Riether - Clemens (70. Roshi), Peszko (82. Lanig) - Novakovic, Podolski
FC Schalke 04: Unnerstall - Uchida (46. Jurado), Papadopoulos, Metzelder, Fuchs - Höger, Matip - Obasi, Draxler (86. Pukki) - Marica (83. Moritz), Huntelaar
Tore: 1:0 Podolski (4.), 1:1 Marica (60.), 1:2 Marica (72.), 1:3 Huntelaar (78., Foulelfmeter), 1:4 Höger (82.)
Ecken: 4:1
Schiedsrichter: Drees (Münster-Sarmsheim)
Zuschauer: 50.000 (ausverkauft)
Gelb: Geromel - Uchida, Matip
Gelb-Rot: keine **Rot**: Brecko (77.)

1. FSV Mainz 05 – SC Freiburg 3:1 (3:0)

1. FSV Mainz 05: Wetklo - Pospech, Bungert, Noveski, Zabavnik - Polanski (78. Kirchhoff), Soto - M. Caligiuri (90. Baumgartlinger), N. Müller - Szalai (65. Yilmaz), Choupo-Moting
SC Freiburg: Baumann - Sorg, Krmas, Diagné, Lumb - Ginter, Makiadi - Schmid, D. Caligiuri (81. Freis) - Rosenthal (76. Reisinger), Jendrisek (7. Ferati)
Tore: 1:0 Choupo-Moting (3.), 2:0 Polanski (6., Foulelfmeter), 3:0 Choupo-Moting (17.), 3:1 Krmas (68.)
Ecken: 4:3
Schiedsrichter: Schmidt (Stuttgart)
Zuschauer: 30.938
Gelb: Noveski, Bungert - Ginter, Schmid
Gelb-Rot: keine **Rot**: Diagné (4.)

VfB Stuttgart – Borussia M'gladbach 0:3 (0:1)

VfB Stuttgart: Ulreich - Rüdiger (79. Holzhauser), Tasci, Maza, Molinaro - Kvist, Kuzmanovic (46. Okazaki) - Harnik (68. Schieber), Hajnal - Ibisevic, Cacau
Borussia M'gladbach: ter Stegen - Jantschke, Stranzl, Dante, Wendt - Nordtveit, Neustädter - Herrmann (85. Marx), Arango - Reus (89. Leckie), Hanke (53. de Camargo)
Tore: 0:1 Hanke (31.), 0:2 Reus (81.), 0:3 de Camargo (84.)
Ecken: 6:1
Schiedsrichter: Perl (Pullach)
Zuschauer: 53.600
Gelb: Nordtveit
Gelb-Rot: keine **Rot**: keine

BUNDESLIGA

Am Eis-Spieltag übernimmt Dortmund die Spitze vom FC Bayern

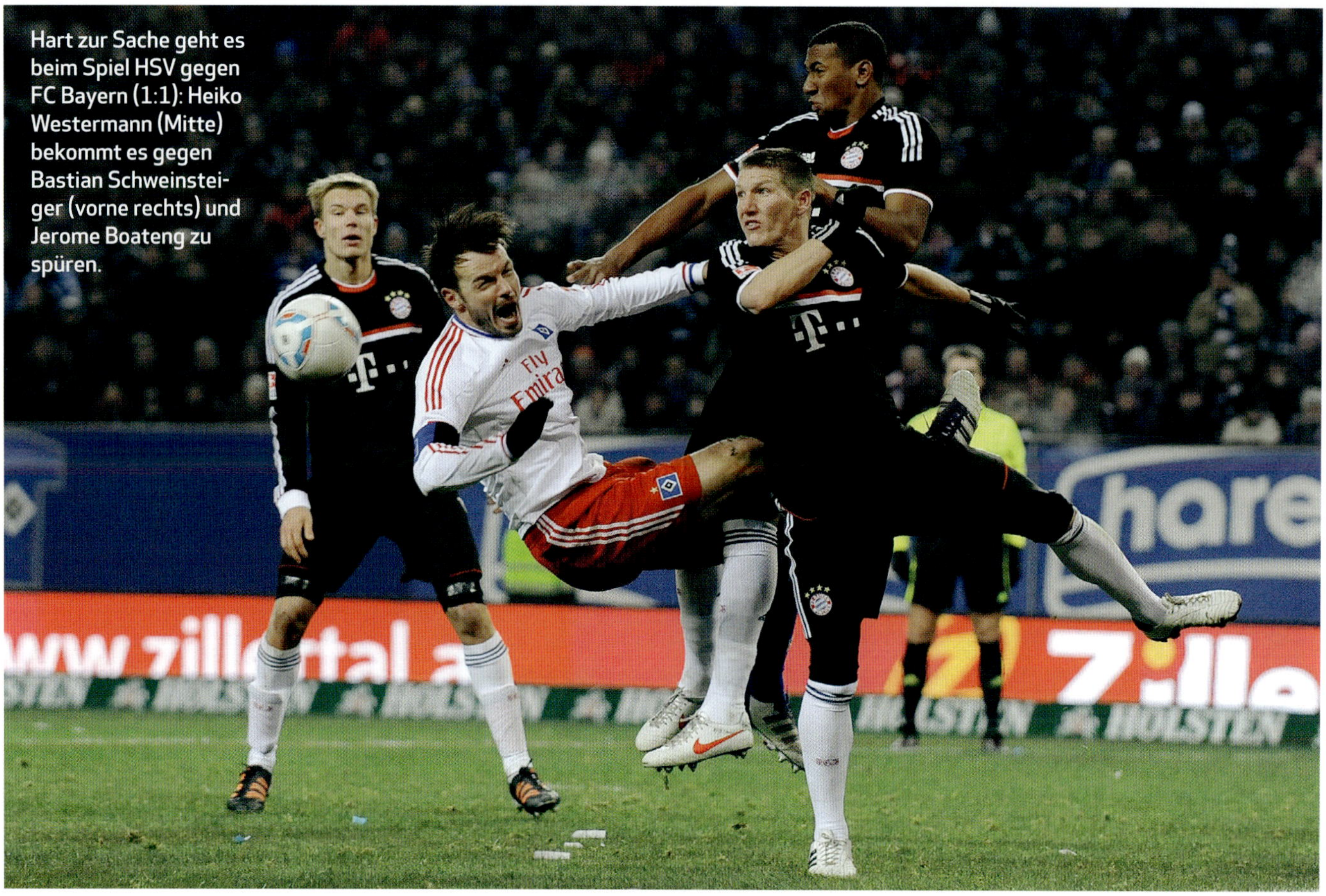

Hart zur Sache geht es beim Spiel HSV gegen FC Bayern (1:1): Heiko Westermann (Mitte) bekommt es gegen Bastian Schweinsteiger (vorne rechts) und Jerome Boateng zu spüren.

Was die Ergebnisse angeht, ist es ein kurioser Spieltag. Kein Heimsieg, sechs Unentschieden und drei Auswärtserfolge. Einen davon feiert Borussia Dortmund zum Auftakt am Freitag mit dem 2:0 beim 1. FC Nürnberg bei minus 15 Grad. Der Deutsche Meister kehrt an die Tabellenspitze zurück, weil die Konkurrenten an diesem bitterkalten Wochenende nicht mitziehen können. Der FC Bayern München kommt mit Ach und Krach zu einem 1:1 beim Hamburger SV, der eingewechselte Ex-Hamburger Ivica Olic kann wenigstens das 0:1 durch Jacopo Sala ausgleichen. Die Verärgerung in München ist groß. Bayern-Präsident Uli Hoeneß und Vorstandsvorsitzender Karl-Heinz Rummenigge sprechen in der Kabine, Christian Nerlinger dann in der Öffentlichkeit. „Das war kein optimaler Start in die Rückrunde, wir sind mit drei Punkten Vorsprung auf Dortmund ins Jahr gestartet, jetzt sind wir zwei zurück. Das sagt klar aus, dass wir jetzt unter Druck stehen“, erklärt der Sportdirektor. Die Dortmunder können sich das Ganze mit einem Schmunzeln am Fernseher anschauen. Aber gemäß der Clubpolitik gibt es weder Häme noch Kampfansagen. Stattdessen ärgert man sich über die Fragen nach der Titelverteidigung. „Wir beschäftigen uns mit dem Thema Meisterschaft nicht, weil es uns den Spaß am Fußball nehmen würde“, sagt Trainer Jürgen Klopp. Er freut sich aber über den Treffer von Lucas Barrios, der sich meist mit der Reservisten-

DATEN & FAKTEN

Zuschauer gesamt	340.598
pro Spiel	37.844
Tore gesamt	20
Elfmeter	2
Eigentore	0
Gelbe Karten	32
Gelb-Rote Karten	3
Rote Karten	1

1. FC Nürnberg – Borussia Dortmund 0:2 (0:0)

■ **1. FC Nürnberg:** R. Schäfer - Feulner, Maroh (80. Bunjaku), Wollscheid, Hlousek - Cohen (60. Chandler), Simons - Hegeler, Didavi, Eigler (60. Esswein) - Pekhart
■ **Borussia Dortmund:** Weidenfeller - Piszczek, Subotic, Hummels, Schmelzer - S. Bender (22. Leitner), Kehl - Blaszczykowski (88. Gündogan), Kagawa, Großkreutz - Lewandowski (72. Barrios)
Tore: 0:1 Kehl (48.), 0:2 Barrios (82.)
Ecken: 7:1
Schiedsrichter: Meyer (Burgdorf)
Zuschauer: 45.572
Gelb: Feulner
Gelb-Rot: keine **Rot:** keine

VfL Wolfsburg – Borussia M'gladbach 0:0

■ **VfL Wolfsburg:** Benaglio - Träsch, Russ, Felipe, Rodriguez - Josué, Jiracek - Sissoko (46. Mandzukic), M. Schäfer - Dejagah (62. Sio), Polter (82. Ochs)
■ **Borussia M'gladbach:** ter Stegen - Jantschke, Brouwers, Dante, Daems - Nordtveit, Neustädter - Herrmann, Arango - Reus, Hanke (75. de Camargo)
Tore: keine
Ecken: 8:3
Schiedsrichter: Gagelmann (Bremen)
Zuschauer: 30.000 (ausverkauft)
Gelb: Jiracek - Jantschke
Gelb-Rot: keine **Rot:** keine

1899 Hoffenheim – FC Augsburg 2:2 (1:1)

■ **1899 Hoffenheim:** Starke - Beck, Vestergaard, Compper, Johnson - Williams, Salihovic (71. T. Weis) - Mlapa (75. Lakic), Firmino, Babel - Musona (71. Vukcevic)
■ **FC Augsburg:** Jentzsch - Verhaegh, Callsen-Bracker, Langkamp, De Jong - Hosogai - Ndjeng (88. Brinkmann), Baier, Oehrl, Werner (61. Koo) - Mölders
Tore: 0:1 Mölders (31.), 1:1 Mlapa (38.), 2:1 Salihovic (51., Foulelfmeter), 2:2 Langkamp (72.)
Ecken: 3:7
Schiedsrichter: Wingenbach (Diez)
Zuschauer: 22.500
Gelb: Williams, Salihovic, Babel, Vestergaard - Langkamp, Baier
Gelb-Rot: keine **Rot:** keine

Hertha BSC – Hannover 96 0:1 (0:0)

■ **Hertha BSC:** Kraft - Morales, Hubnik, Neumann, Kobiashvili - Ottl (83. Rukavytsya), Niemeyer - Ebert (66. Ronny), Lustenberger, Ramos - Lasogga
■ **Hannover 96:** Zieler - Cherundolo, Eggimann, Schulz (36. Avevor), Pander - Schmiedebach (46. Diouf), Pinto - Stindl, Schlaudraff, Rausch - Abdellaoue (89. Sobiech)
Tore: 0:1 Abdellaoue (68.)
Ecken: 4:1
Schiedsrichter: Sippel (München)
Zuschauer: 36.997
Gelb: Cherundolo, Sobiech
Gelb-Rot: Neumann (75.) **Rot:** keine

DER RÜCKKEHRER DES SPIELTAGES

Der erste Auftritt nach der Rückkehr in seine alte Fußballheimat verläuft einfach perfekt. Mit seinem Tor beschert Mohamed Zidan (30, Foto) dem 1. FSV Mainz 05 ein 1:1 beim FC Schalke 04. Und der Stürmer trägt auch dazu bei, dass sein ehemaliger Club Borussia Dortmund im Titelrennen an die Tabellenspitze zurückkehrt. Doch Zidans Gedanken sind in Ägypten bei den Opfern der Stadionkatastrophe von Port Said. „Ich habe das Tor für sie geschossen", sagt er. Die Freude über den tollen Einstand ist angesichts der Tragödie in seinem Heimatland getrübt. In Dortmund war er unter Trainer Jürgen Klopp, unter dessen Regie in Mainz sein Stern einst aufging, nie über die Reservistenrolle hinausgekommen. Aber für Mainz zeigt Zidan gleich im ersten Spiel seine Klasse, obwohl sein Einsatz wegen einer Magen-Darm-Grippe zuvor lange infrage steht.

rolle hinter Robert Lewandowski zufrieden geben muss. Trist wie bei den Bayern geht es auch beim FC Schalke 04 zu, der nicht über ein 1:1 gegen den 1. FSV Mainz 05 hinauskommt. Auch, weil Heimkehrer Mohamed Zidan mit einem Tor zum 1:0 einen Einstand nach Maß für Mainz hat. Immerhin rettet Neuzugang Chinedu Obasi mit einem Traumtor den Gelsenkirchenern einen Punkt. Und Borussia Mönchengladbach erkämpft sich ein 0:0 beim VfL Wolfsburg. Im Abstiegskampf macht der 1. FC Köln „Big Points" mit einem 1:0 beim Angstgegner 1. FC Kaiserslautern und setzt sich ins Mittelfeld ab. Lauterns Trainer Marco Kurz rügt seine Spieler wegen mangelnden Muts. Wenig klappt auch für Trainer Michael Skibbe in Berlin, der auch sein drittes Punktspiel mit Hertha BSC verliert. Nach dem 0:1 gegen Hannover 96 beträgt der Abstand zur Abstiegszone nur noch zwei Punkte. Neuling FC Augsburg erkämpft sich ein 2:2 bei 1899 Hoffenheim. Der SC Freiburg kann zwei Tore von Claudio Pizarro ausgleichen und kommt zu einem 2:2 gegen den SV Werder Bremen. Den Ausrutscher der Bremer kann Bayer 04 Leverkusen mit dem 2:2 gegen den VfB Stuttgart nicht nutzen, um sich vom sechsten auf den fünften Platz zu verbessern.

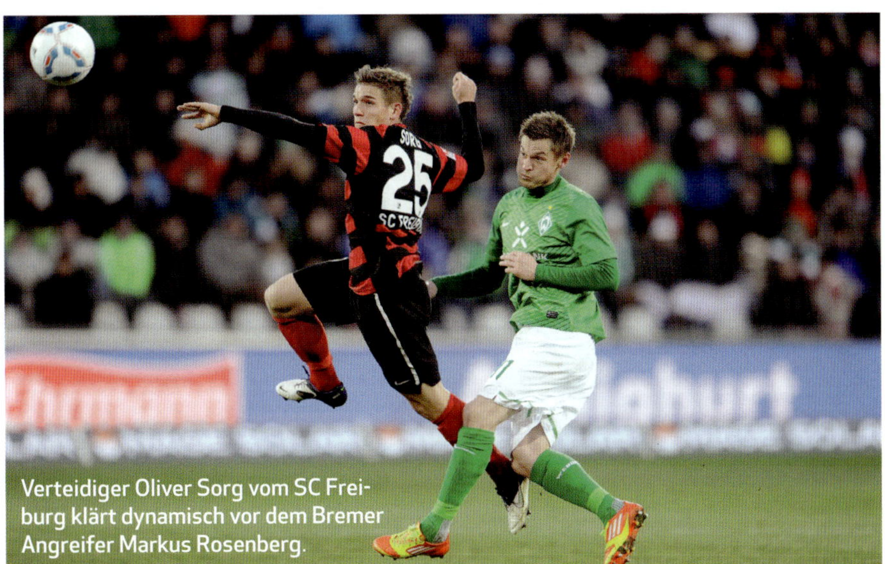

Verteidiger Oliver Sorg vom SC Freiburg klärt dynamisch vor dem Bremer Angreifer Markus Rosenberg.

RESULTATE

Freitag, 03.02.2012	1. FC Nürnberg - Borussia Dortmund	0:2 (0:0)
Samstag, 04.02.2012	VfL Wolfsburg - Borussia M'gladbach	0:0
	1899 Hoffenheim - FC Augsburg	2:2 (1:1)
	Hertha BSC - Hannover 96	0:1 (0:0)
	FC Schalke 04 - 1. FSV Mainz 05	1:1 (0:1)
	Bayer 04 Leverkusen - VfB Stuttgart	2:2 (1:1)
	Hamburger SV - FC Bayern München	1:1 (1:0)
Sonntag, 05.02.2012	SC Freiburg - SV Werder Bremen	2:2 (1:1)
	1. FC Kaiserslautern - 1. FC Köln	0:1 (0:0)

TORJÄGER

Mario Gomez	FC Bayern München	17
Klaas-Jan Huntelaar	FC Schalke 04	16
Claudio Pizarro	SV Werder Bremen	15
Lukas Podolski	1. FC Köln	15
Robert Lewandowski	Borussia Dortmund	14
Marco Reus	Borussia M'gladbach	12
Mohammed Abdellaoue	Hannover 96	11
Raul	FC Schalke 04	10

PERSONALIEN

Zum 150. Mal in einem Bundesliga-Spiel läuft **Marcel Schäfer** vom VfL Wolfsburg auf. Es ist das 149. für den VfL, nur das erste machte er für den TSV München 1860.

Jerome Boateng vom FC Bayern München und **Kevin McKenna** vom 1. FC Köln bestreiten jeweils ihre 100. Bundesliga-Spiele.

Daniel Caligiuri vom SC Freiburg, **Mato Jajalo** vom 1. FC Köln und **Georg Niedermeier** vom VfB Stuttgart absolvieren ihre 50. Bundesliga-Partie.

TABELLE

Rang	Club	Sp.	g	u	v	Tore	Diff.	Pkt.	
1	Borussia Dortmund	20	13	4	3	45:14	31	43	↗
2	FC Bayern München	20	13	2	5	47:14	33	41	↘
3	FC Schalke 04	20	13	2	5	46:25	21	41	→
4	Borussia M'gladbach	20	12	4	4	31:12	19	40	→
5	SV Werder Bremen	20	9	5	6	33:34	-1	32	→
6	Bayer 04 Leverkusen	20	8	7	5	28:27	1	31	→
7	Hannover 96	20	7	9	4	22:24	-2	30	→
8	1899 Hoffenheim	20	6	6	8	22:24	-2	24	→
9	1. FC Köln	20	7	3	10	29:40	-11	24	↗
10	VfL Wolfsburg	20	7	3	10	24:36	-12	24	↘
11	VfB Stuttgart	20	6	5	9	26:28	-2	23	↘
12	Hamburger SV	20	5	8	7	25:34	-9	23	↘
13	1. FSV Mainz 05	20	5	7	8	28:34	-6	22	↘
14	1. FC Nürnberg	20	6	3	11	19:31	-12	21	↘
15	Hertha BSC	20	4	8	8	25:31	-6	20	→
16	1. FC Kaiserslautern	20	3	9	8	15:24	-9	18	→
17	FC Augsburg	20	3	8	9	19:33	-14	17	→
18	SC Freiburg	20	4	5	11	25:44	-19	17	→

20. SPIELTAG

FC Schalke 04 – 1. FSV Mainz 05 1:1 (0:1)

FC Schalke 04: Unnerstall - Höger, Papadopoulos, Höwedes, Fuchs - Matip - Obasi, Draxler (46. Jurado) - Raúl (73. Pukki) - Marica (46. Farfán), Huntelaar
1. FSV Mainz 05: Wetklo - Pospech, Bungert, Noveski, Zabavnik - Kirchhoff - M. Caligiuri (69. N. Müller), Soto (83. Malli) - Polanski (76. Baumgartlinger) - Choupo-Moting, Zidan
Tore: 0:1 Zidan (15.), 1:1 Obasi (59.)
Ecken: 13:2
Schiedsrichter: Aytekin (Oberasbach)
Zuschauer: 60.557
Gelb: Obasi, Fuchs - Kirchhoff, Pospech
Gelb-Rot: keine **Rot:** keine

Bayer 04 Leverkusen – VfB Stuttgart 2:2 (1:1)

Bayer 04 Leverkusen: Leno - Corluka, Schwaab, Friedrich, Kadlec - Reinartz - Castro, Rolfes - L. Bender (72. Sam, 84. Augusto) - Schürrle, Kießling
VfB Stuttgart: Ulreich - Boulahrouz, Tasci, Niedermeier, Molinaro - Kvist (79. Hajnal), Gentner - Okazaki (76. Harnik), Schieber - Ibisevic, Cacau
Tore: 1:0 Kießling (11.), 1:1 Schieber (23.), 2:1 Rolfes (47., Foulelfmeter), 2:2 Harnik (89.)
Ecken: 3:3
Schiedsrichter: Kinhöfer (Herne)
Zuschauer: 27.929
Gelb: Kießling - Boulahrouz, Kvist, Schieber, Ibisevic, Cacau, Harnik
Gelb-Rot: Kadlec (63.)
Rot: Molinaro (90+2.)

Hamburger SV – FC Bayern München 1:1 (1:0)

Hamburger SV: Drobny - Diekmeier, Westermann, Rajkovic, Aogo - Rincón, Jarolim (90+2. Tesche) - Sala (75. Ilicevic), Jansen - Petric (71. Son) - Guerrero
FC Bayern München: Neuer - Tymoshchuk (61. Alaba), Boateng, Badstuber , Lahm - Schweinsteiger, Kroos (64. Olic) - Robben, T. Müller, Ribéry - Gomez
Tore: 1:0 Sala (23.), 1:1 Olic (71.)
Ecken: 5:10
Schiedsrichter: Kircher (Rottenburg)
Zuschauer: 57.000 (ausverkauft)
Gelb: Westermann, Rincón - Boateng, Kroos
Gelb-Rot: keine **Rot:** keine

SC Freiburg – SV Werder Bremen 2:2 (1:1)

SC Freiburg: Baumann - Sorg, Krmas, Höhn, Lumb - Flum, Makiadi - Schmid (74. D. Caligiuri), Rosenthal (62. Santini) - Putsila (56. Reisinger), Jendrisek
SV Werder Bremen: Wiese - Fritz, Affolter, Sokratis, Hartherz - Ignjovski - Junuzovic, Trybull (76. Schmitz) - Ekici (63. Marin) - Rosenberg, Pizarro
Tore: 0:1 Pizarro (29.), 1:1 Makiadi (32.), 1:2 Pizarro (47.), 2:2 Schmid (70.)
Ecken: 7:1
Schiedsrichter: Brych (München)
Zuschauer: 22.000
Gelb: Jendrisek, D. Caligiuri - Pizarro, Ekici
Gelb-Rot: keine **Rot:** keine

1. FC Kaiserslautern – 1. FC Köln 0:1 (0:0)

1. FC Kaiserslautern: Trapp - Dick, Yahia, Rodnei, Bugera (63. Jessen) - Tiffert, Borysiuk - Sahan, Jörgensen (78. Swierczok) - Shechter (46. Kirch), Wagner
1. FC Köln: Rensing - Sereno, McKenna, Geromel, Eichner - Lanig (70. Ishak), Riether - Clemens, Peszko (70. Roshi) - Jajalo - Novakovic (88. Pezzoni)
Tore: 0:1 Roshi (72.)
Ecken: 3:9
Schiedsrichter: Stark (Ergolding)
Zuschauer: 38.043
Gelb: Rodnei, Sahan
Gelb-Rot: Borysiuk (40.) **Rot:** keine

BUNDESLIGA

Trainer im Fokus: Skibbe geht bei Hertha, Babbel nach Hoffenheim

Der eine hatte seinen letzten Auftritt, der andere seinen ersten: Trainer Michael Skibbe wird bei Hertha BSC nach einem 0:5 beim VfB Stuttgart von seinen Aufgaben entbunden – nach nur fünf Pflichtspielen. Unter der Woche sind die Berliner im DFB-Pokal gegen Borussia Mönchengladbach ausgeschieden, das Debakel in Schwaben bedeutet das Ende von Skibbes Amtszeit in der Hauptstadt. René Tretschok und Ante Covic übernehmen vorerst Skibbes Arbeit bei der Hertha, die angesichts der ebenfalls schwächelnden Konkurrenz immer noch über dem Strich steht. Skibbes Vorgänger Markus Babbel feiert bei 1899 Hoffenheim einen soliden Einstand mit einem 1:1 beim SV Werder Bremen. Für Holger Stanislawski kam das Ende im Kraichgau mit dem Pokal-Aus gegen Zweitligist SpVgg Greuther Fürth. Herthas Konkurrenz im Kampf um den Klassenerhalt lässt ebenfalls Federn. Der SC Freiburg verliert 2:3 beim VfL Wolfsburg und rutscht wieder auf den letzten Platz ab, der FC Augsburg kommt nur zu einem 0:0 gegen den 1. FC Nürnberg. Und der Drittletzte FC Kaiserslautern verliert 0:2 beim FC Bayern München. Weiter absetzen von der Abstiegszone kann sich der Hamburger SV mit einem 1:0 beim 1. FC Köln durch das Tor von Paolo Guerrero kurz vor Schluss. Bei den Kölnern macht sich diesmal das Fehlen des verletzten Torjägers Lukas Podolski bemerkbar.

In der Spitzengruppe kommt es zum direkten Duell zwischen dem Vierten Borussia Mönchengladbach und dem Dritten FC Schalke 04. Wie im Pokal-Achtelfinale beherrscht die Borussia Schalke klar und gewinnt 3:0. „Wenn einige so auf dem Platz laufen, wie sie es heute getan haben, dann müssen sie nicht auf den Platz kommen. Dann sind sie es nicht wert, dass

Es gibt Situationen, da möchte man kaum hinsehen, was auf dem Spielfeld so alles passiert, so wie hier Herthas Geschäftsführer Sport Michael Preetz (vorn) und Trainer Michael Skibbe (stehend).

DER TORJÄGER DES SPIELTAGES

Die Reaktion auf die Degradierung zum Ersatzspieler hätte nicht deutlicher ausfallen können. Mit dem ersten Bundesliga-Dreierpack seiner Karriere schießt sich Martin Harnik (25, Foto) beim 5:0 des VfB Stuttgart gegen Hertha BSC den Frust von der Seele und die Schwaben aus der Krise. Trainer Bruno Labbadia hatte ihn am Wochenende zuvor auf die Bank gesetzt. Nach seiner Einwechslung erzielte Harnik das Tor zum 2:2 bei Bayer 04 Leverkusen. „Das war nicht leicht, aber ich habe die Ruhe bewahrt", sagt Harnik nach seinen drei Toren gegen Berlin. Es hat länger gedauert, bis der in Hamburg geborene österreichische Nationalspieler in der Bundesliga nach Engagements in Bremen und Düsseldorf Fuß gefasst hat. Nun bietet Harnik regelmäßig Topleistungen bei den Schwaben, die seinen Vertrag bis 2016 verlängert haben.

DATEN & FAKTEN

Zuschauer gesamt	418.015
pro Spiel	46.446
Tore gesamt	21
Elfmeter	0
Eigentore	0
Gelbe Karten	35
Gelb-Rote Karten	0
Rote Karten	1

VfL Wolfsburg – SC Freiburg 3:2 (2:2)

■ **VfL Wolfsburg:** Benaglio - Träsch, Russ, Felipe, Rodriguez - Josué (46. Hasebe), Jiracek - Dejagah (74. Ochs), M. Schäfer - Sio (62. Polter), Mandzukic
■ **SC Freiburg:** Baumann - Sorg, Diagné, Höhn, Lumb (79. Freis) - Flum, Makiadi - Schmid (63. Rosenthal), D. Caligiuri - Jendrisek - Santini (65. Reisinger) **Tore:** 1:0 Jiracek (5.), 1:1 Flum (11.), 2:1 M. Schäfer (14.), 2:2 D. Caligiuri (38.), 3:2 Jiracek (61.)
Ecken: 5:3
Schiedsrichter: Dingert (Lebecksmühle)
Zuschauer: 23.057
Gelb: Dejagah, Rodríguez - Freis
Gelb-Rot: keine **Rot:** keine

FC Bayern München – 1. FC Kaiserslautern 2:0 (2:0)

■ **FC Bayern München:** Neuer - Rafinha, Boateng, Badstuber, Lahm - Gustavo, Alaba - T. Müller (56. Robben), T. Kroos (82. Tymoshchuk), Ribéry (78. Olic) - Gomez
■ **1. FC Kaiserslautern:** Trapp - Dick, Yahia, Abel, Jessen - Petsos (82. Zellner) - Sahan, Tiffert, Fortounis (64. Derstroff), Sukuta-Pasu (64. Shechter) - Wagner
Tore: 1:0 Gomez (6.), 2:0 T. Müller (30.)
Ecken: 6:1
Schiedsrichter: Schmidt (Stuttgart)
Zuschauer: 69.000 (ausverkauft)
Gelb: Lahm - Petsos, Wagner
Gelb-Rot: keine **Rot:** keine

SV Werder Bremen – 1899 Hoffenheim 1:1 (0:1)

■ **SV Werder Bremen:** Wiese - Fritz, Affolter, Sokratis, Hartherz - Bargfrede - Junuzovic (71. Füllkrug), Ignjovski - Ekici (46. Marin) - Rosenberg, Arnautovic
■ **1899 Hoffenheim:** Starke - Beck, Vestergaard, Compper, Johnson - Williams, Rudy (83. Strobl) - Vukcevic, Firmino, T. Weis (71. Musona) - Lakic (80. Mlapa)
Tore: 0:1 Vestergaard (4.), 1:1 Arnautovic (90.)
Ecken: 9:5
Schiedsrichter: Weiner (Giesen)
Zuschauer: 39.176
Gelb: Ekici, Wiese, Sokratis - Vestergaard, T. Weis, Firmino, Compper
Gelb-Rot: keine **Rot:** keine

Borussia Dortmund – Bayer 04 Leverkusen 1:0 (1:0)

■ **Borussia Dortmund:** Weidenfeller - Piszczek, Subotic, Hummels, Schmelzer - S. Bender, Kehl - Blaszczykowski (87. Perisic), Kagawa (89. Leitner), Großkreutz - Lewandowski (77. Barrios)
■ **Bayer 04 Leverkusen:** Leno - Corluka (75. Bellarabi), Schwaab, Friedrich, Oczipka - Reinartz - Rolfes (61. Augusto), L. Bender - Castro - Schürrle - Kießling
Tore: 1:0 Kagawa (45.)
Ecken: 3:4
Schiedsrichter: Perl (Pullach)
Zuschauer: 80.400
Gelb: keine
Gelb-Rot: keine **Rot:** keine

Benedikt Höwedes, der mit einer Schutzmaske spielende Kapitän des FC Schalke 04, grätscht gegen Mönchengladbachs Offensivreakete Marco Reus, doch verhindern kann er das 0:3 nicht.

Der Ball scheint sich auf der anderen Seite zu bewegen: Bayern-Profi David Alaba (links) und die Kaiserslauterer Richard Sukuta-Pasu und Anthar Yahia suchen nach Orientierung.

sie bei Schalke spielen", sagt der verärgerte Schalker Trainer Huub Stevens. Die Freude beim Revierrivalen Borussia Dortmund ist umso größer, da das Team durch ein 1:0 gegen Bayer 04 Leverkusen auch das vierte Spiel der Rückrunde gewinnt und die Tabellenführung gegen die Bayern verteidigt. Matchwinner ist Shinji Kagawa mit seinem Siegtor. In Mainz macht weiter Mohamed Zidan von sich reden, der beim 1:1 des 1. FSV Mainz 05 gegen Hannover 96 wieder trifft und damit sein zweites Tor im zweiten Spiel erzielt.

RESULTATE

Freitag, 10.02.2012	VfL Wolfsburg - SC Freiburg	3:2 (2:2)
Samstag, 11.02.2012	Bayern München - 1. FC Kaiserslautern	2:0 (2:0)
	SV Werder Bremen - 1899 Hoffenheim	1:1 (0:1)
	Borussia Dortmund - Bayer 04 Leverkusen	1:0 (1:0)
	VfB Stuttgart - Hertha BSC	5:0 (4:0)
	1. FSV Mainz 05 - Hannover 96	1:1 (1:0)
	Borussia M'gladbach - FC Schalke 04	3:0 (3:0)
Sonntag, 12.02.2012	FC Augsburg - 1. FC Nürnberg	0:0
	1. FC Köln - Hamburger SV	0:1 (0:0)

TORJÄGER

Mario Gomez	FC Bayern München	18
Klaas-Jan Huntelaar	FC Schalke 04	16
Claudio Pizarro	SV Werder Bremen	15
Lukas Podolski	1. FC Köln	15
Robert Lewandowski	Borussia Dortmund	14
Marco Reus	Borussia M'gladbach	13
Mohammed Abdellaoue	Hannover 96 96	11
Raúl	FC Schalke 04	10
Martin Harnik	VfB Stuttgart	10

PERSONALIEN

Mehmet Ekici vom SV Werder Bremen, **Arjen Robben** beim FC Bayern München und **Florian Dick** beim 1. FC Kaiserslautern kommen zum 50. Mal in einem Bundesliga-Spiel zum Einsatz.

Sein 50. Bundesliga-Tor erzielt **Vedad Ibisevic**. Es ist das erste für den VfB Stuttgart nach 49 für 1899 Hoffenheim.

TABELLE

Rang	Club	Sp.	g	u	v	Tore	Diff.	Pkt.	
1	Borussia Dortmund	21	14	4	3	46:14	32	46	→
2	FC Bayern München	21	14	2	5	49:14	35	44	→
3	Borussia M'gladbach	21	13	4	4	34:12	22	43	↗
4	FC Schalke 04	21	13	2	6	46:28	18	41	↘
5	SV Werder Bremen	21	9	6	6	34:35	-1	33	→
6	Bayer 04 Leverkusen	21	8	7	6	28:28	0	31	→
7	Hannover 96	21	7	10	4	23:25	-2	31	→
8	VfL Wolfsburg	21	8	3	10	27:38	-11	27	↗
9	VfB Stuttgart	21	7	5	9	31:28	3	26	↗
10	Hamburger SV	21	6	8	7	26:34	-8	26	↗
11	1899 Hoffenheim	21	6	7	8	23:25	-2	25	↘
12	1. FC Köln	21	7	3	11	29:41	-12	24	↘
13	1. FSV Mainz 05	21	5	8	8	29:35	-6	23	→
14	1. FC Nürnberg	21	6	4	11	19:31	-12	22	→
15	Hertha BSC	21	4	8	9	25:36	-11	20	→
16	1. FC Kaiserslautern	21	3	9	9	15:26	-11	18	→
17	FC Augsburg	21	3	9	9	19:33	-14	18	→
18	SC Freiburg	21	4	5	12	27:47	-20	17	→

21. SPIELTAG

VfB Stuttgart – Hertha BSC 5:0 (4:0)

VfB Stuttgart: Ulreich - Boulahrouz (83. Kuzmanovic), Tasci, Niedermeier, Sakai - Kvist, Gentner (66. Schieber) - Harnik (72. Cacau), Hajnal, Okazaki - Ibisevic
Hertha BSC: Kraft - Morales (46. Janker), Hubnik, Mijatovic, Kobiashvili - Ottl, Niemeyer - Ebert, Raffael, Bastians - Lasogga (69. Djuricin)
Tore: 1:0 Ibisevic (24.), 2:0 Harnik (28.), 3:0 Okazaki (32.), 4:0 Harnik (41.), 5:0 Harnik (58.)
Ecken: 4:3
Schiedsrichter: Aytekin (Oberasbach)
Zuschauer: 45.000
Gelb: Tasci - Morales
Gelb-Rot: keine **Rot**: Ottl (30.)

1. FSV Mainz 05 – Hannover 96 1:1 (1:0)

1. FSV Mainz 05: Wetklo - Pospech (54. Kirchhoff), Bungert, Noveski, Zabavnik - Polanski, Soto (46. Baumgartlinger) - M. Caligiuri, Zidan (81. Ivanschitz), Choupo-Moting - Szalai
Hannover 96: Zieler - Cherundolo, Eggimann, Haggui, Pander - Pinto, Stindl (68. Schmiedebach) - Schlaudraff, Rausch (85. Sobiech) - Diouf, Abdellaoue
Tore: 1:0 Zidan (7.), 1:1 Sobiech (89.)
Ecken: 7:7
Schiedsrichter: Zwayer (Berlin)
Zuschauer: 30.173
Gelb: Bungert, Szalai, Wetklo - Stindl, Pinto, Schlaudraff
Gelb-Rot: keine **Rot**: keine

Borussia M'gladbach – FC Schalke 04 3:0 (3:0)

Borussia M'gladbach: ter Stegen - Jantschke, Brouwers, Dante, Daems - Nordtveit (73. Marx), Neustädter - Herrmann (79. de Camargo), Arango - Reus, Hanke (90. Wendt)
FC Schalke 04: Unnerstall - Höger (80. Hoogland), Papadopoulos, Höwedes, Fuchs - Matip - Farfán (63. Draxler), Jurado (46. Metzelder), Obasi - Raúl - Huntelaar
Tore: 1:0 Reus (2.), 2:0 Hanke (15.), 3:0 Arango (32.)
Ecken: 2:1
Schiedsrichter: Gräfe (Berlin)
Zuschauer: 54.049 (ausverkauft)
Gelb: Nordtveit - Höwedes, Obasi, Papadopoulos
Gelb-Rot: keine **Rot**: keine

FC Augsburg – 1. FC Nürnberg 0:0

FC Augsburg: Jentzsch - Verhaegh, Callsen-Bracker, Langkamp, De Jong (8. Ostrzolek) - Hosogai - Werner (64. Bellinghausen), Baier, Oehrl, Koo - Mölders (78. Hain)
1. FC Nürnberg: R. Schäfer - Feulner, Maroh, Wollscheid, Hlousek - Cohen, Simons - Chandler, Frantz (79. Eigler), Bunjaku (71. Esswein) - Pekhart (46. Hegeler)
Tore: keine
Ecken: 6:3
Schiedsrichter: Drees (Münster-Sarmsheim)
Zuschauer: 30.660 (ausverkauft)
Gelb: Verhaegh, Baier - Cohen, Frantz, Feulner, Maroh
Gelb-Rot: keine **Rot**: keine

1. FC Köln – Hamburger SV 0:1 (0:0)

1. FC Köln: Rensing - Sereno, Geromel, Jemal (52. Roshi), Eichner (46. McKenna) - Lanig (81. Pezzoni), Jajalo - Riether, Clemens - Peszko, Novakovic
Hamburger SV: Drobny - Diekmeier, Westermann, Rajkovic, Aogo - Kacar (59. Tesche), Jarolim (90+2. Mancienne) - Sala (90+2. Son), Jansen - Guerrero, Petric
Tore: 0:1 Guerrero (88.)
Ecken: 5:6
Schiedsrichter: Meyer (Burgdorf)
Zuschauer: 46.500
Gelb: Lanig, Jemal, Geromel - Sala
Gelb-Rot: keine **Rot**: keine

Unten links von Torwart Jaroslav Drobny schlägt der Schuss von Marko Marin (nicht im Bild) ein, der SV Werder Bremen führt beim Hamburger SV mit 1:0 und gewinnt dann 3:1.

Alarm beim FC Bayern nach Rückfall auf Platz drei

Kein Sieg, kein Tor und nur einen Punkt: Die Führungsetage beim Herbstmeister FC Bayern München schweigt zum mageren 0:0 des Starensembles beim Tabellen-Letzten SC Freiburg. Der Blick auf die Tabelle ist frustrierend: Spitzenreiter Borussia Dortmund gewinnt auch ohne Shinji Kagawa und Mario Götze 1:0 bei Hertha BSC und vergrößert den Vorsprung auf vier Punkte, Borussia Mönchengladbach zieht dank eines 2:1 beim 1. FC Kaiserslautern vorbei auf Rang zwei. Und der FC Schalke 04 rückt durch ein 4:0 gegen den VfL Wolfsburg bis auf einen Punkt heran. „Bei uns schrillen die Alarmglocken", sagt Sportdirektor Christian Nerlinger stellvertretend für die Bayern-Führung.

DER SPIELER DES SPIELTAGES

Die Ermahnung von Trainer Dieter Hecking, eine bessere Berufseinstellung zu zeigen, habe ihn zur Topleistung animiert, gibt Alexander Esswein (22, Foto) nach dem 2:1 des 1. FC Nürnberg gegen den 1. FC Köln zu. Ein herrliches Tor und die Vorlage zum 2:1 von Tomas Pekhart rücken ihn in den Blickpunkt. „Junge Spieler neigen dazu, sich auszuruhen, wenn sie ein Erfolgserlebnis haben", sagt der für sein Talent oft gelobte Junioren-Nationalspieler. „Das hat der Trainer bei mir gut erkannt und mir einen Tritt in den Hintern gegeben." Als Esswein beim VfL Wolfsburg hinter Grafite und Edin Dzeko nicht zum Zug kommt, wählt er den Umweg über den Drittligisten Dynamo Dresden und avanciert dort zum Publikumsliebling. Nach der Gala gegen Köln treibt ihn Hecking weiter an. „Erst wenn Alex solche Leistungen konstant abruft, wissen wir, dass wir einen Topstürmer haben", sagt der Club-Trainer.

DATEN & FAKTEN

Zuschauer gesamt	384.538
pro Spiel	42.726
Tore gesamt	28
Elfmeter	1
Eigentore	1
Gelbe Karten	25
Gelb-Rote Karten	0
Rote Karten	0

1899 Hoffenheim – 1. FSV Mainz 05 1:1 (1:1)

1899 Hoffenheim: Starke - Beck, Vestergaard, Compper, Johnson (72. Braafheid) - Williams, Rudy - Vukcevic, Firmino (78. Salihovic), T. Weis (59. Babel) - Lakic
1. FSV Mainz 05: Wetklo - M. Caligiuri, Kirchhoff, Noveski, Zabavnik - Polanski - Baumgartlinger, Soto - Ivanschitz (59. Malli) - Szalai (69. Choupo-Moting), Zidan (83. Allagui)
Tore: 1:0 Noveski (9., Eigentor), 1:1 Zidan (29.)
Ecken: 6:4
Schiedsrichter: Stieler (Obertshausen)
Zuschauer: 24.300
Gelb: Salihovic - Zabavnik
Gelb-Rot: keine **Rot:** keine

1. FC Nürnberg – 1. FC Köln 2:1 (1:0)

1. FC Nürnberg: R. Schäfer - Feulner, Maroh, Wollscheid, Hlousek - Balitsch (76. Frantz), Simons - Chandler (82. Eigler), Hegeler (68. Didavi), Esswein - Pekhart
1. FC Köln: Rensing - Brecko, McKenna, Geromel, Sereno (37. Eichner) - Lanig (87. Ishak), Jajalo - Riether, Clemens - Peszko (64. Roshi), Novakovic
Tore: 1:0 Esswein (28.), 1:1 Novakovic (66.), 2:1 Pekhart (85.)
Ecken: 6:3
Schiedsrichter: Dingert (Lebecksmühle)
Zuschauer: 38.101
Gelb: Hlousek, R. Schäfer, Simons - Peszko, Brecko, Roshi
Gelb-Rot: keine **Rot:** keine

1. FC Kaiserslautern – Borussia M'gladbach 1:2 (0:2)

1. FC Kaiserslautern: Trapp - Dick, Simunek, Rodnei, Jessen - Borysiuk, De Wit (46. Derstroff) - Sahan (46. Sukuta-Pasu), Tiffert - Swierczok (61. Kouemaha), Wagner
Borussia M'gladbach: ter Stegen - Jantschke, Brouwers, Dante, Daems - Nordtveit, Neustädter - Herrmann (38. Leckie, 82. Wendt), Arango - Reus (90+3. Cigerci), de Camargo
Tore: 0:1 Herrmann (9.), 0:2 Arango (14.), 1:2 Jessen (63.)
Ecken: 2:0
Schiedsrichter: Weiner (Giesen)
Zuschauer: 45.661
Gelb: Sahan, Wagner, Dick - Brouwers
Gelb-Rot: keine **Rot:** keine

Hertha BSC – Borussia Dortmund 0:1 (0:0)

Hertha BSC: Kraft - Janker, Mijatovic, Hubnik, Bastians (74. Ronny) - Niemeyer, Kobiashvili - Ebert, Raffael, Rukavytsya (63. Lasogga) - Ramos
Borussia Dortmund: Weidenfeller - Piszczek (46. Owomoyela), Subotic, Hummels (79. Santana), Schmelzer - S. Bender, Kehl - Blaszczykowski, Lewandowski, Großkreutz - Barrios (77. Leitner)
Tore: 0:1 Großkreutz (66.)
Ecken: 2:5
Schiedsrichter: Fritz (Korb)
Zuschauer: 74.244 (ausverkauft)
Gelb: keine
Gelb-Rot: keine **Rot:** keine

„Wir müssen schleunigst in die Gänge kommen, sonst erleben wir eine deprimierende Saison." Der ehemalige Profi der Münchner ruft Dortmund zum „Meisterschaftsfavoriten" aus, wohl wissend, dass der Rekordmeister zumindest auswärts in einer Ergebniskrise steckt. Im Hinspiel wurde Freiburg noch mit 7:0 besiegt, im Breisgau bringt die sonst so treffsichere Bayern-Offensive aber keine Tore zustande. Dort macht sich auch das Fehlen von Bastian Schweinsteiger bemerkbar. Der BVB, Mönchengladbach und auch Schalke nehmen das Wort Meisterschaft dennoch nicht in den Mund. Man ist sich hier bewusst, dass Ausfälle wie Götze, Kagawa oder auch Patrick Herrmann, der im Fritz-Walter-Stadion einen Schlüsselbeinbruch erleidet, große Auswirkungen auf das Team haben können. Der Titelkampf wird an diesem Wochenende allerdings von der Bundesliga-Rückkehr von Otto Rehagel überstrahlt. „König Otto" soll die Hertha retten, mit deutlichen Worten kündigt er sich an: „Ich bin ein Vorreiter und erwarte Ordnung und Disziplin. Ich bin ein Preuße. Oder auch ein demokratischer Diktator." Dass er 1998 den 1. FC Kaiserslautern sensationell als Aufsteiger zur Meisterschaft und 2004 Griechenland zum EM-Titel führte, weckt in der Hauptstadt Hoffnungen. Ihre Hoffnungen auf das internationale Geschäft in der kommenden Saison wahren der SV Werder Bremen, Bayer 04 Leverkusen und Hannover 96. Werder gewinnt das prestigeträchtige Nordderby beim Hamburger SV mit 3:1, Leverkusen reagiert auf das 1:3 in der UEFA Champions League gegen Barcelona mit einem 4:1 gegen den Aufsteiger FC Augsburg, und Hannover besiegt den VfB Stuttgart mit 4:2. Mohamed Zidan beschert dem 1. FSV Mainz 05 mit einem wichtigen Tor zum 1:1 bei 1899 Hoffenheim Zählbares. Und der 1. FC Nürnberg hat nach zuvor drei Spielen ohne Sieg mit dem 2:1 gegen den 1. FC Köln wieder ein Erfolgserlebnis.

Mit seinem Kampfgeist, aber auch mit seiner Klassetechnik begeisterte Rául die Schalker Fans auch gegen Wolfsburg.

Im Olympiastadion in Berlin lässt sich herrlich feiern: Die Mannschaft von Borussia Dortmund freut sich über das 1:0 gegen Hertha BSC, dem siebten Sieg im zwölften Auswärtsspiel.

RESULTATE

Freitag, 17.02.2012	1899 Hoffenheim - 1. FSV Mainz 05	1:1 (1:1)
Samstag, 18.02.2012	1. FC Nürnberg - 1. FC Köln	2:1 (1:0)
	1. FC Kaiserslautern - Borussia M'gladbach	1:2 (0:2)
	Hertha BSC - Borussia Dortmund	0:1 (0:0)
	Bayer 04 Leverkusen - FC Augsburg	4:1 (1:0)
	Hamburger SV - SV Werder Bremen	1:3 (0:2)
	SC Freiburg - FC Bayern München	0:0
Sonntag, 19.02.2012	FC Schalke 04 - VfL Wolfsburg	4:0 (2:0)
	Hannover 96 - VfB Stuttgart	4:2 (2:0)

TORJÄGER

Klaas-Jan Huntelaar	FC Schalke 04	18
Mario Gomez	FC Bayern München	18
Claudio Pizarro	SV Werder Bremen	15
Lukas Podolski	1. FC Köln	15
Robert Lewandowski	Borussia Dortmund	14
Marco Reus	Borussia M'gladbach	13
Raúl	FC Schalke 04	11
Martin Harnik	VfB Stuttgart	11
Mohammed Abdellaoue	Hannover 96	11

PERSONALIEN

Patrick Owomoyela von Borussia Dortmund absolviert seine 150. Bundesliga-Partie.

Zum 100. Mal bestreiten **Milivoje Novakovic** beim 1. FC Köln und **Markus Feulner** vom 1. FC Nürnberg ein Bundesliga-Spiel.

Beim 1. FC Kaiserslautern erreicht **Rodnei** die Marke von 50 Bundesliga-Einsätzen.

Sein 50. Tor in der Bundesliga erzielt **Mladen Petric** für den Hamburger SV.

TABELLE

Rang	Club	Sp.	g	u	v	Tore	Diff.	Pkt.	
1	Borussia Dortmund	22	15	4	3	47:14	33	49	→
2	Borussia M'gladbach	22	14	4	4	36:13	23	46	↗
3	FC Bayern München	22	14	3	5	49:14	35	45	↘
4	FC Schalke 04	22	14	2	6	50:28	22	44	→
5	SV Werder Bremen	22	10	6	6	37:36	1	36	→
6	Bayer 04 Leverkusen	22	9	7	6	32:29	3	34	→
7	Hannover 96	22	8	10	4	27:27	0	34	→
8	VfL Wolfsburg	22	8	3	11	27:42	-15	27	→
9	VfB Stuttgart	22	7	5	10	33:32	1	26	→
10	1899 Hoffenheim	22	6	8	8	24:26	-2	26	↗
11	Hamburger SV	22	6	8	8	27:37	-10	26	↘
12	1. FC Nürnberg	22	7	4	11	21:32	-11	25	↗
13	1. FSV Mainz 05	22	5	9	8	30:36	-6	24	→
14	1. FC Köln	22	7	3	12	30:43	-13	24	↘
15	Hertha BSC	22	4	8	10	25:37	-12	20	→
16	1. FC Kaiserslautern	22	3	9	10	16:28	-12	18	→
17	FC Augsburg	22	3	9	10	20:37	-17	18	→
18	SC Freiburg	22	4	6	12	27:47	-20	18	→

22. SPIELTAG

Bayer 04 Leverkusen – FC Augsburg 4:1 (1:0)

Bayer 04 Leverkusen: Leno - Corluka (80. Da Costa), Schwaab, Toprak, Kadlec - L. Bender, Reinartz - Castro, Augusto (80. Ortega), Schürrle (74. Bellarabi) - Kießling
FC Augsburg: Jentzsch - Verhaegh, Callsen-Bracker, Langkamp, Ostrzolek (71. Bellinghausen) - Hosogai, Davids (61. Brinkmann) - Ndjeng, Oehrl, Koo - Mölders (61. Hain)
Tore: 1:0 Kießling (25.), 1:1 Koo (50.), 2:1 Castro (60.), 3:1 Kießling (64.), 4:1 Schürrle (70.)
Ecken: 5:6
Schiedsrichter: Winkmann (Kerken)
Zuschauer: 23.368 **Gelb:** Ostrzolek, Mölders, Callsen-Bracker, Langkamp
Gelb-Rot: keine **Rot:** keine

Hamburger SV – SV Werder Bremen 1:3 (0:2)

Hamburger SV: Drobny - Diekmeier, Westermann, Rajkovic, Aogo - Rincón (46. Ilicevic), Jarolim - Sala (72. Arslan), Jansen (71. Son) - Guerrero, Petric
SV Werder Bremen: Wiese - Fritz, Affolter, Sokratis, Hartherz - Bargfrede - Junuzovic, Trybull (87. Schmitz) - Marin (82. Ignjovski) - Rosenberg (71. Arnautovic), Pizarro
Tore: 0:1 Marin (9.), 0:2 Trybull (45.), 1:2 Petric (76.), 1:3 Arnautovic (86.)
Ecken: 3:2
Schiedsrichter: Kinhöfer (Herne)
Zuschauer: 56.553
Gelb: Jarolim - Bargfrede, Fritz, Trybull
Gelb-Rot: keine **Rot:** keine

SC Freiburg – FC Bayern München 0:0

SC Freiburg: Baumann - Sorg, Diagné (65. Guédé), Höhn, Schmid - Flum, Makiadi - Rosenthal, D. Caligiuri - Jendrisek (81. Dembele) - Santini (76. Reisinger)
FC Bayern München: Neuer - Rafinha (46. Robben), Boateng, Badstuber, Lahm - Gustavo, Alaba - T. Müller, T. Kroos, Ribery - Gomez (73. Olic)
Tore: keine
Ecken: 6:10
Schiedsrichter: Gagelmann (Bremen)
Zuschauer: 24.000 (ausverkauft)
Gelb: Diagné, Rosenthal - Ribéry
Gelb-Rot: keine **Rot:** keine

FC Schalke 04 – VfL Wolfsburg 4:0 (2:0)

FC Schalke 04: Unnerstall (46. Hildebrand) - Uchida, Papadopoulos, Metzelder, Fuchs - Matip, Höger - Farfán (80. Marica), Raúl, Draxler (68. Pukki) - Huntelaar
VfL Wolfsburg: Benaglio - Träsch, Russ, Felipe, Rodriguez - Madlung (55. Polter), Jiracek - Hasebe (29. Sio), M. Schäfer - Orozco, Mandzukic (81. Salihamidzic)
Tore: 1:0 Raúl (10.), 2:0 Huntelaar (15.), 3:0 Matip (49.), 4:0 Huntelaar (72.); Benaglio hält Handelfmeter von Huntelaar (36.)
Ecken: 6:4
Schiedsrichter: Sippel (München)
Zuschauer: 60.511
Gelb: Papadopoulos - Felipe
Gelb-Rot: keine **Rot:** keine

Hannover 96 – VfB Stuttgart 4:2 (2:0)

Hannover 96: Zieler - Chahed, Eggimann, Haggui, Pander (67. Schulz) - Pinto - Stindl, Schmiedebach - Schlaudraff (74. Rausch) - Diouf (77. Stoppelkamp), Ya Konan
VfB Stuttgart: Ulreich - Boulahrouz, Maza, Niedermeier, Sakai - Kvist, Gentner (46. Cacau) - Harnik, Hajnal (76. Kuzmanovic), Okazaki - Ibisevic
Tore: 1:0 Haggui (25.), 2:0 Diouf (32.), 3:0 Pander (46.), 4:0 Stindl (73.), 4:1 Harnik (75.), 4:2 Okazaki (79.)
Ecken: 10:5
Schiedsrichter: Welz (Wiesbaden)
Zuschauer: 37.800
Gelb: keine
Gelb-Rot: keine **Rot:** keine

BUNDESLIGA

Die Hannoveraner Steven Cherundolo (links) und Emanuel Pogatetz scheinen einen Wall gegen Robert Lewandowski bilden zu wollen, doch der Dortmunder hebt den Ball über sie ins Tor.

Dortmund mit Sieg über Hannover weiter souverän

Den Schlusspunkt am 23. Spieltag setzt Borussia Dortmund, das im zweiten Sonntagsspiel mit dem 3:1 gegen Hannover 96 seinen Vorsprung als Spitzenreiter auf vier Punkte ausbaut. Der FC Bayern München rückt auf den zweiten Rang vor – durch ein 2:0 im Topspiel gegen den FC Schalke 04, an dem Franck Ribéry mit seinem dritten Doppelpack in dieser Saison entscheidenden Anteil hat. „Bayern war besser und hat verdient 2:0 gewonnen", kommentiert Schalke-Trainer Huub Stevens die Partie, die mit dem gleichen Ergebnis wie in der Hinrunde endet. Borussia Mönchengladbach fällt durch ein 1:1 im Heimspiel gegen den Hamburger SV zurück, bleibt

DER TORSCHÜTZE DES SPIELTAGES

Lars Bender (Foto, 23) ist die feste Größe im Mittelfeld von Bayer 04 Leverkusen. Der gebürtige Rosenheimer schiebt sich in dieser Saison in der Hierarchie an Simon Rolfes und Michael Ballack vorbei. Der Defensivmann, Zwillingsbruder des Dortmunders Sven Bender, wird allseits geschätzt: von Bundestrainer Joachim Löw, der dem ehemaligen Münchner „Löwen" eine große Zukunft voraussagt, von den Leverkusener Verantwortlichen, die seinen bis 2015 geltenden Vertrag vorzeitig bis 2017 verlängern, und auch von den Bayer-Fans. Das Ansehen des laufstarken Technikers bei der Werkself steigt am 23. Spieltag noch einmal an. Mit seinen Toren zum 2:0 im Derby beim 1. FC Köln trägt Bender den Löwenanteil an der Revanche für das 1:4 im Hinspiel.

DATEN & FAKTEN

Zuschauer gesamt	423.517
pro Spiel	47.057
Tore gesamt	26
Elfmeter	1
Eigentore	0
Gelbe Karten	32
Gelb-Rote Karten	0
Rote Karten	0

Borussia M'gladbach – Hamburger SV 1:1 (1:0)

■ **Borussia M'gladbach:** ter Stegen - Jantschke, Brouwers, Dante, Daems - Nordtveit, Neustädter - Reus, Arango - Hanke, de Camargo (79. Otsu)
■ **Hamburger SV:** Drobny - Diekmeier, Westermann, Rajkovic, Aogo - Rincón, Jarolim - Sala (72. Ilicevic), Jansen (83. Son) - Arslan (90+1. Kacar) - Guerrero
Tore: 1:0 Hanke (45.), 1:1 Arslan (56.)
Ecken: 3:6
Schiedsrichter: Perl (Pullach)
Zuschauer: 54.049 (ausverkauft)
Gelb: Reus - Rincón, Arslan, Jarolim
Gelb-Rot: keine **Rot:** keine

VfB Stuttgart – SC Freiburg 4:1 (2:1)

■ **VfB Stuttgart:** Ulreich - Boulahrouz, Tasci, Niedermeier (66. Maza), Sakai - Kvist, Kuzmanovic (83. Gentner) - Harnik, Hajnal (86. Cacau), Okazaki - Ibisevic
■ **SC Freiburg:** Baumann - Sorg, Diagné, Höhn, Schmid - Makiadi, Flum - Rosenthal (68. Reisinger), D. Caligiuri - Jendrisek (73. Freis) - Santini (66. Dembele)
Tore: 1:0 Harnik (12.), 2:0 Okazaki (21.), 2:1 Diagné (27.), 3:1 Boulahrouz (62.), 4:1 Harnik (82.)
Ecken: 5:7
Schiedsrichter: Stark (Ergolding)
Zuschauer: 46.000
Gelb: keine
Gelb-Rot: keine **Rot:** keine

1. FSV Mainz 05 – 1. FC Kaiserslautern 4:0 (3:0)

■ **1. FSV Mainz 05:** Wetklo - M. Caligiuri, Bungert, Kirchhoff, Zabavnik - Polanski (84. Malli), Soto - N. Müller, Zidan (76. Ivanschitz), Choupo-Moting - Szalai (71. Allagui)
■ **1. FC Kaiserslautern:** Trapp - Dick, Simunek, Abel, Yahia - Borysiuk, De Wit - Derstroff (79. Sukuta-Pasu), Tiffert (46. Fortounis) - Kouemaha (46. Jörgensen), Wagner
Tore: 1:0 Zidan (2.), 2:0 Szalai (17.), 3:0 N. Müller (30.), 4:0 Choupo-Moting (74.)
Ecken: 6:4
Schiedsrichter: Kircher (Rottenburg)
Zuschauer: 34.000 (ausverkauft)
Gelb: Kirchhoff - Dick, Derstroff, Jörgensen
Gelb-Rot: keine **Rot:** keine

VfL Wolfsburg – 1899 Hoffenheim 1:2 (0:1)

■ **VfL Wolfsburg:** Benaglio - Träsch, Russ, Felipe, Rodriguez - Josué, Jiracek (86. Jönsson) - Sissoko (46. Polter), M. Schäfer - Helmes, Dejagah (65. Sio)
■ **1899 Hoffenheim:** Starke - Beck, Vestergaard, Compper, Johnson - Williams, Rudy (85. Braafheid) - Vukcevic (89. Vorsah), Babel, Firmino - Lakic (73. Schipplock)
Tore: 0:1 Firmino (2.), 1:1 Helmes (69., Foulelfmeter), 1:2 Schipplock (84.)
Ecken: 6:1
Schiedsrichter: Schmidt (Stuttgart)
Zuschauer: 23.921
Gelb: Sio, Russ - Williams
Gelb-Rot: keine **Rot:** keine

aber Dritter, weil Schalke als einziges Team aus dem Spitzenquartett nicht punktet.
In den unteren Regionen steht die Begegnung des FC Augsburg gegen Hertha BSC im Blickpunkt, in der der Aufsteiger mit einem 3:0 gegen die Berliner den ersten Erfolg nach zuvor sechs sieglosen Spielen feiern kann und auf Platz 15 klettert. „Es müssen jetzt alle begreifen, dass wir im Abstiegskampf sind", fordert Hertha-Trainer Otto Rehhagel von seinem neuen Team nach dem Rückfall auf Platz 16. Die Stimmung bei den bayerischen Schwaben schlägt dafür ins Positive um, nachdem sie nach 20 Spieltagen erstmals wieder die Abstiegsplätze verlassen. „Diese Momentaufnahme genießen wir", freut sich Trainer Jos Luhukay.
Der 1. FC Kaiserslautern fällt nach dem 0:4 im Rheinland-Pfalz-Derby beim 1. FSV Mainz 05 noch einen weiteren Platz in der Tabelle ab, der zum direkten Abstieg führt. Ebenso groß wie bei den Pfälzern ist die Enttäuschung beim SC Freiburg, der im Baden-Württemberg-Duell beim VfB Stuttgart trotz einer lange überzeugenden Leistung mit 1:4 untergeht und Tabellenletzter bleibt. Im Rhein-Derby muss sich der 1. FC Köln zu Hause Bayer 04 Leverkusen mit 0:2 geschlagen geben, womit die Werkself sich für das 1:4 aus dem Hinspiel revanchiert. Die Leverkusener schieben sich auf Platz fünf vor, liegen aber dennoch weiter sieben Punkte hinter Schalke.
Der SV Werder Bremen beklagt wie in der vorigen Saison mit dem 0:1 eine Heimniederlage gegen den 1. FC Nürnberg. Es ist bereits das dritte Spiel im Weser-Stadion in Serie, das die auf Platz sechs zurückfallenden Hanseaten nicht gewinnen. Mit dem VfL Wolfsburg holt ein weiterer Club aus dem Norden keinen Punkt im eigenen Stadion. Der Deutsche Meister von 2009 bietet beim 1:2 gegen 1899 Hoffenheim eine schwache Vorstellung, die Trainer Felix Magath zu klaren Worten veranlasst. „Das war eine verdiente Niederlage und das vielleicht schwächste Spiel in der Saison." Statt die Perspektive auf die UEFA-Europa-League-Ränge zu verbessern, findet sich Wolfsburg auf dem 13. Rang wieder.

Köln-Leverkusener Formationstanz mit Stefan Reinartz, Vedran Corluka, FC-Abwehrspieler Kevin McKenna, Bayer-Torwart Bernd Leno und Stefan Kießling (von links).

RESULTATE

Freitag, 24.02.2012	Borussia M'gladbach - Hamburger SV	1:1 (1:0)
Samstag, 25.02.2012	VfB Stuttgart - SC Freiburg	4:1 (2:1)
	1. FSV Mainz 05 - 1. FC Kaiserslautern	4:0 (3:0)
	VfL Wolfsburg - 1899 Hoffenheim	1:2 (0:1)
	1. FC Köln - Bayer 04 Leverkusen	0:2 (0:1)
	FC Augsburg - Hertha BSC	3:0 (0:0)
	SV Werder Bremen - 1. FC Nürnberg	0:1 (0:0)
Sonntag, 26.02.2012	FC Bayern München - FC Schalke 04	2:0 (1:0)
	Borussia Dortmund - Hannover 96	3:1 (1:0)

TORJÄGER

Klaas-Jan Huntelaar	FC Schalke 04	18
Mario Gomez	FC Bayern München	18
Robert Lewandowski	Borussia Dortmund	16
Claudio Pizarro	SV Werder Bremen	15
Lukas Podolski	1. FC Köln	15
Martin Harnik	VfB Stuttgart	13
Marco Reus	Borussia M'gladbach	13
Raúl	FC Schalke 04	11
Mohammed Abdellaoue	Hannover 96	11

PERSONALIEN

Seinen 250. Bundesliga-Einsatz feiert **Tim Wiese** vom SV Werder Bremen, 65 davon absolvierte der Torwart für den 1. FC Kaiserslautern. Sein 150. Bundesliga-Spiel für Bremen macht **Claudio Pizarro,** der darüber hinaus noch 174 Partien für den FC Bayern München absolvierte.

Zum 200. Mal spielt **Lukas Podolski** in der Bundesliga. Für den 1. FC Köln ist es sein 129. Spiel in der höchsten Spielklasse, 71 Partien machte er für den FC Bayern München.

Daniel Baier vom FC Augsburg spielt zum 50. Mal in der Bundesliga, er war vorher für den VfL Wolfsburg und den TSV München 1860 am Ball.

TABELLE

Rang	Club	Sp.	g	u	v	Tore	Diff.	Pkt.	
1	Borussia Dortmund	23	16	4	3	50:15	35	52	→
2	FC Bayern München	23	15	3	5	51:14	37	48	↗
3	Borussia M'gladbach	23	14	5	4	37:14	23	47	↘
4	FC Schalke 04	23	14	2	7	50:30	20	44	→
5	Bayer 04 Leverkusen	23	10	7	6	34:29	5	37	↗
6	SV Werder Bremen	23	10	6	7	37:37	0	36	↘
7	Hannover 96	23	8	10	5	28:30	-2	34	→
8	VfB Stuttgart	23	8	5	10	37:33	4	29	↗
9	1899 Hoffenheim	23	7	8	8	26:27	-1	29	↗
10	1. FC Nürnberg	23	8	4	11	22:32	-10	28	↗
11	1. FSV Mainz 05	23	6	9	8	34:36	-2	27	↗
12	Hamburger SV	23	6	9	8	28:38	-10	27	↘
13	VfL Wolfsburg	23	8	3	12	28:44	-16	27	↘
14	1. FC Köln	23	7	3	13	30:45	-15	24	→
15	FC Augsburg	23	4	9	10	23:37	-14	21	↗
16	Hertha BSC	23	4	8	11	25:40	-15	20	↘
17	1. FC Kaiserslautern	23	3	9	11	16:32	-16	18	↘
18	SC Freiburg	23	4	6	13	28:51	-23	18	→

23. SPIELTAG

1. FC Köln – Bayer 04 Leverkusen 0:2 (0:1)

1. FC Köln: Rensing - Andrezinho, McKenna, Lanig, Eichner (88. Ishak) - Riether, Jajalo (75. Weiser) - Roshi, Clemens - Novakovic (46. Tese), Podolski
Bayer 04 Leverkusen: Leno - Corluka, Schwaab, Toprak, Kadlec - L. Bender, Reinartz - Castro (82. Rolfes), Augusto (90+1. Ortega), Schürrle (85. Bellarabi) - Kießling
Tore: 0:1 L. Bender (16.), 0:2 L. Bender (50.)
Ecken: 2:7
Schiedsrichter: Brych (München)
Zuschauer: 46.500
Gelb: Riether
Gelb-Rot: keine **Rot:** keine

FC Augsburg – Hertha BSC 3:0 (0:0)

FC Augsburg: Jentzsch - Verhaegh, Sankoh, Langkamp, Ostrzolek - Hosogai, Callsen-Bracker - Koo (85. Reinhardt), Baier, Bellinghausen (80. Ndjeng) - Oehrl (79. Mölders)
Hertha BSC: Kraft - Janker, Mijatovic, Hubnik, Bastians - Niemeyer (53. Rukavytsya), Kobiashvili - Ebert (68. Morales), Raffael (78. Torun), Ramos - Lasogga
Tore: 1:0 Oehrl (61.), 2:0 Oehrl (63.), 3:0 Ndjeng (90+2.)
Ecken: 4:8
Schiedsrichter: Meyer (Burgdorf)
Zuschauer: 29.123
Gelb: Kobiashvili, Niemeyer, Morales, Mijatovic
Gelb-Rot: keine **Rot:** keine

SV Werder Bremen – 1. FC Nürnberg 0:1 (0:0)

SV Werder Bremen: Wiese - Fritz, Affolter, Sokratis, Hartherz - Bargfrede - Junuzovic (73. Füllkrug), Trybull (66. Ignjovski) - Marin - Rosenberg (56. Arnautovic), Pizarro
1. FC Nürnberg: R. Schäfer - Feulner, Maroh, Wollscheid, Hlousek - Simons, Balitsch (74. Cohen) - Chandler, Hegeler (83. Didavi), Esswein (89. Eigler) - Pekhart
Tore: 0:1 Esswein (65.)
Ecken: 3:6
Schiedsrichter: Zwayer (Berlin)
Zuschauer: 40.204
Gelb: Junuzovic, Fritz, Sokratis - Balitsch, Feulner, R. Schäfer
Gelb-Rot: keine **Rot:** keine

FC Bayern München – FC Schalke 04 2:0 (1:0)

FC Bayern München: Neuer - Rafinha, Boateng, Badstuber, Lahm - Gustavo, Alaba - Robben, T. Müller (89. Tymoshchuk), Ribéry - Gomez (72. Olic)
FC Schalke 04: Hildebrand - Höwedes, Papadopoulos, Metzelder (84. Uchida), Fuchs - Matip (65. Holtby), Höger - Farfán, Draxler (57. Obasi) - Raúl - Huntelaar
Tore: 1:0 Ribery (36.), 2:0 Ribery (55.)
Ecken: 10:3
Schiedsrichter: Weiner (Giesen)
Zuschauer: 69.000 (ausverkauft)
Gelb: Ribéry - Fuchs, Höger
Gelb-Rot: keine **Rot:** keine

Borussia Dortmund – Hannover 96 3:1 (1:0)

Borussia Dortmund: Weidenfeller - Piszczek, Subotic, Hummels, Schmelzer - S. Bender (8. Gündogan), Kehl - Blaszczykowski, Kagawa (87. Perisic), Großkreutz - Lewandowski (77. Barrios)
Hannover 96: Zieler - Cherundolo, Eggimann, Pogatetz, Schulz - Pinto (76. Stoppelkamp) - Stindl, Schmiedebach - Schlaudraff (59. Ya Konan) - Abdellaoue (59. Rausch), Diouf
Tore: 1:0 Lewandowski (27.), 2:0 Lewandowski (54.), 2:1 Ya Konan (60.), 3:1 Perisic (90+2.)
Ecken: 4:2
Schiedsrichter: Gräfe (Berlin)
Zuschauer: 80.720 (ausverkauft)
Gelb: Schmelzer, Kehl, Gündogan - Diouf, Schmiedebach, Stindl, Ya Konan
Gelb-Rot: keine **Rot:** keine

BUNDESLIGA

Jürgen Klopp feiert seinen 100. Sieg mit dem BVB

Der Deutsche Meister Borussia Dortmund baut mit einem 2:1 gegen den 1. FSV Mainz 05 seinen Vorsprung an der Tabellenspitze auf sieben Punkte vor dem FC Bayern München aus. FSV-Stürmer Mohamed Zidan setzt dabei seine starke Serie fort. Der Ägypter, erst Ende Januar von Dortmund nach Mainz gewechselt, schießt gegen seine Exkollegen im fünften Spiel sein fünftes Tor – diesmal springt allerdings kein Punkt für Mainz dabei heraus. Während mit dem BVB-Sieg das zu Rückrundenbeginn noch eng zusammenhängende Spitzenquartett auseinanderdriftet, wächst die Spannung in der Abstiegszone. Keine der sechs Mannschaften, die am Tabellenende stehen, kassiert eine Niederlage.

Den 100. Sieg als Bundesliga-Trainer feiert Jürgen Klopp mit dem BVB, der das achte Spiel hintereinander gewinnt. So wie das Wort Meisterschaft vor einem Jahr ein Tabu war, findet nun der Begriff Titelverteidigung bei Klopp keinen Anklang. Es ist jedoch eine Tatsache, dass die Borussia die Verfolger distanziert. Der FC Bayern München verliert bei Bayer 04 Leverkusen mit 0:2, in der ersten Halbzeit ist die Chancenverwertung mangelhaft, im zweiten Spielabschnitt scheitern die Bayern an einer starken Bayer-Elf. Borussia Mönchengladbach verliert mit dem 0:1 beim 1. FC Nürnberg erstmals nach sieben Spielen, und der FC Schalke 04 unterliegt ohne einige Stammspieler und mit zu wenig Engagement mit 1:2 beim SC Freiburg. Seit dem 18. Spieltag hat Dortmund die damals punktgleichen Gelsenkirchener schon um elf Punkte abgehängt.

Mit Otto Rehhagel feiert Hertha BSC mit dem 1:0 gegen den SV Werder Bremen wieder einen Drei-Punkte-Gewinn nach zuvor zwölf erfolglosen Partien. „Wir sind alle für den Moment sehr erleichtert", sagt Rehhagel nach dem Erfolg gegen seine früheren Bremer mit seinem Zögling Thomas Schaaf. Aber auch andere vom Abstieg bedrohte Clubs holen wichtige Punkte. Der SC Freiburg zeigt unbändigen Einsatzwillen beim Sieg gegen Schalke, der FC Augsburg erkämpft in letzter Minute ein durchaus verdientes 2:2 bei Hannover 96, der 1. FC Köln rettet in der zweiten Halbzeit durch ein Tor von Lukas Podolski ein 1:1 bei 1899 Hoffenheim. Selbst der 1. FC Kaiserslautern, der auf den letzten Tabellenplatz zurückfällt, schöpft Hoffnung nach dem 0:0 gegen den VfL Wolfsburg, weil er sich gegenüber dem Debakel in Mainz in der Vorwoche verbessert zeigt. Die Nürnberger schieben sich mit dem 1:0 gegen Gladbach, dem dritten Sieg in Folge, auf Platz neun vor, was die Erwartungen schürt, wie 2011 eine glänzende Rückrunde zu absolvieren. Enttäuschend tritt hingegen der Hamburger SV vor eigenem Publikum beim 0:4 gegen den VfB Stuttgart auf. „Das Spiel war ein Rückschlag", ärgert sich Trainer Thorsten Fink. Ein Foul von Paolo Guerrero gegen VfB-Torwart Sven Ulreich, das mit der Roten Karte und anschließender Acht-Spiele-Sperre bestraft wird, sorgt zudem für Gesprächsstoff.

Der Dortmunder Shinji Kagawa springt über den Mainzer Torwart Christian Wetklo.

Nationaltorwart Manuel Neuer vom FC Bayern wirft sich dem Leverkusener Stefan Kießling energisch entgegen.

DATEN & FAKTEN

Zuschauer gesamt	394.272
pro Spiel	43.808
Tore gesamt	20
Elfmeter	4
Eigentore	0
Gelbe Karten	27
Gelb-Rote Karten	1
Rote Karten	1

Hertha BSC – SV Werder Bremen 1:0 (0:0)

Hertha BSC: Kraft - Lell (77. Morales), Hubnik, Janker, Bastians - Perdedaj, Kobiashvili - Torun, Raffael (83. Mijatovic), Rukavytsya - Ramos (61. Lasogga)
SV Werder Bremen: Wiese - Ignjovski, Affolter, Sokratis, Hartherz - Bargfrede - Junuzovic (79. Füllkrug), Trybull (70. Ekici) - Marin - Rosenberg (63. Arnautovic), Pizarro
Tore: 1:0 Rukavytsya (63.)
Ecken: 0:7
Schiedsrichter: Perl (Pullach)
Zuschauer: 52.744
Gelb: Raffael, Mijatovic - Affolter
Gelb-Rot: keine **Rot:** keine

Hamburger SV – VfB Stuttgart 0:4 (0:2)

Hamburger SV: Drobny - Diekmeier, Westermann, Rajkovic, Jansen - Rincon (41. Arslan), Jarolim - Sala (46. Son), Ilicevic - Petric - Guerrero
VfB Stuttgart: Ulreich - Boulahrouz, Tasci, Niedermeier, Sakai - Kvist, Kuzmanovic (63. Gentner) - Harnik, Hajnal (76. Cacau), Okazaki (71. Schieber) - Ibisevic
Tore: 0:1 Ibisevic (23.), 0:2 Kuzmanovic (31., Foulelfmeter), 0:3 Kuzmanovic (47., Foulelfmeter), 0:4 Harnik (90.)
Ecken: 1:4
Schiedsrichter: Sippel (München)
Zuschauer: 55.263
Gelb: Jarolim - Tasci, Ibisevic, Kuzmanovic
Gelb-Rot: keine **Rot:** Guerrero (54.)

1. FC Kaiserslautern – VfL Wolfsburg 0:0

1. FC Kaiserslautern: Sippel - Dick, Simunek, Abel, Jessen - Borysiuk, De Wit (68. Wooten) - Sukuta-Pasu (86. Fortounis), Tiffert, Derstroff (68. Jörgensen) - Wagner
VfL Wolfsburg: Benaglio - Träsch, Russ (88. Madlung), Felipe, Rodriguez - Josue, Chris - Dejagah (57. Orozco), M. Schäfer (64. Hitzlsperger) - Mandzukic, Helmes
Tore: keine
Ecken: 6:9
Schiedsrichter: Aytekin (Oberasbach)
Zuschauer: 34.110
Gelb: Sukuta-Pasu, Simunek - Josué
Gelb-Rot: keine **Rot:** keine

Bayer 04 Leverkusen – FC Bayern München 2:0 (0:0)

Bayer 04 Leverkusen: Leno - Schwaab, Friedrich (46. Derdiyok), Toprak, Kadlec - Reinartz, L. Bender - Castro, Augusto (89. Rolfes), Schürrle (83. Bellarabi) - Kießling
FC Bayern München: Neuer - Rafinha, Boateng, Badstuber, Lahm - Gustavo, Alaba - T. Müller (82. Petersen), T. Kroos (74. Olic), Robben - Gomez (61. Ribéry)
Tore: 1:0 Kießling (79.), 2:0 Bellarabi (90.)
Ecken: 3:8
Schiedsrichter: Gräfe (Berlin)
Zuschauer: 30.210 (ausverkauft)
Gelb: Toprak, Reinartz - Boateng, Gustavo, Rafinha
Gelb-Rot: keine **Rot:** keine

RESULTATE

Samstag, 03.03.2012	Hertha BSC - SV Werder Bremen	1:0 (0:0)
	Hamburger SV - VfB Stuttgart	0:4 (0:2)
	1. FC Kaiserslautern - VfL Wolfsburg	0:0
	Bayer 04 Leverkusen - Bayern München	2:0 (0:0)
	Hannover 96 - FC Augsburg	2:2 (1:1)
	SC Freiburg - FC Schalke 04	2:1 (1:0)
	Borussia Dortmund - 1. FSV Mainz 05	2:1 (1:0)
Sonntag, 04.03.2012	1. FC Nürnberg - Borussia M'gladbach	1:0 (0:0)
	1899 Hoffenheim - 1. FC Köln	1:1 (1:0)

TORJÄGER

Klaas-Jan Huntelaar	FC Schalke 04	18
Mario Gomez	FC Bayern München	18
Lukas Podolski	1. FC Köln	16
Robert Lewandowski	Borussia Dortmund	16
Claudio Pizarro	SV Werder Bremen	15
Martin Harnik	VfB Stuttgart	14
Marco Reus	Borussia M'gladbach	13
Raúl	FC Schalke 04	11
Mohammed Abdellaoue	Hannover 96	11

PERSONALIEN

Das 250. Bundesliga-Spiel bestreitet **Roman Weidenfeller** bei Borussia Dortmund. Die ersten sechs Spiele machte er für den 1. FC Kaiserslautern.

Serdar Tasci kommt beim VfB Stuttgart zum 150. Mal in einem Bundesliga-Spiel zum Einsatz. 150 Bundesliga-Spiele erreicht auch **Ashkan Dejagah** vom VfL Wolfsburg, der 26 dieser Partien früher für Hertha BSC bestritt.

Seinen 100. Bundesliga-Einsatz erreicht **Christian Pander** von Hannover 96, der 78 Mal das Schalke-Trikot trug. Alle 100 Bundesliga-Einsätze für Hertha BSC absolvierte **Raffael**. Sein Mitspieler **Adrian Ramos** erreicht die Zahl von 50 Spielen, wie auch **Roman Neustädter** von Borussia Mönchengladbach.

TABELLE

Rang	Club	Sp.	g	u	v	Tore	Diff.	Pkt.	
1	Borussia Dortmund	24	17	4	3	52:16	36	55	→
2	FC Bayern München	24	15	3	6	51:16	35	48	→
3	Borussia M'gladbach	24	14	5	5	37:15	22	47	→
4	FC Schalke 04	24	14	2	8	51:32	19	44	→
5	Bayer 04 Leverkusen	24	11	7	6	36:29	7	40	→
6	SV Werder Bremen	24	10	6	8	37:38	-1	36	→
7	Hannover 96	24	8	11	5	30:32	-2	35	→
8	VfB Stuttgart	24	9	5	10	41:33	8	32	→
9	1. FC Nürnberg	24	9	4	11	23:32	-9	31	↗
10	1899 Hoffenheim	24	7	9	8	27:28	-1	30	↘
11	VfL Wolfsburg	24	8	4	12	28:44	-16	28	↗
12	1. FSV Mainz 05	24	6	9	9	35:38	-3	27	↘
13	Hamburger SV	24	6	9	9	28:42	-14	27	↘
14	1. FC Köln	24	7	4	13	31:46	-15	25	→
15	Hertha BSC	24	5	8	11	26:40	-14	23	↗
16	FC Augsburg	24	4	10	10	25:39	-14	22	↘
17	SC Freiburg	24	5	6	13	30:52	-22	21	↗
18	1. FC Kaiserslautern	24	3	10	11	16:32	-16	19	↘

DER RÜCKKEHRER DES SPIELTAGES

Zwölf Jahre nach seinem Abschied aus der Bundesliga kehrt er überraschend zurück: Otto Rehhagel (Foto, 73) tritt am 20. Februar die Nachfolge von Michael Skibbe als Trainer bei Hertha BSC an, wo er 1963 als Spieler seine Karriere im Profifußball begonnen hatte. Nach dem ernüchternden 0:3 beim FC Augsburg führt „König Otto" die zuvor in zwölf Spielen sieglosen Berliner aber erst im zweiten Anlauf zum Erfolg. Gegen den SV Werder Bremen, mit dem Rehhagel 15 Jahre lang großartige Triumphe feierte, schafft Hertha in Rehhagels erstem Heimspiel in Berlin die Trendwende. Der 1:0-Sieg weckt neue Hoffnungen. Auch der erfahrene Trainer ist erleichtert. Ruhiger als früher geworden, spricht er ein „Jubelverbot" auf der Trainerbank aus und mahnt, es sei noch viel zu tun, damit die Hertha erstklassig bleibe.

24. SPIELTAG

Hannover 96 – FC Augsburg 2:2 (1:1)

■ **Hannover 96**: Zieler - Cherundolo, Haggui, Pogatetz (26. Rausch), Schulz - Pinto - Stindl, Pander - Schlaudraff (87. Sobiech) - Diouf, Abdellaoue (46. Ya Konan)
■ **FC Augsburg**: Jentzsch - Verhaegh, Sankoh (67. Mölders), Langkamp, Ostrzolek - Callsen-Bracker - Koo (74. Ndjeng), Hosogai, Baier, Bellinghausen (74. Hain) - Oehrl
Tore: 0:1 Bellinghausen (12.), 1:1 Haggui (33.), 2:1 Diouf (69.), 2:2 Callsen-Bracker (89., Foulelfmeter)
Ecken: 6:3
Schiedsrichter: Schmidt (Stuttgart)
Zuschauer: 42.300
Gelb: Schulz - Sankoh
Gelb-Rot: keine **Rot**: keine

SC Freiburg – FC Schalke 04 2:1 (1:0)

■ **SC Freiburg**: Baumann - Sorg, Diagné, Höhn, Hinkel (46. Lumb) - Flum, Makiadi - Schmid, D. Caligiuri - Rosenthal (87. Ginter) - Freis (79. Reisinger)
■ **FC Schalke 04**: Hildebrand - Höwedes (53. Holtby), Papadopoulos, Matip, Escudero - Höger, Jones - Obasi, Draxler (46. Jurado) - Marica, Raúl (71. Pukki)
Tore: 1:0 Freis (18.), 2:0 D. Caligiuri (66., Foulelfmeter), 2:1 Pukki (72.)
Ecken: 6:4
Schiedsrichter: Fritz (Korb)
Zuschauer: 24.000 (ausverkauft)
Gelb: D. Caligiuri, Höhn - Jones
Gelb-Rot: Papadopoulos (87.) **Rot**: keine

Borussia Dortmund – 1. FSV Mainz 05 2:1 (1:0)

■ **Borussia Dortmund**: Weidenfeller - Piszczek, Subotic, Hummels, Schmelzer - S. Bender, Gündogan - Blaszczykowski (72. Perisic), Kagawa (80. da Silva), Großkreutz (90. Owomoyela) - Lewandowski
■ **1. FSV Mainz 05**: Wetklo - Zabavnik, Bungert, Noveski, Fathi (59. Szalai) - Polanski (59. Baumgartlinger) - M. Caligiuri, Soto - N. Müller, Choupo-Moting (80. Ujah) - Zidan
Tore: 1:0 Blaszczykowski (26.), 1:1 Zidan (74.), 2:1 Kagawa (77.)
Ecken: 4:2
Schiedsrichter: Gagelmann (Bremen)
Zuschauer: 80.720 (ausverkauft)
Gelb: keine
Gelb-Rot: keine **Rot**: keine

1. FC Nürnberg – Borussia M'gladbach 1:0 (0:0)

■ **1. FC Nürnberg**: R. Schäfer - Feulner, Maroh, Wollscheid, Hlousek - Simons - Hegeler (84. Bunjaku), Didavi (79. Cohen) - Chandler (69. Eigler), Esswein - Pekhart
■ **Borussia M'gladbach**: ter Stegen - Jantschke, Stranzl, Dante, Daems - Nordtveit (90. Brouwers), Neustädter - Reus, Arango - Hanke, de Camargo (81. Wendt)
Tore: 1:0 Bunjaku (87.)
Ecken: 5:0
Schiedsrichter: Welz (Wiesbaden)
Zuschauer: 45.675
Gelb: Pekhart - Daems
Gelb-Rot: keine **Rot**: keine

1899 Hoffenheim – 1. FC Köln 1:1 (1:0)

■ **1899 Hoffenheim**: Starke - Beck, Vestergaard, Compper, Johnson - T. Weis, Rudy - Vukcevic, Firmino (72. Mlapa), Babel - Lakic (59. Schipplock)
■ **1. FC Köln**: Rensing - Brecko, Sereno, Geromel, Eichner - Lanig (67. McKenna), Jajalo - Roshi (46. Tese), Clemens - Peszko (86. Ishak), Podolski
Tore: 1:0 Compper (33.), 1:1 Podolski (81.)
Ecken: 7:2
Schiedsrichter: Hartmann (Wangen)
Zuschauer: 29.250
Gelb: Vestergaard, Beck, T. Weis - Eichner, Lanig
Gelb-Rot: keine **Rot**: keine

Bayern verkürzen mit Kantersieg den Rückstand im Titelrennen

Der FC Bayern München rückt mit dem 7:1 gegen 1899 Hoffenheim wieder bis auf fünf Punkte heran an Borussia Dortmund, das nach acht Siegen in Serie beim 0:0 als Gast des FC Augsburg erstmals in der Rückrunde Punkte liegen lässt. Doch die Schlagzeilen bestimmen an diesem Spieltag weniger der Titelkampf oder die Auseinandersetzungen um Abstieg oder Nichtabstieg. Der 1. FC Köln setzt die Akzente – erst mit einem 1:0 gegen Hertha BSC, bei dem Schiedsrichter Guido Winkmann drei Feldverweise verhängt. Nach der Roten Karte für den Kölner Mato Jajalo ist es ein Tumult auf dem Spielfeld, der zu den Platzverweisen für Levan Kobiaschvili und Lukas Podolski führt und erregte Diskussionen auslöst. Die Debatten sind noch nicht beendet, als die Kölner wenige Stunden später mit der Nachricht der Trennung von Sportdirektor Volker Finke überraschen.

„Es war zu spüren, dass in die Mannschaft während der Woche Bewegung gekommen war", sagt Bayern-Trainer Jupp Heynckes nach dem Kantersieg gegen Hoffenheim, zu dem Mario Gomez drei und Arjen Robben zwei Tore beisteuern. Die Furcht vor einer mäßigen Saison im Anschluss an das 0:1 beim FC Basel und die Niederlage in Leverkusen ist damit wieder gemildert. Denn bei der Verfolgungsjagd auf den Spitzenreiter zeigt Dortmund eine Schwäche. „Für das Spiel haben wir nicht mehr verdient als einen Punkt", gibt BVB-Trainer Jürgen Klopp nach der torlosen Partie in Augsburg zu, deren Ergebnis der Aufsteiger als gefühlten Sieg feiern darf. Zwei weitere Spiele, in denen Teams aus den unteren Tabellenregionen beteiligt sind, enden ohne Treffer. Borussia Mönchengladbach und der SC Freiburg trennen sich ebenso 0:0 wie der VfB Stuttgart und der 1. FC Kaiserslautern. Die beiden Gästeteams, die

Bei Köln gegen Hertha werden drei Platverweise verhängt. Mata Jajalo hat schon „rot" gesehen, als sich zwischen Levan Kobishvili (Mitte) und Lukas Podolski weiterer Konfliktstoff entwickelt.

DER TORSCHÜTZE DES SPIELTAGES

Es dauert ungewöhnlich lange, bis Arjen Robben (Foto, 28) beim FC Bayern München zur Bestform aufläuft. Dann aber hat der Vizeweltmeister entscheidenden Anteil daran, dass sich der Rekordmeister nach einer Schwächephase rechtzeitig wieder fängt und sich noch einmal Hoffnungen machen darf, Borussia Dortmund von der Tabellenspitze zu verdrängen. Beim 7:1 gegen 1899 Hoffenheim treibt er die Münchner an, erzielt zwei Tore vor der Halbzeit, das 2:0 durch einen Foulelfmeter, das 4:0 mit einem Linksschuss. Nach der Pause bereitet der Niederländer einen Treffer des dreifachen Torschützen Mario Gomez und ein Tor von Franck Ribéry perfekt vor. Als bester Spieler der wiederbelebten und insgesamt überzeugenden Bayern wird der Rechtsaußen gefeiert.

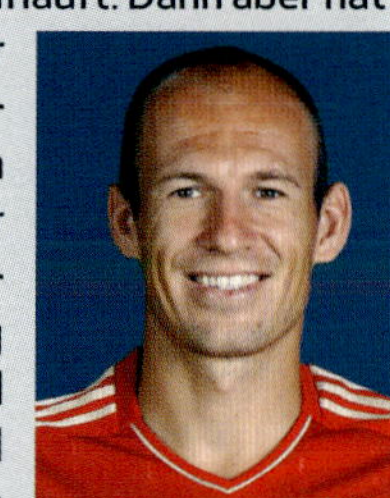

DATEN & FAKTEN

Zuschauer gesamt	413.252
pro Spiel	45.917
Tore gesamt	24
Elfmeter	2
Eigentore	2
Gelbe Karten	35
Gelb-Rote Karten	2
Rote Karten	2

VfB Stuttgart – 1. FC Kaiserslautern 0:0

■ **VfB Stuttgart:** Ulreich - Boulahrouz, Tasci, Niedermeier, Sakai - Kvist, Kuzmanovic - Harnik (68. Schieber), Hajnal (60. Cacau), Okazaki (82. Gebhart) - Ibisevic
■ **1. FC Kaiserslautern:** Sippel - Dick, Simunek, Abel, Jessen - Borysiuk, De Wit - Derstroff (86. Shechter), Tiffert, Sukuta-Pasu (35. Sahan) - Wagner
Tore: keine
Ecken: 8:3
Schiedsrichter: Brych (München)
Zuschauer: 50.100
Gelb: keine
Gelb-Rot: keine **Rot:** keine

VfL Wolfsburg – Bayer 04 Leverkusen 3:2 (2:1)

■ **VfL Wolfsburg:** Benaglio - Hasebe, Russ, Felipe, Rodriguez - Träsch (62. Knoche), Polak (73. Madlung) - M. Schäfer, Dejagah - Helmes (90. Polter), Mandzukic
■ **Bayer 04 Leverkusen:** Leno - Castro, Schwaab, Toprak (75. Friedrich), Kadlec - Reinartz (57. Derdiyok) - L. Bender, Rolfes (27. Bellarabi) - Augusto - Schürrle - Kießling
Tore: 0:1 Kießling (3.), 1:1 Helmes (32.), 2:1 Dejagah (45.), 3:1 Kadlec (61., Eigentor), 3:2 Derdiyok (90+1.)
Ecken: 4:3
Schiedsrichter: Zwayer (Berlin)
Zuschauer: 26.112
Gelb: M. Schäfer, Helmes, Russ, Dejagah, Felipe - L. Bender
Gelb-Rot: keine **Rot:** keine

1. FSV Mainz 05 – 1. FC Nürnberg 2:1 (2:0)

■ **1. FSV Mainz 05:** Wetklo - M. Caligiuri, Bungert, Kirchhoff, Zabavnik (68. Noveski) - Polanski (83. Baumgartlinger), Soto - N. Müller, Choupo-Moting - Zidan (73. Ivanschitz), Szalai
■ **1. FC Nürnberg:** R. Schäfer - Feulner, Maroh, Wollscheid, Hlousek - Simons - Chandler (64. Eigler), Balitsch (78. Mak), Hegeler (46. Didavi), Esswein - Bunjaku
Tore: 1:0 N. Müller (1.), 2:0 Zidan (22.), 2:1 Didavi (64.)
Ecken: 4:5
Schiedsrichter: Kinhöfer (Herne)
Zuschauer: 34.000 (ausverkauft)
Gelb: Balitsch, Hlousek, Wollscheid, R. Schäfer, Feulner
Gelb-Rot: Szalai (84.) **Rot:** keine

Borussia M'gladbach – SC Freiburg 0:0

■ **Borussia M'gladbach:** ter Stegen - Jantschke, Stranzl, Dante, Daems - Nordtveit, Neustädter - Wendt (71. Ring), Arango - Hanke (66. de Camargo), Reus
■ **SC Freiburg:** Baumann - Sorg, Diagné, Ginter, Mujdza (79. Jendrisek) - Flum (73. Schuster), Makiadi - Schmid, D. Caligiuri - Rosenthal (82. Santini) - Freis
Tore: keine
Ecken: 3:4
Schiedsrichter: Sippel (München)
Zuschauer: 52.207
Gelb: Stranzl, Jantschke - D. Caligiuri
Gelb-Rot: keine **Rot:** keine

Das Spiel zwischen dem VfB Stuttgart und dem 1. FC Kaiserslautern bleibt torlos, auch wegen Paraden wie dieser von FCK-Torwart Tobias Sippel gegen Georg Niedermeier (links).

Drei Tore erzielt Mario Gomez für den FC Bayern München beim 7:1 gegen 1899 Hoffenheim. Seine ausgezeichnete Quote erhöht er damit auf 122 Tore in 206 Bundesligaspielen.

auf den direkten Abstiegsplätzen liegen, bewerten die Auswärtszähler auch als mentale Pluspunkte.
Der FC Schalke 04 festigt mit einem 3:1 gegen den Hamburger SV seinen vierten Platz, der zur Qualifikation zur UEFA Champions League führt. Der Abstand zu Platz fünf vergrößert sich, weil Bayer 04 Leverkusen mit 2:3 beim VfL Wolfsburg verliert, drei Tage nach einem desillusionierenden 1:7 beim FC Barcelona in der UEFA Champions League.

Der SV Werder Bremen kann durch das 3:0 über Hannover 96 wieder eng an Leverkusen heranrücken. Es wird immer deutlicher, dass um die Plätze in der UEFA Europa League ein harter Wettbewerb entstanden ist.
In der Region zwischen der akuten Abstiegszone und den internationalen Plätzen beendet der 1. FSV Mainz 05 mit einem 2:1 die jüngste Erfolgsserie des 1. FC Nürnberg – natürlich mit dem sechsten Tor von Mohamed Zidan im sechsten Spiel für den FSV.

RESULTATE

Freitag, 09.03.2012	VfB Stuttgart - 1. FC Kaiserslautern	0:0
Samstag, 10.03.2012	VfL Wolfsburg - Bayer 04 Leverkusen	3:2 (2:1)
	1. FSV Mainz 05 - 1. FC Nürnberg	2:1 (2:0)
	Borussia M'gladbach - SC Freiburg	0:0
	FC Bayern München - 1899 Hoffenheim	7:1 (5:0)
	1. FC Köln - Hertha BSC	1:0 (1:0)
	FC Augsburg - Borussia Dortmund	0:0
Sonntag, 11.03.2012	SV Werder Bremen - Hannover 96	3:0 (1:0)
	FC Schalke 04 - Hamburger SV	3:1 (3:1)

TORJÄGER

Mario Gomez	FC Bayern München	21
Klaas-Jan Huntelaar	FC Schalke 04	19
Claudio Pizarro	SV Werder Bremen	16
Lukas Podolski	1. FC Köln	16
Robert Lewandowski	Borussia Dortmund	16
Martin Harnik	VfB Stuttgart	14
Marco Reus	Borussia M'gladbach	13
Raúl	FC Schalke 04	11
Franck Ribéry	FC Bayern München	11
Mohammed Abdellaoue	Hannover 96	11

PERSONALIEN

Das 250. Bundesliga-Spiel bestreitet **Philipp Lahm,** 197 machte er für den FC Bayern München, 53 für den VfB Stuttgart.

Raphael Schäfer hütet zum 200. Mal in einem Bundesliga-Spiel für den 1. FC Nürnberg das Tor.

Ihr 50. Bundesliga-Spiel absolvieren **Emanuel Pogatetz** bei Hannover 96 und **Christian Clemens** beim 1. FC Köln.

TABELLE

Rang	Club	Sp.	g	u	v	Tore	Diff.	Pkt.	
1	Borussia Dortmund	25	17	5	3	52:16	36	56	→
2	FC Bayern München	25	16	3	6	58:17	41	51	→
3	Borussia M'gladbach	25	14	6	5	37:15	22	48	→
4	FC Schalke 04	25	15	2	8	54:33	21	47	→
5	Bayer 04 Leverkusen	25	11	7	7	38:32	6	40	→
6	SV Werder Bremen	25	11	6	8	40:38	2	39	→
7	Hannover 96	25	8	11	6	30:35	-5	35	→
8	VfB Stuttgart	25	9	6	10	41:33	8	33	→
9	1. FC Nürnberg	25	9	4	12	24:34	-10	31	→
10	VfL Wolfsburg	25	9	4	12	31:46	-15	31	↗
11	1. FSV Mainz 05	25	7	9	9	37:39	-2	30	↗
12	1899 Hoffenheim	25	7	9	9	28:35	-7	30	↘
13	1. FC Köln	25	8	4	13	32:46	-14	28	↗
14	Hamburger SV	25	6	9	10	29:45	-16	27	↘
15	FC Augsburg	25	4	11	10	25:39	-14	23	↗
16	Hertha BSC	25	5	8	12	26:41	-15	23	↘
17	SC Freiburg	25	5	7	13	30:52	-22	22	→
18	1. FC Kaiserslautern	25	3	11	11	16:32	-16	20	→

FC Bayern München – 1899 Hoffenheim 7:1 (5:0)

■ **FC Bayern München:** Neuer - Lahm, Boateng (46. Tymoshchuk), Badstuber, Alaba - Gustavo, T. Kroos - Robben, T. Müller (62. Schweinsteiger), Ribéry - Gomez (57. Olic)
■ **1899 Hoffenheim:** Starke - Williams, Vestergaard, Compper, Braafheid - Vorsah - T. Weis (87. Mlapa), Rudy - Vukcevic (87. Kaiser), Firmino (62. Wieser) - Babel
Tore: 1:0 Gomez (5.), 2:0 Robben (12., Foulelfmeter), 3:0 T. Kroos (18.), 4:0 Robben (29.), 5:0 Gomez (35.), 6:0 Gomez (48.), 7:0 Ribéry (58.), 7:1 Gustavo (85., Eigentor)
Ecken: 13:4
Schiedsrichter: Fritz (Korb)
Zuschauer: 69.000 (ausverkauft)
Gelb: Vukcevic
Gelb-Rot: keine **Rot:** keine

1. FC Köln – Hertha BSC 1:0 (1:0)

■ **1. FC Köln:** Rensing - Brecko, Sereno, Geromel, Eichner - Lanig (58. Jajalo), Riether - Clemens, Peszko (82. Roshi) - Novakovic (68. McKenna), Podolski
■ **Hertha BSC:** Kraft - Lell (80. Niemeyer), Hubnik, Janker, Bastians - Perdedaj, Kobiashvili - Torun (46. Ben-Hatira), Raffael, Rukavytsya - Lasogga (46. Ramos)
Tore: 1:0 Clemens (36.)
Ecken: 5:5
Schiedsrichter: Winkmann (Kerken)
Zuschauer: 48.000
Gelb: Peszko, Riether - Torun, Lell, Hubnik
Gelb-Rot: Kobiashvili (76.)
Rot: Jajalo (66.), Podolski (76.)

FC Augsburg – Borussia Dortmund 0:0

■ **FC Augsburg:** Jentzsch - Verhaegh, Sankoh, Langkamp, Ostrzolek - Hosogai - Koo (79. Ndjeng), Oehrl, Baier, Bellinghausen (89. Sinkala) - Hain (75. Mölders)
■ **Borussia Dortmund:** Weidenfeller - Piszczek, Subotic, Hummels, Schmelzer - S. Bender (70. Perisic), Kehl - Blaszczykowski (86. Gündogan), Kagawa (70. Leitner), Großkreutz - Lewandowski
Tore: keine
Ecken: 2:5
Schiedsrichter: Kircher (Rottenburg)
Zuschauer: 30.660 (ausverkauft)
Gelb: Koo, Sankoh - Subotic, Kehl
Gelb-Rot: keine **Rot:** keine

SV Werder Bremen – Hannover 96 3:0 (1:0)

■ **SV Werder Bremen:** Wiese - Fritz, Prödl, Sokratis, Hartherz - Bargfrede - Junuzovic (86. Schmitz), Trybull (77. Ignjovski) - Marin (18. Ekici) - Rosenberg, Pizarro
■ **Hannover 96:** Zieler - Cherundolo, Haggui, Pogatetz, Pander - Stindl, Pinto (80. Lala) - Stoppelkamp, Rausch (70. Royer) - Ya Konan - Abdellaoue (60. Sobiech)
Tore: 1:0 Pizarro (31.), 2:0 Prödl (49.), 3:0 Rosenberg (56.)
Ecken: 2:3
Schiedsrichter: Dingert (Lebecksmühle)
Zuschauer: 41.500 (ausverkauft)
Gelb: Sobiech, Stindl, Royer, Lala
Gelb-Rot: keine **Rot:** keine

FC Schalke 04 – Hamburger SV 3:1 (3:1)

■ **FC Schalke 04:** Hildebrand - Uchida, Metzelder, Matip, Fuchs - Jones - Höger (55. Holtby), Jurado (79. Moritz) - Raúl - Huntelaar, Pukki (89. Marica)
■ **Hamburger SV:** Drobny - Diekmeier, Bruma, Westermann, Jansen - Rincón (82. Skjelbred), Kacar - Sala (59. Töre), Ilicevic (59. Son) - Arslan - Petric
Tore: 1:0 Pukki (5.), 2:0 Metzelder (26.), 3:0 Huntelaar (33., Foulelfmeter), 3:1 Kacar (45.)
Ecken: 4:7
Schiedsrichter: Stark (Ergolding)
Zuschauer: 61.673 (ausverkauft)
Gelb: Jones, Matip, Jurado - Westermann, Ilicevic, Arslan, Kacar
Gelb-Rot: keine **Rot:** keine

BUNDESLIGA

Bayerns Torfabrik jagt Dortmunder Rekordler

Das 1:4 gegen Schalke am Betzenberg bewerten viele als Tiefpunkt des 1. FC Kaiserslautern in einer schwierigen Saison. Trainer Marco Kurz wird die Niederlage den Job kosten.

Das Spitzenquartett siegt im Gleichschritt, in der Abstiegszone befreien sich der SC Freiburg und der FC Augsburg vom größten Druck, beim 1. FC Kaiserslautern wird Trainer Marco Kurz nach dem 1:4 gegen den FC Schalke 04 beurlaubt. Während dem Spitzenreiter Borussia Dortmund gegen den SV Werder Bremen ein 1:0 reicht, um einen neuen Clubrekord von 19 Spielen ohne Niederlage aufzustellen, geht Verfolger FC Bayern München beim 6:0 im Auswärtsspiel bei Hertha BSC weiter auf Torejagd.

„Das war wirklich ein toller Tag, der mir ewig in Erinnerung bleiben wird", sagt Shinji Kagawa, der an seinem 23. Geburtstag den BVB-Sieg sicherstellt, womit der Fünf-Punkte-Vorsprung auf München verteidigt wird. Die Torfabrik der Bayern springt zum dritten Mal in einer Woche an und sorgt für den ersten Auswärtssieg in der Bundesliga im Jahr 2012. „So eine Woche habe ich noch nie erlebt", freut sich Arjen Robben, der drei Tore gegen Berlin schießt, nachdem er sich beim 7:0 über Basel in der UEFA Champions League und in der Vorwoche gegen Hoffenheim schon je zweimal als Torschütze ausgezeichnet hat.

Für die Tordifferenz ist der Kantersieg bedeutend, aber Punkte machen die Bayern nicht gut. Denn auch Borussia Mönchengladbach und der FC Schalke 04 vollziehen mit Auswärtssiegen große Schritte, um die Spielzeit auf den UEFA-Champions-League-Rängen zu beenden. Gladbach schafft es mit dem 2:1 bei Bayer 04 Leverkusen, zum zweiten Mal in den letzten 29 Bundesliga-Partien bei der Werkself zu siegen. Schalke stößt Kaiserslautern, das nun schon fünf Punkte Rückstand auf den Relegationsplatz aufweist, endgültig in die Krise. Die Misserfolgsserie von 16 Spielen ohne Sieg wird dazu führen, dass Kurz den Trainerstuhl frei machen muss für Krassimir Balakov.

Hertha BSC erreicht nach dem 0:6 gegen München mit Rang 17 den bisherigen Tabellentiefpunkt. Der SC Freiburg erkämpft

DER TORSCHÜTZE DES SPIELTAGES

Viereinhalb Jahre trägt Vedad Ibisevic (Foto, 27) das Trikot von 1899 Hoffenheim, ehe er im Januar zwischen dem 18. und 19. Spieltag zum VfB Stuttgart wechselt. Der Bosnier wird dort zu einem so erfolgreichen Wintertransfer wie Mohamed Zidan für den 1. FSV Mainz 05. Der Stürmer, im vorigen Jahr durch eine Verletzung außer Tritt geraten, trumpft bei den Schwaben an alter Wirkungsstätte grandios auf. Beide Tore – jeweils nach Vorarbeit durch Khalid Boulahrouz – erzielt er beim 2:1-Sieg gegen Hoffenheim. Mit einem herrlichen Flugkopfball markiert Ibisevic das 2:0 und sieht keine Veranlassung, gegen seinen Exclub einen ausgiebigen Torjubel zu unterdrücken. Auch dank der Verpflichtung von Ibisevic spielt der VfB eine fantastische Rückrunde.

DATEN & FAKTEN

Zuschauer gesamt	431.863
pro Spiel	47.985
Tore gesamt	34
Elfmeter	5
Eigentore	0
Gelbe Karten	24
Gelb-Rote Karten	0
Rote Karten	0

1899 Hoffenhein – VfB Stuttgart 1:2 (0:2)

1899 Hoffenheim: Starke - Beck, Vestergaard, Compper, Johnson - Williams, Rudy (46. Salihovic) - Firmino (73. Schipplock), Babel, Vukcevic - Mlapa
VfB Stuttgart: Ulreich - Boulahrouz, Maza, Niedermeier, Sakai - Kvist, Kuzmanovic (83. Gebhart) - Harnik (67. Cacau), Hajnal (67. Gentner), Schieber - Ibisevic
Tore: 0:1 Ibisevic (8.), 0:2 Ibisevic (43.), 1:2 Salihovic (74., Foulelfmeter)
Ecken: 3:6
Schiedsrichter: Perl (Pullach)
Zuschauer: 30.150 (ausverkauft)
Gelb: Beck - Kuzmanovic, Ibisevic
Gelb-Rot: keine **Rot:** keine

Bayer 04 Leverkusen – Borussia M'gladbach 1:2 (0:1)

Bayer 04 Leverkusen: Leno - Da Costa (83. Friedrich), Schwaab, Toprak, Kadlec - Reinartz, Rolfes (63. Derdiyok) - Castro, Augusto, Schürrle - Kießling
Borussia M'gladbach: ter Stegen - Stranzl, Brouwers, Dante, Daems - Nordtveit, Neustädter - Wendt (84. Ring), Arango - Reus (90+1. Marx), Hanke (70. de Camargo)
Tore: 0:1 Reus (7.), 1:1 Kießling (75.), 1:2 de Camargo (88.)
Ecken: 4:1
Schiedsrichter: Meyer (Burgdorf)
Zuschauer: 30.210 (ausverkauft)
Gelb: Toprak, Schwaab - Stranzl, Nordtveit
Gelb-Rot: keine **Rot:** keine

Borussia Dortmund – SV Werder Bremen 1:0 (1:0)

Borussia Dortmund: Weidenfeller - Piszczek, Subotic, Hummels, Schmelzer - Gündogan (74. S. Bender), Kehl - Blaszczykowski (90. Owomoyela), Kagawa, Großkreutz (74. Perisic) - Lewandowski
SV Werder Bremen: Mielitz - Affolter, Prödl (56. Füllkrug), Sokratis, Hartherz (63. Schmitz) - Ignjovski, Trybull (76. F. Kroos) - Fritz, Junuzovic - Ekici - Rosenberg
Tore: 1:0 Kagawa (8.)
Ecken: 9:4
Schiedsrichter: Aytekin (Oberasbach)
Zuschauer: 80.720 (ausverkauft)
Gelb: Piszczek - Ignjovski, Affolter, Fritz
Gelb-Rot: keine **Rot:** keine

FC Augsburg – 1. FSV Mainz 05 2:1 (1:1)

FC Augsburg: Jentzsch - Verhaegh, Sankoh, Langkamp, Ostrzolek - Hosogai, Baier (88. Mölders) - Koo (82. De Roeck), Oehrl, Bellinghausen - Hain (62. Ndjeng)
1. FSV Mainz 05: Wetklo - M. Caligiuri, Bungert, Kirchhoff, Zabavnik - Polanski (56. Noveski), Soto - N. Müller (56. Malli), Choupo-Moting - Zidan, Allagui (65. Ivanschitz)
Tore: 0:1 Allagui (36.), 1:1 Koo (43.), 2:1 Langkamp (51.)
Ecken: 6:2
Schiedsrichter: Weiner (Giesen)
Zuschauer: 30.025
Gelb: Hosogai, Bellinghausen - Zabavnik, Wetklo
Gelb-Rot: keine **Rot:** keine

Nach einem Standard kämpft die Hamburger Offensive gegen die Freiburger Abwehr. Vom HSV köpft Michael Mancienne, dahinter warten seine Mitspieler Tolgay Arslan und Jeffrey Bruma. Vom SC sind Cedrick Makiadi, Oliver Sorg, Matthias Ginter und Mensur Mujdza involviert (von links).

indes ein verdientes 3:1 beim Hamburger SV, der aus den letzten fünf Spielen nur einen Punkt holen konnte. Der FC Augsburg zeigt ebenfalls mit dem 2:1 gegen den 1. FSV Mainz 05, dass er für den Abstiegskampf gewappnet ist.

Nach eklatanten Abwehrschwächen verliert der 1. FC Nürnberg zu Hause mit 1:3 gegen den VfL Wolfsburg. Patrick Helmes, in der Hinrunde häufig nicht einmal in den Kader berufen, bringt sich mit zwei Toren bei Bundestrainer Joachim Löw in Erinnerung.

Shinji Kagawa (links), Dortmunds Siegtorschütze, läuft dem Bremer Aleksandar Ignjovski davon.

Neue Sorgenfalten entstehen nach einer turbulenten Woche bei den Verantwortlichen des 1. FC Köln nach dem 1:4 bei Hannover 96 zum Abschluss des Spieltages. Bei seinem Beginn zwei Tage zuvor ist es Vedad Ibisevic, der sich in den Blickpunkt drängt. Mit zwei Toren zum 2:1 des VfB Stuttgart gegen 1899 Hoffenheim trägt er entscheidend dazu bei, dass die Schwaben ihre Erfolgsserie gegen seine Hoffenheimer Exkollegen ausdehnen.

RESULTATE

Freitag, 16.03.2012	1899 Hoffenheim - VfB Stuttgart	1:2 (0:2)
Samstag, 17.03.2012	Bayer 04 Leverkusen - Borussia M'gladbach	1:2 (0:1)
	Borussia Dortmund - SV Werder Bremen	1:0 (1:0)
	FC Augsburg - 1. FSV Mainz 05	2:1 (1:1)
	Hamburger SV - SC Freiburg	1:3 (0:2)
	1. FC Nürnberg - VfL Wolfsburg	1:3 (1:2)
	Hertha BSC - FC Bayern München	0:6 (0:3)
Sonntag, 18.03.2012	1. FC Kaiserslautern - FC Schalke 04	1:4 (1:2)
	Hannover 96 - 1. FC Köln	4:1 (1:1)

TORJÄGER

Mario Gomez	FC Bayern München	22
Klaas-Jan Huntelaar	FC Schalke 04	20
Claudio Pizarro	SV Werder Bremen	16
Lukas Podolski	1. FC Köln	16
Robert Lewandowski	Borussia Dortmund	16
Martin Harnik	VfB Stuttgart	14
Marco Reus	Borussia M'gladbach	14
Raul	FC Schalke 04	12

PERSONALIEN

Zu seinem 250. Bundesliga-Einsatz kommt **Christian Schulz** bei Hannover 96, 84 machte er davon für den SV Werder Bremen.

Mohamed Zidan vom 1. FSV Mainz 05 spielt zum 150. Mal in der Bundesliga, für Mainz ist es seine 102. Partie, die anderen bestritt er für den SV Werder Bremen, den Hamburger SV und Borussia Dortmund. .

Zum 50. Mal in der Bundesliga spielt **Dominic Maroh** beim 1. FC Nürnberg.

TABELLE

Rang	Club	Sp.	g	u	v	Tore	Diff.	Pkt.	
1	Borussia Dortmund	26	18	5	3	53:16	37	59	→
2	FC Bayern München	26	17	3	6	64:17	47	54	→
3	Borussia M'gladbach	26	15	6	5	39:16	23	51	→
4	FC Schalke 04	26	16	2	8	58:34	24	50	→
5	Bayer 04 Leverkusen	26	11	7	8	39:34	5	40	→
6	SV Werder Bremen	26	11	6	9	40:39	1	39	→
7	Hannover 96	26	9	11	6	34:36	-2	38	→
8	VfB Stuttgart	26	10	6	10	43:34	9	36	→
9	VfL Wolfsburg	26	10	4	12	34:47	-13	34	↗
10	1. FC Nürnberg	26	9	4	13	25:37	-12	31	↘
11	1. FSV Mainz 05	26	7	9	10	38:41	-3	30	→
12	1899 Hoffenheim	26	7	9	10	29:37	-8	30	→
13	1. FC Köln	26	8	4	14	33:50	-17	28	→
14	Hamburger SV	26	6	9	11	30:48	-18	27	→
15	FC Augsburg	26	5	11	10	27:40	-13	26	→
16	SC Freiburg	26	6	7	13	33:53	-20	25	↗
17	Hertha BSC	26	5	8	13	26:47	-21	23	↘
18	1. FC Kaiserslautern	26	3	11	12	17:36	-19	20	→

26. SPIELTAG

Hamburger SV – SC Freiburg 1:3 (0:2)

Hamburger SV: Drobny - Diekmeier, Bruma, Mancienne, Rajkovic - Jarolim, Tesche (46. Berg) - Töre (46. Son), Ilicevic - Arslan - Petric
SC Freiburg: Baumann - Mujdza, Diagné, Ginter, Sorg - Flum (34. Schuster), Makiadi (89. Santini) - Schmid, D. Caligiuri - Rosenthal (63. Guede) - Freis
Tore: 0:1 Flum (20.), 0:2 D. Caligiuri (43.), 0:3 Makiadi (72.), 1:3 Ilicevic (75.)
Ecken: 4:5
Schiedsrichter: Stieler (Obertshausen)
Zuschauer: 52.414
Gelb: Sorg, Makiadi, Mujdza
Gelb-Rot: keine **Rot:** keine

1. FC Nürnberg – VfL Wolfsburg 1:3 (1:2)

1. FC Nürnberg: R. Schäfer - Feulner, Maroh, Wollscheid (33. Nilsson), Hlousek - Simons - Balitsch (46. Bunjaku), Didavi - Chandler (66. Eigler), Esswein - Pekhart
VfL Wolfsburg: Benaglio - Hasebe, Russ, Felipe, Rodriguez - Josué (80. Madlung), Polak - Träsch (54. Jiracek), M. Schäfer - Helmes (89. Jönsson), Mandzukic
Tore: 1:0 Didavi (9.), 1:1 Mandzukic (15.), 1:2 Helmes (24.), 1:3 Helmes (53.)
Ecken: 2:5
Schiedsrichter: Winkmann (Kerken)
Zuschauer: 39.320
Gelb: Helmes
Gelb-Rot: keine **Rot:** keine

Hertha BSC – FC Bayern München 0:6 (0:3)

Hertha BSC: Kraft (46. Burchert) - Perdedaj (46. Morales), Hubnik, Janker, Bastians - Niemeyer - Rukavytsya, Lell, Ottl, Ramos (72. Lasogga) - Raffael
FC Bayern München: Neuer - Lahm, Boateng, Badstuber, Alaba - T. Kroos, Gustavo - Robben (70. Pranjic), T. Müller (61. Tymoshchuk), Ribéry (73. Rafinha) - Gomez
Tore: 0:1 T. Müller (9.), 0:2 Robben (12.), 0:3 Robben (19., Foulelfmeter), 0:4 Gomez (50., Foulelfmeter), 0:5 T. Kroos (51.), 0:6 Robben (67., Foulelfmeter)
Ecken: 2:4
Schiedsrichter: Welz (Wiesbaden)
Zuschauer: 74.244 (ausverkauft)
Gelb: Raffael, Hubnik, Morales - Boateng
Gelb-Rot: keine **Rot:** keine

1. FC Kaiserslautern – FC Schalke 04 1:4 (1:2)

1. FC Kaiserslautern: Sippel - Dick, Abel, Rodnei, Jessen - Borysiuk, De Wit (62. Wooten) - Sahan (46. Fortounis), Tiffert - Shechter, Wagner (62. Swierczok)
FC Schalke 04: Hildebrand - Uchida, Papadopoulos, Matip, Fuchs - Jones, Holtby - Farfàn, Raùl (77. Moritz), Draxler (82. Pukki) - Huntelaar (84. Obasi)
Tore: 1:0 Rodnei (3.), 1:1 Holtby (39.), 1:2 Huntelaar (45.), 1:3 Raul (51.), 1:4 Farfàn (81.)
Ecken: 3:5
Schiedsrichter: Gagelmann (Bremen)
Zuschauer: 49.780 (ausverkauft)
Gelb: keine
Gelb-Rot: keine **Rot:** keine

Hannover 96 – 1. FC Köln 4:1 (1:1)

Hannover 96: Zieler - Cherundolo, Eggimann, Haggui, Schulz - Schmiedebach (62. Ya Konan), Pinto - Stindl, Rausch - Schlaudraff (78. Stoppelkamp) - Abdellaoue (46. Diouf)
1. FC Köln: Rensing - Brecko, Sereno (72. Jemal), Geromel, Eichner - Riether, Pezzoni (77. McKenna) - Clemens, Peszko (72. Roshi) - Ishak, Novakovic
Tore: 1:0 Stindl (19.), 1:1 Pezzoni (43.), 2:1 Schlaudraff (61., Foulelfmeter), 3:1 Diouf (67.), 4:1 Diouf (83.)
Ecken: 8:7
Schiedsrichter: Stark (Ergolding)
Zuschauer: 45.000
Gelb: Sereno
Gelb-Rot: keine **Rot:** keine

BUNDESLIGA

Rennen um die Plätze in der UEFA Europa League spitzt sich zu

Im Titelkampf zeigen Borussia Dortmund und der FC Bayern München keine Schwächen, das Rennen um die Plätze zur UEFA Europa League wird immer enger, im Tabellenkeller sendet Hertha BSC ein Überlebenssignal, während der Hamburger SV in die zweite Saisonkrise gerät und der 1. FC Kaiserslautern beim Einstand von Trainer Krassimir Balakov erneut verliert. Bis zum Schlusspunkt des Spieltages, den Borussia Dortmund mit dem Paukenschlag eines 6:1 beim 1. FC Köln setzt, wird die Spannung in allen Tabellenbereichen weiter geschürt.

Der FC Bayern München gewinnt mühevoller als der Tabellenführer aus Westfalen, beim 2:1 gegen Hannover 96 macht sich der Kräfteverschleiß aus dem DFB-Pokal-Halbfinale unter der Woche bemerkbar, in dem der Rekordmeister nach 120 Minuten im Elfmeterschießen in Gladbach gewann. Die Dortmunder kommen bei ihrer Gala gegen schließlich enttäuschende Kölner besser in Schwung, obwohl sie ihr Pokalduell beim Spitzenreiter der 2. Bundesliga, SpVgg Greuther Fürth, auch erst in letzter Minute der Verlängerung für sich entscheiden konnten. „Die Leichtigkeit war zuletzt nicht da, jetzt ist der Knoten aufgegangen“, sagt Trainer Jürgen Klopp.

Hinter dem Spitzenduo erobert sich der FC Schalke 04 durch ein 2:0 gegen Bayer 04 Leverkusen nach zwei Treffern von Klaas-Jan Huntelaar den dritten Platz zurück. Die Gelsenkirchener profitieren von der ersten Saison-Heimniederlage von Borussia Mönchengladbach, dessen Spieler drei Tage nach dem Pokal-Aus gegen die Bayern entkräftet durch Gegentore in der Schlussphase mit 1:2 gegen 1899 Hoffenheim verlieren.

Der Kampf um die UEFA-Europa-League-Plätze spitzt sich zu, weil nicht nur Leverkusen keine Punkte holt, sondern auch der SV Werder Bremen als Sechster gegen den FC Augsburg mit einem 1:1 im Weser-Stadion leben muss. Der Aufsteiger kommt durch ein Tor von Paul Verhaegh in letzter

Francisco Rodríguez Maza segelt bei einem Zweikampf mit dem Nürnberger Alexander Esswein (unten) über seinen Gegenspieler hinweg. Der Mexikaner erwies sich in der Debütsaison als gute Verstärkung des VfB Stuttgart und zeigt auch beim 1:0-Sieg gegen den „Club“ eine Topleistung.

DER SPIELER DES SPIELTAGES

Gustavo Adrián Ramos Vásquez lautet der volle Name des Stürmers von Hertha BSC, der in Berlin unter den Fans und auch innerhalb des Clubs schon viele Diskussionen ausgelöst hat. Denn die Formschwankungen von Ramos (Foto, 26) sind oft groß, der schlanke Kolumbianer bietet, seitdem er 2009 aus Cali nach Berlin kam, teils Leistungen bester Qualität, denen sich aber immer wieder auch schwächere Auftritte anschließen. Doch am 24. März beim 3:1 im Auswärtsspiel beim 1. FSV Mainz 05 hat Ramos einen seiner ganz großen Tage. Nachdem er von Trainer Otto Rehhagel in der Woche zuvor in Köln aus der Stammelf genommen worden war, schießt der Südamerikaner gegen Mainz zwei Tore zum ersten Auswärtssieg seit dem 11. Spieltag (3:2 in Wolfsburg).

DATEN & FAKTEN

Zuschauer gesamt	416.629
pro Spiel	46.292
Tore gesamt	27
Elfmeter	0
Eigentore	0
Gelbe Karten	34
Gelb-Rote Karten	0
Rote Karten	0

VfL Wolfsburg – Hamburger SV 2:1 (0:0)

VfL Wolfsburg: Benaglio - Hasebe, Russ, Felipe, Rodriguez - Josue (65. Jiracek), Polak (84. Madlung) - Dejagah, M. Schäfer - Helmes (90+2. Vieirinha), Mandzukic
Hamburger SV: Drobny - Diekmeier, Mancienne, Westermann, Aogo - Rincon, Jarolim (83. Kacar) - Ilicevic (80. Töre), Jansen (76. Son) - Petric - Berg
Tore: 1:0 Mandzukic (46.), 1:1 Berg (47.), 2:1 M. Schäfer (75.)
Ecken: 10:3
Schiedsrichter: Brych (München)
Zuschauer: 30.000 (ausverkauft)
Gelb: Josue, Polak, Felipe, Jiracek - Westermann, Rincon
Gelb-Rot: keine **Rot:** keine

SV Werder Bremen – FC Augsburg 1:1 (0:0)

SV Werder Bremen: Mielitz - Ignjovski, Affolter, Sokratis, Hartherz - Fritz - Trybull (78. Boenisch), Schmitz - Junuzovic - Füllkrug (87. Thy), Rosenberg
FC Augsburg: Jentzsch - Verhaegh, Sankoh, Langkamp, Davids - Baier, Hosogai (80. Callsen-Bracker) - Ndjeng (74. Werner), Koo, Bellinghausen - Hain (67. Mölders)
Tore: 1:0 Füllkrug (61.), 1:1 Verhaegh (90+2.) **Ecken:** 4:6
Schiedsrichter: Wingenbach (Diez)
Zuschauer: 40.208 (ausverkauft)
Gelb: Fritz, Affolter, Rosenberg - Davids, Verhaegh, Baier
Gelb-Rot: keine **Rot:** keine

1. FSV Mainz 05 – Hertha BSC 1:3 (0:1)

1. FSV Mainz 05: Wetklo - M. Caligiuri, Bungert, Kirchhoff, Zabavnik - Polanski (75. Ivanschitz), Soto - N. Müller (64. Stieber), Choupo-Moting - Zidan (80. Gavranovic) - Szalai
Hertha BSC: Kraft - Lell, Hubnik, Janker, Bastians - Niemeyer, Kobiashvili - Rukavytsya, Ben-Hatira (65. Ebert) - Raffael (90+3. Perdedaj) - Ramos (87. Lasogga)
Tore: 0:1 Ben-Hatira (41.), 0:2 Ramos (52.), 1:2 Choupo-Moting (58.), 1:3 Ramos (69.) **Ecken:** 12:8
Schiedsrichter: Sippel (München)
Zuschauer: 33.152
Gelb: Kirchhoff - Lell
Gelb-Rot: keine **Rot:** keine

FC Bayern München – Hannover 96 2:1 (1:0)

FC Bayern München: Neuer - Lahm, Boateng, Badstuber, Alaba - Gustavo, Pranjic (57. Tymoshchuk) - Robben, T. Kroos (78. T. Müller), Ribery - Olic (61. Gomez)
Hannover 96: Zieler - Cherundolo, Eggimann, Pogatetz, Pander - Schmiedebach, Pinto (61. Schlaudraff) - Stindl, Rausch - Abdellaoue (66. Ya Konan), Diouf
Tore: 1:0 T. Kroos (36.), 2:0 Gomez (68.), 2:1 Ya Konan (74.)
Ecken: 6:1
Schiedsrichter: Winkmann (Kerken)
Zuschauer: 69.000 (ausverkauft)
Gelb: Pranjic - Cherundolo, Ya Konan
Gelb-Rot: keine **Rot:** keine

Patrick Herrmann, der bei Borussia Mönchengladbach mit seiner Schnelligkeit an Marco Reus erinnert, und der Hoffenheimer Andreas Beck kämpfen in einem Laufduell um den Ball.

Minute, bei dem Torwart Simon Jentzsch mit nach vorn stürmt, zu einem wertvollen Punkt. Der VfB Stuttgart durch ein 1:0 gegen den 1. FC Nürnberg und der VfL Wolfsburg mit dem 2:1 im Nordderby gegen den Hamburger SV nehmen die Teilnahme an einem UEFA-Wettbewerb wieder fest ins Visier. Der HSV sackt nach sechs sieglosen Spielen in die akute Gefahrenzone ab, auf die er am 21. Spieltag acht Punkte Vorsprung aufwies. Beim 1. FC Kaiserslautern verdunkelt sich die Lage, mit dem 0:2 beim SC Freiburg missglückt auch der Trainereinstand von Balakov. Hoffnung keimt beim Tabellenvorletzten in Berlin nach dem 3:1 beim 1. FSV Mainz 05 auf. „Wenn wir verloren hätten, wäre es sehr schwer geworden. So haben wir es weiter in der Hand", sagt Trainer Otto Rehhagel.

Mario Gomez findet mit seinem Flachschuss genau die Lücke in Hannovers Abwehr, um Torwart Ron-Robert Zieler und Christian Pander beim Tor zum 2:0 das Nachsehen zu geben.

RESULTATE

Freitag, 23.03.2012	VfL Wolfsburg - Hamburger SV	2:1 (0:0)
Samstag, 24.03.2012	SV Werder Bremen - FC Augsburg	1:1 (0:0)
	1. FSV Mainz 05 - Hertha BSC	1:3 (0:1)
	FC Bayern München - Hannover 96	2:1 (1:0)
	SC Freiburg - 1. FC Kaiserslautern	2:0 (2:0)
	Borussia M'gladbach - 1899 Hoffenheim	1:2 (1:0)
	FC Schalke 04 - Bayer 04 Leverkusen	2:0 (1:0)
Sonntag, 25.03.2012	VfB Stuttgart - 1. FC Nürnberg	1:0 (0:0)
	1. FC Köln - Borussia Dortmund	1:6 (1:1)

TORJÄGER

Mario Gomez	FC Bayern München	23
Klaas-Jan Huntelaar	FC Schalke 04	22
Robert Lewandowski	Borussia Dortmund	17
Claudio Pizarro	SV Werder Bremen	16
Lukas Podolski	1. FC Köln	16
Marco Reus	Borussia M'gladbach	15
Martin Harnik	VfB Stuttgart	14
Raúl	FC Schalke 04	12

PERSONALIEN

Zu seinem 200. Bundesliga-Einsatz kommt **Sascha Riether** beim 1. FC Köln, der früher beim VfL Wolfsburg und beim SC Freiburg unter Vertrag stand.

Das 100. Bundesliga-Spiel bestreitet **Arthur Boka** bem VfB Stuttgart.

TABELLE

Rang	Club	Sp.	g	u	v	Tore	Diff.	Pkt.	
1	Borussia Dortmund	27	19	5	3	59:17	42	62	→
2	FC Bayern München	27	18	3	6	66:18	48	57	→
3	FC Schalke 04	27	17	2	8	60:34	26	53	↗
4	Borussia M'gladbach	27	15	6	6	40:18	22	51	↘
5	Bayer 04 Leverkusen	27	11	7	9	39:36	3	40	→
6	SV Werder Bremen	27	11	7	9	41:40	1	40	→
7	VfB Stuttgart	27	11	6	10	44:34	10	39	↗
8	Hannover 96	27	9	11	7	35:38	-3	38	↘
9	VfL Wolfsburg	27	11	4	12	36:48	-12	37	↘
10	1899 Hoffenheim	27	8	9	10	31:38	-7	33	↗
11	1. FC Nürnberg	27	9	4	14	25:38	-13	31	↘
12	1. FSV Mainz 05	27	7	9	11	39:44	-5	30	↘
13	SC Freiburg	27	7	7	13	35:53	-18	28	↗
14	1. FC Köln	27	8	4	15	34:56	-22	28	↘
15	FC Augsburg	27	5	12	10	28:41	-13	27	→
16	Hamburger SV	27	6	9	12	31:50	-19	27	↘
17	Hertha BSC	27	6	8	13	29:48	-19	26	→
18	1. FC Kaiserslautern	27	3	11	13	17:38	-21	20	→

SC Freiburg
1. FC Kaiserslautern 2:0 (2:0)

SC Freiburg: Baumann - Mujdza, Diagné (46. Krmas), Ginter, Sorg - Makiadi, Schuster - Schmid, D. Caligiuri (60. Jendrisek) - Freis - Guede (72. Reisinger)
1. FC Kaiserslautern: Sippel - Dick, Yahia, Rodnei, Bugera - Borysiuk - Sahan, De Wit (72. Swierczok), Tiffert, Fortounis (77. Shechter) - Derstroff
Tore: 1:0 Guede (8.), 2:0 Makiadi (14.)
Ecken: 4:2
Schiedsrichter: Meyer (Burgdorf)
Zuschauer: 24.000 (ausverkauft)
Gelb: Diagné, Freis - Borysiuk
Gelb-Rot: keine **Rot:** keine

Borussia M'gladbach
1899 Hoffenheim 1:2 (1:0)

Borussia M'gladbach: ter Stegen - Jantschke, Brouwers, Dante, Daems - Marx (83. Leckie), Neustädter - Herrmann (78. Wendt), Arango - Reus, de Camargo (74. Hanke)
1899 Hoffenheim: Starke - Beck, Vorsah (82. Vestergaard), Compper, Johnson - Williams (58. Firmino), T. Weis - Vukcevic, Rudy - Salihovic - Babel (69. Schipplock)
Tore: 1:0 Reus (38.), 1:1 Firmino (77.), 1:2 Vukcevic (79.)
Ecken: 4:3
Schiedsrichter: Stark (Ergolding)
Zuschauer: 52.796
Gelb: Marx, Brouwers, Wendt - Salihovic, Compper, Firmino
Gelb-Rot: keine **Rot:** keine

FC Schalke 04
Bayer 04 Leverkusen 2:0 (1:0)

FC Schalke 04: Hildebrand - Uchida, Papadopoulos, Matip, Fuchs - Jones, Holtby (86. Höger) - Farfán (87. Pukki), Raúl, Draxler (76. Obasi) - Huntelaar
Bayer 04 Leverkusen: Leno - Da Costa (28. Derdiyok), Schwaab, Toprak, Kadlec (65. Oczipka) - Reinartz, Rolfes - Castro, Augusto - Schürrle (71. Barnetta), Kießling
Tore: 1:0 Huntelaar (18.), 2:0 Huntelaar (86.)
Ecken: 6:3
Schiedsrichter: Aytekin (Oberasbach)
Zuschauer: 61.673 (ausverkauft)
Gelb: Jones - Kadlec, Toprak
Gelb-Rot: keine **Rot:** keine

VfB Stuttgart
1. FC Nürnberg 1:0 (0:0)

VfB Stuttgart: Ulreich - Sakai, Maza, Niedermeier, Boka - Kvist (60. Gentner), Kuzmanovic - Harnik, Hajnal (87. M. Bah), Schieber - Cacau (90. Gebhart)
1. FC Nürnberg: R. Schäfer - Feulner, Maroh, Wollscheid, Pinola - Balitsch (81. Pekhart), Simons - Chandler, Didavi (63. Hegeler), Hlousek - Esswein (70. Bunjaku)
Tore: 1:0 Cacau (78.)
Ecken: 4:14
Schiedsrichter: Dingert (Lebecksmühle)
Zuschauer: 55.800
Gelb: Maza, Cacau - Maroh, Balitsch
Gelb-Rot: keine **Rot:** keine

1. FC Köln
Borussia Dortmund 1:6 (1:1)

1. FC Köln: Rensing - Brecko, Sereno, Geromel, Eichner (46. Jemal) - Lanig (82. Pezzoni), Riether - Clemens, Peszko (77. Ishak) - Novakovic, Podolski
Borussia Dortmund: Weidenfeller - Piszczek, Subotic, Hummels, Schmelzer - S. Bender (61. Kehl), Gündogan - Blaszczykowski, Kagawa (81. Leitner), Großkreutz (73. Perisic) - Lewandowski
Tore: 1:0 Novakovic (13.), 1:1 Piszczek (26.), 1:2 Kagawa (47.), 1:3 Lewandowski (52.), 1:4 Gündogan (78.), 1:5 Kagawa (80.), 1:6 Perisic (84.)
Ecken: 2:3
Schiedsrichter: Zwayer (Berlin)
Zuschauer: 50.000 (ausverkauft)
Gelb: Podolski
Gelb-Rot: keine **Rot:** keine

BUNDESLIGA

Stuttgart und Dortmund begeistern – sensationelles 4:4

Der Spieltag beginnt mit einem Duell zwischen Borussia Dortmund und dem VfB Stuttgart, das einhellig als Highlight der Bundesliga-Saison bezeichnet wird. Mit dem 4:4 zwischen dem Deutschen Meister und den seit einigen Wochen zur Bestform auflaufenden Schwaben rückt der FC Bayern München dem BVB bis auf drei Punkte auf das Fell. Denn die Münchner gewinnen das Bayern-Derby beim 1. FC Nürnberg wenig spektakulär mit 1:0. Die sehr kleinen Hoffnungen des 1. FC Kaiserslautern, noch den Relegationsplatz zu erreichen, erhalten mit dem 0:1 gegen den Hamburger SV einen neuen Dämpfer. Nach dem 0:2 gegen den SC Freiburg wird bei Bayer 04 Leverkusen Trainer Robin Dutt beurlaubt. Angesichts der Niederlagenserie in der Bundesliga mit fünf Misserfolgen, die nach dem 1:7 in Barcelona begann, ist die Dienstzeit von Dutt bei der Werkself beendet. Übergangsweise bis zum Saisonende wird das Duo Sami Hyypiä/Sascha Lewandowski als Nachfolger benannt. Der FC Augsburg kann im direkten Duell gegen den Abstieg durch ein 2:1 gegen den 1. FC Köln weiter Land gewinnen.

Der Kaiserslauterer Alexander Bugera zieht den Kopf zur Seite, als sein ehemaliger Mitspieler Ivo Ilicevic vom Hamburger SV über ihn hinweg einen Flugversuch startet.

DER SPIELMACHER DES SPIELTAGES

Ilkay Gündogan (Foto, 21) erzielt selbst kein Tor beim 4:4 von Borussia Dortmund gegen den VfB Stuttgart, aber als Spielmacher des Deutschen Meisters wird er nach der turbulenten, hochklassigen Partie von vielen Experten und von den BVB-Fans zum „Man of the Match" erklärt.

Mit Übersicht und wunderbaren Pässen organisiert der zu Saisonbeginn vom 1. FC Nürnberg verpflichtete „Sechser" die Dortmunder Angriffe. Gündogan, früh als Nachfolger von Nuri Sahin bezeichnet, aber mit Anpassungsproblemen kämpfend, ist angekommen beim BVB. Als der Ex-Bochumer mit den türkischen Wurzeln, der im Herbst sein erstes Länderspiel für Deutschland bestritt, das Spielfeld verlässt, verliert Dortmund die Dominanz und zwei Punkte.

Dortmund und Stuttgart sorgen zum Auftakt für eine Sternstunde, die nach nervenaufreibender Dramaturgie acht Tore, aber keinen Sieger hervorbringt. „Wir können stolz sein", sagt BVB-Verteidiger Mats Hummels, „das Spiel hat die Zuschauer von den Sitzen gerissen." VfB-Trainer Bruno Labbadia hat sogar einen neuen Sinn in seinem Berufsleben gefunden. „Es gibt Tage, da fragt man sich als Trainer, warum machst du das? Aber dafür lohnt es sich, Trainer zu sein. Das war ein geiles Spiel." Auch BVB-Coach Jürgen Klopp

DATEN & FAKTEN

Zuschauer gesamt	398.685
pro Spiel	44.298
Tore gesamt	28
Elfmeter	4
Eigentore	1
Gelbe Karten	33
Gelb-Rote Karten	0
Rote Karten	0

Borussia Dortmund – VfB Stuttgart 4:4 (1:0)

Borussia Dortmund: Weidenfeller - Piszczek, Subotic, Hummels, Schmelzer - Gündogan (67. S. Bender), Kehl - Blaszczykowski, Kagawa (81. Barrios), Großkreutz (79. Perisic) - Lewandowski
VfB Stuttgart: Ulreich - Sakai, Maza, Niedermeier, Boka (61. Molinaro) - Kvist, Kuzmanovic - Harnik, Hajnal (70. Gentner), Schieber (84. M. Bah) - Ibisevic
Tore: 1:0 Kagawa (33.), 2:0 Blaszczykowski (49.), 2:1 Ibisevic (71.), 2:2 Schieber (77.), 2:3 Schieber (79.), 3:3 Hummels (81.), 4:3 Perisic (87.), 4:4 Gentner (90+2.)
Ecken: 11:5
Schiedsrichter: Weiner (Giesen)
Zuschauer: 80.720 (ausverkauft)
Gelb: Lewandowski, Perisic - Kuzmanovic
Gelb-Rot: keine **Rot:** keine

FC Augsburg – 1. FC Köln 2:1 (2:1)

FC Augsburg: Jentzsch - Verhaegh, Sankoh, Langkamp, Ostrzolek - Hosogai - Ndjeng (78. Callsen-Bracker), Koo, Baier (86. De Roeck), Bellinghausen - Rafael (72. Mölders)
1. FC Köln: Rensing - Sereno, Geromel (76. Tese), Jemal, Eichner (60. Ishak) - Lanig, Riether - Clemens, Peszko (46. Brecko) - Novakovic, Podolski
Tore: 1:0 Koo (19.), 1:1 Podolski (42., Foulelfmeter), 2:1 Rafael (45., Foulelfmeter)
Ecken: 11:1
Schiedsrichter: Welz (Wiesbaden)
Zuschauer: 30.660 (ausverkauft)
Gelb: Sankoh - Geromel, Lanig, Brecko, Sereno
Gelb-Rot: keine **Rot:** keine

1. FC Nürnberg – FC Bayern München 0:1 (0:0)

1. FC Nürnberg: R. Schäfer - Feulner, Maroh, Wollscheid, Pinola - Balitsch (68. Cohen), Simons - Chandler, Didavi (77. Bunjaku), Hlousek (46. Mak) - Pekhart
FC Bayern München: Neuer - Lahm, Boateng, Badstuber, Contento - Tymoshchuk (55. Schweinsteiger), T. Kroos (80. Gustavo) - Robben, T. Müller, Pranjic (57. Ribéry) - Gomez
Tore: 0:1 Robben (69.)
Ecken: 6:6
Schiedsrichter: Zwayer (Berlin)
Zuschauer: 48.548 (ausverkauft)
Gelb: Wollscheid, Chandler - Gustavo, Robben
Gelb-Rot: keine **Rot:** keine

1. FC Kaiserslautern – Hamburger SV 0:1 (0:1)

1. FC Kaiserslautern: Sippel - Dick, Yahia (80. Abel), Rodnei, Bugera - Borysiuk - Sahan, Tiffert, De Wit (75. Sukuta-Pasu), Derstroff (65. Fortounis) - Wagner
Hamburger SV: Drobny - Diekmeier (46. Sala), Mancienne, Westermann, Aogo - Kacar, Jarolim - Ilicevic (90+2. Rajkovic), Jansen - Petric (80. Son) - Berg
Tore: 0:1 Jansen (28.)
Ecken: 10:5
Schiedsrichter: Kinhöfer (Herne)
Zuschauer: 44.745
Gelb: Sahan, Bugera, Yahia, Fortounis - Jarolim, Kacar
Gelb-Rot: keine **Rot:** keine

Der Mönchengladbacher Mike Hanke treibt den Ball durch die Hannoveraner Defensive, die von Christian Pander, Emanuel Pogatetz und Sergio Pinto gebildet wird. Schiedsrichter Felix Brych befindet sich auf Ballhöhe in der Partie, die die Niedersachsen für sich entscheiden.

Gegen seinen Exclub SC Freiburg gibt der engagierte Trainer Robin Dutt seinem Bayer-Team letztmals taktische Zeichen.

ist begeistert von diesem starken Stück Fußball, obwohl der letzte Gegentreffer durch Christian Gentner in der Nachspielzeit zwei Punkte kostet. Dass die Münchner einen Tag später in Schlagdistanz zum Tabellenführer aufrücken, kommentiert Christian Nerlinger erfreut. „Wir haben es wieder in der eigenen Hand", sagt der Bayern-Sportdirektor zu den Titelchancen. Hinter dem Spitzenduo tritt der FC Schalke 04 mit dem 1:1 bei 1899 Hoffenheim auf der Stelle, Borussia Mönchengladbach kassiert mit dem 1:2 bei Hannover 96 zum ersten Mal in der Saison zwei Niederlagen in Folge. Doch der Abstand zu den UEFA-Europa-League-Aspiranten beträgt noch immer zehn Punkte. Die Gruppe von fünf Clubs rückt noch enger zusammen. Hinter Hannover mit 41 Zählern reihen sich Stuttgart, Leverkusen, Bremen und Wolfsburg mit jeweils 40 Zählern punktgleich auf. Das 4:1 des VfL Wolfsburg in Berlin erschüttert Hertha BSC ein weiteres Mal. Der SV Werder Bremen leistet sich ein 0:3 zu Hause gegen den 1. FSV Mainz 05.

RESULTATE

Freitag, 30.03.2012	Borussia Dortmund - VfB Stuttgart	4:4 (1:0)
Samstag, 31.03.2012	FC Augsburg - 1. FC Köln	2:1 (2:1)
	1. FC Nürnberg - FC Bayern München	0:1 (0:0)
	1. FC Kaiserslautern - Hamburger SV	0:1 (0:1)
	SV Werder Bremen - 1. FSV Mainz 05	0:3 (0:1)
	Bayer 04 Leverkusen - SC Freiburg	0:2 (0:1)
	Hertha BSC - VfL Wolfsburg	1:4 (1:2)
Sonntag, 01.04.2012	Hannover 96 - Borussia M'gladbach	2:1 (0:0)
	1899 Hoffenheim - FC Schalke 04	1:1 (1:0)

TORJÄGER

Klaas-Jan Huntelaar	FC Schalke 04	23
Mario Gomez	FC Bayern München	23
Lukas Podolski	1. FC Köln	17
Robert Lewandowski	Borussia Dortmund	17
Claudio Pizarro	SV Werder Bremen	16
Marco Reus	Borussia M'gladbach	15
Martin Harnik	VfB Stuttgart	14
Raul	FC Schalke 04	12
Shinji Kagawa	Borussia Dortmund	12

PERSONALIEN

Thomas Müller kommt beim FC Bayern München zum 100. Mal in der Bundesliga zum Einsatz.

Sein 100. Bundesliga-Spiel absolviert **Mario Eggimann** von Hannover 96. 33 Spiele bestritt er davon für den Karlsruher SC.

Zum 50. Mal bei einem Bundesliga-Spiel tragen **Mohammed Abdellaoue** bei Hannover 96, **Peniel Mlapa** bei 1899 Hoffenheim, **Klaas-Jan Huntelaar** beim FC Schalke 04 und **Mario Mandzukic** beim VfL Wolfsburg die Trikots ihrer Clubs.

TABELLE

Rang	Club	Sp.	g	u	v	Tore	Diff.	Pkt.	
1	Borussia Dortmund	28	19	6	3	63:21	42	63	→
2	FC Bayern München	28	19	3	6	67:18	49	60	→
3	FC Schalke 04	28	17	3	8	61:35	26	54	→
4	Borussia M'gladbach	28	15	6	7	41:20	21	51	→
5	Hannover 96	28	10	11	7	37:39	-2	41	↗
6	VfB Stuttgart	28	11	7	10	48:38	10	40	↗
7	Bayer 04 Leverkusen	28	11	7	10	39:38	1	40	↘
8	SV Werder Bremen	28	11	7	10	41:43	-2	40	↘
9	VfL Wolfsburg	28	12	4	12	40:49	-9	40	→
10	1899 Hoffenheim	28	8	10	10	32:39	-7	34	→
11	1. FSV Mainz 05	28	8	9	11	42:44	-2	33	↗
12	1. FC Nürnberg	28	9	4	15	25:39	-14	31	↘
13	SC Freiburg	28	8	7	13	37:53	-16	31	→
14	FC Augsburg	28	6	12	10	30:42	-12	30	↗
15	Hamburger SV	28	7	9	12	32:50	-18	30	↗
16	1. FC Köln	28	8	4	16	35:58	-23	28	↘
17	Hertha BSC	28	6	8	14	30:52	-22	26	→
18	1. FC Kaiserslautern	28	3	11	14	17:39	-22	20	→

SV Werder Bremen – 1. FSV Mainz 05 0:3 (0:1)

■ **SV Werder Bremen:** Wiese - Ignjovski (46. Marin), Affolter (51. Füllkrug), Sokratis, Hartherz - Bargfrede - Fritz, Trybull (51. Naldo) - Junuzovic - Pizarro, Rosenberg
■ **1. FSV Mainz 05:** Wetklo - Bungert, Kirchhoff, Noveski, Zabavnik - Baumgartlinger, Polanski (85. Fathi), Soto - Ivanschitz, N. Müller (59. M. Caligiuri) - Szalai (45. Choupo-Moting)
Tore: 0:1 Szalai (19.), 0:2 Choupo-Moting (48.), 0:3 Choupo-Moting (74.)
Ecken: 7:0
Schiedsrichter: Kircher (Rottenburg)
Zuschauer: 40.132
Gelb: Fritz - Zabavnik, Soto
Gelb-Rot: keine **Rot:** keine

Bayer 04 Leverkusen – SC Freiburg 0:2 (0:1)

■ **Bayer 04 Leverkusen:** Leno - Castro, Friedrich (46. Ortega), Toprak, Kadlec - Reinartz (56. Oczipka), Rolfes - Augusto - Schürrle (73. Bellarabi), Derdiyok - Kießling
■ **SC Freiburg:** Baumann - Mujdza, Diagné, Ginter, Sorg - Makiadi, Schuster - Schmid, D. Caligiuri (88. Jendrisek) - Freis (81. Reisinger), Guede (74. Flum)
Tore: 0:1 Schuster (8.), 0:2 D. Caligiuri (60.)
Ecken: 3:1
Schiedsrichter: Hartmann (Wangen)
Zuschauer: 28.342
Gelb: Kadlec - Guede, Freis, Reisinger
Gelb-Rot: keine **Rot:** keine

Hertha BSC – VfL Wolfsburg 1:4 (1:2)

■ **Hertha BSC:** Kraft - Lell, Hubnik (62. Neumann), Janker, Bastians (46. Lasogga) - Niemeyer, Kobiashvili - Rukavytsya, Ben-Hatira - Raffael - Ramos
■ **VfL Wolfsburg:** Benaglio - Träsch, Russ, Felipe, Rodriguez - Josue (51. Jiracek), Polak - Dejagah (75. Vieirinha), M. Schäfer (69. Madlung) - Helmes, Mandzukic
Tore: 1:0 Kobiashvili (13.), 1:1 Janker (29., Eigentor), 1:2 Helmes (34.), 1:3 Mandzukic (77.), 1:4 Helmes (81.)
Ecken: 7:1
Schiedsrichter: Fritz (Korb)
Zuschauer: 46.388
Gelb: Lell
Gelb-Rot: keine **Rot:** keine

Hannover 96 – Borussia M'gladbach 2:1 (0:0)

■ **Hannover 96:** Zieler - Cherundolo, Eggimann, Pogatetz, Pander - Pinto, C. Schulz - Schlaudraff (79. Abdellaoue), Rausch (82. Chahed) - Ya Konan, Diouf (90+1. Haggui)
■ **Borussia M'gladbach:** ter Stegen - Jantschke (84. Younes), Stranzl, Dante, Daems - Nordtveit, Neustädter - Herrmann (67. Wendt), Arango - Reus - de Camargo (67. Hanke)
Tore: 1:0 Ya Konan (57.), 2:0 Diouf (76.), 2:1 Nordtveit (78.)
Ecken: 5:6
Schiedsrichter: Brych (München)
Zuschauer: 49.000 (ausverkauft)
Gelb: Dante
Gelb-Rot: keine **Rot:** keine

1899 Hoffenheim – FC Schalke 04 1:1 (1:0)

■ **1899 Hoffenheim:** Starke - Beck, Vorsah, Vestergaard, Johnson - T. Weis, Rudy - Vukcevic, Salihovic, Firmino (81. Williams) - Schipplock (72. Mlapa)
■ **FC Schalke 04:** Unnerstall - Uchida (55. Höger), Papadopoulos, Matip, Fuchs - Jones, Holtby (64. Obasi) - Farfán, Raúl, Draxler (76. Marica) - Huntelaar
Tore: 1:0 Salihovic (30., Foulelfmeter), 1:1 Huntelaar (80., Foulelfmeter)
Ecken: 5:4
Schiedsrichter: Schmidt (Stuttgart)
Zuschauer: 30.150 (ausverkauft)
Gelb: Rudy, Vorsah - Jones, Unnerstall, Papadopoulos, Matip
Gelb-Rot: keine **Rot:** keine

BUNDESLIGA

Erfolge des Spitzentrios – Stillstand am Tabellenende

Thomas Kraft hält mit einer fast akrobatischen Aktion den Ball noch vor der Torlinie auf und rettet Hertha BSC beim 0:0 im Auswärtsspiel bei Borussia Mönchengladbach einen Punkt.

An der Spitze schüren Borussia Dortmund und der FC Bayern München mit Erfolgen noch die Spannung für den Gigantengipfel im Titelrennen nach Ostern. In den unteren Tabellenregionen aber gibt es am kühlen Osterwochenende kaum etwas zu feiern, denn keine der acht hinteren Mannschaften kann einen Sieg verzeichnen. Der westfälische Spitzenreiter wahrt den Drei-Punkte-Vorsprung mit einem 3:1 beim VfL Wolfsburg, der bayerische Verfolger landet mit einem 2:1 gegen den FC Augsburg den ebenfalls erwarteten Sieg. Hinter dem Spitzenduo schafft es der FC Schalke 04, sich im Kampf um den dritten direkten UEFA-Champions-League-Platz von Borussia Mönchengladbach mit fünf Punkten abzusetzen. Drei Tage, nachdem beide Mannschaften im Viertelfinale der UEFA Europa League ausgeschieden sind, besiegen die Gelsenkirchener mit einem in Topform auftrumpfenden Doppeltorschützen Raúl González Blanco zu Hause Hannover 96 mit 3:0. „Ehrlich gesagt, wir hatten keine Chance", gibt Hannovers Trainer Mirko Slomka zu. Kaum Chancen zu Toren werden im BORUSSIA-PARK in Mönchengladbach den Zuschauern geboten, die Partie der Gastgeber gegen Hertha BSC endet 0:0. „Die Mannschaft hat wieder gezeigt, dass sie den Abstiegskampf zu hundert Prozent angenommen hat", sagt Hertha-Trainer Otto Rehhagel. Die Berliner verharren allerdings den vierten Spieltag hintereinander auf dem vorletzten Tabellenplatz. Immerhin sieben Punkte beträgt der Vorsprung auf das abgeschlagene Schlusslicht 1. FC Kaiserslautern, bei dem nach dem 1:2 gegen 1899 Hoffenheim im Fritz-Walter-Stadion bereits offen über die Planungen für die 2. Bundesliga gesprochen wird. Auch das dritte Spiel unter Trainer Krassimir Balakov geht verloren, die Serie von sieglosen Spielen verlängert sich auf 19. Auf dem Relegationsplatz liegt weiterhin der 1. FC Köln, der nicht über ein 1:1 gegen den SV Werder Bremen hinauskommt. Da Augsburg bei den Bayern verliert, und der Hamburger SV im letzten Spiel an Ostern gegen Bayer 04 Leverkusen nur ein

DER ZAUBERER DES SPIELTAGES

Am Ostersonntag feiern die Fans des FC Schalke 04 ihren Liebling wieder einmal mit voller Hingabe. Raúl (Foto, 35) trumpft beim 3:0 gegen Hannover 96 wie in seinen allerbesten Tagen in Madrid auf, und der königsblaue Anhang huldigt dem „Senor", auch um ihn zu einer Vertragsverlängerung zu bewegen. Zwei Tore schießt der Mittelfeldspieler, das zweite erhält das Prädikat „Weltklasse". Nach dem frühen 1:0 durch einen Kopfball tanzt der Spanier kurz nach der Halbzeitpause Ron-Robert Zieler mit einem Trick aus, indem er den Ball mit links blitzschnell am Hannoveraner Torwart vorbeilegt, um die Kugel mit dem rechten Fuß ins leere Tor zu schieben. Über 400 Pflichtspieltore hat Raúl in seiner Karriere erzielt, aber dieses ist eines der schönsten.

DATEN & FAKTEN

Zuschauer gesamt	436.901
pro Spiel	48.545
Tore gesamt	26
Elfmeter	5
Eigentore	0
Gelbe Karten	29
Gelb-Rote Karten	1
Rote Karten	0

SC Freiburg – 1. FC Nürnberg 2:2 (0:2)

SC Freiburg: Baumann - Mujdza, Diagne, Ginter, Sorg - Makiadi, Schuster (25. Flum) - Schmid, D. Caligiuri (79. Santini) - Freis, Guede (46. Reisinger)
1. FC Nürnberg: R. Schäfer - Feulner, Nilsson, Maroh, Pinola - Simons, Balitsch - Chandler, Didavi (69. Cohen), Mak (85. Bunjaku) - Pekhart (80. Hegeler)
Tore: 0:1 Didavi (8.), 0:2 Pekhart (45+2.), 1:2 D. Caligiuri (53., Foulelfmeter), 2:2 Makiadi (79.)
Ecken: 5:7
Schiedsrichter: Kinhöfer (Herne)
Zuschauer: 24.000 (ausverkauft)
Gelb: Makiadi, Flum, Sorg - Feulner, Nilsson, Maroh, Balitsch
Gelb-Rot: keine **Rot:** keine

1. FC Kaiserslautern – 1899 Hoffenheim 1:2 (0:1)

1. FC Kaiserslautern: Sippel - Dick, Yahia, Rodnei, Bugera - Borysiuk (46. Kirch) - Derstroff (63. Wooten), Tiffert (84. Petsos), De Wit, Fortounis - Sukuta-Pasu
1899 Hoffenheim: Starke - Beck, Vorsah (46. Vestergaard), Compper, Johnson - T. Weis, Williams - Vukcevic, Salihovic, Firmino (69. Babel) - Schipplock (85. Lakic)
Tore: 0:1 Salihovic (26., Foulelfmeter), 0:2 Vukcevic (71.), 1:2 Bugera (86.)
Ecken: 3:1
Schiedsrichter: Welz (Wiesbaden)
Zuschauer: 40.296
Gelb: Rodnei, Tiffert, De Wit - Salihovic, T. Weis
Gelb-Rot: keine **Rot:** keine

FC Bayern München – FC Augsburg 2:1 (1:1)

FC Bayern München: Neuer - Lahm, Boateng, Badstuber, Alaba - Tymoshchuk (53. T. Kroos), Schweinsteiger - Robben, T. Müller, Ribéry (90+1. Contento) - Gomez
FC Augsburg: Jentzsch - Verhaegh, Sankoh, Langkamp, Ostrzolek - Hosogai (82. Hain) - Ndjeng (75. Werner), Koo, Baier, Bellinghausen - Rafael (55. Callsen-Bracker)
Tore: 1:0 Gomez (1.), 1:1 Koo (23.), 2:1 Gomez (60.)
Ecken: 3:5
Schiedsrichter: Meyer (Burgdorf)
Zuschauer: 69.000 (ausverkauft)
Gelb: Badstuber
Gelb-Rot: keine **Rot:** keine

VfL Wolfsburg – Borussia Dortmund 1:3 (0:1)

VfL Wolfsburg: Benaglio - Träsch (80. Sio), Madlung, Felipe, Rodriguez - Josué (54. Jiracek), Polak - Dejagah, M. Schäfer - Helmes (46. Vieirinha), Mandzukic
Borussia Dortmund: Weidenfeller - Piszczek, Subotic, Hummels, Schmelzer - Gündogan, Kehl - Blaszczykowski (87. Owomoyela), Kagawa (81. Leitner), Perisic (69. Großkreutz) - Lewandowski
Tore: 0:1 Lewandowski (22.), 0:2 Gündogan (49.), 1:2 Mandzukic (61.), 1:3 Lewandowski (90.)
Ecken: 6:6
Schiedsrichter: Dingert (Lebecksmühle) **Zuschauer:** 30.000 (ausverkauft)
Gelb: Dejagah - Subotic, Kehl
Gelb-Rot: Madlung (84.) **Rot:** keine

Der Portugiese Adelino André Vieira de Freitas, genannt Vieirinha (vorn), und Moritz Leitner in fast exakt synchronisierter Zweikampfhaltung. Gesamtsieger des Duells wird Leitner, der mit Borussia Dortmund 3:1 bei Vieirinhas Club VfL Wolfsburg gewinnt.

HSV-Torwart Jaroslav Drobny kann das 1:1 der Leverkusener durch André Schürrle (Mitte) nicht verhindern.

1:1 zustande bringt, zudem weder dem SC Freiburg noch dem 1. FC Nürnberg mit einem 2:2 ein Schritt aus der Gefahrenzone gelingt, bleibt es am Tabellenende sehr spannend. Auch der 1. FSV Mainz 05 ist nach dem 1:4 beim VfB Stuttgart noch nicht frei von allen Sorgen. Die Schwaben rücken nach dem siebten Spiel ohne Niederlage in Folge auf Platz fünf vor. Im Ringen um die Plätze in der UEFA Europa League beendet Leverkusen unter den Trainernovizen Sami Hyypiä und Sascha Lewandowski eine negative Serie. Das Remis in Hamburg bedeutet den ersten Punkt nach fünf Niederlagen. Michael Ballack darf unter der Regie des neuen Trainergespanns erstmals seit dem 22. Januar wieder ein Bundesliga-Spiel bestreiten.

RESULTATE

Samstag, 07.04.2012	SC Freiburg - 1. FC Nürnberg	2:2 (0:2)
	1. FC Kaiserslautern - 1899 Hoffenheim	1:2 (0:1)
	FC Bayern München - FC Augsburg	2:1 (1:1)
	VfL Wolfsburg - Borussia Dortmund	1:3 (0:1)
	1. FC Köln - SV Werder Bremen	1:1 (1:1)
	VfB Stuttgart - 1. FSV Mainz 05	4:1 (1:1)
	Borussia M'gladbach - Hertha BSC	0:0
Sonntag, 08.04.2012	FC Schalke 04 - Hannover 96	3:0 (1:0)
	Hamburger SV - Bayer 04 Leverkusen	1:1 (1:0)

TORJÄGER

Mario Gomez	FC Bayern München	25
Klaas-Jan Huntelaar	FC Schalke 04	24
Robert Lewandowski	Borussia Dortmund	19
Lukas Podolski	1. FC Köln	17
Claudio Pizarro	SV Werder Bremen	16
Marco Reus	Borussia M'gladbach	15
Raul	FC Schalke 04	14
Martin Harnik	VfB Stuttgart	14

PERSONALIEN

Das 200. Bundesliga-Spiel für Bayer 04 Leverkusen bestreitet **Simon Rolfes.**

Dennis Aogo wirkt zum 100. Mal bei einem Bundesliga-Spiel des Hamburger SV mit.

TABELLE

Rang	Club	Sp.	g	u	v	Tore	Diff.	Pkt.	
1	Borussia Dortmund	29	20	6	3	66:22	44	66	→
2	FC Bayern München	29	20	3	6	69:19	50	63	→
3	FC Schalke 04	29	18	3	8	64:35	29	57	→
4	Borussia M'gladbach	29	15	7	7	41:20	21	52	→
5	VfB Stuttgart	29	12	7	10	52:39	13	43	↗
6	Bayer 04 Leverkusen	29	11	8	10	40:39	1	41	↗
7	SV Werder Bremen	29	11	8	10	42:44	-2	41	↗
8	Hannover 96	29	10	11	8	37:42	-5	41	↘
9	VfL Wolfsburg	29	12	4	13	41:52	-11	40	→
10	1899 Hoffenheim	29	9	10	10	34:40	-6	37	→
11	1. FSV Mainz 05	29	8	9	12	43:48	-5	33	→
12	1. FC Nürnberg	29	9	5	15	27:41	-14	32	→
13	SC Freiburg	29	8	8	13	39:55	-16	32	→
14	Hamburger SV	29	7	10	12	33:51	-18	31	↗
15	FC Augsburg	29	6	12	11	31:44	-13	30	↘
16	1. FC Köln	29	8	5	16	36:59	-23	29	→
17	Hertha BSC	29	6	9	14	30:52	-22	27	→
18	1. FC Kaiserslautern	29	3	11	15	18:41	-23	20	→

1. FC Köln - SV Werder Bremen 1:1 (1:1)

■ **1. FC Köln:** Rensing - Brecko, Sereno, Geromel, Jemal - Lanig, Riether (90+2. McKenna) - Clemens, Peszko (46. Jajalo) - Ishak (89. Tese), Podolski
■ **SV Werder Bremen:** Wiese - Fritz, Affolter, Sokratis, Schmitz - Trybull - Junuzovic (61. Boenisch), Ignjovski - Marin - Rosenberg, Pizarro
Tore: 0:1 Rosenberg (24.), 1:1 Jemal (39.)
Ecken: 7:9
Schiedsrichter: Perl (Pullach)
Zuschauer: 50.000 (ausverkauft)
Gelb: Peszko, Riether, Jajalo - Fritz, Sokratis
Gelb-Rot: keine **Rot:** keine

VfB Stuttgart - 1. FSV Mainz 05 4:1 (1:1)

■ **VfB Stuttgart:** Ulreich - Sakai, Tasci, Niedermeier, Boka - Kvist, Kuzmanovic (77. Gentner) - Harnik (86. Okazaki), Hajnal (83. Cacau), Schieber - Ibisevic
■ **1. FSV Mainz 05:** Wetklo - Bungert (67. Pospech), Kirchhoff, Noveski, Zabavnik - Polanski - Baumgartlinger, Soto - Ivanschitz (67. Zidan) - Ujah (54. Szalai), Choupo-Moting
Tore: 0:1 Ivanschitz (3., Foulelfmeter), 1:1 Hajnal (8.), 2:1 Ibisevic (49.), 3:1 Kuzmanovic (65., Foulelfmeter), 4:1 Ibisevic (85.)
Ecken: 11:2
Schiedsrichter: Gräfe (Berlin)
Zuschauer: 55.100
Gelb: Okazaki - Polanski
Gelb-Rot: keine **Rot:** keine

Borussia M'gladbach - Hertha BSC 0:0

■ **Borussia M'gladbach:** ter Stegen - Jantschke, Stranzl, Dante, Daems - Nordtveit, Neustädter - Herrmann (75. Ring), Arango - Reus (20. de Camargo), Hanke
■ **Hertha BSC:** Kraft - Lell, Hubnik, Bastians, Kobiashvili - Niemeyer, Ottl - Rukavytsya, Ben-Hatira - Raffael (88. Lasogga) - Ramos
Tore: keine
Ecken: 1:3
Schiedsrichter: Aytekin (Oberasbach)
Zuschauer: 52.691
Gelb: Ben-Hatira
Gelb-Rot: keine **Rot:** keine

FC Schalke 04 - Hannover 96 3:0 (1:0)

■ **FC Schalke 04:** Unnerstall - Uchida (83. Höwedes), Papadopoulos, Metzelder, Escudero - Moritz, Höger - Farfán, Raúl (71. Holtby), Draxler (77. Pukki) - Huntelaar
■ **Hannover 96:** Zieler - Chahed, Eggimann, Haggui, C. Schulz - Schmiedebach, Pinto (69. Stoppelkamp) - Ya Konan, Pander (46. Rausch) - Diouf, Abdellaoue (41. Schlaudraff)
Tore: 1:0 Raúl (6.), 2:0 Raúl (47.), 3:0 Huntelaar (63.)
Ecken: 4:1
Schiedsrichter: Stieler (Obertshausen)
Zuschauer: 61.673 (ausverkauft)
Gelb: Haggui
Gelb-Rot: keine **Rot:** keine

Hamburger SV - Bayer 04 Leverkusen 1:1 (1:0)

■ **Hamburger SV:** Drobny - Bruma, Mancienne, Westermann, Aogo - Jarolim (77. Rincón), Tesche - Ilicevic (71. Töre), Jansen - Petric (88. Son) - Berg
■ **Bayer 04 Leverkusen:** Leno - Castro, Friedrich, Toprak, Kadlec - Reinartz, Rolfes - Ballack (65. Barnetta) - Schürrle, Augusto (78. Derdiyok) - Kießling (84. Bellarabi)
Tore: 1:0 Petric (40., Handelfmeter), 1:1 Schürrle (55.)
Ecken: 5:4
Schiedsrichter: Stark (Ergolding)
Zuschauer: 54.141
Gelb: Aogo, Jarolim - Friedrich, Rolfes
Gelb-Rot: keine **Rot:** keine

BUNDESLIGA

Dortmund siegt im Duell der Giganten gegen die Bayern

In dem als Gigantenduell bezeichneten Spitzenspiel der englischen Woche stellt Borussia Dortmund endgültig die Weichen zur Titelverteidigung. In einer bis zum Schlusspfiff unter Hochspannung stehenden Partie schlägt der Deutsche Meister seinen Jäger FC Bayern München mit 1:0. Robert Lewandowski erzielt den entscheidenden Treffer mit einem listigen Hackentrick in der 77. Minute. Arjen Robben wird neun Minuten später zur tragischen Figur, als er mit einem an ihm verursachten Foulelfmeter an BVB-Torwart Roman Weidenfeller scheitert. In der Schlussminute vergibt der Niederländer dann aus kurzer Distanz eine weitere große Torchance. Die Münchner schaffen es so nicht, nach Punkten mit den Westfalen gleichzuziehen und aufgrund der besseren Tordifferenz wieder die Spitzenposition zu übernehmen. Stattdessen führt Dortmund nun wieder mit sechs Punkten Vorsprung – und die einhellige Meinung der Experten lautet, dass das Titelrennen zugunsten der Dortmunder entschieden ist.

Beim 1. FC Kaiserslautern sinkt die Hoffnung auf den Klassenerhalt indes noch weiter. Das 1:3 bei Bayer 04 Leverkusen ist bereits das 20. sieglose Spiel in Serie – und die Wahrscheinlichkeit, dass die Roten Teufel zum dritten Mal in die 2. Bundesliga zurück müssen, wird immer größer. Im unteren Tabellendrittel verabschieden sich andere Mannschaften aus dem Kreis der Abstiegskandidaten. Der 1. FC Nürnberg befreit sich mit einem 4:1 über den Tabellendritten FC Schalke 04 von den größten Sorgen. Der 1. FSV Mainz 05 siegt ebenso souverän mit 4:0 gegen den 1. FC Köln, Trainer Stale Solbakken wird zwei Tage später beim FC beurlaubt. Der SC Freiburg setzt seine starke Serie mit einem 2:1 bei Hertha BSC und dem dritten Auswärtssieg in Folge fort.

Stale Solbakken erlebt beim 0:4 des 1. FC Köln beim 1. FSV Mainz 05 eine bittere Stunde, die zum Ende seines Trainerengagements in Köln führt.

Arjen Robben fasst sich gedankenverloren mit beiden Händen an den Kopf. Der Münchner hat gerade einen Strafstoß verschossen. Der Dortmund Neven Subotic schreit ihn an.

DATEN & FAKTEN

Zuschauer gesamt	373.716
pro Spiel	41.524
Tore gesamt	31
Elfmeter	5
Eigentore	1
Gelbe Karten	27
Gelb-Rote Karten	0
Rote Karten	1

FC Augsburg – VfB Stuttgart 1:3 (1:2)

■ **FC Augsburg:** Jentzsch - Verhaegh, Sankoh, Langkamp, Ostrzolek (85. Werner) - Hosogai - Ndjeng (68. Callsen-Bracker), Koo, Baier, Bellinghausen - Rafael (76. Mölders)
■ **VfB Stuttgart:** Ulreich - Sakai, Tasci, Niedermeier, Boka (46. Molinaro) - Kvist, Kuzmanovic (58. Gentner) - Harnik, Hajnal (76. Cacau), Schieber - Ibisevic
Tore: 1:0 Rafael (5., Foulelfmeter), 1:1 Tasci (24.), 1:2 Harnik (34.), 1:3 Ibisevic (84.)
Ecken: 9:2
Schiedsrichter: Winkmann (Kerken)
Zuschauer: 30.660 (ausverkauft)
Gelb: Ostrzolek - Niedermeier, Kuzmanovic, Sakai
Gelb-Rot: keine **Rot:** keine

1. FSV Mainz 05 – 1. FC Köln 4:0 (3:0)

■ **1. FSV Mainz 05:** Wetklo - Pospech, Kirchhoff, Noveski, Zabavnik - Polanski, Soto (81. Baumgartlinger) - N. Müller, Zidan (64. Ivanschitz), Choupo-Moting - Szalai (81. Allagui)
■ **1. FC Köln:** Rensing - Brecko, Sereno, Geromel, Jemal (74. McKenna) - Lanig, Riether - Roshi (46. Tese), Clemens - Ishak (56. Jajalo), Podolski
Tore: 1:0 Polanski (19., Foulelfmeter), 2:0 Zidan (31.), 3:0 N. Müller (37.), 4:0 Szalai (54.)
Ecken: 3:2
Schiedsrichter: Brych (München)
Zuschauer: 34.000 (ausverkauft)
Gelb: Szalai, Choupo-Moting
Gelb-Rot: keine **Rot:** keine

SV Werder Bremen – Borussia M'gladbach 2:2 (1:0)

■ **SV Werder Bremen:** Wiese - Boenisch, Affolter (75. Füllkrug), Sokratis, Schmitz - Naldo - Fritz, Junuzovic (90. Trinks) - Marin (71. Ignjovski) - Rosenberg, Pizarro
■ **Borussia M'gladbach:** ter Stegen - Stranzl, Brouwers, Dante, Daems - Nordtveit, Neustädter - Herrmann (81. Ring), Arango - Hanke (90. de Camargo), Reus
Tore: 1:0 Rosenberg (18.), 1:1 Hanke (52.), 1:2 Hanke (66.), 2:2 Naldo (74.)
Ecken: 3:5
Schiedsrichter: Fritz (Korb)
Zuschauer: 42.100 (ausverkauft)
Gelb: Neustädter, Reus, Brouwers, Arango
Gelb-Rot: keine **Rot:** Boenisch (27.)

Hertha BSC – SC Freiburg 1:2 (0:1)

■ **Hertha BSC:** Kraft - Lell, Hubnik, Bastians, Kobiashvili - Niemeyer, Ottl (62. Ebert) - Rukavytsya (46. Lasogga), Ben-Hatira (76. Torun) - Raffael - Ramos
■ **SC Freiburg:** Baumann - Mujdza, Ginter, Diagné, Sorg - Guede, Flum - Schmid, D. Caligiuri (73. Rosenthal) - Freis (90+1. Santini), Dembele (82. Reisinger)
Tore: 0:1 Hubnik (7., Eigentor), 0:2 Freis (67.), 1:2 Hubnik (81.)
Ecken: 6:1
Schiedsrichter: Gagelmann (Bremen)
Zuschauer: 45.778
Gelb: Lell, Torun, Ebert, Kraft - Dembele
Gelb-Rot: keine **Rot:** keine

DER MATCHWINNER DES TAGES

Robert Lewandowski (Foto, 23) löst Jubelstürme von einer unglaublichen Intensität im SIGNAL IDUNA PARK aus. Der Pole, der im Meisterjahr 2011 meist noch hinter Lucas Barrios zurückstehen musste, wird beim 1:0 von Borussia Dortmund gegen den FC Bayern München zum Matchwinner. Es ist ein listiges Tor, mit dem der 2010 zum BVB gekommene Stürmer den Weg zum Sieg gegen den großen Titelrivalen ebnet. In der 77. Minute schießt Kevin Großkreutz aus 16 Metern auf das Münchner Tor, Lewandowski fälscht den Ball mit der Hacke des linken Fußes so geschickt ab, dass er unhaltbar für Manuel Neuer flach im linken Eck des Bayern-Tores landet. Das 20. Saisontor des in seiner Heimat als Topstar gefeierten „Lewy" ist ein Geniestreich und ein wahres Meisterstück.

Während diese drei Teams wichtige Schritte machen, um auch in der Spielzeit 2012/13 erstklassig zu spielen, wächst beim FC Augsburg und beim Hamburger SV die Not wieder. Nach dem 1:3 gegen den VfB Stuttgart, das zweitbeste Team der Rückrunde nach Dortmund, steht der Aufsteiger einen Punkt vor dem Relegationsplatz, den unverändert die Kölner belegen. Zwei Zähler hinter den Domstädtern wiederum rangieren die Berliner, die seit dem Trainerwechsel von Michael Skibbe zu Otto Rehhagel nur eine von vier Heimpartien gewinnen konnten. Noch ärger unter die Räder als Augsburg kommt der HSV beim 0:4 bei 1899 Hoffenheim.

Neben Stuttgart empfehlen sich Leverkusen und Hannover 96 mit Siegen als erste Anwärter auf die UEFA-Europa-League-Plätze. Die Niedersachsen schaffen es, mit einem 2:0 gegen den VfL Wolfsburg einen direkten Konkurrenten zu distanzieren. Auf Platz acht, der nicht mehr zu einem internationalen Startplatz berechtigt, fällt der SV Werder Bremen nach dem 2:2 gegen Borussia Mönchengladbach zurück.

Polonaise in Sinsheim: Mladen Petric, Sven Schipplock, Roberto Firmino, Boris Vukcevic, Jeffrey Bruma, Heiko Westermann, Jannik Vestergaard und Gojko Kacar (von links) erwarten einen Freistoß in einer Partie, die Hoffenheim mit 4:0 gegen den HSV gewinnt.

RESULTATE

Dienstag, 10.04.2012	FC Augsburg - VfB Stuttgart	1:3 (1:2)
	1. FSV Mainz 05 - 1. FC Köln	4:0 (3:0)
	SV Werder Bremen - Borussia M'gladbach	2:2 (1:0)
	Hertha BSC - SC Freiburg	1:2 (0:1)
Mittwoch, 11.04.2012	Bayer 04 Leverkusen - 1. FC Kaiserslautern	3:1 (1:1)
	Hannover 96 - VfL Wolfsburg	2:0 (1:0)
	Borussia Dortmund - Bayern München	1:0 (0:0)
	1. FC Nürnberg - FC Schalke 04	4:1 (3:0)
	1899 Hoffenheim - Hamburger SV	4:0 (2:0)

TORJÄGER

Mario Gomez	FC Bayern München	25
Klaas-Jan Huntelaar	FC Schalke 04	24
Robert Lewandowski	Borussia Dortmund	20
Lukas Podolski	1. FC Köln	17
Claudio Pizarro	SV Werder Bremen	16
Martin Harnik	VfB Stuttgart	15
Marco Reus	Borussia M'gladbach	15
Raúl	FC Schalke 04	14

PERSONALIEN

Seinen 250. Bundesliga-Einsatz erhält **Sebastian Kehl** von Borussia Dortmund. Die ersten 40 Partien seiner Karriere bestritt er für den SC Freiburg

Javier Pinola vom 1. FC Nürnberg spielt zum 150. Mal in der Bundesliga.

Sein 80. Tor in der Bundesliga erzielt **Stefan Kießling** von Bayer 04 Leverkusen, **Mike Hanke** von Borussia Mönchengladbach trifft zum 50. Mal und lässt einen weiteren Treffer folgen.

TABELLE

Rang	Club	Sp.	g	u	v	Tore	Diff.	Pkt.	
1	Borussia Dortmund	30	21	6	3	67:22	45	69	→
2	FC Bayern München	30	20	3	7	69:20	49	63	→
3	FC Schalke 04	30	18	3	9	65:39	26	57	→
4	Borussia M'gladbach	30	15	8	7	43:22	21	53	→
5	VfB Stuttgart	30	13	7	10	55:40	15	46	→
6	Bayer 04 Leverkusen	30	12	8	10	43:40	3	44	→
7	Hannover 96	30	11	11	8	39:42	-3	44	↗
8	SV Werder Bremen	30	11	9	10	44:46	-2	42	↘
9	1899 Hoffenheim	30	10	10	10	38:40	-2	40	↗
10	VfL Wolfsburg	30	12	4	14	41:54	-13	40	↘
11	1. FSV Mainz 05	30	9	9	12	47:48	-1	36	→
12	1. FC Nürnberg	30	10	5	15	31:42	-11	35	→
13	SC Freiburg	30	9	8	13	41:56	-15	35	→
14	Hamburger SV	30	7	10	13	33:55	-22	31	→
15	FC Augsburg	30	6	12	12	32:47	-15	30	→
16	1. FC Köln	30	8	5	17	36:63	-27	29	→
17	Hertha BSC	30	6	9	15	31:54	-23	27	→
18	1. FC Kaiserslautern	30	3	11	16	19:44	-25	20	→

Bayer 04 Leverkusen – 1. FC Kaiserslautern 3:1 (1:1)

■ **Bayer 04 Leverkusen:** Leno - Castro, Friedrich, Toprak, Kadlec - Reinartz, Rolfes - Schürrle, Augusto (52. Ortega) - Kießling (85. Oczipka) - Derdiyok (62. Barnetta)
■ **1. FC Kaiserslautern:** Sippel - Dick, Abel, Yahia, Bugera - Kirch - Derstroff (68. Wooten), De Wit (85. Petsos), Fortounis, Sahan - Sukuta-Pasu
Tore: 1:0 Kießling (1.), 1:1 Derstroff (42.), 2:1 Rolfes (57.), 3:1 Reinartz (69.)
Ecken: 2:4
Schiedsrichter: Zwayer (Berlin)
Zuschauer: 25.627
Gelb: Dick
Gelb-Rot: keine **Rot:** keine

Hannover 96 – VfL Wolfsburg 2:0 (1:0)

■ **Hannover 96:** Zieler - Cherundolo, Eggimann (79. Pogatetz), Haggui, Pander - Pinto - Schmiedebach, Rausch - Schlaudraff (84. Stoppelkamp) - Ya Konan - Diouf (73. C. Schulz)
■ **VfL Wolfsburg:** Benaglio - Hasebe, Russ, Felipe, Rodriguez - Polak (80. Träsch), Jiracek (53. Sio) - Dejagah (75. Polter), M. Schäfer - Vieirinha - Mandzukic
Tore: 1:0 Diouf (44.), 2:0 Ya Konan (77.)
Ecken: 5:6
Schiedsrichter: Sippel (München)
Zuschauer: 43.800
Gelb: Felipe
Gelb-Rot: keine **Rot:** keine

Borussia Dortmund – FC Bayern München 1:0 (0:0)

■ **Borussia Dortmund:** Weidenfeller - Piszczek, Subotic, Hummels, Schmelzer - Gündogan (74. Perisic), Kehl - Blaszczykowski (89. Owomoyela), Kagawa (74. Leitner), Großkreutz - Lewandowski
■ **FC Bayern München:** Neuer - Lahm, Boateng, Badstuber, Alaba - Gustavo, T. Kroos - Robben, T. Müller (61. Schweinsteiger), Ribéry - Gomez (75. Olic)
Tore: 1:0 Lewandowski (77.) Weidenfeller hält Foulelfmeter von Robben (85.)
Ecken: 3:4
Schiedsrichter: Kircher (Rottenburg)
Zuschauer: 80.720 (ausverkauft)
Gelb: keine
Gelb-Rot: keine **Rot:** keine

1. FC Nürnberg – FC Schalke 04 4:1 (3:0)

■ **1. FC Nürnberg:** R. Schäfer - Chandler, Maroh, Wollscheid, Pinola - Balitsch (73. Cohen), Simons - Frantz (73. Hegeler), Didavi (88. Wießmeier), Mak - Pekhart
■ **FC Schalke 04:** Unnerstall - Hoogland, Papadopoulos, Matip, Escudero - Höger (46. Farfán), Jones (64. Metzelder) - Holtby, Raúl, Draxler (46. Pukki) - Huntelaar
Tore: 1:0 Balitsch (25.), 2:0 Simons (37.,Foulelfmeter), 3:0 Didavi (45.), 3:1 Holtby (85.), 4:1 Didavi (88.)
Ecken: 6:1
Schiedsrichter: Meyer (Burgdorf)
Zuschauer: 44.031
Gelb: Pinola - Papadopoulos, Jones, Hoogland
Gelb-Rot: keine **Rot:** keine

1899 Hoffenheim – Hamburger SV 4:0 (2:0)

■ **1899 Hoffenheim:** Starke - Beck, Vestergaard, Compper, Johnson - T. Weis (85. Williams), Rudy - Vukcevic, Salihovic (79. Musona), Firmino - Schipplock (61. Braafheid)
■ **Hamburger SV:** Drobny - Bruma, Mancienne, Westermann, Jansen - Jarolim, Kacar (70. Rincón) - Sala (46. Töre), Ilicevic - Arslan (46. Petric) - Berg
Tore: 1:0 Vestergaard (17.), 2:0 Salihovic (25., Foulelfmeter), 3:0 Johnson (51.), 4:0 Schipplock (59.)
Ecken: 3:8
Schiedsrichter: Wingenbach (Diez)
Zuschauer: 27.000
Gelb: Schipplock, T. Weis - Ilicevic, Drobny, Rincón
Gelb-Rot: keine **Rot:** keine

BUNDESLIGA

Stuttgart nach 4:1 gegen Bremen auf Europacup-Kurs

Martin Harnik erzielt, beobachtet von Sturmpartner Vedad Ibisevic (ganz rechts), sein Saisontor Nummer 16 für den VfB Stuttgart beim 4:1 gegen den SV Werder Bremen. Gegen seinen Kopfball zum 2:1 können Torwart Tim Wiese und Aleksandar Ignjovski (rechts) nichts ausrichten.

Der Deutsche Meister lässt sich nicht mehr aufhalten, beim Revierderby beim FC Schalke 04 stellt Borussia Dortmund mit dem 2:1 einen Bundesliga-Rekord auf. Sebastian Kehl, zur Halbzeit eingewechselt, schießt die Schwarz-Gelben zum Sieg, bei dem der BVB nicht glänzt, aber drei Tage nach dem Erfolg über den FC Bayern München mit Leidenschaft und Laufbereitschaft überzeugt. Damit verbessert Dortmund die Bestmarke von Bayer 04 Leverkusen aus der Saison 2009/10 auf 25 Partien ohne Niederlage innerhalb einer Spielzeit. Auch 38 von bis dato 42 möglichen Rückrundenpunkten hat noch nie eine Mannschaft seit Einführung der Drei-Punkte-Regel gewinnen können.

Im Abendspiel des Samstags lassen die Bayern mit dem 0:0 gegen den 1. FSV Mainz 05 erneut Punkte liegen. Trainer Jupp Heynckes verzichtet mit Blick auf das drei Tage später folgende Halbfinal-Hinspiel in der UEFA Champions League gegen Real Madrid auf fünf Stammspieler. Die Konzentration richtet sich auf Großtaten auf der europäischen Bühne. Der Vorsprung des Tabellenführers wächst dadurch auf acht Punkte – bei nur noch neun zu vergebenden Zählern.

Europa fest im Visier, allerdings erst für die nächste Saison, hat auch der VfB Stuttgart, dessen Höhenflug mit dem klaren 4:1 gegen den SV Werder Bremen anhält. Martin Harnik schießt die Saisontreffer 16 und 17 gegen seinen Exclub. Mit drei Toren Unterschied wird auch das Rhein-Derby zwischen Borussia Mönchengladbach und dem 1. FC Köln entschieden. Die stark verunsichert wirkende Kölner Mannschaft verliert mit 0:3 unter dem eilig installierten Trainer Frank Schaefer, der beim Geißbockclub vor einem Jahr drei Spieltage vor dem Saisonende seinen Platz für Volker Finke frei gemacht hatte. Die Kölner Konkurrenten können hingegen punkten.

Hertha BSC erkämpft sich nach einem 0:2-Rückstand und in Unterzahl nach dem Platzverweis für Levan Kobiaschvili ein 3:3 bei Bayer 04 Leverkusen, das durch Simon Rolfes einen Strafstoß vergibt. Der FC Augsburg gewinnt mit 2:1 beim VfL Wolfsburg, der frühere VfL-Torwart Simon Jentzsch

DER TORSCHÜTZE DES SPIELTAGES

Daniel Didavi (Foto, 22) ist in der Schlussphase der Saison wesentlich mit dafür verantwortlich, dass der 1. FC Nürnberg sich nach zwischenzeitlichen Nöten noch aller Abstiegssorgen entledigen kann. Der Offensivspieler, vom VfB Stuttgart ausgeliehen, schießt beim 2:0 im Auswärtsspiel beim 1. FC Kaiserslautern sein siebtes Saisontor, den Treffer des Kollegen Tomas Pekhart bereitet er vor. Sein großes Talent beweist der U21-Nationalspieler, der in der Hinrunde wegen einer Verletzung lange aussetzen musste, genau in der Phase, als es darauf ankommt. Auch drei Tage zuvor beim 4:1 gegen den FC Schalke 04 trifft er zweimal, glänzt als Vorlagengeber und eleganter Regisseur der Franken.

DATEN & FAKTEN

Zuschauer gesamt	420.562
pro Spiel	46.729
Tore gesamt	23
Elfmeter	1
Eigentore	0
Gelbe Karten	33
Gelb-Rote Karten	0
Rote Karten	1

VfB Stuttgart – SV Werder Bremen 4:1 (2:1)

VfB Stuttgart: Ulreich - Sakai, Tasci, Niedermeier, Molinaro - Kvist, Gentner - Harnik (86. Cacau), Hajnal (80. Okazaki), Schieber (90. Traoré) - Ibisevic
SV Werder Bremen: Wiese - Fritz, Affolter (58. Füllkrug), Sokratis, Schmitz - Ignjovski, Naldo - Marin (58. Trybull), Junuzovic - Pizarro - Rosenberg
Tore: 0:1 Rosenberg (25.), 1:1 Gentner (37.), 2:1 Harnik (45+1.), 3:1 Harnik (53.), 4:1 Cacau (89.)
Ecken: 6:3
Schiedsrichter: Welz (Wiesbaden)
Zuschauer: 59.000
Gelb: Niedermeier - Schmitz, Sokratis, Fritz
Gelb-Rot: keine **Rot:** keine

1. FC Kaiserslautern – 1. FC Nürnberg 0:2 (0:1)

1. FC Kaiserslautern: Sippel - Kirch, Abel, Yahia (85. Rodnei), Bugera - De Wit - Derstroff (59. Wagner), Tiffert (46. Petsos), Fortounis, Sahan - Sukuta-Pasu
1. FC Nürnberg: R. Schäfer - Chandler, Maroh, Wollscheid, Pinola - Simons, Balitsch - Frantz (60. Hegeler), Didavi (85. Cohen), Mak (69. Feulner) - Pekhart
Tore: 0:1 Didavi (43.), 0:2 Pekhart (73.)
Ecken: 6:1
Schiedsrichter: Fritz (Korb)
Zuschauer: 42.552
Gelb: Tiffert, Derstroff, Fortounis - Chandler, Simons, Pekhart
Gelb-Rot: keine **Rot:** keine

VfL Wolfsburg – FC Augsburg 1:2 (1:1)

VfL Wolfsburg: Benaglio - Hasebe, Russ, Madlung, Rodriguez - Polak (87. Träsch), Jiracek (46. Sio, 80. Polter) - M. Schäfer, Vieirinha - Helmes, Mandzukic
FC Augsburg: Jentzsch - Verhaegh, Callsen-Bracker, Langkamp, Davids - Hosogai (46. Sinkala), Baier (57. Moravek) - Werner (82. Reinhardt), Koo, Bellinghausen - Oehrl
Tore: 0:1 Oehrl (13.), 1:1 Helmes (27.), 1:2 Langkamp (88.)
Ecken: 5:2
Schiedsrichter: Kinhöfer (Herne)
Zuschauer: 25.143
Gelb: Mandzukic, Helmes, Benaglio - Baier, Bellinghausen
Gelb-Rot: keine **Rot:** keine

FC Schalke 04 – Borussia Dortmund 1:2 (1:1)

FC Schalke 04: Unnerstall - Uchida (86. Marica), Papadopoulos, Metzelder, Fuchs - Moritz (68. Höger), Jones - Farfán, Draxler (71. Pukki) - Raúl, Huntelaar
Borussia Dortmund: Weidenfeller - Piszczek, Santana, Hummels, Schmelzer - Gündogan, S. Bender (46. Kehl) - Blaszczykowski (81. Perisic), Kagawa, Großkreutz (89. Owomoyela) - Lewandowski
Tore: 1:0 Farfán (9.), 1:1 Piszczek (17.), 1:2 Kehl (63.)
Ecken: 13:5
Schiedsrichter: Gräfe (Berlin)
Zuschauer: 61.673 (ausverkauft)
Gelb: Farfán, Fuchs, Jones - Kehl, Schmelzer
Gelb-Rot: keine **Rot:** keine

Das ist pure Freude: Trainer Thorsten Fink (rechts) umfasst den Kopf von Heung-Min Son und drückt seine Stirn lachend an die des Stürmers. Der 21-Jährige, der beim 1:0 gegen Hannover 96 das Tor für den Hamburger SV erzielt hat, reagiert vergnügt auf den Sympathieausbruch.

zeigt für die bayerischen Schwaben eine herausragende Leistung. Sebastian Langkamp, der zwei Minuten vor Schluss das Siegtor erzielt, spricht danach von einem „schmutzigen Sieg". Der 1. FC Nürnberg hat nach einem 2:0 beim 1. FC Kaiserslautern neun Punkte Vorsprung auf den Relegationsplatz und macht damit den Bundesliga-Verbleib praktisch klar. Vorbildlich kämpft der Hamburger SV und erspielt einen 1:0-Sieg gegen Hannover 96. Der Südkoreaner Heung-Min Son sichert mit seinem Tor den ersten Heimsieg im Jahr 2012. Gegen 1899 Hoffenheim sammelt der SC Freiburg mit 0:0 wieder einen Punkt.

Mit diesem Schuss gelingt BVB-Verteidiger Lukasz Piszczek das Tor zum 1:1 trotz der Bewachung durch den Schalker Klaas-Jan Huntelaar.

RESULTATE

Freitag, 13.04.2012	VfB Stuttgart - SV Werder Bremen	4:1 (2:1)
Samstag, 14.04.2012	1. FC Kaiserslautern - 1. FC Nürnberg	0:2 (0:1)
	VfL Wolfsburg - FC Augsburg	1:2 (1:1)
	FC Schalke 04 - Borussia Dortmund	1:2 (1:1)
	Bayer 04 Leverkusen - Hertha BSC	3:3 (1:0)
	Hamburger SV - Hannover 96	1:0 (1:0)
	FC Bayern München - 1. FSV Mainz 05	0:0
Sonntag, 15.04.2012	Borussia M'gladbach - 1. FC Köln	3:0 (1:0)
	SC Freiburg - 1899 Hoffenheim	0:0

TORJÄGER

Mario Gomez	FC Bayern München	25
Klaas-Jan Huntelaar	FC Schalke 04	24
Robert Lewandowski	Borussia Dortmund	20
Lukas Podolski	1. FC Köln	17
Martin Harnik	VfB Stuttgart	17
Claudio Pizarro	SV Werder Bremen	16
Marco Reus	Borussia M'gladbach	16
Raúl	FC Schalke 04	14

PERSONALIEN

Gonzalo Castro bestreitet für Bayer 04 Leverkusen sein 200. Bundesliga-Spiel.

Jaroslav Drobny vom Hamburger SV hütet zum 150. Mal das Tor in einem Bundesliga-Spiel. Es ist sein 36. Einsatz für den HSV, davor spielte er für Hertha BSC und für den VfL Bochum.

Zu seinem 100. Bundesliga-Einsatz kommt **Marcel Schmelzer** bei Borussia Dortmund, zum 50. Mal stehen **David Alaba** vom FC Bayern München und **Tony Jantschke** von Borussia Mönchengladbach in der Bundesliga auf dem Platz.

TABELLE

Rang	Club	Sp.	g	u	v	Tore	Diff.	Pkt.	
1	Borussia Dortmund	31	22	6	3	69:23	46	72	→
2	FC Bayern München	31	20	4	7	69:20	49	64	→
3	FC Schalke 04	31	18	3	10	66:41	25	57	→
4	Borussia M'gladbach	31	16	8	7	46:22	24	56	→
5	VfB Stuttgart	31	14	7	10	59:41	18	49	→
6	Bayer 04 Leverkusen	31	12	9	10	46:43	3	45	→
7	Hannover 96	31	11	11	9	39:43	-4	44	→
8	SV Werder Bremen	31	11	9	11	45:50	-5	42	→
9	1899 Hoffenheim	31	10	11	10	38:40	-2	41	→
10	VfL Wolfsburg	31	12	4	15	42:56	-14	40	→
11	1. FC Nürnberg	31	11	5	15	33:42	-9	38	↗
12	1. FSV Mainz 05	31	9	10	12	47:48	-1	37	↘
13	SC Freiburg	31	9	9	13	41:56	-15	36	→
14	Hamburger SV	31	8	10	13	34:55	-21	34	→
15	FC Augsburg	31	7	12	12	34:48	-14	33	→
16	1. FC Köln	31	8	5	18	36:66	-30	29	→
17	Hertha BSC	31	6	10	15	34:57	-23	28	→
18	1. FC Kaiserslautern	31	3	11	17	19:46	-27	20	→

31. SPIELTAG

Bayer 04 Leverkusen - Hertha BSC 3:3 (1:0)

Bayer 04 Leverkusen: Leno - Castro, Friedrich, Toprak, Kadlec - Reinartz, Rolfes - Barnetta (81. Yesil), Ortega (85. Bellarabi), Schürrle (61. Derdiyok) - Kießling
Hertha BSC: Kraft - Lell, Niemeyer, Bastians, Kobiashvili - Perdedaj (54. Lasogga), Ottl - Rukavytsya, Ben-Hatira (54. Torun) - Raffael - Ramos (81. Morales)
Tore: 1:0 Schürrle (44.), 2:0 Kießling (51.), 2:1 Lasogga (63.), 2:2 Torun (71.), 2:3 Torun (77.), 3:3 Kießling (84.) ;Kraft hält Foulelfmeter von Rolfes (66.)
Ecken: 6:6
Schiedsrichter: Weiner (Giesen)
Zuschauer: 29.704
Gelb: Reinartz - Perdedaj
Gelb-Rot: keine **Rot:** Kobiashvili (65.)

Hamburger SV - Hannover 96 1:0 (1:0)

Hamburger SV: Drobny - Bruma, Mancienne, Westermann, Aogo - Rincón, Jarolim - Ilicevic (72. Sala), Jansen - Son (90. Arslan) - Berg (87. Tesche)
Hannover 96: Zieler - Cherundolo, Haggui, Pogatetz, Pander - Pinto (86. Lala), C. Schulz (46. Sobiech) - Schmiedebach, Rausch - Schlaudraff (68. Stoppelkamp) - Ya Konan
Tore: 1:0 Son (12.)
Ecken: 8:3
Schiedsrichter: Perl (Pullach)
Zuschauer: 57.000 (ausverkauft)
Gelb: Jarolim, Sala - Haggui, Pinto
Gelb-Rot: keine **Rot:** keine

FC Bayern München - 1. FSV Mainz 05 0:0

FC Bayern München: Neuer - Rafinha, Boateng, Badstuber, Contento - Tymoshchuk, Schweinsteiger - Robben, T. Müller (79. T. Kroos), Alaba (46. Ribéry) - Olic (61. Gomez)
1. FSV Mainz 05: H. Müller - Pospech, Kirchhoff, Noveski, Zabavnik - Baumgartlinger (61. Polanski), Soto - N. Müller (74. Bungert), M. Caligiuri - Szalai, Ivanschitz (57. Choupo-Moting)
Tore: keine
Ecken: 13:4
Schiedsrichter: Schmidt (Stuttgart)
Zuschauer: 69.000 (ausverkauft)
Gelb: Badstuber - N. Müller
Gelb-Rot: keine **Rot:** keine

Borussia M'gladbach - 1. FC Köln 3:0 (1:0)

Borussia M'gladbach: ter Stegen - Stranzl, Brouwers, Dante, Daems - Nordtveit, Neustädter (44. Jantschke) - Herrmann (65. Ring), Arango - Hanke (77. de Camargo), Reus
1. FC Köln: Rensing - Brecko, Sereno (68. McKenna), Geromel, Eichner - Lanig, Riether - Peszko (58. Roshi), Clemens (77. Jajalo) - Novakovic, Podolski
Tore: 1:0 Arango (19.), 2:0 Jantschke (53.), 3:0 Reus (55.)
Ecken: 8:2
Schiedsrichter: Kircher (Rottenburg)
Zuschauer: 52.990
Gelb: Dante - Geromel, Podolski
Gelb-Rot: keine **Rot:** keine

SC Freiburg - 1899 Hoffenheim 0:0

SC Freiburg: Baumann - Schmid, Ginter, Diagné, Sorg - Makiadi, Flum - Guede (72. Reisinger), D. Caligiuri - Freis (87. Santini), Dembele (59. Rosenthal)
1899 Hoffenheim: Starke - Beck, Vestergaard, Compper, Johnson - Williams, Rudy - Vukcevic, Salihovic, Firmino (49. Babel) - Schipplock (78. Mlapa)
Tore: keine
Ecken: 4:4
Schiedsrichter: Aytekin (Oberasbach)
Zuschauer: 23.500
Gelb: Dembele - Rudy
Gelb-Rot: keine **Rot:** keine

BUNDESLIGA

Dortmunder Titelgewinn und Kaiserslauterer Abstieg perfekt

So jubelt der Deutsche Meister 2012: Sebastian Kehl, Roman Weidenfeller, Patrick Owomoyela, Neven Subotic (von rechts) und weitere Borussen feiern nach dem 2:0 gegen Gladbach die Titelverteidigung.

Borussia Dortmund setzt mit einem 2:0 gegen Borussia Mönchengladbach am Samstagabend einen glänzenden Punkt unter die Titelverteidigung, wie im vorigen Jahr macht der BVB die Meisterschaft am 32. Spieltag perfekt. Der alte und neue Deutsche Meister löst intensive Jubelstürme und Feiern im Stadion und der Stadt aus. „Die Mannschaft hat dadurch brilliert, dass sie eine neue Entwicklungsstufe genommen hat", lobt BVB-Präsident Dr. Reinhard Rauball, gleichzeitig auch Präsident des Ligaverbandes, das Team und den Trainerstab um Jürgen Klopp. Zuvor am Nachmittag verfolgen die Spieler und die Fans sehr interessiert das Geschehen im Weser-Stadion, wo der SV Werder Bremen gegen den FC Bayern München lange ein 1:1 hält, bis Franck Ribéry in der Schussminute das 2:1 erzielt, womit der vorzeitige Meisterschaftsgewinn der Dortmunder schon vor dem Beginn des eigenen Spiels durchkreuzt wird. Bayern-Trainer Jupp Heynckes setzt nach dem 2:1 gegen Real Madrid unter der Woche viele Profis aus der zweiten Reihe ein, um sein Team für das Halbfinal-Rückspiel in der UEFA Champions League zu schonen.

Anschließend trumpfen die Schwarz-Gelben nach ihren Erfolgen gegen den Tabellenzweiten aus München und den Tabellendritten aus Schalke auch gegen den Tabellenvierten aus Gladbach so souverän auf wie zumeist in der Rückrunde. „Diese Mannschaft kann jeder

DATEN & FAKTEN

Zuschauer gesamt	408.033
pro Spiel	45.337
Tore gesamt	15
Elfmeter	1
Eigentore	1
Gelbe Karten	19
Gelb-Rote Karten	1
Rote Karten	0

1. FSV Mainz 05 – VfL Wolfsburg 0:0

■ **1. FSV Mainz 05:** Wetklo - Pospech, Kirchhoff, Noveski, Zabavnik (68. M. Caligiuri) - Polanski (83. Baumgartlinger), Soto - Choupo-Moting, Ivanschitz (46. Allagui) - Zidan - Szalai
■ **VfL Wolfsburg:** Benaglio - Hasebe (46. Jönsson), Russ, Madlung, Rodriguez - Polak, M. Schäfer - Dejagah, Jiracek (46. Träsch), Vieirinha - Mandzukic
Tore: keine
Ecken: 3:6
Schiedsrichter: Hartmann (Wangen)
Zuschauer: 31.069
Gelb: Madlung
Gelb-Rot: keine **Rot:** keine

1. FC Nürnberg – Hamburger SV 1:1 (0:0)

■ **1. FC Nürnberg:** R. Schäfer - Chandler, Maroh, Wollscheid, Pinola - Balitsch (65. Feulner), Simons - Mak (77. Hegeler), Didavi, Frantz (65. Bunjaku) - Pekhart
■ **Hamburger SV:** Drobny (23. Neuhaus) - Bruma, Mancienne, Westermann, Aogo - Jarolim (57. Kacar), Rincón - Ilicevic, Jansen - Son (84. Petric) - Berg
Tore: 0:1 Son (59.), 1:1 Didavi (64.)
Ecken: 2:3
Schiedsrichter: Gagelmann (Bremen)
Zuschauer: 45.873
Gelb: Jarolim
Gelb-Rot: keine **Rot:** keine

Hertha BSC – 1. FC Kaiserslautern 1:2 (0:2)

■ **Hertha BSC:** Kraft - Lell, Niemeyer, Bastians, Holland - Raffael, Ottl - Torun (46. Ebert), Rukavytsya (66. Ronny) - Lasogga, Ramos (46. Perdedaj)
■ **1. FC Kaiserslautern:** Sippel - Dick, Abel, Rodnei, Bugera - Borysiuk (90+2. Yahia) - Fortounis, De Wit (82. Petsos), Kirch, Sahan - Wooten (90. Wagner)
Tore: 0:1 Kirch (27.), 0:2 Wooten (38.), 1:2 Niemeyer (60.)
Ecken: 9:4
Schiedsrichter: Stark (Ergolding)
Zuschauer: 51.461
Gelb: Ebert - Borysiuk, Kirch
Gelb-Rot: Niemeyer (77.) **Rot:** keine

1. FC Köln – VfB Stuttgart 1:1 (0:0)

■ **1. FC Köln:** Rensing - Brecko, McKenna, Geromel, Eichner - Lanig, Riether - Peszko (79. Roshi), Clemens - Jajalo (79. Pezzoni) - Podolski
■ **VfB Stuttgart:** Ulreich - Sakai, Tasci (82. Maza), Niedermeier, Molinaro - Kvist, Gentner - Harnik (69. Okazaki), Hajnal, Schieber (57. Cacau) - Ibisevic
Tore: 1:0 Peszko (50.), 1:1 Cacau (71.)
Ecken: 9:4
Schiedsrichter: Sippel (München)
Zuschauer: 50.000 (ausverkauft)
Gelb: Niedermeier, Harnik
Gelb-Rot: keine **Rot:** keine

DER TORSCHÜTZE DES SPIELTAGES

Als André Schürrle (Foto, 21) im Sommer 2011 vom 1. FSV Mainz 05 zu Bayer 04 Leverkusen wechselt, wird dies als einer der größten Transfers der Sommerpause registriert. In Mainz ist der gebürtige Ludwigshafener zum Nationalspieler gereift, für die „Nullfünfer" erzielt er in der Saison 2010/11 in 33 Saisonspielen 15 Tore. Mit vielen Vorschusslorbeeren tritt der große Blonde in Leverkusen an, kommt jedoch wie die ganze Mannschaft recht schwer in Tritt. Erst in der Schlussphase der Saison spielt der offensive Mittelfeldspieler wieder so befreit auf wie in Mainz. Mit einem perfekten Distanzschuss zum 1:0-Sieg in Hoffenheim, seinem sechsten Saisontor, stößt Schürrle im Kraichgau die in die UEFA Europa League führende Pforte für die Werkself ganz weit auf.

trainieren. Das ist so einfach", erklärt Klopp und macht damit seinen Spielern ein großes Kompliment. „Wer nach 32 Spieltagen acht Punkte Vorsprung hat, ist verdient Deutscher Meister", gratuliert Bayern-Präsident Uli Hoeneß aus München. Weitere Entscheidungen fallen an diesem Spieltag. Der 1. FC Kaiserslautern beendet mit einem 2:1 bei Hertha BSC seine Negativserie von 21 Spielen ohne Sieg, aber da der 1. FC Köln mit dem 1:1 gegen den VfB Stuttgart einen Punkt holt, steht der dritte Abstieg der Roten Teufel nach 1996 und 2006 definitiv fest. Jeweils den letzten Punkt, um den Abstieg sicher abzuwenden, holen der 1. FSV Mainz 05 mit dem 0:0 gegen den VfL Wolfsburg, der SC Freiburg mit dem 0:0 bei Hannover 96 und der 1. FC Nürnberg mit dem 1:1 gegen den Hamburger SV. Gar nicht auf der sicheren Seite befinden sich die Berliner, die bei der Heimniederlage gegen das Schlusslicht enttäuschen, und der 1. FC Köln, der zwar beim Remis gegen Stuttgart im siebten Spiel in Serie ohne Erfolg bleibt, aber beim Heimdebüt von Interimstrainer Frank Schaefer einen besseren Eindruck als in den vorigen Wochen hinterlässt. Vier Punkte vor dem Relegationsplatz liegt der FC Augsburg nach dem 1:1 gegen den FC Schalke 04, mit fünf Zählern Abstand auf Platz 16 darf sich auch der HSV noch nicht sicher sein, dass er auch in der 50. Saison der Bundesliga angehören wird. Mit der zehnten Partie ohne Niederlage erreicht Stuttgart das Ziel UEFA Europa League. Bayer 04 Leverkusen fehlt mit dem 1:0 bei 1899 Hoffenheim nur noch ein Punkt zum Einzug in den Europapokal-Wettbewerb.

Olcay Sahan (links) bekämpft Raffael von Hertha BSC und gewinnt mit Kaiserslautern erstmals seit 21 Spielen wieder, doch der Abstieg ist dennoch besiegelt.

RESULTATE

Freitag, 20.04.2012	1. FSV Mainz 05 - VfL Wolfsburg	0:0
Samstag, 21.04.2012	1. FC Nürnberg - Hamburger SV	1:1 (0:0)
	Hertha BSC - 1. FC Kaiserslautern	1:2 (0:2)
	1. FC Köln - VfB Stuttgart	1:1 (0:0)
	1899 Hoffenheim - Bayer 04 Leverkusen	0:1 (0:0)
	SV Werder Bremen - FC Bayern München	1:2 (0:0)
	Borussia Dortmund - Borussia M'gladbach	2:0 (1:0)
Sonntag, 22.04.2012	FC Augsburg - FC Schalke 04	1:1 (1:1)
	Hannover 96 - SC Freiburg	0:0

TORJÄGER

Klaas-Jan Huntelaar	FC Schalke 04	25
Mario Gomez	FC Bayern München	25
Robert Lewandowski	Borussia Dortmund	20
Lukas Podolski	1. FC Köln	17
Martin Harnik	VfB Stuttgart	17
Claudio Pizarro	SV Werder Bremen	16
Marco Reus	Borussia M'gladbach	16
Raúl	FC Schalke 04	14

PERSONALIEN

Michael Rensing vom 1. FC Köln hat seinen 100. Bundesliga-Einsatz. In 53 Partien trug der Torwart dabei das Trikot des FC Bayern München.

Zu ihren 50. Bundesliga-Spielen kommen **Mike Frantz** und **Philipp Wollscheid** beim 1. FC Nürnberg.

Zum 100. Mal betreut **Thomas Tuchel** die Mannschaft des 1. FSV Mainz 05 als Trainer in einem Bundesliga-Spiel.

TABELLE

Rang	Club	Sp.	g	u	v	Tore	Diff.	Pkt.	
1	Borussia Dortmund	32	23	6	3	71:23	48	75	→
2	FC Bayern München	32	21	4	7	71:21	50	67	→
3	FC Schalke 04	32	18	4	10	67:42	25	58	→
4	Borussia M'gladbach	32	16	8	8	46:24	22	56	→
5	VfB Stuttgart	32	14	8	10	60:42	18	50	→
6	Bayer 04 Leverkusen	32	13	9	10	47:43	4	48	→
7	Hannover 96	32	11	12	9	39:43	-4	45	→
8	SV Werder Bremen	32	11	9	12	46:52	-6	42	→
9	1899 Hoffenheim	32	10	11	11	38:41	-3	41	→
10	VfL Wolfsburg	32	12	5	15	42:56	-14	41	→
11	1. FC Nürnberg	32	11	6	15	34:43	-9	39	→
12	1. FSV Mainz 05	32	9	11	12	47:48	-1	38	→
13	SC Freiburg	32	9	10	13	41:56	-15	37	→
14	Hamburger SV	32	8	11	13	35:56	-21	35	→
15	FC Augsburg	32	7	13	12	35:49	-14	34	→
16	1. FC Köln	32	8	6	18	37:67	-30	30	→
17	Hertha BSC	32	6	10	16	35:59	-24	28	→
18	1. FC Kaiserslautern	32	4	11	17	21:47	-26	23	→

1899 Hoffenheim
Bayer 04 Leverkusen 0:1 (0:0)

■ **1899 Hoffenheim:** Starke - Beck, Vestergaard, Compper, Johnson - T. Weis, Rudy - Vukcevic, Salihovic, Babel (67. Mlapa) - Schipplock (81. Musona)
■ **Bayer 04 Leverkusen:** Leno - Corluka, Friedrich, Toprak, Kadlec - L. Bender (59. Ballack) - Castro, Barnetta - Ortega (83. Oczipka), Schürrle (89. Kohr) - Kießling
Tore: 0:1 Schürrle (79.); Leno hält Handelfmeter von Salihovic (85.)
Ecken: 6:0
Schiedsrichter: Brych (München)
Zuschauer: 28.150
Gelb: Beck
Gelb-Rot: keine **Rot:** keine

SV Werder Bremen
FC Bayern München 1:2 (0:0)

■ **SV Werder Bremen:** Wiese - Stevanovic, Affolter, Naldo, Schmitz - Trybull - Junuzovic, Hunt - Trinks (68. Arnautovic) - Rosenberg (81. Füllkrug), Pizarro
■ **FC Bayern München:** Neuer - Rafinha, Tymoshchuk, Gustavo, Contento - Pranjic (64. T. Kroos), Schweinsteiger - Usami, T. Müller, Olic (64. Ribéry) - Petersen (70. Gomez)
Tore: 1:0 Naldo (51.), 1:1 Naldo (75., Eigentor), 1:2 Ribéry (90.)
Ecken: 4:2
Schiedsrichter: Gräfe (Berlin)
Zuschauer: 42.100 (ausverkauft)
Gelb: keine
Gelb-Rot: keine **Rot:** keine

Borussia Dortmund
Borussia M'gladbach 2:0 (1:0)

■ **Borussia Dortmund:** Weidenfeller - Piszczek, Subotic, Hummels, Schmelzer - Gündogan (73. Leitner), Kehl - Blaszczykowski (88. S. Bender), Kagawa (73. Götze), Perisic - Lewandowski
■ **Borussia M'gladbach:** ter Stegen - Stranzl, Brouwers, Dante, Daems - Nordtveit, Jantschke - Herrmann (64. Ring), Arango (69. Wendt) - Reus, Hanke
Tore: 1:0 Perisic (23.), 2:0 Kagawa (59.)
Ecken: 6:2
Schiedsrichter: Meyer (Burgdorf)
Zuschauer: 80.720 (ausverkauft)
Gelb: Kagawa - Stranzl
Gelb-Rot: keine **Rot:** keine

FC Augsburg
FC Schalke 04 1:1 (1:1)

■ **FC Augsburg:** Jentzsch - Verhaegh, Callsen-Bracker, Langkamp, Ostrzolek - Baier (77. Moravek), Hosogai - Ndjeng (86. Kapllani), Koo, Bellinghausen (88. Werner) - Oehrl
■ **FC Schalke 04:** Unnerstall - Uchida, Matip, Metzelder (45+1. Escudero), Höwedes - Jones, Holtby - Farfán (84. Höger), Raúl (90. Pukki), Obasi - Huntelaar
Tore: 1:0 Langkamp (6.), 1:1 Huntelaar (38.)
Ecken: 5:1
Schiedsrichter: Dingert (Lebecksmühle)
Zuschauer: 30.660 (ausverkauft)
Gelb: Baier, Callsen-Bracker, Oehrl, Hosogai - Metzelder, Jones, Matip
Gelb-Rot: keine **Rot:** keine

Hannover 96
SC Freiburg 0:0

■ **Hannover 96:** Zieler - Cherundolo, Haggui, Pogatetz, Pander - Schmiedebach - Stindl, Rausch - Schlaudraff (75. Carlitos) - Ya Konan, Abdellaoue (61. Sobiech)
■ **SC Freiburg:** Baumann - Schmid, Ginter, Diagné, Sorg - Guede (75. Höhn), Makiadi - Putsila (72. Jendrisek), D. Caligiuri - Rosenthal - Freis (89. Santini)
Tore: keine
Ecken: 5:4
Schiedsrichter: Winkmann (Kerken)
Zuschauer: 48.000
Gelb: Rausch - Freis
Gelb-Rot: keine **Rot:** keine

BUNDESLIGA

Schalke zieht beim Raúl-Adiós in die UEFA Champions League ein

Tränen flossen beim Abschied in den letzten Heimspielen nicht nur bei Mladen Petric, der den Hamburger SV verlässt.

Der FC Schalke 04 schafft im Fernduell mit Borussia Mönchengladbach bei einem emotionalen Abschied für „Señor" Raúl die direkte Qualifikation für die UEFA Champions League, Bayer 04 Leverkusen sichert sich die Teilnahme an der UEFA Europa League, aus dem Abstiegskampf verabschieden sich der FC Augsburg und der Hamburger SV. Am vorletzten Spieltag fallen weitere Entscheidungen, aber noch nicht alles ist geklärt. Der zweite direkte Absteiger neben dem 1. FC Kaiserslautern ist noch nicht bestimmt, denn der 1. FC Köln mit dem 1:4 beim SC Freiburg und Hertha BSC mit dem 0:4 bei Schalke stecken deftige Niederlagen ein und treten in der Gefahrenzone auf der Stelle. Damit steht fest, dass die beiden Clubs am letzten Spieltag den in die Relegation führenden 16. Platz und den direkten Abstieg unter sich ausmachen.

Mit dem 0:0 gegen den 1. FSV Mainz 05 stellt der HSV sicher, dass er als einziger Club auch in der 50. Saison hintereinander der Bundesliga angehört. Auch Aufsteiger Augsburg feiert mit einem 0:0 bei Borussia Mönchengladbach die Gewissheit, mindestens ein weiteres Jahr in der Bundesliga zu spielen. Für die Gladbacher bedeutet das Remis, dass sie zwar Schalke nicht mehr einholen, aber definitiv die Qualifikation für die UEFA Champions League bestreiten können. Wie bei allen anderen Gastgebern des 33. Spieltages kommt im BORUSSIA-PARK beim letzten Saisonheimspiel auch wehmütige Stimmung auf. Spieler wie Marco Reus, Roman Neustädter und Dante bei Gladbach, Mladen Petric und David Jarolim beim HSV, Michael Ballack und René Adler bei Leverkusen, Raúl und Mathias Schober bei Schalke werden verabschiedet.

Beim FC Bayern München darf Jörg Butt noch einmal das Tor hüten und Ivica Olic stürmen. Trainer Jupp Heynckes ändert die Mannschaft, die drei Tage zuvor bei Real Madrid grandios in das UEFA-Champions-

Adrian Ramos von Hertha BSC (links) versucht Joel Matip zu stören, aber der Mittelfeldspieler des FC Schalke 04 ist nicht aufzuhalten. Nach dem 0:4 müssen die Berliner weiter zittern.

DATEN & FAKTEN

Zuschauer gesamt	404.656
pro Spiel	44.962
Tore gesamt	28
Elfmeter	0
Eigentore	1
Gelbe Karten	18
Gelb-Rote Karten	0
Rote Karten	0

VfL Wolfsburg – SV Werder Bremen 3:1 (1:1)

■ **VfL Wolfsburg**: Benaglio - Rodriguez, Russ, Madlung, M. Schäfer - Josue, Polak (57. Träsch) - Dejagah (23. Salihamidzic, 90+1. Knoche), Vieirinha - Helmes, Mandzukic
■ **SV Werder Bremen**: Wiese - Stevanovic (65. Füllkrug), Sokratis, Naldo, Schmitz - Trybull (78. Prödl) - Fritz, Junuzovic (74. Trinks) - Hunt - Rosenberg, Pizarro
Tore: 1:0 Salihamidzic (40.), 1:1 Rosenberg (45+1.), 2:1 Helmes (66.), 3:1 Helmes (89.)
Ecken: 6:5
Schiedsrichter: Brych (München)
Zuschauer: 30.000 (ausverkauft)
Gelb: Salihamidzic, Josué - Stevanovic, Sokratis, Rosenberg
Gelb-Rot: keine **Rot**: keine

Bayer 04 Leverkusen – Hannover 96 1:0 (0:0)

■ **Bayer 04 Leverkusen**: Leno - Corluka (83. Oczipka), Friedrich, Toprak, Kadlec (59. Ballack) - Reinartz - Castro, L. Bender - Barnetta (70. Ortega), Schürrle - Kießling
■ **Hannover 96**: Zieler - Cherundolo, Eggimann, Pogatetz, C. Schulz - Schmiedebach (87. Carlitos), Pinto - Ya Konan, Stindl - Schlaudraff - Abdellaoue (58. Sobiech)
Tore: 1:0 Kießling (75.)
Ecken: 5:7
Schiedsrichter: Welz (Wiesbaden)
Zuschauer: 30.210 (ausverkauft)
Gelb: Reinartz
Gelb-Rot: keine **Rot**: keine

Hamburger SV – 1. FSV Mainz 05 0:0

■ **Hamburger SV**: Neuhaus - Bruma, Mancienne, Westermann, Aogo - Jarolim (89. Arslan), Rincón - Son, Jansen - Petric (74. Sala) - Guerrero (84. Tesche)
■ **1. FSV Mainz 05**: Wetklo - Bungert, Kirchhoff, Noveski, Pospech - Polanski (56. Baumgartlinger) - M. Caligiuri, Soto (78. N. Müller) - Zidan (64. Malli) - Szalai, Choupo-Moting
Tore: keine
Ecken: 4:6
Schiedsrichter: Meyer (Burgdorf)
Zuschauer: 56.537
Gelb: M. Caligiuri
Gelb-Rot: keine **Rot**: keine

1899 Hoffenheim – 1. FC Nürnberg 2:3 (1:2)

■ **1899 Hoffenheim**: Starke - Beck, Vestergaard, Compper, Johnson - Rudy, Salihovic - Vukcevic, Musona (69. Mlapa), Babel (87. Braafheid) - Schipplock (77. Lakic)
■ **1. FC Nürnberg**: R. Schäfer - Feulner, Nilsson, Wollscheid, Pinola - Balitsch, Simons - Chandler, Didavi (75. Wießmeier), Mak (25. Bunjaku) - Pekhart (83. Hegeler)
Tore: 0:1 Pekhart (9.), 1:1 Beck (22.), 1:2 Didavi (45.), 1:3 Pekhart (71.), 2:3 Braafheid (88.)
Ecken: 12:4
Schiedsrichter: Kircher (Rottenburg)
Zuschauer: 30.150 (ausverkauft)
Gelb: Beck - Chandler
Gelb-Rot: keine **Rot**: keine

Eingekeilt zwischen seinem früheren Stuttgarter Mitspieler Christian Gentner (links) und William Kvist steckt der Münchner Mario Gomez, der dennoch beim 2:0-Sieg der Bayern im Südderby gegen den VfB sein 26. Saisontor schießt.

League-Finale eingezogen ist, wieder auf mehreren Positionen. Sie bleibt dennoch extrem wettbewerbsfähig und beendet mit dem 2:0 im Südderby nach zehn Spielen die Erfolgsserie des VfB Stuttgart. Leverkusen kann durch das 1:0 gegen Hannover 96 an den Schwaben auf Platz fünf vorbeiziehen und sich ebenfalls die UEFA Europa League sichern. Nur noch ein Platz ist für sie zu vergeben, um den sich am letzten Spieltag das Nordtrio Hannover, VfL Wolfsburg und SV Werder Bremen bewirbt. Die „Wölfe" wahren ihre Chance durch ein 3:1 gegen Bremen. Kein Europa-Aspirant mehr ist 1899 Hoffenheim nach dem 2:3 zu Hause gegen den 1. FC Nürnberg, der sich damit selbst noch eine minimale Option auf die UEFA Europa League erhält. Der alte und neue Deutsche Meister Borussia Dortmund setzt mit dem 5:2 im vorerst letzten Bundesliga-Heimspiel des 1. FC Kaiserslautern seine Rekordjagd fort und steuert weiter auf Kurs, die Saison als erfolgreichste Mannschaft seit Bundesliga-Start 1963 zu beenden.

DER TORSCHÜTZE DES SPIELTAGES

Lucas Ramón Barrios Cáceres (27, Foto) blickt auf zwei wunderbare Spielzeiten zurück, als die Saison beginnt. Nach seiner Verpflichtung 2009, die den sogenannten Welt-Torjäger von Colo Colo aus Chile zu Borussia Dortmund führt, erzielt der gebürtige Argentinier 19 Tore in 33 Spielen in der Debütsaison, 16 Treffer in 32 Partien bis zur Meisterschaft 2011 und nimmt dazwischen mit Paraguay an der WM teil. Doch nach einer Verletzung im Sommer 2011 schnappt ihm Robert Lewandowski den Platz in der Sturmspitze weg. Am 33. Spieltag beim 1. FC Kaiserslautern steht Barrios erst zum dritten Mal in der BVB-Startelf (nach 14 Einwechslungen). Mit einem perfekten Auftritt, gekrönt von drei Toren zum 5:2-Erfolg, sagt er auf seine Weise „Adiós" vor seinem Wechsel nach China nach Guangzhou.

RESULTATE

Samstag, 28.04.2012	VfL Wolfsburg - SV Werder Bremen	3:1 (1:1)
	Bayer 04 Leverkusen - Hannover 96	1:0 (0:0)
	Hamburger SV - 1. FSV Mainz 05	0:0
	1899 Hoffenheim - 1. FC Nürnberg	2:3 (1:2)
	FC Bayern München - VfB Stuttgart	2:0 (1:0)
	SC Freiburg - 1. FC Köln	4:1 (1:0)
	Borussia M'gladbach - FC Augsburg	0:0
	1. FC Kaiserslautern - Borussia Dortmund	2:5 (1:3)
	FC Schalke 04 - Hertha BSC	4:0 (1:0)

TORJÄGER

Klaas-Jan Huntelaar	FC Schalke 04	27
Mario Gomez	FC Bayern München	26
Robert Lewandowski	Borussia Dortmund	20
Lukas Podolski	1. FC Köln	18
Martin Harnik	VfB Stuttgart	17
Claudio Pizarro	SV Werder Bremen	16
Marco Reus	Borussia M'gladbach	16
Raúl	FC Schalke 04	15

PERSONALIEN

Zum 150. Mal läuft **Alexander Madlung** in der Bundesliga für den VfL Wolfsburg auf. Dazu hat er 81 Spiele für Hertha BSC absolviert.

TABELLE

Rang	Club	Sp.	g	u	v	Tore	Diff.	Pkt.	
1	Borussia Dortmund	33	24	6	3	76:25	51	78	→
2	FC Bayern München	33	22	4	7	73:21	52	70	→
3	FC Schalke 04	33	19	4	10	71:42	29	61	→
4	Borussia M'gladbach	33	16	9	8	46:24	22	57	→
5	Bayer 04 Leverkusen	33	14	9	10	48:43	5	51	↗
6	VfB Stuttgart	33	14	8	11	60:44	16	50	↘
7	Hannover 96	33	11	12	10	39:44	-5	45	→
8	VfL Wolfsburg	33	13	5	15	45:57	-12	44	↗
9	SV Werder Bremen	33	11	9	13	47:55	-8	42	↘
10	1. FC Nürnberg	33	12	6	15	37:45	-8	42	↗
11	1899 Hoffenheim	33	10	11	12	40:44	-4	41	↘
12	SC Freiburg	33	10	10	13	45:57	-12	40	↗
13	1. FSV Mainz 05	33	9	12	12	47:48	-1	39	↘
14	Hamburger SV	33	8	12	13	35:56	-21	36	→
15	FC Augsburg	33	7	14	12	35:49	-14	35	→
16	1. FC Köln	33	8	6	19	38:71	-33	30	→
17	Hertha BSC	33	6	10	17	35:63	-28	28	→
18	1. FC Kaiserslautern	33	4	11	18	23:52	-29	23	→

33. SPIELTAG

FC Bayern München – VfB Stuttgart 2:0 (1:0)

FC Bayern München: Butt - Rafinha, Tymoshchuk, Badstuber, Contento - Gustavo, Pranjic (74. Robben) - Usami (56. Schweinsteiger), T. Müller, Olic - Gomez (46. Alaba)
VfB Stuttgart: Ulreich - Sakai, Maza, Niedermeier, Molinaro - Kvist (46. Cacau), Gentner - Harnik (79. Traoré), Hajnal, Okazaki (64. Schieber) - Ibisevic
Tore: 1:0 Gomez (32.), 2:0 T. Müller (90+2.)
Ecken: 6:6
Schiedsrichter: Kinhöfer (Herne)
Zuschauer: 69.000 (ausverkauft)
Gelb: Rafinha - Niedermeier
Gelb-Rot: keine **Rot:** keine

SC Freiburg – 1. FC Köln 4:1 (1:0)

SC Freiburg: Baumann - Mujdza (70. Putsila), Ginter, Diagné (58. Höhn), Sorg - Guede, Makiadi - Schmid, D. Caligiuri - Rosenthal (77. Jendrisek) - Freis
1. FC Köln: Rensing - Brecko, McKenna, Geromel, Eichner (83. Ishak) - Lanig (46. Novakovic), Riether - Peszko (68. Buchtmann), Clemens - Jajalo - Podolski
Tore: 1:0 Mujdza (36.), 1:1 Podolski (47.), 2:1 Guede (54.), 3:1 D. Caligiuri (84.), 4:1 Freis (90+1.)
Ecken: 7:5
Schiedsrichter: Stark (Ergolding)
Zuschauer: 24.000 (ausverkauft)
Gelb: McKenna
Gelb-Rot: keine **Rot:** keine

Borussia M'gladbach – FC Augsburg 0:0

Borussia M'gladbach: ter Stegen - Jantschke, Brouwers, Dante, Daems - Nordtveit (40. Ring), Neustädter - Herrmann (84. Wendt), Arango - Reus, Hanke (66. de Camargo)
FC Augsburg: Jentzsch - Verhaegh, Sankoh, Langkamp, Ostrzolek - Callsen-Bracker - Ndjeng (64. Moravek), Baier (77. Reinhardt), Koo, Bellinghausen (33. Sinkala) - Oehrl
Tore: keine
Ecken: 3:3
Schiedsrichter: Weiner (Giesen)
Zuschauer: 53.306
Gelb: Ndjeng, Moravek
Gelb-Rot: keine **Rot:** keine

1. FC Kaiserslautern – Borussia Dortmund 2:5 (1:3)

1. FC Kaiserslautern: Sippel - Dick, Abel, Rodnei (40. Yahia), Bugera - Borysiuk - Fortounis, Tiffert (77. Kirch), De Wit, Sahan (64. Derstroff) - Wooten
Borussia Dortmund: Langerak - Owomoyela, Subotic, Santana, Löwe - Gündogan, Kehl (64. Leitner) - Götze (77. Kringe), Lewandowski (66. Kagawa), Perisic - Barrios
Tore: 1:0 Santana (16., Eigentor), 1:1 Barrios (18.), 1:2 Barrios (26.), 1:3 Götze (33.), 2:3 De Wit (49.), 2:4 Barrios (55.), 2:5 Perisic (76.)
Ecken: 1:2
Schiedsrichter: Schmidt (Stuttgart)
Zuschauer: 49.780 (ausverkauft)
Gelb: Abel - Barrios
Gelb-Rot: keine **Rot:** keine

FC Schalke 04 – Hertha BSC 4:0 (1:0)

FC Schalke 04: Unnerstall (90. Schober) - Uchida, Höwedes, Matip, Fuchs - Jones (85. Höger), Holtby - Farfán, Raúl, Jurado (88. Marica) - Huntelaar
Hertha BSC: Kraft - Lell (53. Ebert), Hubnik, Janker, Bastians - Perdedaj, Ronny - Rukavytsya (71. Torun), Raffael, Ben-Hatira - Ramos (46. Lasogga)
Tore: 1:0 Huntelaar (32.), 2:0 Holtby (73.), 3:0 Raúl (84.), 4:0 Huntelaar (88.)
Ecken: 6:4
Schiedsrichter: Perl (Pullach)
Zuschauer: 61.673 (ausverkauft)
Gelb: Jones - Ben-Hatira
Gelb-Rot: keine **Rot:** keine

BUNDESLIGA

Köln steigt zum fünften Mal ab, Hertha rettet sich in die Relegation

Es ist ein trauriger Abschied für Lukas Podolski. Mit dem 1:4 gegen den FC Bayern München steht fest, dass der 1. FC Köln zum fünften Mal aus der Bundesliga absteigt. 3:1 gegen 1899 Hoffenheim gewinnt Hertha BSC, das damit auch aus dem Fernduell mit Köln als Sieger hervorgeht und sich an den Rheinländern vorbei auf Rang 16 und zur Relegationsteilnahme schiebt. Im Olympiastadion ist der Jubel riesig, während in Köln große Trauer herrscht. „Das ist ein brutal unnötiger Abstieg", sagt FC-Trainer Frank Schaefer, der in den letzten vier Spielen das Ruder nicht mehr herumreißen konnte, sodass der Geißbockclub den 1. FC Kaiserslautern in die 2. Bundesliga begleiten muss.

Bayer 04 Leverkusen setzt mit dem vierten Sieg im sechsten Spiel unter dem Trainerduo Sami Hyypiä/Robert Lewandowski seine Erfolgsserie mit einem 4:1 beim 1. FC Nürnberg fort und sichert sich die direkte UEFA-Europa-League-Teilnahme ohne Qualifikationsspiele. Der VfB Stuttgart mit einem 3:2 gegen den VfL Wolfsburg und Hannover 96 durch ein ebenso schwer erkämpftes 2:1 gegen den 1. FC Kaiserslautern komplettieren das Bundesliga-Team in der UEFA Europa League, während der SV Werder Bremen nach dem 2:3 gegen den FC Schalke 04 zum zweiten Mal hintereinander die internationalen Ränge verfehlt.

Während Trainer Jupp Heynckes den leicht herausgespielten Sieg beim 1. FC Köln nutzt, um bei den Bayern eine Elf für das UEFA-Champions-League-Finale zu erproben, beendet der Deutsche Meister Borussia Dortmund eine Woche vor dem Berliner DFB-Pokalfinale gegen München seine Rekordjagd glänzend. Mit dem 4:0 gegen den SC Freiburg feiert der BVB in 49 Bundesliga-Jahren bisher noch nie erreichte Bestmarken bei Punkten und Sieg.

Der Schalker Klaas-Jan Huntelaar holt sich mit zwei Toren in Bremen und insgesamt

Wieder gibt es eine große Meistersause bei Borussia Dortmund. Diesmal wird die Meisterschale der Mannschaft nicht auf dem Platz, sondern auf der Tribüne übergeben. Lucas Barrios stemmt sie neben Robert Lewandowski und Lukasz Piszczek (rechts) im Konfettiregen in die Höhe.

DATEN & FAKTEN

Zuschauer gesamt	445.365
pro Spiel	49.485
Tore gesamt	35
Elfmeter	1
Eigentore	2
Gelbe Karten	23
Gelb-Rote Karten	1
Rote Karten	0

1. FC Nürnberg – Bayer 04 Leverkusen 1:4 (0:2)

1. FC Nürnberg: R. Schäfer - Feulner, Nilsson, Wollscheid, Pinola - Balitsch (63. Hegeler), Simons (86. Wießmeier) - Mak, Didavi, Frantz (46. Bunjaku) - Pekhart
Bayer 04 Leverkusen: Leno - Corluka, Friedrich, Toprak, Castro - Reinartz - L. Bender (69. Kohr), Rolfes - Ballack (52. Barnetta) - Kießling, Schürrle (89. Derdiyok)
Tore: 0:1 Kießling (6.), 0:2 Kießling (32.), 1:2 Mak (58.), 1:3 Schürrle (77.), 1:4 Kießling (89.)
Ecken: 5:1
Schiedsrichter: Winkmann (Kerken)
Zuschauer: 48.548 (ausverkauft)
Gelb: Balitsch, Pinola - Friedrich, Toprak
Gelb-Rot: keine **Rot:** keine

1. FSV Mainz 05 – Borussia M'gladbach 0:3 (0:1)

1. FSV Mainz 05: H. Müller - Pospech, Kirchhoff, Noveski, M. Caligiuri (64. Ivanschitz) - Fathi - Baumgartlinger (64. Polanski), Soto - N. Müller, Choupo-Moting (57. Malli) - Szalai
Borussia M'gladbach: ter Stegen - Jantschke, Stranzl, Dante, Daems - Cigerci (73. Korb), Neustädter - Ring (73. Wendt), Arango (79. Herrmann) - Reus, de Camargo
Tore: 0:1 Reus (31.), 0:2 Reus (61.), 0:3 de Camargo (69.)
Ecken: 4:5
Schiedsrichter: Stark (Ergolding)
Zuschauer: 34.000 (ausverkauft)
Gelb: keine
Gelb-Rot: keine **Rot:** keine

1. FC Köln – FC Bayern München 1:4 (0:1)

1. FC Köln: Rensing - Brecko, McKenna, Geromel, Eichner - Lanig (69. Buchtmann), Pezzoni - Riether, Peszko - Jajalo (46. Novakovic) - Podolski
FC Bayern München: Neuer - Lahm, Tymoshchuk, Boateng, Contento - Schweinsteiger, T. Kroos (69. Alaba) - Robben (75. Rafinha), T. Müller, Ribéry (71. Badstuber) - Gomez
Tore: 0:1 T. Müller (34.), 0:2 Geromel (52., Eigentor), 0:3 Robben (54.), 1:3 Novakovic (63.), 1:4 T. Müller (85.)
Ecken: 2:5
Schiedsrichter: Meyer (Burgdorf)
Zuschauer: 50.000 (ausverkauft)
Gelb: Peszko - Schweinsteiger
Gelb-Rot: keine **Rot:** keine

SV Werder Bremen – FC Schalke 04 2:3 (1:1)

SV Werder Bremen: Wiese - Fritz, Sokratis, Prödl, Schmitz - Borowski (46. Arnautovic) - Junuzovic (36. Boenisch), Trybull (73. Naldo) - Hunt - Rosenberg, Pizarro
FC Schalke 04: Unnerstall - Uchida, Jones, Matip, Escudero - Höger, Moritz (62. Holtby) - Farfán (75. Marica), Jurado (70. Hoogland), Draxler - Huntelaar
Tore: 0:1 Draxler (30.), 1:1 Pizarro (41., Foulelfmeter), 1:2 Huntelaar (65.), 1:3 Huntelaar (74.), 2:3 Pizarro (82.)
Ecken: 11:9
Schiedsrichter: Aytekin (Oberasbach)
Zuschauer: 42.100 (ausverkauft)
Gelb: Sokratis, Fritz - Moritz
Gelb-Rot: keine **Rot:** keine

29 Treffern die Torjägerkanone – als erster Niederländer.
Sogar drei Tore erzielt der Leverkusener Stefan Kießling beim 1.FC Nürnberg. Aber der wichtigste Doppelpack gelingt Änis Ben-Hatira, der Berlin mit 2:0 in Führung bringt gegen Hoffenheim, das nach Ryan Babels Platzverweis mehr als 45 Minuten in Unterzahl spielt. In einigen Partien steht nicht mehr viel auf dem Spiel, aber Borussia Mönchengladbach setzt mit einem 3:0 beim 1. FSV Mainz 05 dennoch einen schönen Schlusspunkt unter eine tolle Saison. Der FC Augsburg beendet mit einem 1:0 gegen den Hamburger SV das Spieljahr, aber danach tritt Trainer Jos Luhukay zurück, eine überraschende Entwicklung, die sich erst unter der Woche angedeutet hat. Beim HSV ist Trainer Thorsten Fink froh, dass die Saison zu Ende ist. Er sagt, was wohl viele Enttäuschte denken: „Nächste Saison muss es besser werden".

DER TORSCHÜTZE DES SPIELTAGES

Änis Ben-Hatira (23, Foto) ist ein waschechter Berliner, der den Fans von Hertha BSC am 5. Mai 2012 große Erleichterung verschafft. Der in der Hauptstadt geborene Fußballprofi mit den tunesischen Wurzeln wird beim 3:1 gegen 1899 Hoffenheim mit zwei Toren zur entscheidenden Figur des Spiels, in dem die Berliner dank seines Doppelpacks doch noch den Relegationsplatz erreichen. Ben-Hatira, der Lehrjahre in der Hertha-Jugend, bei TeBe Berlin und als junger Profi beim Hamburger SV und dem MSV Duisburg hinter sich hat, erlebt seinen größten Moment seit dem Gewinn der U21-Europameisterschaft 2009 an der Seite von Manuel Neuer, Mats Hummels und Mesut Özil. Aber er warnt auch sofort vor zu großer Freude: „Es war nur der erste Schritt. In der Relegation kommen noch zwei schwere Spiele."

Levan Kobiashvili fällt auf die Knie und reckt die Fäuste in die Höhe: Hertha schafft es mit 3:1 gegen Hoffenheim in die Relegation.

Schon bei seinem Abschied vor dem Spiel hat Lukas Podolski Tränen in den Augen. Noch trauriger reagiert er, als der Abstieg feststeht.

RESULTATE

Samstag, 05.05.2012	1. FC Nürnberg - Bayer 04 Leverkusen	1:4 (0:2)
	1. FSV Mainz 05 - Borussia M'gladbach	0:3 (0:1)
	1. FC Köln - FC Bayern München	1:4 (0:1)
	SV Werder Bremen - FC Schalke 04	2:3 (1:1)
	FC Augsburg - Hamburger SV	1:0 (1:0)
	Borussia Dortmund - SC Freiburg	4:0 (4:0)
	Hannover 96 - 1. FC Kaiserslautern	2:1 (1:1)
	Hertha BSC - 1899 Hoffenheim	3:1 (1:0)
	VfB Stuttgart - VfL Wolfsburg	3:2 (0:1)

TORJÄGER

Klaas-Jan Huntelaar	FC Schalke 04	29
Mario Gomez	FC Bayern München	26
Robert Lewandowski	Borussia Dortmund	22
Claudio Pizarro	SV Werder Bremen	18
Lukas Podolski	1. FC Köln	18
Marco Reus	Borussia M'gladbach	18
Martin Harnik	VfB Stuttgart	17
Stefan Kießling	Bayer 04 Leverkusen	16

PERSONALIEN

Mit seinen zwei Toren im letzten Saisonspiel erhöht **Claudio Pizarro** beim SV Werder Bremen die Zahl seiner Bundesligatore auf insgesamt 160, erzielt in 333 Spielen.

Ihren 50. Bundesliga-Einsatz bestreiten **Christoph Janker** bei Hertha BSC, **Adam Szalai** beim 1. FSV Mainz 05.

Ebenfalls das 50. Spiel für ihre derzeitigen Clubs absolvieren **Robert Tesche** (früher Arminia Bielefeld) beim Hamburger SV und **Malik Fathi** (früher Hertha BSC) beim 1. FSV Mainz 05.

TABELLE

Rang	Club	Sp.	g	u	v	Tore	Diff.	Pkt.	
1	Borussia Dortmund	34	25	6	3	80:25	55	81	→
2	FC Bayern München	34	23	4	7	77:22	55	73	→
3	FC Schalke 04	34	20	4	10	74:44	30	64	→
4	Borussia M'gladbach	34	17	9	8	49:24	25	60	→
5	Bayer 04 Leverkusen	34	15	9	10	52:44	8	54	→
6	VfB Stuttgart	34	15	8	11	63:46	17	53	→
7	Hannover 96	34	12	12	10	41:45	-4	48	→
8	VfL Wolfsburg	34	13	5	16	47:60	-13	44	→
9	SV Werder Bremen	34	11	9	14	49:58	-9	42	→
10	1. FC Nürnberg	34	12	6	16	38:49	-11	42	→
11	1899 Hoffenheim	34	10	11	13	41:47	-6	41	→
12	SC Freiburg	34	10	10	14	45:61	-16	40	→
13	1. FSV Mainz 05	34	9	12	13	47:51	-4	39	→
14	FC Augsburg	34	8	14	12	36:49	-13	38	↗
15	Hamburger SV	34	8	12	14	35:57	-22	36	↘
16	Hertha BSC	34	7	10	17	38:64	-26	31	↗
17	1. FC Köln	34	8	6	20	39:75	-36	30	↘
18	1. FC Kaiserslautern	34	4	11	19	24:54	-30	23	→

FC Augsburg – Hamburger SV 1:0 (1:0)

■ **FC Augsburg**: Jentzsch - Verhaegh, Sankoh, Langkamp (66. Sinkala), Ostrzolek - Callsen-Bracker (59. Ndjeng) - Koo, Hosogai, Baier, Bellinghausen (70. Davids) - Rafael
■ **Hamburger SV**: Neuhaus - Diekmeier, Bruma, Westermann, Aogo - Skjelbred (71. Rincón), Tesche - Sala (66. Son), Töre - Berg (71. Petric) - Guerrero
Tore: 1:0 Koo (34.)
Ecken: 2:6
Schiedsrichter: Gräfe (Berlin)
Zuschauer: 30.660 (ausverkauft)
Gelb: Rafael, Koo - Guerrero, Aogo
Gelb-Rot: keine **Rot**: keine

Borussia Dortmund – SC Freiburg 4:0 (4:0)

■ **Borussia Dortmund**: Weidenfeller - Piszczek (54. Götze), Subotic, Hummels, Schmelzer - Gündogan, Kehl - Blaszczykowski (81. Barrios), Kagawa (65. Perisic), Großkreutz - Lewandowski
■ **SC Freiburg**: Batz - Mujdza (82. Hinkel), Ginter, Höhn, Sorg - Guédé, Makiadi - Schmid, D. Caligiuri - Rosenthal (31. Flum) - Freis (77. Putsila)
Tore: 1:0 Blaszczykowski (4.), 2:0 Lewandowski (20.), 3:0 Lewandowski (27.), 4:0 Blaszczykowski (39.)
Ecken: 3:1
Schiedsrichter: Sippel (München)
Zuschauer: 80.720 (ausverkauft)
Gelb: Makiadi
Gelb-Rot: keine **Rot**: keine

Hannover 96 – 1. FC Kaiserslautern 2:1 (1:1)

■ **Hannover 96**: Zieler - Cherundolo, Eggimann, Pogatetz, C. Schulz - Pinto - Stindl, Rausch (84. Lala) - Schlaudraff (76. Schmiedebach) - Ya Konan, Abdellaoue (68. Sobiech)
■ **1. FC Kaiserslautern**: Sippel - Dick, Abel, Yahia, Bugera - Borysiuk (76. Heintz) - Fortounis, Kirch, De Wit, Derstroff (58. Sahan) - Shechter (68. Wooten)
Tore: 0:1 De Wit (7.), 1:1 Bugera (38., Eigentor), 2:1 Ya Konan (71.)
Ecken: 16:2
Schiedsrichter: Brych (München)
Zuschauer: 49.000 (ausverkauft)
Gelb: Pinto, C. Schulz - Dick
Gelb-Rot: keine **Rot**: keine

Hertha BSC – 1899 Hoffenheim 3:1 (1:0)

■ **Hertha BSC**: Kraft - Janker (79. Rukavytsya), Niemeyer, Hubnik, Holland - Perdedaj (44. Ronny), Kobiashvili - Ebert, Ben-Hatira - Raffael - Lasogga (61. Ramos)
■ **1899 Hoffenheim**: Starke - Beck, Vestergaard, Compper, Johnson - Kaiser (87. Musona), Rudy - Vukcevic, Salihovic (62. Mlapa), Babel - Schipplock (62. Braafheid)
Tore: 1:0 Ben-Hatira (14.), 2:0 Ben-Hatira (78.), 2:1 Compper (85.), 3:1 Raffael (90+2.)
Ecken: 3:8
Schiedsrichter: Kinhöfer (Herne)
Zuschauer: 51.837
Gelb: Perdedaj, Lasogga - Kaiser, Mlapa
Gelb-Rot: Babel (41.) **Rot**: keine

VfB Stuttgart – VfL Wolfsburg 3:2 (0:1)

■ **VfB Stuttgart**: Ulreich - Sakai, Maza, Delpierre, Boka (74. Molinaro) - Kuzmanovic (56. Traoré), Gentner - Harnik (70. Schieber), Hajnal, Cacau - Ibisevic
■ **VfL Wolfsburg**: Benaglio - Rodríguez, Russ, Madlung, M. Schäfer - Träsch, Josué(80. Polter) - Salihamidzic (59. Arnold), Vieirinha (48. Polak) - Helmes, Mandzukic
Tore: 0:1 Helmes (28.), 0:2 Russ (60.), 1:2 Cacau (73.), 2:2 Maza (77.), 3:2 Traoré (79.) **Ecken**: 8:4
Schiedsrichter: Perl (Pullach)
Zuschauer: 58.500
Gelb: Maza, Cacau
Gelb-Rot: keine **Rot**: keine

Erstes Double in 103 BVB-Jahren

Das Endspiel des DFB-Pokals im Berliner Olympiastadion war wieder ein großartiges Fest. Am 12. Mai 2012 erlebte Borussia Dortmund einen der größten Tage der Clubgeschichte. 50.000 Fans waren beim 5:2 gegen den FC Bayern München in Berlin. 200.000 feierten am Tag darauf in Dortmund.

Die goldenen Konfettischlangen liegen auf dem Rasen, auf dem die Schwarz-Gelben zuvor dem deutschen Rekordmeister FC Bayern München keine Chance gelassen haben. Hinter dem Banner „DFB-Pokalsieger 2012" hat sich die gesamte Mannschaft der Borussia versammelt, nachdem die Spieler den oberen Absatz des Marathontors im Olympiastadion gestürmt und eine Ehrenrunde gedreht haben. Kapitän Sebastian Kehl hebt den Pokal hoch, die Mitspieler winken. Den Pokal küssen, wie Robert Lewandowski (unten), ist eine Lieblingsbeschäftigung der Sieger.

Es war ein großes Finale, das Duell der besten deutschen Mannschaften, des Deutschen Meisters Borussia Dortmund gegen den Vizemeister FC Bayern München – das Gigantenduell, dem schon am 30. Spieltag der Bundesliga eine spezielle Faszination innewohnte. Einen Monat nach dem Spitzenspiel der Bundesliga am 11. April in Dortmund im Kampf um die Meisterschale ging es am 12. Mai in Berlin im DFB-Pokalfinale um „den Pott". Zweimal hatten die Westfalen die Bayern in der Meisterschaft mit 1:0 besiegt, in der Hauptstadt ließen die Schwarz-Gelben an einem denkwürdigen Abend ein 5:2 (3:1) gegen den Rekordmeister folgen. Es war für Trainer Jürgen Klopp und seine Mannschaft der krönende Abschluss einer glänzenden Saison. 103 Jahre nach der Gründung feierte Borussia Dortmund das erste Double. „Das ist der Wahnsinn", jubelte Klopp, als der Triumph perfekt war. Abermillionen Zuschauer in 150 Ländern, die das Endspiel verfolgten, waren wie 75.000 Fans im Olympiastadion überrascht über die Dramaturgie dieser Partie und schließlich von der deutlichen Überlegenheit des Deutschen Meisters. Durch einen Fehler geriet der 15-malige Pokalsieger aus München früh in Rückstand, nach Shinji Kagawas 1:0 (3. Minute) führte ein Foulelfmeter von Arjen Robben (25.) zum Ausgleich. Einem weiteren Foulelfmeter von Mats Hummels (41.) folgten noch drei Tore durch Robert Lewandowski (45., 58., 81.) und ein Treffer durch Franck Ribéry (75.), der die Niederlage für den FC Bayern kaum erträglicher machte. Eine Woche vor dem Finale in der UEFA Champions League in München gegen den

Robert Lewandowski schirmt den Ball gegen Bastian Schweinsteiger (rechts) ab. Der Dortmunder Mittelstürmer erzielt beim 5:2 im Pokalfinale gegen München drei Tore.

Bundespräsident Joachim Gauck freut sich mit den BVB-Spielern Ilkay Gündogan, Shinji Kagawa, Sebastian Kehl und Jakub Blaszczykowski (von links).

Borussia Dortmund – FC Bayern München 5:2 (3:1)

■ **Borussia Dortmund:** Weidenfeller (34. Langerak) - Piszczek, Subotic, Hummels, Schmelzer - Gündogan, Kehl - Blaszczykowski (84. Perisic), Kagawa (81. S. Bender), Großkreutz - Lewandowski

■ **FC Bayern München:** Neuer - Lahm, Boateng, Badstuber, Alaba (69. Contento) - Schweinsteiger, Luiz Gustavo (46. Thomas Müller) - Robben, Kroos, Ribéry - Gomez
Tore: 1:0 Kagawa (3.), 1:1 Robben (25., Foulelfmeter), 2:1 Hummels (41. Foulelfmeter), 3:1 Lewandowski (45.+1), 4:1 Lewandowski (58.), 4:2 Ribéry (75.), 5:2 Lewandowski (81.)
Schiedsrichter: Gagelmann (Bremen)
Zuschauer: 75.708 (ausverkauft)
Gelb: Weidenfeller, Hummels, Badstuber, Schweinsteiger, Gomez
Gelb-Rot: keine
Rot: keine

FC Chelsea London erlebte der Rekordmeister eine herbe Enttäuschung. Trainer Jupp Heynckes blieb der erste Gewinn des DFB-Pokals als Trainer nicht vergönnt. Klopp konnte gleich seine erste Endspielteilnahme glücklich beenden, für seine Borussia war es der dritte Cup-Gewinn nach 1965 und 1989.

Der BVB hatte auf dem Weg ins Endspiel keinen Treffer im laufenden Spiel kassiert, lediglich beim 5:4 nach Elfmeterschießen im Achtelfinale gegen den Herbstmeister der 2. Bundesliga, Fortuna Düsseldorf. Die Schwarz-Gelben trafen auf keinen Bundesliga-Gegner. Im Halbfinale wurde der Meister der 2. Bundesliga, SpVgg Greuther Fürth, nach Verlängerung mit 1:0 bezwungen, im Viertelfinale Holstein Kiel mit 4:0, in den Runden zuvor besiegte Dortmund den SV Sandhausen mit 3:0 und Dynamo Dresden mit 2:0.

DFB-POKAL 2011/2012

ALLE ERGEBNISSE AUF EINEN BLICK

1. HAUPTRUNDE

Begegnung	Ergebnis	Halbzeit
Rot-Weiss Essen - 1. FC Union Berlin	6:5 n.E.	(2:2)
RB Leipzig - VfL Wolfsburg	3:2	(3:2)
1.FC Saarbrücken - FC Erzgebirge Aue	1:3 n.V.	(1:1)
SSV Jahn Regensburg - Borussia Mönchengladbach	1:3	(1:2)
SV Wehen Wiesbaden - VfB Stuttgart	1:2	(1:1)
VfL Osnabrück - TSV München 1860	2:3 n.V.	(2:2)
Berliner FC Dynamo - 1. FC Kaiserslautern	0:3	(0:2)
Hallescher FC - Eintracht Frankfurt	0:2	(0:0)
1.FC Heidenheim - SV Werder Bremen	2:1	(0:1)
SG Dynamo Dresden - Bayer 04 Leverkusen	4:3 n.V.	(3:3)
SV Eintracht Trier - FC St. Pauli	2:1	(1:0)
Arminia Bielefeld - 1. FC Nürnberg	1:5	(1:3)
Rot Weiss Ahlen - SC Paderborn 07	0:10	(0:4)
SV Babelsberg 03 - MSV Duisburg	0:2	(0:2)
VfB Oldenburg - Hamburger SV	1:2	(1:1)
Holstein Kiel - FC Energie Cottbus	3:0	(2:0)
SV Sandhausen - Borussia Dortmund	0:3	(0:1)
BSV Kickers Emden - FSV Frankfurt 1899	1:5 n.V.	(1:1)
F.C. Hansa Rostock - VfL Bochum 1848	5:7 n.E.	(2:2)
Rot-Weiß Oberhausen - FC Augsburg	1:2 n.V.	(1:1)
FC Oberneuland - FC Ingolstadt 04	1:4	(1:2)
SpVgg Unterhaching - Sport-Club Freiburg	3:2	(1:1)
Karlsruher SC - Alemannia Aachen	3:1	(1:1)
Eimsbütteler TV - SpVgg Greuther Fürth	0:10	(0:3)
FC Anker Wismar - Hannover 96	0:6	(0:4)
ZFC Meuselwitz - Hertha BSC	0:4	(0:2)
TSV Germania Windeck - 1899 Hoffenheim	1:3 n.V.	(1:1)
FC Teningen - FC Schalke 04	1:11	(1:6)
KSV Hessen Kassel - Fortuna Düsseldorf	0:3	(0:1)
SVN Zweibrücken - 1. FSV Mainz 05	1:2 n.V.	(0:0)
SC Wiedenbrück - 1. FC Köln	0:3	(0:2)
Eintracht Braunschweig - FC Bayern München	0:3	(0:2)

2. HAUPTRUNDE

Begegnung	Ergebnis	Halbzeit
RB Leipzig - FC Augsburg	0:1	(0:0)
SpVgg Unterhaching - VfL Bochum 1848	1:4	(0:2)
1.FC Heidenheim - Borussia Mönchengladbach	3:4 n.E.	(0:0)
Fortuna Düsseldorf - TSV München 1860	3:0	(2:0)
SV Eintracht Trier - Hamburger SV	1:2 n.V.	(1:2)
Borussia Dortmund - SG Dynamo Dresden	2:0	(1:0)
SpVgg Greuther Fürth - SC Paderborn 07	4:0	(3:0)
1899 Hoffenheim - 1. FC Köln	2:1	(1:1)
Holstein Kiel - MSV Duisburg	2:0	(0:0)
Rot-Weiss Essen - Hertha BSC	0:3	(0:0)
Hannover 96 - 1. FSV Mainz 05	0:1 n.V.	(0:0)
Karlsruher SC - FC Schalke 04	0:2	(0:0)
FC Erzgebirge Aue - 1. FC Nürnberg	1:2	(0:0)
FC Bayern München - FC Ingolstadt 04	6:0	(1:0)
VfB Stuttgart - FSV Frankfurt 1899	3:0	(2:0)
Eintracht Frankfurt - 1. FC Kaiserslautern	0:1 n.V.	(0:0)

ACHTELFINALE

Begegnung	Ergebnis	Halbzeit
VfL Bochum 1848 - FC Bayern München	1:2	(1:0)
1. FC Nürnberg - SpVgg Greuther Fürth	0:1	(0:1)
1899 Hoffenheim - FC Augsburg	2:1	(1:1)
Fortuna Düsseldorf - Borussia Dortmund	4:5 n.E.	(0:0)
Hertha BSC - 1. FC Kaiserslautern	3:1	(1:0)
Holstein Kiel - 1. FSV Mainz 05	2:0	(1:0)
VfB Stuttgart - Hamburger SV	2:1	(1:0)
Borussia Mönchengladbach - FC Schalke 04	3:1	(1:0)

VIERTELFINALE

Begegnung	Ergebnis	Halbzeit
Holstein Kiel - Borussia Dortmund	0:4	(0:2)
1899 Hoffenheim - SpVgg Greuther Fürth	0:1	(0:1)
Hertha BSC - Borussia Mönchengladbach	0:2 n.V.	(0:0)
VfB Stuttgart - FC Bayern München	0:2	(0:1)

HALBFINALE

Begegnung	Ergebnis	Halbzeit
SpVgg Greuther Fürth - Borussia Dortmund	0:1 n.V.	(0:0)
Borussia Mönchengladbach - FC Bayern München	2:4 n.E.	(0:0)

FINALE

Begegnung	Ergebnis	Halbzeit
Borussia Dortmund - FC Bayern München	5:2	(3:1)

Turbulente Duelle um den Aufstieg

Nur eines der vier hart umkämpften Relegationsspiele hatte einen Sieger. Für Hertha BSC und Fortuna Düsseldorf fiel die Entscheidung, wer kommende Saison in der Bundesliga spielt, sogar vor dem DFB-Bundesgericht, wobei die Hertha-Verantwortlichen bei Redaktionsschluss den Gang vor das Ständige Schiedsgericht formell noch nicht ausgeschlossen hatten.

Die Mannschaft von Fortuna Düsseldorf feiert das Tor zum 2:1 gegen Hertha BSC im Hinspiel der Relegation. Dieser Treffer in Berlin gibt letztlich den Ausschlag dafür, dass sich der Deutsche Meister von 1933 und DFB-Pokalsieger von 1979 und 1980 sportlich in der Relegation durchsetzt. Bereits vier Mal sind die Fortunen zuvor in die Bundesliga aufgestiegen (1966, 1971, 1989 und 1995). Zwischen 2002 und 2004 spielte F95 in der Oberliga.

Roman Hubnik (vorn) reißt an seinem Trikot, er hat gerade das 1:0 für Hertha BSC gegen Düsseldorf geschossen, Peter Niemeyer läuft ihm entgegen. Doch nach der Führung im Hinspiel kassiert Hertha vier Treffer in der Relegation und schießt gegen die Fortuna selbst nur zwei weitere.

Am Ende, nach 34 Spielen in der 2. Bundesliga und der dramatischen Zugabe in der Relegation durfte Fortuna Düsseldorf feiern. „Das ist unglaublich. Die Stadt, der Club, die Fans und wir als Mannschaft haben es wirklich verdient", freute sich Abwehrchef Assani Lukimya. Mit dem 2:2 (1:1) gegen Hertha BSC im Rückspiel der Relegation machte die Fortuna nach dem 2:1 (0:1) im Hinspiel im Olympiastadion nach 15 Jahren Abwesenheit sportlich die Rückkehr in die Bundesliga perfekt. Dem Club ist es damit gelungen, innerhalb von zehn Jahren von der viertklassigen Oberliga bis in die Bundesliga aufzusteigen. Nach den durch die Zuschauer verursachten Turbulenzen beim Rückspiel in Düsseldorf hatte das Relegationsspiel dabei jedoch ein gerichtliches Nachspiel. Hertha BSC legte vor dem DFB-Sportgericht und anschließend vor dem DFB-Bundesgericht Einspruch gegen die Spielwertung ein. Beide Gerichte lehnten ihn allerdings ab. Auf der Mitgliederversammlung der Hertha stimmten die Clubmitglieder schließlich gegen den Gang vor das Ständige Schiedsgericht. Die letzte Entscheidung hierüber lag aber beim Präsidium des Clubs. Für die Berliner war es das Ende einer verkorksten Saison. Mit dem allerletzten der 616 Spiele in den beiden Bundesligen plus Relegation in dieser Spielzeit ging auch eine große Ära zu Ende. Otto Rehhagel (73) schloss sein Engagement bei Hertha BSC ab, bei jenem Club, bei dem er 1963 als Bundesliga-Spieler begonnen hatte. Als gescheitert betrachtete „König Otto" seine Aufgabe nicht. „Präsident Werner Gegenbauer und Sportgeschäftsführer Michael Preetz haben mich geholt, weil das Schiff in Schieflage geraten war. Ich habe von Anfang an gesagt, Tore kann ich nicht schießen", sagte Rehhagel. „Wir alle bei Hertha haben gemeinsam in einer konzertierten Aktion versucht, die Bundesliga zu halten." Seine Mannschaft fügte sich auch in der Relegation wie öfter schon in dieser Saison selbst großen Schaden zu. Im Hinspiel köpfte Adrián Ramos den Ball zum 1:2 ins eigene Tor. „Seitdem ich hier bin, machen wir jedes

Hertha BSC
Fortuna Düsseldorf 1:2 (1:0)

Hertha BSC: Kraft - Janker, Niemeyer, Hubnik, Holland - Perdedaj (70. Ronny), Kobiashvili - Ebert (73. Torun), Raffael, Ben-Hatira - Ramos
Fortuna Düsseldorf: Ratajczak - Levels, Lukimya-Mulongoti, Langeneke, van den Bergh - Bodzek (89. Juanan) - Bröker, Fink, Lambertz - Ilsö (72. Matuschyk) - Beister (57. Jovanovic)
Tore: 1:0 Hubnik (19.), 1:1 Bröker (64.), 1:2 Ramos (71., Eigentor)
Ecken: 5:2
Schiedsrichter: Fritz (Korb)
Zuschauer: 68.041
Gelb: Niemeyer - Lambertz
Gelb-Rot: keine **Rot**: keine

Fortuna Düsseldorf
Hertha BSC 2:2 (1:1)

Fortuna Düsseldorf: Ratajczak - Levels, Lukimya-Mulongoti, Langeneke, van den Bergh - Bodzek, Fink - Bröker, Ilsö (46. Jovanovic), Lambertz (90. Juanan) - Beister (77. Matuschyk)
Hertha BSC: Kraft - Janker (72. Lell), Hubnik, Mijatovic, Kobiashvili - Niemeyer, Ronny (90+4. Bastians) - Rukavytsya (72. Ebert), Raffael, Ben-Hatira - Ramos
Tore: 1:0 Beister (1.), 1:1 Ben-Hatira (23.), 2:1 Jovanovic (59.), 2:2 Raffael (85.)
Ecken: 2:5
Schiedsrichter: Stark (Ergolding)
Zuschauer: 51.000 (ausverkauft)
Gelb: Lambertz, Jovanovic, van den Bergh - Janker, Ronny, Ebert, Mijatovic, Kobiashvili
Gelb-Rot: Ben-Hatira (54.) **Rot**: keine

Der SSV Jahn Regensburg hat es geschafft. In der Relegation haben sich die Oberpfälzer gegen den Karlsruher SC durchgesetzt, die Mannschaft jubelt nach dem Rückspiel im Wildparkstadion. Ohne Sieg gewinnen die Regensburger die Entscheidungsspiele gegen den KSC, nach dem 1:1-Hinspiel reicht das 2:2 im zweiten Duell aufgrund der mehr erzielten Auswärtstore zum Comeback in der 2. Bundesliga.

Alexander Iashwili ist getroffen vom Abstieg des Karlsruher SC (Foto oben). Der 34 Jahre alte Georgier, der von 1997 bis 2007 beim SC Freiburg spielte, war mit den Badenern 2009 aus der Bundesliga abgestiegen. Die Regensburger gratulieren sich (Foto rechts): Torwart Michael Hofmann kennt die 2. Bundesliga vom TSV München 1860, Trainer Markus Weinzierl (rechts) geht eine Liga höher zum FC Augsburg.

Sehr umkämpft sind die Partien zwischen dem Drittletzten der 2. Bundesliga und dem Dritten der 3. Liga. Elias Charalambous, der den KSC in die Relegation geschossen hat, springt hoch (Mitte), köpft den Ball über Jahn-Torwart Michael Hofmann hinweg und bringt Karlsruhe mit 2:1 im Rückspiel in Führung. Doch die Regensburger schlagen zurück und erzielen das 2:2.

dritte Spiel ein Selbsttor", klagte Rehhagel. Im Rückspiel sah Änis Ben-Hatira die Gelb-Rote Karte, es war der neunte Platzverweis eines Berliners während der gesamten Saison. Für den Meistertrainer, der mit Bremen viele Titel gewann und Griechenland 2004 zum EM-Triumph geführt hatte, wurde ausgerechnet Düsseldorf zur Endstation seines Berufslebens. Mit der Fortuna hatte er 1980 mit dem DFB-Pokalsieg seinen ersten großen Erfolg als Trainer gefeiert.

Auf der anderen Seite war es ein Mann mit einem tiefen Bezug zu Berlin, der Düsseldorf zum Aufstieg verhalf. Ranislav Jovanovic, der Stürmer mit den serbischen Wurzeln, wurde in der Hauptstadt geboren. Er erzielte die 2:1-Führung im Rückspiel, die den Gastgebern die Gewissheit verlieh, es schaffen zu können. Jovanovic kann sich demnächst auf Duelle gegen seinen früheren Club 1. FSV Mainz 05 freuen.

Auf eine spannende Saison 2012/13 in der 2. Bundesliga freuen sich Jahn Regensburg, da der Außenseiter die Überraschung perfekt machte und den Karlsruher SC aus der 2. Bundesliga verdrängte. Der Dritte der 3. Liga erreichte – nach einem 1:1 (0:0) im Hinspiel – im zweiten Relegationsspiel ein 2:2 (1:1) und sorgte dafür, dass der ehemalige UEFA-Pokal-Teilnehmer aus Karlsruhe zum zweiten Mal nach 2000 in die Drittklassigkeit absteigen musste. Auch die Begegnungen zwischen dem badischen KSC und dem SSV Jahn aus der Oberpfalz hatten es über 180 Minuten in sich. Das entscheidende Tor zum 2:2 für Regensburg in Karlsruhe erzielte André Laurito (66.) vor knapp 25.000 Zuschauern. Dann verloren die Regensburger Tim Erfen (87., Gelb-Rot) und Jim-Patrick Müller (90., Rot) in der Schlussphase noch durch Platzverweise, am Ende hielt jedoch die Serie, nach der sich in der Relegation bislang immer der Drittligist durchgesetzt hat. Den Karlsruhern blieb ein guter Abschluss nach einer nervenaufreibenden Saison verwehrt.

2007 spielte der SSV Jahn noch in der Bayernliga, in der kommenden Saison wird er unter anderem gegen den 1. FC Köln und den 1. FC Kaiserslautern antreten. „Ein Traum ist wahr geworden", freute sich Sportdirektor Franz Gerber. „Jetzt sind wir in der 2. Bundesliga. Das ist umso beachtlicher, wenn man bedenkt, wo wir vor zwei, drei Jahren standen."

SSV Jahn Regensburg
Karlsruher SC 1:1 (0:0)

■ **SSV Jahn Regensburg**: Hofmann - Ziereis (55. Laurito), Neunaber, Nachreiner, Binder - Kurz, Schlauderer (81. Temür) - Alibaz, Hein, Klauß - Schweinsteiger (88. Kialka)
■ **Karlsruher SC**: Orlishausen - Schiek, Aquaro, Rada, Charalambous - Groß, Staffeldt - Calhanoglu (62. Thioune), Krebs - Terrazzino (46. Lavric), Iashvili (74. Ngwat Mahop)
Tore: 1:0 Alibaz (58., Foulelfmeter), 1:1 Groß (76.)
Ecken: 3:5
Schiedsrichter: Dingert (Lebecksmühle)
Zuschauer: 10.724 (ausverkauft)
Gelb: Ziereis, Kurz - Groß, Iashvili
Gelb-Rot: keine **Rot**: keine

Karlsruher SC
SSV Jahn Regensburg 2:2 (1:1)

■ **Karlsruher SC**: Orlishausen - Schiek, Aquaro, Rada, Charalambous - Groß, Staffeldt (76. Ngwat Mahop) - Thioune (71. Terrazzino), Krebs (86. Calhanoglu) - Lavric, Iashvili
■ **SSV Jahn Regensburg**: Hofmann - Ziereis, Laurito, Nachreiner, Binder (46. Erfen) - Hein, Neunaber - Müller, Alibaz (72. Schlauderer), Klauß (60. Kialka) - Schweinsteiger
Tore: 0:1 Hein (28.), 1:1 Lavric (32.), 2:1 Charalambous (56.), 2:2 Laurito (66.)
Ecken: 3:6
Schiedsrichter: Zwayer (Berlin)
Zuschauer: 24.463
Gelb: Charalambous, Iashvili, Lavric, Schiek, Krebs - Binder, Laurito, Hein, Neunaber
Gelb-Rot: Erfen (87.) **Rot**: Müller (90+2.)

Alte Bekannte und ein

Die Bundesliga bekommt interessanten Zuwachs. Während Eintracht Frankfurt ein Jahr nach dem Betriebsunfall des Abstiegs das programmierte Blitz-Comeback schaffte, betritt der Meister der 2. Bundesliga die Eliteklasse als Neuling: Die SpVgg Greuther Fürth ist der 52. Club in der Bundesliga-Geschichte.

echter Neuling

Der Autor: **Harald Pistorius** leitet die Sportredaktion der „Neuen Osnabrücker Zeitung".

Mike Büskens machte sich als Spieler zunächst einen Namen bei Fortuna Düsseldorf, aber bekannt wurde er vor allem als einer der „Euro-Fighter" des FC Schalke 04.

Groß sind die Unterschiede zwischen den Direktaufsteigern Frankfurt und Fürth, zwischen Commerzbank-Arena und Trolli ARENA, zwischen der Bankenmetropole mit Weltflughafen und dem fränkischen Städtchen mit ganz altem Bahnhof. Eins aber hatten die beiden Aufsteiger dann doch gemeinsam: Die für erfolgreiche Mannschaften eigentlich ganz und gar untypische Sorge um den Verbleib des Trainers.

In Fürth wurde der Coach mit Lob überschüttet, als sein Team den Sprung in die Bundesliga geschafft hatte. „Der wichtigste Grund ist Mike Büskens – ohne Wenn und Aber. Er hat uns mit einer Kraft angetrieben, die schon fast unheimlich ist", sagte Präsident Helmut Hack. Die Fans drückten es anders aus: Sie überklebten das Straßenschild einer Altstadtgasse mit der Aufschrift: Mike-Büskens-Allee.

Doch auch im allergrößten Aufstiegstrubel blieb sich Büskens treu. Der Mann, der mit seiner Familie in Düsseldorf lebt, gab zunächst weder Zusage noch Unterschrift – und auch keine näheren Erklärungen. Erst ein paar Tage nach dem Saisonfinale konnten die Fürther aufatmen: Der Familienmensch – Büskens und seine Frau haben zwei Töchter – bleibt bei der Spielvereinigung. Bei der Meisterfeier im Rathaus trug er sich mit seinen Spielern ins Goldene Buch der Stadt ein und verkündete dann die Vertragsverlängerung.

Fürth-Präsident Helmut Hack:

„Büskens hat uns mit einer unheimlichen Kraft angetrieben."

In Frankfurt kam man etwas schneller zur Sache, doch auch beim zweiten Aufsteiger war die Unterschrift unter einen Bundesliga-Vertrag keine Selbstverständlichkeit für Armin Veh. Im Gegensatz zu seinem Kollegen Büskens hatte das für den Stuttgarter Meistertrainer von 2007 durchaus mit Geld zu tun – allerdings nicht mit dem auf seinem Gehaltsstreifen.

„Frankfurt ist eine der interessantesten Städte Deutschlands, und die Eintracht ist ein riesiger Traditionsclub – der einfach nur in der Bundesliga bleiben und die Klasse halten will. Auf Dauer ist mir das zu wenig. Ich brauche eine Perspektive, das ist die Triebfeder eines jeden Trainers." So

Deniz Naki vom FC St. Pauli und Heinrich Schmidtgal von der SpVgg Greuther Fürth liefern sich einen Zweikampf im Stadion am Millerntor. Das Spitzenspiel am 5. November 2011 endet 2:2.

2. BUNDESLIGA IN ZAHLEN

ABSCHLUSSTABELLE

Rang	Club	Sp.	g	u	v	Tore	Diff.	Pkt.
1	SpVgg Greuther Fürth	34	20	10	4	73:27	46	70
2	Eintracht Frankfurt	34	20	8	6	76:33	43	68
3	Fortuna Düsseldorf	34	16	14	4	64:35	29	62
4	FC St. Pauli	34	18	8	8	59:34	25	62
5	SC Paderborn 07	34	17	10	7	51:42	9	61
6	TSV 1860 München	34	17	6	11	62:46	16	57
7	1. FC Union Berlin	34	14	6	14	55:58	-3	48
8	Eintracht Braunschweig	34	10	15	9	37:35	2	45
9	SG Dynamo Dresden	34	12	9	13	50:52	-2	45
10	MSV Duisburg	34	10	9	15	42:47	-5	39
11	VfL Bochum	34	10	7	17	41:55	-14	37
12	FC Ingolstadt 04	34	8	13	13	43:58	-15	37
13	FSV Frankfurt 1899	34	7	14	13	43:59	-16	35
14	FC Energie Cottbus	34	8	11	15	30:49	-19	35
15	FC Erzgebirge Aue	34	8	11	15	31:55	-24	35
16	Karlsruher SC	34	9	6	19	34:60	-26	33
17	Alemannia Aachen	34	6	13	15	30:47	-17	31
18	FC Hansa Rostock	34	5	12	17	34:63	-29	27

DIE BESTEN TORSCHÜTZEN

Name	Club	Tore	11er
Alexander Meier	Eintracht Frankfurt	17	0
Olivier Occean	SpVgg Greuther Fürth	17	0
Nick Proschwitz	SC Paderborn 07	17	3
Mohamadou Idrissou	Eintracht Frankfurt	14	0
Kevin Volland	TSV 1860 München	14	0
Zlatko Dedic	SG Dynamo Dresden	13	4
Max Kruse	FC St. Pauli	13	1
Christopher Nöthe	SpVgg Greuther Fürth	13	0
Sascha Rösler	Fortuna Düsseldorf	13	3
Mickael Poté	SG Dynamo Dresden	12	0
Dimitar Rangelov	FC Energie Cottbus	12	2
Stefan Aigner	TSV 1860 München	11	0
Maximilian Beister	Fortuna Düsseldorf	11	0
Benjamin Lauth	TSV 1860 München	11	2
Dennis Kruppke	Eintracht Braunschweig	10	0
Dominick Kumbela	Eintracht Braunschweig	10	0
Marius Ebbers	FC St. Pauli	9	0
Erwin Hoffer	Eintracht Frankfurt	9	0
Benjamin Köhler	Eintracht Frankfurt	9	0
Ronny König	FC Erzgebirge Aue	9	0
Jens Langeneke	Fortuna Düsseldorf	9	9
Ilian Micanski	FSV Frankfurt 1899	9	0
Sercan Sararer	SpVgg Greuther Fürth	9	0

ZUSCHAUER

Club	Gesamt	Schnitt
Eintracht Frankfurt	639900	37641
Fortuna Düsseldorf	542294	31900
SG Dynamo Dresden	422420	24848
FC St. Pauli	394737	23220
TSV 1860 München	389260	22898
Eintracht Braunschweig	359727	21160
Alemannia Aachen	316408	18612
1. FC Union Berlin	274103	16124
Karlsruher SC	257940	15173
FC Hansa Rostock	238900	14053
VfL Bochum	233856	13756
MSV Duisburg	228839	13461
FC Energie Cottbus	191627	11272
SpVgg Greuther Fürth	185460	10909
SC Paderborn 07	174210	10248
FC Erzgebirge Aue	159530	9384
FSV Frankfurt 1899	134822	7931
FC Ingolstadt 04	128572	7563

Gerald Asamoah kommt im Januar 2012 zur SpVgg Greuther Fürth. Trainer Mike Büskens hat mit dem Exnationalspieler früher bei Schalke 04 zusammengespielt und suchte eine Verstärkung für die Offensive. „Asa", inzwischen 33 Jahre alt, erzielt bei zehn Spieleinsätzen fünf Tore.

Die Spieler und Betreuer von Eintracht Frankfurt tragen Trainer Armin Veh auf den Händen und werfen ihn in die Höhe, als mit dem 3:0 bei Alemannia Aachen am 23. April die Rückkehr der Hessen in die Bundesliga feststeht.

begründete Veh seine Forderung nach einer Etaterhöhung, die mehr erlaubt als nur die Teilnahme am Abstiegskampf. Und so traf er sich mit dem Vorstandsvorsitzenden Heribert Bruchhagen und Sportdirektor Bruno Hübner zum Gespräch – am Ende standen die Vertragsverlängerung und die Aufstockung des Saisonetats.

„Wir haben uns nicht nur sehr viel Mühe gegeben, sondern auch sehr viel Geld in die Hand genommen", sagte Bruchhagen, als am 23. April 2012 nach einem 3:0 am Aachener Tivoli der Aufstieg perfekt war. Der Vorstandsvorsitzende hat seit seinem Dienstantritt im Dezember 2009 aus der chaotischen Exzentrikerin namens Eintracht eine solide, stilsichere Dame gemacht. Souverän war die Eintracht durch die Saison gegangen. In der mit durchschnittlich 37.700 Zuschauern besetzten Commerzbank-Arena – nur 10.000 weniger als in der Bundesliga – schoss bis zum bedeutungslosen Heimfinale gegen TSV München 1860 kein Gast mehr als einen Treffer. Die „Löwen" zerstörten mit einem 2:0 in Frankfurt den Heimnimbus der Eintracht, doch das störte niemanden.

Vor Torwartlegende Oka Nikolov ragten Innenverteidiger „Bamba" Anderson, Mittelfeldmotor Sebastian Rode, Stratege Pirmin Schwegler sowie die Torjäger Alexander Meier (17 Tore, acht Assists) und Mohamadou Idrissou (14/6) heraus. Die Eintracht startete mit 15 Spielen ohne Niederlage, ehe die Serie bei München 1860 (1:2) riss. Wenn die Frankfurter, für die der Aufstieg – mit allem Respekt – eine souverän gemeisterte Pflichtübung war, stolz sind, was sollen dann erst die Fürther empfinden?

Eintracht-Trainer Armin Veh:

„Das Team nur in der Bundesliga zu halten ist mir zu wenig."

„Eine riesige Genugtuung", beschreibt der Mann an der Spitze ganz ehrlich das Gefühl der großen Stunde. Helmut Hack ist seit 1996 Präsident der SpVgg Greuther Fürth – er kam vom TSV Vestenbergsgreuth, den er aus der C-Klasse bis in die Regionalliga und mit einem Pokal-Sensationssieg gegen den FC Bayern München 1994 in die bundesweiten Schlagzeilen gebracht hatte. Er betrieb die Fusion des aufstrebenden Dorfvereins mit dem abgestürzten Traditionsclub Spielvereinigung Fürth – damals hatte das Kleeblatt nicht mehr viel außer der Tradition. Der Deutsche Meister von 1914, 1926 und 1929 spielte, wirtschaftlich schwer angeschlagen, in der Regionalliga.

1997 schaffte die neue Spielvereinigung Greuther Fürth – übrigens mit Trainer Veh – den Aufstieg in die 2. Bundesliga. Wie sich der blutige Neuling dann unter bescheidenen, aber sich stetig verbessernden Bedingungen in der zweiten Profiklasse etablierte, wurde in der Branche anerkannt. „Tag und Nacht kämpfen, Fehler machen, daraus lernen – und jeden Euro zwei Mal umdrehen", nannte Hack, der Geschäftsführer einer weltweit tätigen Teefirma ist, einmal seine Maxime. Bodenständig, vernünftig und maßvoll entwickelte sich die Spielvereinigung von einem solide wirtschaftenden Ausbildungsclub zu einem Stammgast in der Spitzengruppe. Obwohl immer wieder die besten Spieler – von Heiko Westermann über Christian Eigler bis zu Nico Müller – verkauft wurden.

Doch zum großen Sprung schien es nicht zu reichen: Sieben Mal belegte die Spielvereinigung in den letzten elf Jahren den fünften Platz, einmal wurde sie Vier-

Anderson (links) und Sebastian Rode von Eintracht Frankfurt stören den Nordkoreaner Chong Tese vom VfL Bochum beim Versuch, zum Abschluss zu kommen. Die Auswärtspartie im Oktober 2011 gewinnt die Eintracht mit 2:0, im Winter geht Chong Tese zum 1. FC Köln.

ter. „Die Unaufsteigbaren" lästerte die Branche über die Fürther, die den Spott auf ihre Weise konterten und intern als selbstironisches Motto der Saison „Unaufsteigbar-Tour 11/12" ausgaben. Am Ende lachten die Fürther, oder besser: am viertletzten Spieltag. Am 16. April traf sich die Mannschaft in der VIP-Lounge der Trolli ARENA und sah auf den Großbildschirmen, wie die SG Dynamo Dresden den Rivalen Fortuna Düsseldorf 2:1 besiegte – mit dem Schlusspfiff waren die Fürther plötzlich in der Bundesliga.

Der ehemalige Schalker Euro-Fighter Büskens hatte den manchmal bedächtigen und zum Pessimismus neigenden Franken eine Dosis Mumm vermittelt. „Alle müssen ihr Denken ändern, wir können ruhig ein bisschen Selbstvertrauen ausstrahlen", hatte Büskens nach dem vierten Platz 2010/11 ausgegeben. In der abgelaufenen Saison wurde Fürth dann Meister der 2. Bundesliga mit den wenigsten Niederlagen (4) und der besten Tordifferenz, mit 73 Treffern und der sichersten Abwehr.

Der „Kicker" über Greuther Fürth:

„Ständiges Agieren, forsches Pressen und schnelles Umschalten."

Mehr als alle Zahlen sagen die Urteile von Experten über die mitreißende Art des Fürther Fußballs Marke Büskens. Als „begeisternden Eroberungsfußball", beschrieb die „Frankfurter Allgemeine Zeitung" diesen Stil, das Fachmagazin „Kicker" bescheinigte der Spielvereinigung eine „Philosophie des ständigen Agierens, forschen Pressens und schnellen Umschaltens." Die Mannschaft wird zusammenbleiben, bis auf das Eigengewächs Stephan Schröck, der ein Angebot aus Hoffenheim annahm. Aber andere, in der vorbildlichen Nachwuchsabteilung gewachsene Talente bleiben: Sercan Saracer zum Beispiel, mit neun Toren und 13 Vorlagen einer der wirkungsvollsten Offensivspieler der Liga. Oder Felix Klaus, der Sohn des ehemaligen Bundesliga-Spielers Fred Klaus, der mit Wucht und Witz stürmt. Doch der Mann des Jahres war Olivier Occéan, ein Kanadier, der über die Offenbacher Kickers nach Fürth kam und 17 Tore zum Aufstieg beisteuerte.

Auch in Übersee hätten die Fürther allerdings selbst ohne ihn Schlagzeilen gemacht.

Alban Meha (Nummer 17) köpft das Tor zum 1:0 des SC Paderborn 07 gegen Rostock, die Hansa-Abwehrspieler strecken sich vergeblich, das Team unterliegt mit 0:2 (Foto links). Armin Veh steuert das Frankfurter Team umsichtig zum Erfolg (Foto rechts).

Denn der prominenteste Fan des Clubs ist der in Fürth geborene Henry Kissinger.

Der legendäre Exaußenminister der USA und Friedensnobelpreisträger hat aus seiner Leidenschaft für die Spielvereinigung nie einen Hehl gemacht und wurde per E-Mail über den Aufstieg informiert. Bei einem der ersten Bundesliga-Heimspiele in der kommenden Saison will der 88-Jährige seinen Besuch von 2010 wiederholen. Er wird dann in eine Stadt kommen, in der der Fußball einen Stellenwert hat wie nie zuvor. Und zu einem Club, der noch nicht am Ende seiner Entwicklung ist. Präsident Hack, Manager Rachid Azzouzi und Trainer Büskens stehen nicht in dem Verdacht, sich blenden zu lassen von den Erfolgen in der 2. Bundesliga und im DFB-Pokal. Dort besiegte Fürth mit dem 1. FC Nürnberg und 1899 Hoffenheim zwei Bundesligisten und unterlag dann unglücklich in der letzten Minute der Verlängerung gegen den späteren Deutschen Meister und Pokalsieger Borussia Dortmund.

Für Spannung im Aufstiegskampf hatten der FC St. Pauli und der SC Paderborn 07 gesorgt. Die Hamburger, die als

2. BUNDESLIGA IN ZAHLEN

	SpVgg Greuther Fürth	Eintracht Frankfurt	Fortuna Düsseldorf	FC St. Pauli	SC Paderborn 07	TSV München 1860	1. FC Union Berlin	Eintracht Braunschweig	SG Dynamo Dresden	MSV Duisburg	VfL Bochum 1848	FC Ingolstadt 04	FSV Frankfurt 1899	FC Energie Cottbus	FC Erzgebirge Aue	Karlsruher SC	Alemannia Aachen	F.C. Hansa Rostock
SpVgg Greuther Fürth	-	2:3	1:1	2:1	5:1	2:0	5:0	1:3	1:0	2:1	6:2	3:0	4:0	3:0	2:0	3:0	1:0	3:0
Eintracht Frankfurt	0:0	-	1:1	1:1	0:0	0:2	3:1	2:1	3:0	3:0	3:0	1:1	6:1	1:0	4:0	2:0	4:3	4:1
Fortuna Düsseldorf	2:1	1:1	-	0:0	2:3	3:1	2:1	1:1	2:1	2:2	2:0	4:1	1:0	4:2	3:1	4:2	0:0	2:0
FC St. Pauli	2:2	2:0	1:3	-	5:0	4:2	2:1	0:0	3:1	2:1	2:1	2:0	2:1	0:0	2:3	1:0	3:1	3:0
SC Paderborn 07	0:1	4:2	1:1	1:1	-	2:2	3:2	1:0	2:2	1:2	0:0	4:1	1:0	3:1	1:0	2:1	0:0	2:0
TSV München 1860	1:4	2:1	2:1	1:1	1:1	-	3:1	3:0	2:4	2:1	1:3	4:1	4:0	2:0	4:0	2:1	1:2	0:1
1. FC Union Berlin	0:4	0:4	0:0	0:2	3:0	0:1	-	1:0	4:0	1:1	2:1	4:1	4:0	1:0	1:0	2:0	2:0	5:4
Eintracht Braunschweig	0:0	0:3	1:1	1:0	0:0	3:1	1:2	-	0:2	0:0	4:0	3:1	0:0	3:1	1:1	0:0	1:1	3:2
SG Dynamo Dresden	3:1	1:4	2:1	1:0	1:2	0:1	4:0	2:2	-	2:0	2:1	0:0	2:2	2:1	1:2	5:1	1:1	1:1
MSV Duisburg	0:2	2:0	0:2	0:1	0:1	0:3	1:1	3:0	3:0	-	2:1	3:1	1:2	1:2	2:1	3:1	2:0	0:0
VfL Bochum 1848	1:4	0:2	1:1	1:2	0:4	2:2	4:2	2:0	0:2	2:1	-	0:1	1:0	0:1	6:0	0:0	1:0	2:1
FC Ingolstadt 04	0:0	1:1	1:1	1:0	4:0	0:1	3:3	0:1	4:2	1:1	3:5	-	1:1	1:0	0:0	2:1	3:3	3:1
FSV Frankfurt 1899	1:1	0:4	2:5	3:3	2:2	3:1	1:1	1:1	1:1	0:0	0:2	1:1	-	0:1	1:1	2:1	2:1	0:0
FC Energie Cottbus	0:2	3:3	1:1	1:4	0:2	0:5	2:1	1:1	2:1	1:1	1:1	0:0	1:1	-	2:0	2:0	1:1	0:1
FC Erzgebirge Aue	1:1	1:2	2:4	2:1	0:2	0:0	1:1	1:1	1:1	1:2	2:1	1:1	4:3	0:0	-	0:2	1:0	1:0
Karlsruher SC	2:2	1:0	0:5	0:2	2:0	1:3	2:0	1:3	2:0	3:2	0:0	3:2	0:4	2:0	2:1	-	0:2	2:2
Alemannia Aachen	0:0	0:3	0:0	2:1	0:3	2:2	1:3	0:2	0:1	2:2	2:0	3:1	1:3	0:2	1:1	1:0	-	0:0
F.C. Hansa Rostock	2:2	1:5	2:1	1:3	1:2	2:0	2:5	0:0	2:2	4:2	0:0	1:2	0:5	1:1	0:1	1:1	0:0	-

Abwehrspieler Necat Ayguen (rechts) vom TSV München 1860 foult Stürmer Ken Ilsö von Fortuna Düsseldorf. Guillermo Vallori (vorn) und Daniel Bierofka (im Hintergrund) schauen zu. Ayguen gelingt in diesem Spiel im Februar 2012 der 2:1-Siegtreffer für die „Löwen" gegen die Rheinländer.

Absteiger zum erweiterten Favoritenkreis zählten, hatten in Paderborn mit André Schubert ein Trainertalent entdeckt. Und tatsächlich hielt der kahlköpfige Coach die St. Paulianer bis zuletzt im Aufstiegsrennen. Doch der Showdown mit dem SC Paderborn am letzten Spieltag hatte keinen glücklichen Ausgang, denn das 5:0 der Hamburger war ein Muster ohne Wert, weil die Düsseldorfer sich nichts nehmen ließen.

Die Fortuna machte dann in der Relegation gegen Hertha BSC mit dem 2:1 in Berlin und dem 2:2 zu Hause sportlich den Aufstieg perfekt. Da Berlin anschließend aber zweimal Einspruch gegen die Spielwertung einlegte und nach deren Abweisung durch die DFB-Sportgerichtsbarkeit sogar einen Gang vors Ständige Schiedsgericht erwog, mussten die Düsseldorfer noch um ihre Bundesliga-Rückkehr zittern.

Den Grundstein zum Aufstieg legte das Team von Trainer Norbert Meier in der Vorrunde, in der die Düsseldorfer unbesiegt

Das Interesse an der 2. Bundesliga ist so hoch wie an keiner anderen zweiten Spielklasse. Allein sechs Clubs verzeichnen im Schnitt mehr als 20.000 Besucher pro Heimspiel.

Die Düsseldorfer Maximilian Beister, Jens Langeneke und Thomas Bröker jubeln über das Tor zum 2:0 gegen die SpVgg Greuther Fürth. Das Topspiel im November 2011 gewinnt der damalige Spitzenreiter Fortuna mit 2:1.

blieben und mit 41 Punkten Herbstmeister wurden. In der Rückrunde kamen zwar nur noch 21 Punkte dazu, letztlich reichte es aber für die Relegation, in der die Fortuna zu alter Hinrundenstärke zurückfand. Ein Mann steht dabei für den Düsseldorfer Erfolg wie kein anderer: Kapitän Andreas Lambertz, der seit Oberliga-Zeiten bei F95 spielt und als erster Fußballer in Deutschland von der vierten Spielklasse bis in die Bundesliga aufgestiegen ist.

Verzichten muss die Fortuna in der kommenden Saison indes wohl auf zwei andere Helden: Der nur ausgeliehene Maximilian Beister kehrt zum Hamburger SV zurück, Sturmheld Sascha Rösler beendet mit knapp 35 Jahren seine lange Profikarriere.

Als Bereicherung für die 2. Bundesliga erwiesen sich zwei der drei Aufsteiger: Eintracht Braunschweig und der vorjährige Relegationssieger SG Dynamo Dresden behaupteten sich souverän und trugen dazu bei, dass der Zuschauerschnitt der Liga anstieg: Ins EINTRACHT-STADION an der Hamburger Straße pilgerten im Durchschnitt über 21.000 Fans, das neue glücksgas stadion von Dynamo (Baujahr 2009) füllten unterm Strich knapp 25.000 Zuschauer pro Partie. Am Ende der Saison lag der durchschnittliche Besuch bei über 17.000. Das ist der zweithöchste Wert der Zweitligageschichte, seit diese Daten erhoben werden; der Rekord datiert aus der Saison 2007/08 (18.200).

Fortuna-Vorstand Wolf Werner:

„Ein Riesenerfolg, an den niemand zu denken wagte."

Der dritte Aufsteiger musste die Klasse dagegen als abgeschlagenes Schlusslicht verlassen: Der F.C. Hansa Rostock, zwischen 1996 und 2005 fester Bestandteil der Bundesliga, stieg zum zweiten Mal nach 2010 aus der Zweitklassigkeit ab. Ganz bitter endete die Saison auch für Alemannia Aachen: 13 Jahre nach dem damals lang ersehnten Comeback in die 2. Bundesliga erwischte es die Gelb-Schwarzen; das Aufbäumen mit dem 2:0-Sieg im Saisonfinale beim TSV München 1860 kam zu spät – das 750. Spiel der Alemannia in der eingleisigen 2. Bundesliga, zu deren Gründungsmitgliedern der Club 1981/82 gehörte, war das vorerst letzte.

Weil auch der Karlsruher SC nach der Relegation absteigen muss, verliert die 2. Bundesliga drei klangvolle Namen – und bekommt dafür Zuwachs von zwei echten Zweitliganeulingen und einem Rückkehrer. Doch auch der Jahn Regensburg, der sich gegen den KSC behauptete, hat es seit 1974 nur auf drei Jahre in der 2. Bundesliga gebracht. Der SV Sandhausen und der VfR Aalen betreten völliges Neuland. Doch überall will man die Chance nutzen und sich als Profifußball-Standort etablieren.

Sascha Rösler

Fortuna Düsseldorf

Drei Aufstiege in die Bundesliga hatte Sascha Rösler erlebt, bevor er nach Düsseldorf kam. Mit dem SSV Ulm, mit Alemannia Aachen und Borussia Mönchengladbach hatte er den Sprung in die Eliteklasse geschafft und gewiss nicht mehr daran geglaubt, solch eine Chance noch einmal zu bekommen. Denn nach 14 Jahren mit sieben Stationen im deutschen Profifußball schien seine Karriere auszulaufen: Rösler war im Oktober 2010 vereinslos und froh, dass er sich beim niederländischen Ehrendivisionär Willem II Tilburg im Training fit halten durfte. Doch dann erinnerte man sich in Düsseldorf an diesen kantigen Typen, diesen unbequemen, giftigen und einsatzfreudigen Stürmer – einer aus dieser aussterbenden Rasse der Angreifer, dieser Piraten des Strafraums, denen fast alle Tricks recht sind und die weder Tod noch Teufel fürchten. Nach neun Tagen Probetraining verpflichteten die Fortunen den 33-Jährigen – es wurde ein Glücksgriff. Rösler riss die Düsseldorfer mit, er wurde zur „Symbolfigur des Höhenflugs" („Rheinische Post"). In der Saison 2011/12 schoss er 13 Tore, zehn Mal lieferte er die Vorarbeit für Fortuna-Treffer. Diese Ausbeute – darunter sein Treffer per Fallrückzieher aus dem Auftaktspiel gegen den VfL Bochum, der zum „Tor des Monats" gewählt wurde – bedeutete schon vor den Relegationsspielen gegen Hertha BSC die Krönung seiner Karriere. Es war der ideale Zeitpunkt zum Aufhören – und so verkündete der Fußballprofi Sascha R., gleich nachdem die Fortuna den dritten Platz gesichert hatte, das Ende seiner Karriere.

Olivier Occéan SpVgg Greuther Fürth

Normalerweise holen sie in Fürth Spieler mit den Gütekriterien „jung und ablösefrei". Umso überraschender war dann im Sommer 2011 die Verpflichtung eines 29-jährigen Kanadiers aus der 3. Liga für eine niedrige sechsstellige Ablösesumme. Doch sie wussten, was sie taten, als sie Olivier Occéan von den Offenbacher Kickers loseisten; 16 Tore hatte der athletische, 1,86 Meter große Stürmer erzielt. „Er macht unseren Angriff variabler, wir haben noch einen anderen, kopfballstarken Typen", begründete Trainer Mike Büskens den Transfer. Und Occéan enttäuschte nicht: In 33 Saisonspielen erzielte er 17 Treffer und bereitete neun vor, das brachte ihm den Spitzenplatz in der Scorer-Liste ein, in der sowohl Tore als auch Vorlagen zu Buche schlagen.

„Es lief perfekt für mich", freute sich Occéan, der mit seiner Familie in Fürth lebt, „ich habe mir einiges zugetraut, aber dass es so gut klappte, lag auch an meinen Mitspielern – ich bekam gute Flanken und Vorlagen." Oft hat er erzählen müssen, wie sein Weg verlaufen ist – weil es eine nicht alltägliche Geschichte ist: Seine Eltern stammen aus Haiti, hatten aber die Karibikinsel schon in Richtung Kanada verlassen, als ihr Sohn in Brossard in der Provinz Québec geboren wurde. Früh begann er zu kicken, sein Talent fiel auf, als für die College-Mannschaft der Southern Connecticut State University spielte. Obwohl entdeckt und verpflichtet von den Metro Stars New York, bestritt er kein Spiel für das Topteam der amerikanischen Major League Soccer, weil er bei einem Trainingslager in Spanien dem norwegischen Club Odd Grenland auffiel.

Ein Glücksgriff für die Norweger, für die Occéan 19 Tore erzielte und denen er eine Ablösesumme von einer Million Euro einbrachte, als ihn Lillestrøm SK verpflichtete. In vier Jahren traf er 34 Mal, war dann nach einer Verletzung auf Vereinssuche. An vieles mag er im Sommer 2010 bei seiner Unterschrift unter einen Drittliga-Vertrag in Offenbach gedacht haben – aber gewiss nicht daran, dass er sich zwei Jahre später auf sein Bundesliga-Debüt vorbereiten würde.

Alexander Meier
Eintracht Frankfurt

Er schießt viele Tore, aber er ist kein klassischer Torjäger. Er schießt lieber mit dem Innenrist als mit dem Vollspann, er hat ein Auge für die Mitspieler. Alexander Meier war nie so wertvoll für die Frankfurter Eintracht wie in dieser Saison. Und das will etwas heißen, denn erstens spielt der 1,94 Meter lange Schlaks schon seit 2004 für die Hessen. Und zweitens hat er in dieser Zeit nie wirklich enttäuscht.

Doch jetzt ist er zum Führungsspieler gereift, mit seinen 29 Jahren prägt er das Spiel der Eintracht, ist Stellvertreter des Kapitäns Pirmin Schwegler. „Alex hat noch mal einen Sprung gemacht", sagt Trainer Armin Veh über den gebürtigen Hamburger, der erst als Leihspieler des FC St. Pauli zum Riederwald kam und dann fest verpflichtet wurde. Ganze 17 Tore hat er zum Bundesliga-Aufstieg beigesteuert, dazu acht vorbereitet – eine so gute Bilanz hatte Meier noch nie. Und er strahlte mit seiner Dynamik, seiner Entschlossenheit und seinem Teamgeist aus auf seine Umgebung. „Spielt Meier gut, spielt auch die Eintracht gut", brachte die „Frankfurter Rundschau" es auf den Punkt und taufte ihn den „Unverzichtbaren".

Er selbst hört so etwas gar nicht so gern, denn er ist auch außerhalb des Platzes ein Teamplayer. Große Sprüche hat er noch nie geklopft, früher sogar am liebsten geschwiegen; heute äußert er sich so, wie er spielt: klar und präzise. Und kann dabei auch trockenen Humor entwickeln. Neulich wollte jemand wissen, warum er nach dem Training regelmäßig Zusatzübungen mache. Meiers Antwort: „Roger Federer übt die Vorhand doch auch, obwohl er sie perfekt kann."

BUNDESLIGA

DANKE, JUNGS!
DANKE, JUNGS!
DANKE, JUNGS!